公证制度与实践的革命性重塑

预防性司法研究

第1辑

薛凡◎主编

厦门大学出版社
XIAMEN UNIVERSITY PRESS
国家一级出版社
全国百佳图书出版单位

图书在版编目（CIP）数据

公证制度与实践的革命性重塑 / 薛凡主编. -- 厦门：厦门大学出版社，2022.7
（预防性司法研究）
ISBN 978-7-5615-8523-8

Ⅰ. ①公… Ⅱ. ①薛… Ⅲ. ①公证制度－研究－中国 Ⅳ. ①D926.6

中国版本图书馆CIP数据核字(2022)第034543号

出 版 人 郑文礼
责任编辑 甘世恒

出版发行 厦门大学出版社
社　　址 厦门市软件园二期望海路 39 号
邮政编码 361008
总　　机 0592-2181111　0592-2181406(传真)
营销中心 0592-2184458　0592-2181365
网　　址 http://www.xmupress.com
邮　　箱 xmup@xmupress.com
印　　刷 厦门集大印刷有限公司

开本 720 mm×1 020 mm　1/16
印张 25.75
字数 488 千字
版次 2022 年 7 月第 1 版
印次 2022 年 7 月第 1 次印刷
定价 69.00 元

厦门大学出版社
微信二维码

厦门大学出版社
微博二维码

目 录

评 论

公证改革发展前沿论坛

公证基础理论研究

国际公证联盟立法文本

大陆法系国家公证人职业活动亲历记

法律大讲堂

在线公证与在线诉讼

公证参与公益诉讼

民事调解

开卷有益

法律与文学

编后小记

评论

矛盾纠纷预防者 法律正确实施者

——公证人预防纠纷职责与人民、社会和国家

◎**前方**

人民的安宁乃最高的法律
——古罗马法谚[1]

跨过公证人事务所门槛的公民
必须感到绝对的安全。
他必须在那里找到可靠的保障，
……
——1953年法国塞纳法庭一起司法案件的陈词[2]

公证人还是许多领域中
法律安全的保证人。
他们的作用不仅体现在法律的实施中，
也由此体现在法律的演变之中。[3]
——[法] J. -L.Aubert:《法学及民法基本主题介绍》

2021年6月29日，中央全面深化改革委员会（下称“中央深改委”）审议通过的《关于深化公证体制机制改革 促进公证事业

---

1 拉丁文原文为 Salus populi suprema lex esto。

2 转引自[法]让·叶戈、让-佛朗索瓦·皮伊布：《公证执业法》，唐觉译，法律出版社2008年版，第158页。

3 [法] J.-L.Aubert《法学及民法基本主题介绍》，Aemand colin,2002年版，n°179, 转引自 [法] 让-吕克·奥贝赫著、瑞夏·科罗改编：《公证人之民事责任》（第5版），唐觉译，上海人民出版社2015年版，第4页。

计划经济条件下，国家与社会高度合一，国家权力管控一切，社会活力不彰，市场经济活力荡然无存，不可能有本真意义上的公证，故有苏联顺应计划经济体制需求行政化的“国家公证”制度横空出世，公证人的“人”字被拿掉，代之以“国家公证机关”，形成全球公证业有史以来罕见的“国家公证机关本位”，公证人专业法律服务被变造为“国家证明权”，成为行政权的附庸，公证本质属性所蕴含的公正之“公”异化为公权力之“公”。

健康发展的意见》（下称“《深化公证改革意见》”）由司法部印发。如何理解中国公证制度的性质？《深化公证改革意见》开宗明义第一句的表述是：“公证制度是重要的预防性司法制度。”[4]

为什么公证这一事物会与预防性司法制度联系在一起？回答这一问题，首先需要了解公证在全球是如何诞生的。

公证这一事物并不是源于某种主观预设，而是源于社会需求，与社会经济基础息息相关。计划经济条件下，国家与社会高度合一，国家权力管控一切，社会活力不彰，市场经济活力荡然无存，不可能有本真意义上的公证，故有苏联顺应计划经济体制需求行政化的“国家公证”制度横空出世，公证人的“人”字被拿掉，代之以“国家公证机关”，形成全球公证业有史以来罕见的“国家公证机关本位”，公证人专业法律服务被变造为“国家证明权”，成为行政权的附庸，公证本质属性所蕴含的公正之“公”异化为公权力之“公”。这一制度曾覆盖苏联与东欧诸国、越南和实行社会主义市场经济前的中国，现已消亡。“国家证明权”作为一种伪“公证”，自然不可能承载公证本应有的预防纠纷的使命。

古往今来，全球公证演进的历史表明，公证的社会需求是在市场经济条件下，在人们经济交往过程中，由于言而无信、背信弃义造成交易失败而引发的一种预防机制。为了防止失信行为和交易失败，交易各方需要共同依赖一个居中公道之人，来证实某一事件或某一行为的真实确切性。于是，首先产生了私证。后由于私证的权威性不够，不能阻止某些失信之人对交易秩序的破坏，进而需要借助法律的强制力来维护交易秩序，遂产生了公证。公证人职业出现在人类生活舞台上，居中而立、公正存真，从事预防纠纷的法律服务，成为公证这一事物诞生的基本标志。就公证产生的根本原因而言，是经济基础在起作用。人们借助公证人这个法律认可的公正、客观的“中间人”建立起互信，以保证市场交易中各方利益都能有预见性地按事先约定的规则加以实现，从而预防纠纷。[5]公证这一事物在全球的诞生，印证了马克思的箴言：

4　司法部《关于印发〈关于深化公证体制机制改革 促进公证事业健康发展的意见〉的通知》（司发〔2021〕3号）。

5　参见王公义：《建立适合中国的公证制度》，载王公义等：《中国公证制度改革研究及国际比较》，法律出版社2006年版，“序言”第1页。

"先有交易，后来才由交易发展为法制"。[6]历史表明，先有市场经济活动，后有全球公证人职业活动，继有现代公证制度的形成。正是在全球公证人上千年职业活动的基础上，现代公证制度诞生并日臻完善。成立于1948年、至2021年已有包括中国在内91个成员国和地区[7]的国际公证联盟是这一制度的"全球共同体"。2013年10月8日国际公证联盟成员大会于利马通过的联盟"统一法"《公证人职业道德规范和组织规约》强调，"公证人应当……为社会提供坚实的预防性司法利益和保障"：

> 公证人应当凭着无可挑剔的道德操守，发挥应有的社会公共职能，为社会提供坚实的预防性司法利益和保障。[8]

2005年11月8日国际公证联盟成员大会于罗马通过的联盟最为重要的纲领性文件《拉丁公证制度的基本原则》指出，公证人预防纠纷的职能"是良好司法体系中不可或缺的工具"：

> 公证人职能延伸至非诉讼领域的所有法律活动，向法律使用者提供法律安全保障，预防潜在纠纷，或者通过法律调解来消除纠纷，是良好司法体系中不可或缺的工具。[9]

此前，1965年10月，国际公证联盟（时称"国际拉丁公证联盟"）在墨西哥城召开的联盟第八届大会上，厄瓜多尔公证人代表团一位著名公证人克佬博士提出"公证人十诫"的议案，深获好评，该议案于此次大会通过后广为传播，其中第十项就公证人所负的职责如此告诫道：

公证人职业出现在人类生活舞台上，居中而立、公正存真，从事预防纠纷的法律服务，成为公证这一事物诞生的基本标志。就公证产生的根本原因而言，是经济基础在起作用。人们借助公证人这个法律认可的公正、客观的"中间人"建立起互信，以保证市场交易中各方利益都能有预见性地按事先约定的规则加以实现，从而预防纠纷。公证这一事物在全球的诞生，印证了马克思的箴言："先有交易，后来才由交易发展为法制"。

公证人职能延伸至非诉讼领域的所有法律活动，向法律使用者提供法律安全保障，预防潜在纠纷，或者通过法律调解来消除纠纷，是良好司法体系中不可或缺的工具。

6 ［德］马克思：《评阿·瓦格纳的"政治经济学教科书"》，《马克思恩格斯全集》第十九卷，中共中央马克思恩格斯列宁斯大林著作编译局编译，人民出版社1963年版，第423页。

7 2021年12月3日，哈萨克斯坦和乌兹别克斯坦被批准加入国际公证联盟，成为联盟第九十和第九十一个成员。感谢蔡勇先生提供的资讯。

8 国际公证联盟《公证人职业道德规范和组织规约》（2013年10月8日国际公证联盟成员大会于利马通过），蔡勇译。

9 国际公证联盟《拉丁公证制度的基本原则》（2005年11月8日国际公证联盟成员大会于罗马通过），蔡勇译。

请谨记你的任务："避免人们之间的纷争"。

……是当事人无私的顾问，同时又是当事人意思表达的公正执笔者，使当事人知道所订契约的责任范围；将这些承诺用明晰的语言作成公证文书，赋予其公信力文书的特性和终审判决的效力；使记忆常存，并忠实保存这些文书；防止善意的人们之间产生争议，遏止贪婪者的成功希望和挑起不义争讼的妄想。这些无私的顾问、公正的执笔者，这种约束缔约当事人无可反悔地承担义务的志愿法官，就是公证人；这个制度就是公证制度。

请谨记你的任务："避免人们之间的纷争"。[10]

全球现代公证制度诞生于法国。1803 年 3 月 16 日，法国立法会议颁布了全球有史以来第一部完整意义上的公证立法——《法国公证组织法》，[11] 其时，国务顾问（一译"参事"）里亚尔（Real）所作的立法说明用深邃而生动明了的语言，阐明了公证人职业的性质和公证制度的基本功能与价值追求。按照这一公证立法的经典阐述，公证人的职责不仅从来不是所谓的"证明"，而且远不限于公证。基于各方当事人共同信赖，"这些无私的顾问，公正的执笔者，这种约束缔约当事人无可反悔地承担义务的志愿法官，就是公证人；这个制度就是公证制度"：

> 为在不可动摇的基础上建立起所有权、公民自由、家庭祥和……在从事调解和审理纠纷的官员之侧，公众的安定召唤另一类公务助理人员；这些公务助理人员是当事人无私的顾问，同时又是当事人意思表达的公正执笔者，使当事人知道所订契约的责任范围；将这些承诺用明晰的语言作成公证文书，赋予其公信力文书的特性和终审判决的效力；使记忆常存，并忠实保存这些文书；防止善意的人们之间产生争议，遏止贪婪者的成功希望和挑起不义争讼的妄想。这些无私的顾问、公正的执笔者，这种约束缔约当事人无可反悔地承担义务的志愿法官，就是公证人；这个制度就是公证制度。[12]

在这一影响久远的公证立法说明中，出现了一个醒目的词："公众的安定"，按照它所阐述的观点，公证人的职业活动不仅在

10　《公证人十诫》，张怡婷译，台湾地区公证学会主办《公证法学》第 7 期。

11　《法国公证组织法》，程春明译，载王公义等：《中国公证制度改革研究及国际比较》，法律出版社 2006 年版，第 425 页。

12　王胜明、段正坤主编：《中华人民共和国公证法释义》，法律出版社 2005 年版，第 2 页；[法] 让·叶戈、让-佛朗索瓦·皮伊布：《公证执业法》，唐觉译，法律出版社 2008 年版，第 9 页；[法] 让-吕克·奥贝赫著、瑞夏·科罗改编：《公证人之民事责任》（第 5 版），唐觉译，上海人民出版社 2015 年版，第 4 页。此处参考使用了蔡勇的译文。

于“防止善意的人们之间产生争议，遏止贪婪者的成功希望和挑起不义争讼的妄想”，更是基于“公众的安定”的“召唤”。

社会常识表明，纠纷一般源起于人们对事实发生争议，公证人职业和公证制度的诞生，意味着司法制度内部形成了以非讼为特征的预防性司法和以诉讼为特征的救济性司法的科学分工，防止争议与解决争议的职责各归属于公证人和法官两个分工有所不同的法律职业：

> 世人有贪欲之心、有遗忘之可能，有意无意之间就为纠纷的发生埋下了隐患。事物完全的原貌得以忠实记载、及时固定、永久保存，使事实真相不因岁月流逝而湮灭，不因人为干预而“失真”，才有可能从源头上防范纠纷的发生，或纠纷一旦发生可作为解决纠纷的依据，据此，产生了预防纠纷的职能主要依赖于公证人职业、解决纠纷的职能主要依赖于法官职业的司法分工。[13]

公证与审判同属司法范畴，公证是“静态司法”，审判是“动态司法”。[14]作为“静态司法”运行的主体，公证人应当始终不渝地坚守“矛盾纠纷预防者和法律正确实施者”的职责定位：

> 促进公证事业实现新发展，必须要恪守客观中立，保证其签署生效的公证文书的公正性和公平性，切实履行矛盾纠纷预防者和法律正确实施者的职责使命；必须要坚持真实性审查，提供专业化服务，满足法治和现代社会的基本需求，为国家和社会创造价值；必须要遵循职业道德，健全完善公证职业道德制度规范，更严厉地惩戒各类违反职业道德的行为，为公证事业长远发展提供保障。[15]

世人有贪欲之心、有遗忘之可能，有意无意之间就为纠纷的发生埋下了隐患。事物完全的原貌得以忠实记载、及时固定、永久保存，使事实真相不因岁月流逝而湮灭，不因人为干预而“失真”，才有可能从源头上防范纠纷的发生，或纠纷一旦发生可作为解决纠纷的依据，据此，产生了预防纠纷的职能主要依赖于公证人职业、解决纠纷的职能主要依赖于法官职业的司法分工。

促进公证事业实现新发展，必须要恪守客观中立，保证其签署生效的公证文书的公正性和公平性，切实履行矛盾纠纷预防者和法律正确实施者的职责使命；必须要坚持真实性审查，提供专业化服务，满足法治和现代社会的基本需求，为国家和社会创造价值；必须要遵循职业道德，健全完善公证职业道德制度规范，更严厉地惩戒各类违反职业道德的行为，为公证事业长远发展提供保障。

13　薛凡：《公证改革的逻辑——基于公证属性、全球和中国语境展开》（中国公证改革30周年纪念版），厦门大学出版社2018年版（2022年第2印），第59页。

14　蒋惠岭：《谈公证与审判的关系》，《中国公证》2000年第5期。

15　熊选国：《深化交流与合作　共同促进公证事业发展——在国际公证联盟亚委会第八次工作会议开幕式上的致辞》（2018年9月6日），《中国公证》2018年第9期。

如果对于公证人预防纠纷的职责进行深层次的追问，或许会发现，公证人对于纠纷的预防呈现的可能只是一种表象，蕴藏在预防纠纷这一表象后面的，是公证人对于民众和社会起到的保障法律安全的作用，纵观所有法律职业，公证人起到的这一作用几乎独一无二，就此，西班牙公证人桑茨阐述道：

> 在整个法律体系中，对于社会来说最重要的是社会成员之间法律关系的确定性。国家首先应该建立一个这样的制度：国民预算不必为司法审理法律事务各有关方面之间的纠纷而拨出巨款。如果法律事务能够因为公证文书所具有的各种确切性和无可争议性而得到一系列的保证的话，那么，法院的干预就会不那么频繁，尤其是在法律已经法典化的国家里。[16]

在整个法律体系中，对于社会来说最重要的是社会成员之间法律关系的确定性。国家首先应该建立一个这样的制度：国民预算不必为司法审理法律事务各有关方面之间的纠纷而拨出巨款。如果法律事务能够因为公证文书所具有的各种确切性和无可争议性而得到一系列的保证的话，那么，法院的干预就会不那么频繁，尤其是在法律已经法典化的国家里。

“社会成员之间法律关系的确定性”与法律安全联系在一起。所谓法律安全，包含了法律利益安全和法律秩序安全。[17] 国外公证法学理论认为，“跨过公证人事务所门槛的公民必须感到绝对的安全”[18]，因而，公证人被视为“法律安全的保证人”[19]。

习近平总书记指出，要完善预防性法律制度，促进社会和谐稳定。[20] 习近平总书记多次强调，要确保“社会安定有序”[21]。无疑，公证人履行预防纠纷的职责，公证制度作为预防性司法制度的运

16 [西]约瑟·路易·佩拉勒斯·桑茨：《公证文书与经济发展》，中国公证员协会编：《“公证与经济发展”国际研讨会论文集》，法律出版社 2003 年版，第 41 页。

17 薛凡：《公证改革的逻辑——基于公证属性、全球和中国语境展开》（中国公证改革 30 周年纪念版），厦门大学出版社 2018 年版（2022 年第 2 印），第 230 页。

18 转引自[法]让·叶戈、让－佛朗索瓦·皮伊布：《公证执业法》，唐觉译，法律出版社 2008 年版，第 158 页。

19 [法] J.-L.Aubert：《法学及民法基本主题介绍》，Armand Colin，2002 年版，n°179，转引自[法]让－吕克·奥贝赫著、瑞夏·科罗改编：《公证人之民事责任》（第 5 版），唐觉译，上海人民出版社 2015 年版，第 4 页。

20 《习近平在中央全面依法治国工作会议上强调 坚定不移走中国特色社会主义法治道路》，《文汇报》2020 年 11 月 18 日。

21 参见《习近平：确保人民安居乐业社会安定有序国家长治久安》，来源于人民网，http://politics.people.com.cn/n/2013/0531/c70731-21695750.html，最后访问时间：2013 年 5 月 31 日；《坚持走中国特色社会主义社会治理之路 确保人民安居乐业社会安定有序》，《人民日报》2017 年 9 月 20 日。

行，所产生的作用正是指向“社会安定有序”。

公证人的职业活动不仅致力于“社会安定有序”，同时，在社会经济生活中所产生的预防纠纷、减少和替代诉讼的作用，可以有效降低公共财政在司法审判领域用于解决纠纷的投入，更多地用于增加人民的福祉，这是公证人职业群体与公证制度对于社会经济发展和国家财政的特殊贡献。

统计表明，公证制度作为预防性司法制度，对于一个国家的GDP具有实质性贡献。从世界许多国家纠纷解决费用（liability costs）在GDP中占比的实证数据来看，司法制度中包含公证制度的国家明显低于司法制度中不包含公证制度的国家，例如，公证制度发达的法国仅为0.56%、德国为0.68%，相反，司法制度中不包含公证制度的英国为1.05%、美国高达1.66%，美国达到法国近3倍（详见表1：《不同类别国家GDP中纠纷解决费用占比》[22]）。

表1 不同类别国家GDP中纠纷解决费用占比

类别	国家	纠纷解决费用在GDP中占比（%）
司法制度中包含公证制度的国家	荷兰	0.4
	比利时	0.42
	葡萄牙	0.43
	丹麦	0.46
	法国	0.56
	西班牙	0.67
	德国	0.68
	意大利	0.77
司法制度中不包含公证制度的国家	英国	1.05
	加拿大	1.19
	美国	1.66

正是在如上意义上，公证人作为居中而立、公正存真以预防纠纷的法律职业，公证制度作为预防性司法制度，与国家和社会治理的需求产生了不可或缺的紧密结合。

习近平总书记指出，要完善预防性法律制度，促进社会和谐稳定。习近平总书记多次强调，要确保“社会安定有序”。无疑，公证人履行预防纠纷的职责，公证制度作为预防性司法制度的运行，所产生的作用正是指向“社会安定有序”。

统计表明，公证制度作为预防性司法制度，对于一个国家的GDP具有实质性贡献。

22 转引自华东政法大学公证改革课题组课题报告，未刊稿。

判断我们的法律职业生涯成功与否，并不在于我们自身的主观感受，而应当在一个更为宏阔的经济社会背景中，看我们公证的专业思维方式、行为，我们的专业服务究竟影响了多少人，给了多少人以看得见的公正和实实在在的帮助，得到了多少人的尊重和认同。

中国公证改革方兴未艾，旨在破除公证体制机制障碍，为公证人充分有效履行职责带来更为开阔的成长性，焕发预防性司法制度的长远生机，为人民、社会和国家创造价值。公证人当时刻铭记质量至上，视公证公信力为职业生命，才有可能使人民产生“对公证行为的高度信任与依赖”……

对于每一位公证人来说，“判断我们的法律职业生涯成功与否”，在于“在一个更为宏阔的经济社会背景中，看我们公证的专业思维方式、行为，我们的专业服务究竟影响了多少人，给了多少人以看得见的公正和实实在在的帮助，得到了多少人的尊重和认同”：

> 作为法治建设、法律职业群体中不可或缺的一个组成部分，公证人显然应当以法律专业人士的身份自许，但是，判断我们的法律职业生涯成功与否，并不在于我们自身的主观感受，而应当在一个更为宏阔的经济社会背景中，看我们公证的专业思维方式、行为，我们的专业服务究竟影响了多少人，给了多少人以看得见的公正和实实在在的帮助，得到了多少人的尊重和认同。[23]

在人民的日常生活中，在社会经济交往中，预防性司法制度的价值最终是由每一位具体的公证人通过每一次法律咨询、每一起公证个案、每一份公证文书加以实现的。中国公证改革方兴未艾，旨在破除公证体制机制障碍，为公证人充分有效履行职责带来更为开阔的成长性，焕发预防性司法制度的长远生机，为人民、社会和国家创造价值。公证人当时刻铭记质量至上，视公证公信力为职业生命，才有可能使人民产生“对公证行为的高度信任与依赖”：

> 公证的社会效果以及给老百姓带来的实惠，就使人民产生了对公证行为的高度信任与依赖。因此，如何在中国建立对公证行为的信任与依赖，是中国每一个公证人应该认真思考并为之奋斗的。[24]

2022 年 2 月冬春更替之际于沪上

23　施汉生：《我思故我在 公证当自强——写在金融公证实务研讨会成功举行之后》，《公证研讨》第 1 辑，上海人民出版社 2017 年版。

24　刘懿彤：《德国公证的立法取向》，《比较法研究》2008 年第 1 期。

公证改革发展前沿论坛

加快推进公证改革 与时俱进修改完善公证法

——在全国人大常委会公证法执法检查座谈会上的发言

◎叶青*

公证制度是重要的预防性司法制度，但是公证职能作用发挥得并不理想，主要原因是公证改革还远没有到位，需要义无反顾加快推进公证改革。

这次公证法执法检查，是自2005年公证法颁布以来，全国人大常委会首次对该法开展执法检查。全国人大常委会提出，通过

* 叶青，法学教授、博士生导师，华东政法大学党委副书记、校长。本文是2021年7月21日作者在上海举行的全国人大常委会公证法执法检查座谈会上所作的发言。

执法检查，与时俱进修改完善公证法[1]，我觉得十分有必要。

（叶青等主编：《中国公证制度研究》，上海社会科学院出版社 2004 年版。）

我在华东政法大学任教多年，华政的不少学生在各地的公证行业从事公证工作，经常和我交流公证实践中的一些具体情况，所以我对公证行业的实际情况多少有些了解，并且早在 1995 年，我作为法学专家直接参与了《上海市公证条例》[2]立法稿的起草工作，主编有《中国公证制度研究》[3]一书，在华政也曾为研究生主讲过公证法学课程，可以说，对公证法和公证工作是熟悉的并且很有感情，所以，就这次全国人大常委会公证法执法检查所提出的六个检查重点，在此提出一些我自己的观点和想法，以期对加快推进公证改革和与时俱进修改完善公证法有所帮助。

一、公证机构设立情况

中央全面深化改革委员会审议通过的《关于深化公证体制机制改革 促进公证事业健康发展的意见》（下称"《深化公证改革意见》"）明确将公证制度定义为"重要的预防性司法制度"[4]，而现行公证法虽然提到了公证预防纠纷的职能，但本质上还是将公证制度定位于"证明制度"。所谓"证明制度"，和计划经济年代的国家权力联系在一起，又被称为"国家证明权"制度，是中华人民共和国成立后，基于当时特定的历史条件，从苏联引进的以国家

……现行公证法虽然提到了公证预防纠纷的职能，但本质上还是将公证制度定位于"证明制度"。所谓"证明制度"，和计划经济年代的国家权力联系在一起，又被称为"国家证明权"制度，是中华人民共和国成立后，基于当时特定的历史条件，从苏联引进的以国家权力背书、国家公证机关"盖章证明"为主要特征的制度。

1　参见《全国人大常委会启动公证法执法检查》，来源于新华网，http://www.xinhuanet.com/2021-07/16/c_1127663120.htm，访问时间：2021 年 7 月 27 日。

2　《上海市公证条例》（1995 年 12 月 29 日上海市十届人大常委会第二十四次会议通过，1996 年 3 月 1 日起施行）。

3　叶青等主编：《中国公证制度研究》，上海社会科学院出版社 2004 年版。

4　司法部《关于印发〈关于深化公证体制机制改革 促进公证事业健康发展的意见〉的通知》（司发〔2021〕3 号）。

权力背书、国家公证机关[5]“盖章证明”为主要特征的制度。现在看来，公证法对于公证制度作为“证明制度”的这一定位，与党和国家倡导的“放管服”和“减证便民”、与公证制度在市场经济中的价值和作用明显不相符合。国际公证联盟现有89个成员国（地区），中国是其中之一，国际公证联盟几乎所有成员国（地区）的立法都没有把公证制度定义为“证明制度”，也就是说，在全球通行的现代公证制度中，公证从来都不是“证明制度”，而是一种预防性司法制度。再从现有的公证业务来讲，公证人参与司法辅助、公益诉讼、行政执法，以及公证人主持调解等等，这些都远远超出了所谓“证明”的范畴，“证明制度”的定位从现实来衡量也是严重不科学的。所以，现行公证法关于公证制度是一种“证明制度”的定位需要在修法时从根本上加以改变。

……公证法对于公证制度作为“证明制度”的这一定位，与党和国家倡导的“放管服”和“减证便民”、与公证制度在市场经济中的价值和作用明显不相符合。

正是因为在计划经济年代引进了苏联模式的“国家证明权”制度，我国公证机构的设置实行行政体制，这一行政体制的主要特点是从基层的区、县到市（设区、县的市）都设有与司法行政机关一一对应的公证机构，作为各级司法行政机关的直属单位。据我所知，二十世纪九十年代还有直属司法部的“国家公证处”（后改为北京市长安公证处）和各省的省级公证机构即“某某省公证处”。随着公证改革的推进，“国家公证处”和各地的省公证处已经逐步不存在了，但是，在基层的区、县到市（设区、县的市）这两个层级还设有隶属于各级司法行政机关的公证机构。虽然，公证机构已经普遍从行政体制变更为事业单位体制，但本质上，事业单位体制并没有改变公证机构的行政化属性和运行模式。

……公证机构已经普遍从行政体制变更为事业单位体制，但本质上，事业单位体制并没有改变公证机构的行政化属性和运行模式。

习近平总书记在谈到公证改革时强调，要加快建设包括公证法律服务在内的公共法律服务体系，更好满足人民群众需求[6]。因

5 《中华人民共和国公证暂行条例》（1982年4月13日国务院发布施行，2006年3月1日《公证法》生效之日自动失效）第三条规定：“公证处是国家公证机关。……”

6 习近平：《在中央全面依法治国委员会第一次会议上的讲话》，习近平：《论坚持全面依法治国》，中央文献出版社2020年版，第234页。

……改变公证机构本位，而以公证人为本位，公证机构只是公证人的执业场所……

此，我建议应当对《公证法》第二条、第六条、第七条[7]作出大的修改。一是明确公证机构是公共法律服务机构而不是“证明机构”，相应地，公证活动也不是“证明活动”和“办证”；二是改变公证机构本位，而以公证人为本位，公证机构只是公证人的执业场所；三是公证机构的设立不与司法行政机关逐级对应，也不与行政区划挂钩。公证机构的设立模式应当调整为按公证需求设立。我注意到，2017 年重启公证改革以来，各地合作制公证机构的不断出现，已在改变现行公证机构设立的行政化模式，这也为修法提供了实践样本。根据《深化公证改革意见》的要求，“规范推进合作制公证机构建设发展”[8]，有序放宽公证执业区域，拓展公证活动领域，在严管公证质量前提下，通过增强公证人个体的活力，增强整个公证行业的活力，提供更好的公证法律服务，从而增强人民群众对于公证法律服务的获得感、安全感，需要通过修法为改变公证机构设立模式提供强有力的法制保障。

二、公证员队伍建设情况

……由于多年来没有加快推进公证改革，我国公证员队伍的规模一直是一个小行业，如果再不抓紧进行改革，不是没有可能退化为一个小微行业以至更小……

公证员是一国符合法定条件、依法取得公证执业资格的法律职业人员，国外一般称为公证人。我个人有一个强烈的感觉，由于多年来没有加快推进公证改革，我国公证员队伍的规模一直是一个小行业，如果再不抓紧进行改革，不是没有可能退化为一个小微行业以至更小，对于这一点，现在我们大家已经看得很清楚了。这里有一组统计数据。1995 年 12 月，我参与立法工作的《上

7 《中华人民共和国公证法》第二条规定：“公证是公证机构根据自然人、法人或者其他组织的申请，依照法定程序对民事法律行为、有法律意义的事实和文书的真实性、合法性予以证明的活动。”第六条规定：“公证机构是依法设立，不以营利为目的，依法独立行使公证职能、承担民事责任的证明机构。”第七条规定：“公证机构按照统筹规划、合理布局的原则，可以在县、不设区的市、设区的市、直辖市或者市辖区设立；在设区的市、直辖市可以设立一个或者若干个公证机构。公证机构不按行政区划层层设立。”

8 司法部《关于印发〈关于深化公证体制机制改革 促进公证事业健康发展的意见〉的通知》（司发〔2021〕3 号）。

海市公证条例》[9]颁布，当年上海全市公证员449人[10]。二十五年后的现在，四分之一世纪过去了，截至2020年12月，全上海公证员人数多少？总共436人[11]，与二十五年前相比，上海公证员队伍的人数不仅没有增加，反而减少了13人。全国公证员队伍人数的现状更加不容乐观。2006年《公证法》生效实施，这一年全国公证员总人数21362人[12]。在此之前，2000年7月31日国务院批准的《关于深化公证工作改革的方案》提出："到2010年，要使懂政治、懂经济、懂科技、懂外语的公证员比现在翻两番。"[13]直到今天来看，这一目标是否已经实现？2000年全国公证员12849人[14]。二十年以后的今天，全国公证员的人数仅13620人[15]，远没有实现二十年前2000年公证改革《方案》提出的到2010年"翻两番"的要求。将2021年与2006年《公证法》生效实施这一年相比，全国公证人员由21362人减少为13620人，足以表明公证行业人才流失严重，或者说难以吸引高素质人才。无法想象一个难以吸引高素质人才的行业会有美好的未来。唯有义无反顾加快推进公证改革，才有可能从根本上破解这一现状。

无法想象一个难以吸引高素质人才的行业会有美好的未来。唯有义无反顾加快推进公证改革，才有可能从根本上破解这一现状。

这里我想讲的另外一个修法问题是，随着公证制度由原先计划经济年代的"国家证明权"制度转型为市场经济背景下"重要

9 《上海市公证条例》(1995年12月29日上海市十届人大常委会第二十四次会议通过，1996年3月1日起施行)。

10 《上海司法行政志》编纂委员会编:《上海司法行政志》，上海社会科学院出版社2003年版，第134页。

11 参见《关于本市执业公证机构及其公证员的公告》，来源于上海司法行政网，http://sfj.sh.gov.cn/2020sjwj_shssfjgg/20201109/b140bee686344c8da169b260e074f4b2.html，最后访问时间：2021年7月27日。

12 《司法行政统计资料》，中国司法行政年鉴编辑委员会:《中国司法行政年鉴2007》，法律出版社2007年版，第1004页。

13 司法部《关于印发〈国务院办公厅关于深化公证工作改革有关问题的复函〉和〈关于深化公证工作改革的方案〉的通知》(司发通〔2000〕099号)。

14 《司法行政统计资料》，中国司法行政年鉴编辑委员会:《中国司法行政年鉴2001》，法律出版社2002年版，第903页。

15 参见《国新办举行优化公证服务更好利企便民国务院政策例行吹风会图文实录》，来源于国新网，http://www.scio.gov.cn/32344/32345/44688/45725/tw45727/Document/1704889/1704889.htm，最后访问时间：2021年7月25日。

的预防性司法制度”[16]，公证机构也早已被《中共中央关于建立社会主义市场经济体制若干问题的决定》《中共中央关于国有企业改革若干重大问题的决定》《中共中央关于构建社会主义和谐社会若干重大问题的决定》明确定性为“要与政府部门彻底脱钩”[17]，与律师机构同属“市场中介组织”[18]、“社会组织”[19]，公证员与律师、仲裁员等一起，都是建设完备的公共法律服务体系中的一员。既然公证员已不再是“国家公证员”的身份定位，行使的也不再是早已成为历史的“国家证明权”，现行《公证法》第十七条[20]公证员配备方案需报国务院司法行政部门备案的程序规定，显然已不合时宜。作为手握“生杀大权”的行使国家审判权、检察权的法官和检察官的任命权限，现如今依据《法官法》《检察官法》的规定，也由各省、自治区、直辖市设立法官、检察官遴选委员会，负责初任法官、检察官人选专业能力的审核，由初任法官、检察官人选所在法院、检察长依法提请同级人大常委会任命即可。公证法修法应当明确国务院司法行政部门作为国家主管公证事业的职能部门，负责拟订公证服务建设规划并指导实施；指导、监督公证服务管理工作；负责香港、澳门的律师担任委托公证人的委托和管理工作等等，公证员配备方案的权限完全可以下放至省级司法行政部门，这样既有利于体现公证员职业资格的国家统一性与公证员执

16　司法部《关于印发〈关于深化公证体制机制改革 促进公证事业健康发展的意见〉的通知》（司发〔2021〕3号）。

17　《中共中央关于国有企业改革和发展若干重大问题的决定》（1999年9月22日中国共产党第十五届中央委员会第四次全体会议通过）。

18　《中共中央关于建立社会主义市场经济体制若干问题的决定》（1993年11月14日中国共产党第十四届中央委员会第三次全体会议通过）。

19　《中共中央关于构建社会主义和谐社会若干重大问题的决定》（2006年10月11日中国共产党第十六届中央委员会第六次全体会议通过）。

20　《中华人民共和国公证法》第十七条规定：“公证员的数量根据公证业务需要确定。省、自治区、直辖市人民政府司法行政部门应当根据公证机构的设置情况和公证业务的需要核定公证员配备方案，报国务院司法行政部门备案。”第十八条规定：“担任公证员，应当具备下列条件：（一）具有中华人民共和国国籍；（二）年龄二十五周岁以上六十五周岁以下；（三）公道正派，遵纪守法，品行良好；（四）通过国家统一法律职业资格考试取得法律职业资格；（五）在公证机构实习二年以上或者具有三年以上其他法律职业经历并在公证机构实习一年以上，经考核合格。”

业的地方性之区别，又有利于体现公证员任免条件的法定性与公证员执业的服务性之特色。若再维持公证员配备方案需报国务院司法行政部门备案的程序规定，反而强化了公证员的“国家公证员”色彩，弱化了其公共法律服务从业人员的身份定位，也会造成社会公众对同属法律服务业从业人员的律师、仲裁员、公证员等的错误认知，误把公证员看作是“国家公务员”。统一公共法律服务人员的配备方案程序，应当是公证法修法的题中应有之义。

另外，建议修改《公证法》第十八条的公证员任职条件，放宽公证员的准入条件，同时不再规定公证员任职年龄上限，具体为，除保留该条第（一）、（三）、（四）项外，为吸引更多的优秀法科大学生加入公证员队伍，公证员任职年龄的起点应当从 25 岁下降到 23 或 24 岁，大学生本科毕业时年龄一般为 22 至 23 岁，可保证其毕业后在公证机构实习满一年后即可申请执业。当然，修法时也可以考虑与同属公共法律服务职业共同体的律师、仲裁员执业条件一样，对公证员不作具体的年龄规定，特别是考虑到全国现有公证员人才严重紧缺，这种人才严重紧缺的状况不是一朝一夕就能改变的，有的公证处在网上发的招聘广告中甚至已经把招录公证员的年龄上限抬高到 63 岁，因此，有必要借鉴越南、白俄罗斯等国公证立法改革成果，[21] 对公证员不应设任职年龄上限，改变 65 周岁为任职年龄上限的规定，公证员完全可以也应当和律师一样终身执业，特别是合作制和未来合伙制公证机构的公证员更应如此，这也有助于解决全国公证行业人才严重紧缺的现实困难。为了加快培养公证员队伍的后备人才，应当在修法时规定一些鼓励性条款，即鼓励法学院校开设公证法方向专业、公证法学课程，指导各级司法行政部门、公证协会与教育部门共同推进公证员实习、实训基地和平台的建设，为公证更好地服务国家经济社会发展提供人才储备；鼓励公证协会建设公证员培训学院，加

……特别是考虑到全国现有公证员人才严重紧缺，这种人才严重紧缺的状况不是一朝一夕就能改变的，有的公证处在网上发的招聘广告中甚至已经把招录公证员的年龄上限抬高到 63 岁，因此，有必要借鉴越南、白俄罗斯等国公证立法改革成果，对公证员不应设任职年龄上限，改变 65 周岁为任职年龄上限的规定，公证员完全可以也应当和律师一样终身执业，特别是合作制和未来合伙制公证机构的公证员更应如此……

21　参见《越南公证法》，苏国强、汤庆发、刘志云编：《域外公证法汇编》，法律出版社 2015 年版；蔡勇：《白俄罗斯公证法确立公证人职责与公证人本位体制——白俄罗斯公证法概述与选译》，《公证研讨》第 5 辑，上海人民出版社 2019 年版。

强公证员任职前后的业务培训，为公证员执业水平与职业道德的强化和不断提升提供组织保障。

三、公证职能作用发挥情况

公证制度是重要的预防性司法制度，但是公证职能作用发挥得并不理想，主要原因是公证改革还远没有到位，需要义无反顾加快推进公证改革。2017 年公证改革重启后，我注意到司法部对于 2018 年至 2019 年全国公证业务与公证体制之间的关系有一组统计数据。与 2017 年相比，2018 年和 2019 年全国办理公证总件数和年公证收费都处于“双降通道”，2018 年全国办理公证总件数和年公证收费同比都下降了 10%，但是，占该年全国公证机构总数 3% 和公证员总数 6% 的合作制公证机构群体却实现了全年办案量 143 万件，占当年全国公证机构办案量 1300 余万件的 11%。2019 年，全国办理公证总件数约 1098 万余件，公证年收费约 51 亿元，两项数据同比分别下降约 18% 与 20%，同样，占该年全国公证机构总数 3. 7% 和公证员总数 7. 5% 的合作制公证机构群体全年办理公证总件数 137 万件，占当年全国公证机构办案量 1098 万件的 12. 5%，全年公证总收费 6. 48 亿元，占全国公证机构年公证总收费 51. 2 亿元的 12. 63%[22]。2018 年和 2019 年全国公证行业业务“双降”大背景下，为什么合作制公证机构群体的公证业务逆势上扬、全线飘红？这一现象的背后，是公证体制这双无形的手在发挥作用。

上海公证行业也存在同样的情况。在上海市司法局领导下，2018 年上海新设立了两家合作制公证处，其他 21 家公证处都是事业单位体制公证机构。[23] 据我了解，两家合作制公证处设立至今，公证业务一直保持不断上升态势，而本市几乎所有的事业单位体制公证机构都出现业务下滑，超过三分之二的事业单位体制公证

22 转引自华东政法大学公证改革课题组课题报告，未刊稿。

23 参见《关于本市执业公证机构及其公证员的公告》，来源于上海司法行政网，http://sfj.sh.gov.cn/2020sjwj_shssfjgg/20201109/b140bee686344c8da169b260e074f4b2.html，最后访问时间：2021 年 7 月 27 日。

机构甚至已经处于亏损状态，这就意味着公证职能作用的发挥远远不够理想。上海市东方公证处是全国最大的事业单位体制公证机构之一，多年以来为上海和全国公证事业的发展做出了很大贡献，有目共睹。但是，由于体制机制的弊端——当然这种体制机制的弊端在全国公证行业十分普遍，事业体制公证机构的发展大都处于“今不如昔”的境地——据了解，2016 年上海市东方公证处全年公证收费约 3.6 亿元，达到上海市东方公证处公证业务的巅峰，但是到了 2020 年，公证年收费却大约只有 9000 万，而 9000 万中还有 3000 万属于上海市司法局发的“救济粮”，“救济粮”是指上海市商品住房项目销售摇号公证项目，市司法局出于公证质量管控等原因将此公证项目交由东方公证处独家办理，此项业务年公证收费约有 3000 万左右，如果没有这项“垄断”业务，2020 年上海市东方公证处的全年公证收费大约只有 6000 万，只是 2016 年公证收费 3.6 亿的一个“零头”，公证业务下降幅度十分惊人。随着民法典的实施，同时党和国家倡导“放管服”“减证便民”，原来由各级行政机关红头文件规定的所谓“必须公证”事项已被完全取消，公证行业若不能追随人民群众对公证需求的期盼和地方经济社会发展的需要，公证职能作用的发挥将无从谈起。铁一般的数据和一系列事实向我们揭示了公证机构体制的不同带来的公证业务差距如此之大，足以说明公证改革与公证职能作用是否发挥得理想存在直接的因果关系，公证改革是否真正到位决定了公证事业能否取得发展。

……公证机构体制的不同带来的公证业务差距如此之大，足以说明公证改革与公证职能作用是否发挥得理想存在直接的因果关系，公证改革是否真正到位决定了公证事业能否取得发展。

与事业单位体制公证机构相比，合作制公证机构极大地调动了公证员的活力和积极性，产生的社会效益是老百姓和企业都得到了更好、更优质的公证法律服务。但是，据统计，至 2021 年 6 月，全国公证机构共有 2980 家[24]，其中合作制公证机构 133 家，仅占全国公证机构总数 4.5%，事业体制公证机构 2847 家，占全国公证机构总数 95.5%，这表明 2017 年重启公证改革三年后，事业单位体制仍为公证行业主流体制，需要以更大的决心、更强的力度加快推进公证改革。

……合作制公证机构极大地调动了公证员的活力和积极性，产生的社会效益是老百姓和企业都得到了更好、更优质的公证法律服务……

24 统计数据来自司法部公共法律服务管理局公证工作处，特此致谢。

与合作制公证机构明显不同的是，事业单位体制公证机构中，行政化管理模式的存在，使相当一些管理层人员虽为执业公证员却没有办案动力，很少或从不办案。

与合作制公证机构明显不同的是，事业单位体制公证机构中，行政化管理模式的存在，使相当一些管理层人员虽为执业公证员却没有办案动力，很少或从不办案。同时，公证书审批制度[25]的运行，导致公证机构特别是大中型事业单位体制公证机构中除了负责人拥有审批权以外，还会专设若干“审批公证员”。如此一来，客观而论，虽然全国公证员人数基本保持在13000人左右[26]，但是，事实上，真正致力于在一线办案直接服务于人民群众和企业的公证员远远不足一万人，这是全国公证员队伍结构一个难以回避的真实状况。我想指出的是，真正在一线办案的不少公证员都有参与合作制改革的迫切愿望，而几乎从不办案、只是靠负责“审批”或行政职位“坐享其成”的公证员对于推进公证改革是否也有同样的期盼呢？我建议，从严格执行司法责任制出发，应当修改公证法，对公证机构负责人和所有公证员都参照法官法、检察官法的规定，一概必须办案。法院院长、检察长除履行审判、检查职责外，还应当履行与其职务相适应的职责，所有入额法官、检察官都必须办案，不办案则必须退出员额，法院院长、检察长也不例外。公证法修法时应对所有公证员一概必须办案作出规定，以此从法律上杜绝公证机构负责人、“审批公证员”从不办案的现象。

……从严格执行司法责任制出发，应当修改公证法，对公证机构负责人和所有公证员都参照法官法、检察官法的规定，一概必须办案，……以此从法律上杜绝公证机构负责人、“审批公证员”从不办案的现象。

更为重要的是，从有效发挥公证职能作用出发，公证法修法时对于公证体制不应再采取回避态度。可以比较的是，1996年，律师体制改革成果写进了新中国第一部《律师法》，确立了国家体

25　叶青/孔祥伟、谢磊：《司法责任制与公证办案责任制改革——华东政法大学校长叶青教授访谈实录》，《东方公证法学》第2卷，上海人民出版社2017年版。

26　参见《国新办举行优化公证服务更好利企便民国务院政策例行吹风会图文实录》，来源于国新网，http://www.scio.gov.cn/32344/32345/44688/45725/tw45727/Document/1704889/1704889.htm，最后访问时间：2021年7月25日。

制、合作体制和合伙体制多元体制律师机构[27]并存，该法于1997年1月1日起实施，当年全国律师不到10万人，共98902人[28]。《律师法》颁布二十五年后，到2020年，全国律师人数已经达到52.2万人[29]的规模。法律的这种激励效应同样应该在公证法上得到体现，公证法修法确立公证体制时，完全可以而且有必要参照律师法的立法模式，允许多元体制并存，无论是党和国家公证改革政策对于公证机构成为"要与政府部门彻底脱钩"[30]的"法律服务业"[31]的"社会组织"[32]和"专业机构"[33]的明确定性，还是民法典"非法人组织"制度[34]的确立，都已经为公证体制多元化提供了充分的正当性空间。

……公证法修法确立公证体制时，完全可以而且有必要参照律师法的立法模式，允许多元体制并存，无论是党和国家公证改革政策对于公证机构成为"要与政府部门彻底脱钩"的"法律服务业"的"社会组织"和"专业机构"的明确定性，还是民法典"非法人组织"制度的确立，都已经为公证体制多元化提供了充分的正当性空间。

四、对公证执业活动的监督指导情况

公证质量是公证工作的生命线，关系到当事人切身利益和公证行业形象，必须严管。一些地方出现的违法公证个案甚至系列

---

27 《中华人民共和国律师法》（1996年5月15日第八届全国人民代表大会常务委员会第十九次会议通过，1997年1月1日起施行。）第十六条规定："国家出资设立的律师事务所，依法自主开展律师业务，以该律师事务所的全部资产对其债务承担责任。"第17条规定："律师可以设立合作律师事务所，以该律师事务所的全部资产对其债务承担责任。"第十八条规定："律师可以设立合伙律师事务所，合伙对该律师事务所的债务承担无限责任和连带责任。"

28 《司法行政统计资料》，中国司法行政年鉴编辑委员会：《中国司法行政年鉴1998》，法律出版社1999年版，第695页。

29 参见《2020年度律师、基层法律服务工作统计分析》，来源于司法部政府网，http://www.moj.gov.cn/pub/sfbgw/zwxxgk/fdzdgknr/fdzdgknrtjxx/202106/t20210611_427394.html，最后访问时间：2021年7月22日。

30 《中共中央关于国有企业改革和发展若干重大问题的决定》（1999年9月22日中国共产党第十五届中央委员会第四次全体会议通过）。

31 《中共中央关于全面推进依法治国若干重大问题的决定》（2014年10月23日中国共产党第十八届中央委员会第四次全体会议通过）。

32 《中共中央关于构建社会主义和谐社会若干重大问题的决定》（2006年10月11日中国共产党第十六届中央委员会第六次全体会议通过）。

33 国务院《关于加强和规范事中事后监管的指导意见》（国发〔2019〕18号）；中央全面依法治国委员会《关于印发〈关于加强综合治理从源头切实解决执行难问题的意见〉的通知》（中法委发〔2019〕1号）。

34 《中华人民共和国民法典》第一〇二条规定："非法人组织是不具有法人资格，但是能够依法以自己的名义从事民事活动的组织。非法人组织包括个人独资企业、合伙企业、不具有法人资格的专业服务机构等。"

大案，影响极坏，暴露出一些公证员突破法律、职业道德底线，参与不法活动，牟取非法利益。不加强监管，公证质量没有保障，公证公信力也树立不起来。从现行公证法的规定看，对于公证执业活动的监督机制是空白的。现在公证执业活动的监督基本上是公证行业的内部循环，我在接受一些访谈时曾指出，这是公证行业在“自说自话”。按现行公证法的规定，公证活动发生过错，最终只能由公证机构自己决定是否需要纠错，任何机关包括人民法院都不能撤销错误的公证文书。从公证是预防性司法制度的定位出发，公证法的这一制度设计事实上是有违司法公正基本原理的，因为司法公正必然包含程序上的制约机制，如果公证活动的制约机制只是依靠公证行业甚至公证机构自身来完成，那么毫无疑问一定会影响公证的公正性，我建议，可以设立民事诉讼简易程序决定是否撤销公证书，从而强化对公证活动的监督；建立涵盖执业准入、日常监管、考核评价、奖励惩戒等各个环节在内的完整的公证执业监管体系。

……司法公正必然包含程序上的制约机制，如果公证活动的制约机制只是依靠公证行业甚至公证机构自身来完成，那么毫无疑问一定会影响公证的公正性……

五、法律实施和公证工作中存在的主要问题

对于法律实施和公证工作中存在的主要问题，我想讲两个方面的问题。

第一，关于公证员主体地位与法律责任。

现行公证法采用公证机构本位的立法模式，这在国际公证联盟 89 个成员国（地区）中是独一无二的，本质上也是受到了苏联出于计划经济体制的需要，以“国家公证机关”取代公证人这一法律职业的影响。全球公证制度中，执业主体都规定为公证人，公证机构本质上只是公证人的执业场所，就像律师和律师事务所的关系一样。事实上，现实中所有公证法律服务也都是由公证员个体而不是公证机构提供的。当然，考虑到中国的国情，国家可以组建部分由公职公证员组成的国有公证机构。但是，无论是国家设立的公证机构，还是公证人发起设立的合作制、合伙制公证机构，都应当

……无论是国家设立的公证机构，还是公证人发起设立的合作制、合伙制公证机构，都应当按照习近平总书记提出的“不断促进人的全面发展”的要求，明确承认公证人的主体地位，以充分调动公证员发展公证事业的积极性，而不是以公证人执业场所公证机构作为公证活动的主体，现行公证法“机构本位”的制度设计是违背公证规律和基本法理的。

按照习近平总书记提出的“不断促进人的全面发展”[35]的要求，明确承认公证人的主体地位，以充分调动公证员发展公证事业的积极性，而不是以公证人执业场所公证机构作为公证活动的主体，现行公证法“机构本位”的制度设计是违背公证规律和基本法理的。

这些年，我在多次访谈中都提出，党中央倡导的司法责任制改革在公证行业的落实严重滞后，“谁办案，谁负责”几乎没有得到落实，办案的公证员无权决定公证结果，负责“审批”的公证员根本不办案却享有公证结果的决定权。在民法典时代，公证法修法需要改变这一模式。习近平总书记强调权责要对等[36]，民法典的核心原则是权利、义务与责任对等，但在现行公证制度中，公证员办理公证，又分为承办公证员和审批公证员不同的主体，而公证活动的过错赔偿责任却由公证机构承担，公证机构承担后“可以”自行决定是否向有过错的公证员追偿[37]，这样的制度设计明显有违民法典和司法责任制的基本理念，需要在公证法修法时彻底加以改变，明确规定公证员是公证执业和责任主体，公证员违法犯罪、制造错案假案需直接承担相应责任。

习近平总书记强调权责要对等，民法典的核心原则是权利、义务与责任对等，但在现行公证制度中，公证员办理公证，又分为承办公证员和审批公证员不同的主体，而公证活动的过错赔偿责任却由公证机构承担，公证机构承担后“可以”自行决定是否向有过错的公证员追偿，这样的制度设计明显有违民法典和司法责任制的基本理念，需要在公证法修法时彻底加以改变，明确规定公证员是公证执业和责任主体……

第二，关于《公证法》第十条的执行问题。

《公证法》第十条规定：“公证机构的负责人应当在有三年以上执业经历的公证员中推选产生，由所在地的司法行政部门核准，报省、自治区、直辖市人民政府司法行政部门备案。”前几年，某省一公证处负责人因违纪违法被免除公证处主任职务，按照《公证法》第十条的规定，该公证处负责人应当在有三年以上执业经历的公证员中推选产生，但是，当地司法局却任命了一名没有公证员资格更没有执业经历的局机关某干部“空降”到该公证处担任负责人主持工作。还有更为离奇的现象，华政一位校友反映，某地司法行

35　习近平：《决胜全面建成小康社会，夺取新时代中国特色社会主义伟大胜利——在中国共产党第十九次全国代表大会上的报告》（2017年10月18日）。

36　习近平：《在首都各界纪念现行宪法公布实施三十周年大会上的讲话》（2012年12月4日），中共中央文献研究室编：《十八大以来重要文献选编》（上），中央文献出版社2014年版，第92页。

37　《中华人民共和国公证法》第四十三条规定：“公证机构及其公证员因过错给当事人、公证事项的利害关系人造成损失的，由公证机构承担相应的赔偿责任；公证机构赔偿后，可以向有故意或者重大过失的公证员追偿。……”

政主管部门曾任命某宾馆一位经理作为“干部调动”担任某公证处的负责人（副主任）。据我了解，这样的违法现象在全国公证行业并不鲜见，而且几乎都没有得到追究。这种做法，一方面，反映了有法不依、执法不严，严重影响了公证法的权威性；另一方面，在公证员准入门槛如此高的现实情势下，任命一个完全的“门外汉”来担任公证员们的领导，情何以堪？这大大地打击了一线优秀公证员的事业心与进取心，也直接导致这些公证处公证员人才的流失。

六、进一步推进法律实施和与时俱进修改完善公证法的意见与建议

进一步推进法律实施和与时俱进修改完善公证法的意见与建议，我在上面已经作了展开。在我看来，重要的是公证法不仅需要与时俱进修改完善，更要强调执法必严、违法必究，真正做到科学立法、严格执法。

尽早启动公证法修法 促进公证事业健康发展

——全国人大代表、中国社会科学院学部委员孙宪忠教授访谈录

◎孙宪忠 / 薛凡*

就中国公证改革发展的走向而论，
公证从国家信用转变为社会信用、
从“国家证明权”这种公权力的运行
转变为公证人为民众和社会提供专业性公共法律服务，
这是一条基本道路、一个方向。
我们所要反对的是，
把公证人职业活动甚至把公证事业完全市场化，
而忘记了公证本身具有的公正之“公”的基本属性。

* 孙宪忠，第十三届全国人大代表、宪法和法律委员会委员、中国社会科学院学部委员、法学研究所研究员，中国社会科学院大学特聘教授；薛凡，中国法学会民事诉讼法学研究会理事，中国公证协会公证理论研究委员会主任委员，华东政法大学公证改革课题主持人。

薛凡(下称“薛”): 孙老师您好!正值2022年全国“两会”期间，真诚感谢您抽出十分宝贵的时间，就公证法修法和促进公证事业健康发展接受《预防性司法研究》的采访。

孙宪忠: 谢谢，对预防性司法进行研究很有意义。

薛: 2021年，中央全面深化改革委员会审议通过了《关于深化公证体制机制改革 促进公证事业健康发展的意见》(下称“《深化公证改革意见》”)。《深化公证改革意见》首次将中国公证制度明确定位为预防性司法制度而不是证明制度，同时提出加快修改公证法的要求[1]。我们知道，您作为民法大家，同时作为全国人大代表，多年来一直十分关心公证事业的发展。此次“两会”期间，您领衔提交了《关于修订〈公证法〉的立法议案》[2]，同时，您作为《人民政协报》特邀评论员，发表了题为《让公证更有力量》[3]的评论文章，在全国公证行业“一石激起千层浪”，不少公证员都在微信朋友圈纷纷转发点赞，好评如潮，我们希望能更深入地聆听您对公证法修法和促进公证事业健康发展理念的解读。

孙宪忠: 公证法确实应该修改啦，修改的进路是准确把握公证本质规律，以公证的法律效力为核心，有必要借鉴中国早已成为成员国的国际公证联盟的基本规则，一方面在公证的公信力建设上多做谋划，另一方面需要吸收近年来我国公证改革和公证事业发展取得的实践经验。

薛: 在您看来，现行公证法的主要问题是什么?

孙宪忠: 2021年，十三届全国人大常委会对我国公证法实施的状态进行了执法检查，曹建明副委员长在常委会第三十二次会议上作的《全国人民代表大会常务委员会关于检查〈中华人民共和国公证法〉实施情况的报告》(下称“公证法执法检查《报

1 司法部《关于印发〈关于深化公证体制机制改革 促进公证事业健康发展的意见〉的通知》(司发〔2021〕3号)。

2 孙宪忠:《关于修订〈公证法〉的立法议案》，来源于中国法学网，http://www.iolaw.cssn.cn，最后访问时间:2022年3月7日。

3 孙宪忠:《让公证更有力量》,《人民政协报》2022年3月8日。

告》”）[4]表明，我国公证法实施以来，在法治实践中发挥了很好的作用，但是，现在的公证法以及公证事业的发展，几乎遇到了天花板一样无法突破的障碍。我们的调研认为，我国公证法以及公证事业发展遇到的障碍中，最大的障碍是公证法立法指导思想对公证行为的误认误解，致使现行立法的相关规定不当。可以说，现行公证法在立法指导思想上存在着明显的不足以至偏差。

薛：您认为现行公证法立法指导思想上对公证行为的误认误解和明显不足以至偏差表现在哪些方面？

孙宪忠：公证法立法指导思想上的不足以至偏差，比较突出地表现在把公证法当作行政管理法。依据国际公证联盟认可的法理，公证人的职业行为不是行政行为，而是为民事法律关系的各种要件、各种法律事实提供具有公信力的公证文书的行为，这种行为具有准司法行为的特点，与仲裁相类似。所以，从法律体系上来说，公证法属于民法的附从法、特别法。

依据国际公证联盟认可的法理，公证人的职业行为不是行政行为，而是为民事法律关系的各种要件、各种法律事实提供具有公信力的公证文书的行为，这种行为具有准司法行为的特点，与仲裁相类似。

薛：记得几年前，有幸听您在上海给公证员和法官们讲授民法典，给我留下特别深刻的印象，我也很认真地作了听课笔记。您谈到，您在德国学习时，了解到德国将公证制度作为民法的内在制度，通过对法律事实的确认来直接影响民事裁判和权利义务安排，将公证法作为民法的特别法来对待。您还谈到，从德国学习回来后，您参与了公证法制定的过程，老一代的一些法学家和公证主管部门一些人员认为，公证是“国家证明”，是国家干预、管理社会的制度之一，将其理解为行政法的一部分，这在当时是一种主导的思想观念，您提出“公证是一种准司法行为”，但是当时还有人表示听不懂、不太理解，说明国内一些人士与国际公证联盟在公证制度理念和思想观念上的差别是非常大的。

孙宪忠：我国过去的立法观念，一直把公证法当作行政管理法，立法的出发点是对公证员和公证行业进行管理和监督，原有的立法指导思想上的这个核心认识不符合公证的本质规律，所以，

4　曹建明：《全国人民代表大会常务委员会关于检查〈中华人民共和国公证法〉实施情况的报告》（2021 年 12 月 24 日），来源于中国人大网，http://www.npc.gov.cn，最后访问时间：2022 年 3 月 8 日。

现行公证法的规定在法律实施监督检查方面宽严失当。如果管理太严，则公证活动范围收缩严重、从业者流失严重；如果管理松弛，则公证行业违规乱象丛生。正因为此，现在应该慎重反思公证立法的指导思想，借助全国人大常委会公证法执法检查《报告》的落实，争取尽早启动公证法的修订工作。

薛：十分赞同！

孙宪忠：大陆法系国家法谚云：多设一个公证人事务所，就可以关停一家法院。众所周知，公证人在解决纠纷、减少争讼方面发挥着独特而重要的作用。公证人能够发挥如此作用的法律机理在于，公证在法律关系各种要素的内容、支持民事权利的法律事实的证明力方面，能够提供强有力的有效性证据。公证文书具有证据推定效力，在诉讼、仲裁等活动中直接采信，无需再次证明。经过公证赋予强制执行效力的债权文书，债权人可以不经审判而直接申请强制执行。公证文书的法律效力如此之高，公证制度对于国家和社会治理的价值如此重要，但是相比之下，公证事业的发展却远不如人意。

根据曹建明副委员长所作的公证法执法检查《报告》，截至2021年11月底，全国共有公证机构2980家，公证员14147人，公证员助理9874人。2006年《公证法》实施以来，全国公证机构办理公证总量为18481.34万件。该《报告》指出，2006年我国共有公证员11658人。[5]国家当时还曾经订立目标，从2000年到2010年，要实现公证员人数“翻两番”[6]。但遗憾的是，这个时间点早已过去，全国公证员总人数不增反减，公证行业人才流失严重。公证事业的整体发展几乎完全未能达到预期的目标。

薛：从公证法对于公证事业应有的保障和规范作用出发，上述现象的存在，正如您前面指出的，现行公证法立法指导思想确实已经到了需要慎重反思之时。

5　曹建明：《全国人民代表大会常务委员会关于检查〈中华人民共和国公证法〉实施情况的报告》（2021年12月24日），来源于中国人大网，http://www.npc.gov.cn，最后访问时间：2022年3月8日。

6　司法部《关于印发〈国务院办公厅关于深化公证改革有关问题的复函〉和〈关于深化公证工作改革的方案〉的通知》（司发通〔2000〕099号）。

孙宪忠：可以认为，我国公证事业发展遇到的根本问题之一，是现行公证法立法指导思想上的偏差。前面我已经提到，当时该法制定的目的，主要是为司法行政机关管理公证员和公证行业提供依据，没有考虑到公证人从事公证活动所具有的准民事司法行为的特点，没有考虑到公证人职业特征和公证活动的基本规律。正因为这样，抓紧修改公证法是十分必要的，而重新审视制定该法的立法目的和立法指导思想，同样也是非常重要的。

还要看到，公证法立法指导思想上的偏差，很大程度上是由于受到了苏联模式"国家证明权"制度的影响。与国际公证联盟代表的现代公证制度全然不同，苏联模式"国家证明权"制度带有十分浓厚的行政管理色彩，将公证人职业活动变造成了国家权力"国家证明权"。长期以来，不仅公证法在我国一直被认为是行政管理法，公证机构按行政层级层层设立，被作为行政部门来管理对待，公证行为也被认为是行政确认行为。错误的立法定位和公证性质认识，造成了司法实践上的不统一和公证欺诈的发生，公证制度价值大打折扣，辜负了社会公众的信任。

薛：公证法在我国一直被认为是行政管理法，公证行为被认为是行政确认行为，说明在思想观念和实践上需要彻底走出计划经济年代引进的苏联模式"国家证明权"制度的误区。我在您的经典法学论著之一《中国物权法总论》第四版后记"坚持做一个说真话的法学人"中曾经读到："从中国改革开放的本意来看，就是要从苏联法学中解脱出来。这种建立在计划经济体制下以斯大林思想为基础的前法学知识体系，其基本的特征首先是完全自我封闭，自设前提，切断了历史，切断了世界法学发展的联系"。[7] 诚为至理名言！

（孙宪忠：《中国物权法总论（第四版）》，法律出版社2019年版）

我国公证事业发展遇到的根本问题之一，是现行公证法立法指导思想上的偏差。……当时该法制定的目的，主要是为司法行政机关管理公证员和公证行业提供依据，没有考虑到公证人从事公证活动所具有的准民事司法行为的特点，没有考虑到公证人职业特征和公证活动的基本规律。

……与国际公证联盟代表的现代公证制度全然不同，苏联模式"国家证明权"制度带有十分浓厚的行政管理色彩，将公证人职业活动变造成了国家权力"国家证明权"。……公证机构……被作为行政部门来管理对待，公证行为也被认为是行政确认行为。

7 《孙宪忠：坚持做一个说真话的法学人》，微信公众号"与民法典同行"，2018年12月4日。

孙宪忠：我们知道，公证制度是一项全球性法律制度，所以，对于公证人职业活动和公证制度的理解不能割裂历史。从公证人职业和公证制度起源上来看，是与订立契约并作成公证文书相伴随而生的。在书面契约形式出现之前，当事人往往会邀请朋友见证双方以握手订立契约的过程。这一订立契约的习惯被古罗马所采纳，一些“优秀记忆者”被选中，并随时待命见证口头订立契约的活动，以便在将来发生争议时能够提供可信的证据。但是，随着欺诈和争讼的频发以及书面契约形式的出现，简单的熟人见证或一般民众见证已难以满足社会的需要。为确保契约的有效性，专业人士的见证成为民事活动的迫切需要，比如罗马帝国法律规定，所有涉及重要价值标的的交易，都应当在有政府官员在场的情况下签订书面合同，并由政府官员保管该合同，这可能就是现代公证制度的雏形。任何民事活动都需要“见证者”，民事主体身份的认定需要见证，因为民事主体不仅仅在域内参加民事活动，还要到域外从事商事贸易；民事权利也需要见证，因为民事权利要进入到民事交易活动中去。此外，基于同样的道理，所有权、投资、婚姻等，只要参与民事活动，最好都有某种证明文件，而公证文书就是证明文件最好的形式。因此，公证的出现不仅是确保交易当事人双方权利与义务的需要，还是保护相关利益方、确保法律稳定性以及保障整个社会公共利益的需要。所以，历史视野下的全球公证制度，并不是为了满足政府行政管理的需要出现的，而是为了满足私法社会民事交易的需要。苏联模式的“国家证明权”制度为什么会带有浓厚的行政管理色彩？因为这种制度是在不存在私法社会民事交易的计划经济历史背景下形成的。所以，公证法修法在立法定位上，不应定位为行政管理法，公证法属民法范畴，是民事附从法，必须正确认识公证法作为民事附从法的立法定位问题。

历史视野下的全球公证制度，并不是为了满足政府行政管理的需要出现的，而是为了满足私法社会民事交易的需要。苏联模式的“国家证明权”制度为什么会带有浓厚的行政管理色彩？因为这种制度是在不存在私法社会民事交易的计划经济历史背景下形成的。

薛：前面您多次提到了国际公证联盟有关公证制度的基本法理，能否请您就此作一些阐发？

孙宪忠：依据国际公证联盟的公证规则，公证的法律效力，其实就是公证文书作为法律证据所具有的有效性推定效力。这个效力主要表现在两个方面：一是当然事实根据，二是免证效力。

先说当然事实根据，公证的重要作用是如实固定法律行为和事实。通过法律授权以及基于利益相关各方的要求，公证人作成的公证文书记录了契约当事人以及签约过程的真实情况，因此，公证活动保证了契约主体、签订日期、报价、契约原本及副本等事实的真实性与确切性。同时，公证人还担负认证各种法律文件的职责，比如认证商业票据、股票、租赁协议等。除此之外，公证人的职责还包括审查权利的合法性，比如不动产所有权的合法性，这些都具有准司法活动的性质，当事人的权利义务据此得到了明确与确定。另一方面，公证人也是受雇的“证人”，见证各种行为和情况，比如见证债权让与通知书的送达。从公证功能的视角来看，公证是确认法律关系发生的依据，是法律权利确权的依据，是确认法律事实存在以及法律文件的真实性的依据。

从公证功能的视角来看，公证是确认法律关系发生的依据，是法律权利确权的依据，是确认法律事实存在以及法律文件的真实性的依据。

同时，公证文书作为当然事实根据也是公证对审判或仲裁机关的约束。在诉讼或仲裁中，如果当事人提出的与案件主要事实相关的法律行为、法律事实与法律文书是经过公证的，法院或仲裁机构必须将其作为案件事实认定依据，这也是我国法律承认的证据规则。2021 年新修订的《民事诉讼法》第七十二条和《公证法》第三十六条都规定，对于公证书所载事实，人民法院“应当作为认定事实的根据”。[8]

再来说免证效力。公证文书具有有效性推定效力，意味着对法官自由裁量权的排除或者限制。只要公证文书所载内容被认定与审理事实存有关联，就意味着对法官自由心证的排除。法官不能主动依据证据审查标准审查公证书的证据能力。如果一个法律行为、一个法律事实、一份法律文件是经过公证的，则不需要提供任何其他证据即可被法院或者仲裁庭予以采信。换言之，经过公证的事实，可以直截了当地在各类民事活动或者民事裁判、民

公证文书具有有效性推定效力，意味着对法官自由裁量权的排除或者限制。只要公证文书所载内容被认定与审理事实存有关联，就意味着对法官自由心证的排除。

8 《中华人民共和国民事诉讼法》第七十二条规定：“经过法定程序公证证明的法律事实和文书，人民法院应当作为认定事实的根据，但有相反证据足以推翻公证证明的除外。”《中华人民共和国公证法》第三十六条规定：“经公证的民事法律行为、有法律意义的事实和文书，应当作为认定事实的根据，但有相反证据足以推翻该项公证的除外。”

事仲裁中适用。在各种证据之中，公证文书的证明力是最高的。公证文书的免证效力还表现在，当公证文书未经撤销时，法院不能传唤公证人到庭质证，一方面，这是由公证人必须对公证事项保密的职业道德决定的，另一方面，作为公证人的一项法定职权，公证免受司法机关等任意干涉，当然也不得就公证信息进行质证。基于同样的道理，经过公证赋予强制执行效力的债权文书，可以不经法院的审理而直接进入强制执行程序。

国际公证联盟规则确认了公证文书具有强有力的有效性推定效力，由此降低了诉讼成本以至减少了争讼，有效协调了合同自由与交易安全、交易效率。所以，国际公证联盟为象征的现代公证制度，具有历史的合理性和现实的正当性。

薛：您对国际公证联盟规则蕴含的基本法理和公证制度历史合理性、现实正当性的阐发，令人获益匪浅，有助于人们科学认识公证人职业性质和公证制度的价值，理解公证行为的本质。

孙宪忠：公证行为的本质，在民商交易中是当事人意思表示的具有公信力的凭证，它由具有国家法律授权的公证人来作成、以其形式上的庄重严肃，来保障意思表示的真实可信，我们可以从三个层面展开讨论。

第一，从公证的权力来源上来看，公证文书是当事人意思自治的结果。公证是法律授权的公证人见证交易行为并确认交易真实、不违背法律。公证人见证真实的职能表明了公证文书的内容体现的不是公证人个人的意愿，而是当事人各方的共同意愿。公证文书是公证人这种特殊的法律职业人依据法律规定针对当事人意思表示和其他法律事实出具的书面证据。书面证据中的任何字符，甚至标点符合，都是当事人内心真意或思想的流露，是对内心思想和想法陈述的确切记载。

第二，从公证人职业特征上看，公证姓“公”，不是公权力的“公”，而是公正的“公”。无论是国际公证联盟的规则还是我国公证法，都规定了公证活动应当客观、公正[9]，表明公证是一项对事实

9 《中华人民共和国公证法》第三条规定：“公证机构办理公证，应当遵守法律，坚持客观、公正的原则。”

公证文书的免证效力还表现在，当公证文书未经撤销时，法院不能传唤公证人到庭质证，一方面，这是由公证人必须对公证事项保密的职业道德决定的，另一方面，作为公证人的一项法定职权，公证免受司法机关等任意干涉，当然也不得就公证信息进行质证。

从公证的权力来源上来看，公证文书是当事人意思自治的结果。

从公证人职业特征上看，公证姓“公”，不是公权力的“公”，而是公正的“公”。……公证是一项对事实和法律负责的无倾向性的法律服务。公证人职业和公证制度的出现顺应了这样一个趋势：整个社会包括商业社会都需要一个利益相关各方都可以信任的、能够提供担保的人，在强有力的法律依据支撑下，以一个拥有客观专业知识、牢不可破、无懈可击和各方共同的法律顾问的身份，亲历签订合同等法律行为和事实以备将来之需。

和法律负责的无倾向性的法律服务。公证人职业和公证制度的出现顺应了这样一个趋势：整个社会包括商业社会都需要一个利益相关各方皆可以信任的、能够提供担保的人，在强有力的法律依据支撑下，以一个拥有客观专业知识、牢不可破、无懈可击和各方共同的法律顾问的身份，亲历签订合同等法律行为和事实以备将来之需。设立公证人职业的目的不是为了干涉私权，而是为了更好地保护私权，但公证保护私权的职能并不是说公证的目的仅仅是为了某一个人、某一个家庭、某一个企业的利益，相反，是为了社会公共利益。因此，公证人充当的是公共意义上的公证人，而不是私人的公证人。公证人不是仅仅对当事人负有义务，而是对法律行为的真实、不违背法律负有义务。公证人以诚实、公平、公正和专业的方式为社会全体公众服务。

……公证人充当的是公共意义上的公证人，而不是私人的公证人。公证人不是仅仅对当事人负有义务，而是对法律行为的真实、不违背法律负有义务。公证人以诚实、公平、公正和专业的方式为社会全体公众服务。

第三，从公证的价值功能上来看，公证是非诉讼的“辩护替代品”。相对于法庭争讼，公证人提供的是一种非对抗制的法律服务模式。公证的目的是平衡各方当事人的权利义务，并最终达成一个对于各方都不失公平的解决方案。公证制度试图努力创造公证人这样一种超越异见的新型“律师”，是在不同于辩护模式之下分配法律责任的制度。所以，公证人在拉丁公证制度或者英美公证制度中又被称为“交易律师”、“形势顾问（counsel for the situation）”。预防纠纷是国家的职能，公证是从国家权力中让渡出来的为预防纠纷而产生的一种由公证人行使的社会公共权力，不是行政管理权力，不是公权力。公证活动是辩护伦理的替代品，也是辩护法律实践的补充。

从公证的价值功能上来看，公证是非诉讼的“辩护替代品”。相对于法庭争讼，公证人提供的是一种非对抗制的法律服务模式。公证的目的是平衡各方当事人的权利义务，并最终达成一个对于各方都不失公平的解决方案。公证制度试图努力创造公证人这样一种超越异见的新型“律师”，是在不同于辩护模式之下分配法律责任的制度。……预防纠纷是国家的职能，公证是从国家权力中让渡出来的为预防纠纷而产生的一种由公证人行使的社会公共权力，不是行政管理权力，不是公权力。公证活动是辩护伦理的替代品，也是辩护法律实践的补充。

薛： 您的阐述精彩之至！就我个人已有的阅读范围而言，这些年来，虽然阅读过不少国内外公证理论著述，但还是第一次听闻就公证的本质属性有如此深刻清晰的洞见，谢谢孙老师的阐述！

孙宪忠： 我们也需要讨论一下有关公证公信力的来源。公证是公证人对于当事人意思表示的有力见证，公证文书是对民事活动真实、确切、不违背法律的记载。公证人作为一个中立者，主要职责就是见证当事人意思表示的真实性、法律事实与法律文件

公证文书是公证人签署的一份庄严声明，公证人声明自己在确定的时间和地点、亲自在场的情况下，见证他人订立或履行了某项法律行为。公证过程中的每一行为的所有细节，都必须在公证人在场的情况下，由当事人签署确认或以其他不违背法律的形式完成。……这是产生公证公信力的内源性依据。再从公证文书法律效力来源上看，公证是国家将其享有的一项主权权力——公众信仰，以法律的形式委托给公证人。这一委托行为，实际上是国家与公证人之间签订的一种特殊类型的默示合同——将民事活动公证权委托于公证人，并得到法律的确认。法律的授权是公证公信力产生的前提所在。法律授权与公证公信力的内源性依据相结合，构成了完整意义上公证公信力的来源。

的客观性。从这个意义上讲，公证文书是公证人签署的一份庄严声明，公证人声明自己在确定的时间和地点、亲自在场的情况下，见证他人订立或履行了某项法律行为。公证过程中的每一行为的所有细节，都必须在公证人在场的情况下，由当事人签署确认或以其他不违背法律的形式完成。从当事人签署和公证人作成公证文书之时起，公证文书将作为唯一的、完整的证据，是经由公证人提供的关于法律行为、法律事实与法律文件真实情况的准确和最终的记录，这是产生公证公信力的内源性依据。再从公证文书法律效力来源上看，公证是国家将其享有的一项主权权力——公众信仰，以法律的形式委托给公证人。这一委托行为，实际上是国家与公证人之间签订的一种特殊类型的默示合同——将民事活动公证权委托于公证人，并得到法律的确认。法律的授权是公证公信力产生的前提所在。法律授权与公证公信力的内源性依据相结合，构成了完整意义上公证公信力的来源。

薛：豁然开朗！深以为然！这些年来我注意到，您无论是在平时的许多演讲还是大量著述中，都一再强调一个基本的法理常识：权利、义务和责任统一是民法典的核心原则。我曾仔细研读过 2020 年 11 月 24 日您以《民法典与国家治理》为主题在“法治与改革高端论坛（2020）”上的演讲，在阐述民法基本原理时，您有一段精辟之论：“民法上的最基本原理－在民法上，任何权利主体必须同时是义务的主体和责任的主体。换句话说，国家作为民事主体，如果它要享有权利，就必须同时要为它的权利承担相应的义务，甚至要承担相应的责任。”[10]您的这一观点，完全可以解答为什么我国确立社会主义市场经济体制改革目标后，必然要求对计划经济年代苏联模式“国家证明权”制度进行系统性纠错，实施公证改革，促进公证事业健康发展。

孙宪忠：从我前面讲到的公证在全球的历史起源和演进来说，真正意义上的公证是在市场经济背景下而不是在计划经济背景下产生的。就中国公证改革发展的走向而论，公证从国家信用转变

10 《孙宪忠：民法典与国家治理—在法治与改革高端论坛（2020）上的讲话》，微信公众号“浙江大学法学青年”，2020 年 11 月 26 日。

为社会信用、从“国家证明权”这种公权力的运行转变为公证人为民众和社会提供专业性公共法律服务，这是一条基本道路、一个方向。我们所要反对的是，把公证人职业活动甚至把公证事业完全市场化，而忘记了公证本身具有的公正之“公”的基本属性。如果把公证人当作律师，把公证机构当作律师事务所，那么，我们就无法理解经过公证的债权文书能够直接强制执行这些制度。

薛： 完全赞同孙老师对公证改革发展走向和公证人职业性质的定位！2000 年 7 月 31 日，根据此前中共中央公证改革政策对于社会主义市场经济条件下公证制度所作的顶层设计，即 1993 年 11 月 14 日、1999 年 9 月 22 日中共十四届三中全会、中共十五届四中全会相继通过的《中共中央关于建立社会主义市场经济体制若干问题的决定》《中共中央关于国有企业改革和发展若干重大问题的决定》确立的公证机构“要与政府部门彻底脱钩”[11]、“国家公证机关”[12]转变为“市场中介组织”[13]和“社会中介服务机构”、“真正做到客观、真实、公正”[14]、“依据市场规则，建立自律性运行机制”，“发挥其服务、沟通、公证、监督作用”[15]的公证改革基本方向，国务院批准了司法部《关于深化公证工作改革的方案》[16]（下称“公证改革《方案》”）。公证改革《方案》要求，公证机构在由行政机关体制（下称“行政体制”）转为事业单位体制（下称“事业体制”）的同时，“积极探索公证组织的新形式”[17]。所谓“公证

11 《中共中央关于国有企业改革和发展若干重大问题的决定》（1999 年 9 月 22 日中国共产党第十五届中央委员会第四次全体会议通过）。

12 《中华人民共和国公证暂行条例》（1982 年 4 月 13 日国务院发布施行，2006 年 3 月 1 日《公证法》生效之日自动失效）第三条规定：“公证处是国家公证机关。”

13 《中共中央关于建立社会主义市场经济体制若干问题的决定》（1993 年 11 月 14 日中国共产党第十四届中央委员会第三次全体会议通过）。

14 《中共中央关于国有企业改革和发展若干重大问题的决定》（1999 年 9 月 22 日中国共产党第十五届中央委员会第四次全体会议通过）。

15 《中共中央关于建立社会主义市场经济体制若干问题的决定》（1993 年 11 月 14 日中国共产党第十四届中央委员会第三次全体会议通过）。

16 司法部《关于印发〈国务院办公厅关于深化公证工作改革有关问题的复函〉和〈关于深化公证工作改革的方案〉的通知》（司发通〔2000〕099 号）。

17 司法部《关于印发〈国务院办公厅关于深化公证工作改革有关问题的复函〉和〈关于深化公证工作改革的方案〉的通知》（司发通〔2000〕099 号）。

组织的新形式”，是指公证改革《方案》批准之时，现实中已经普遍存在的行政体制、事业体制以外的公证组织形式，以合作制公证机构试点为主。2021年中央深改委审议通过的《深化公证改革意见》首次提出“推进公证机构分类改革”，同时，首次提出“规范推进合作制公证机构建设发展”[18]，表明合作制公证机构已由试点阶段进展为“规范推进”阶段。公证改革实践二十多年来的现实案例和统计数据显示，无论是在公证办案质量、为民服务亲民便捷还是公证法律服务主动适应经济社会需求而创新等方面，总体上，全国合作制公证机构群体远远走在事业体制公证机构群体前面。相反，可以比较的是，2000年公证改革启动至2020年二十年间，2005年、2017年和2020年，司法部办公厅先后三次就河南省郑州市管城区公证处“半夜撬门”公证案、北京市国立公证处继承等公证错案、广东省惠州市惠阳公证处“循环证明”与“等证上门”等公证行业负面事件公开发出通报、通知，[19] 还有某地曾经发生的有的公证员卷入“套路贷”事件，[20] 这些负面事件几乎无一不是发生在国有体制包括行政和事业体制公证机构，表明“公家”的公证体制未必能够保障公证公信力和公证服务品质。诚然，由于不同地区经济发展的差异等客观因素，正如您在《关于修订〈公证法〉的立法议案》和《让公证更有力量》评论文章中指出的，确有一部分公证机构需要实行“参公”[21] 模式。

孙宪忠：我也注意到，在我的《关于修订〈公证法〉的立法议案》和《让公证更有力量》发表后，公证行业相当一些从业人员对于这一话题给予了较多关注。“参公”是我个人提出来的一个观点，

18 司法部《关于印发〈关于深化公证体制机制改革 促进公证事业健康发展的意见〉的通知》（司发[2021]3号）。

19 司法部办公厅《关于进一步规范保全证据公证业务有关问题的通知》（司办通[2005]49号）、《关于北京市国立公证处违法案件情况的通报》（司办通[2017]40号）、《关于广东省惠州市惠阳公证处有关案件情况的通报》（司办通[2020]94号）。

20 记者徐隽：《推动公证事业高质量发展——全国人大常委会开展公证员执法检查》，《人民日报》2021年12月26日。

21 孙宪忠：《关于修订〈公证法〉的立法议案》，来源于中国法学网，http://www.iolaw.cssn.cn，最后访问时间：2022年3月7日；孙宪忠：《让公证更有力量》，《人民政协报》2022年3月8日。

如何理解大家可以进一步进行讨论。当然基本的前提是明确的，就是中共中央和中央深改委政策文件已经确立的公证改革发展基本方向。“参公”并不是说要回到以往行政化公证体制或者强化对公证人、公证行业行政管控的老路上去，那也是走不通的。曹建明副委员长在公证法执法检查《报告》中也已经讲得很清楚了，就是明确公证体制机制改革路径，根据中央深改委《深化公证改革意见》，结合检查中各地区各类公证机构运行情况，研究论证在经济欠发达地区保留公证机构为公益一类事业单位的可行性，由政府给予场所、人员、经费等保障，满足人民群众基本公证服务需求；其他地区公证机构为非营利法人的社会服务机构，在坚持公益性的同时，按照市场规律运行，自主开展业务，独立承担法律责任。[22] 从公证体制安排上讲，公证法执法检查《报告》中提到的公益一类事业单位公证机构就是“参公”体制。根据中共中央和中央深改委政策文件，公证改革的基本方向是“推进有条件的事业单位转为……社会组织”[23]、“规范推进合作制公证机构建设发展”[24]，合作制公证机构就是社会组织性质，但是，这并不改变公证的本质。

当然基本的前提是明确的，就是中共中央和中央深改委政策文件已经确立的公证改革发展基本方向。“参公”并不是说要回到以往行政化公证体制或者强化对公证人、公证行业行政管控的老路上去，那也是走不通的。

我们讨论“参公”这一观点需要特别注意的是，公证的本质始终不应被忽视和偏离。就如仲裁机构也不是政府部门，不是公权力机关，是从社会上聘请仲裁员组成仲裁庭，但是，为什么仲裁裁决可以直接由法院执行？同样道理，为什么债权文书经公证赋予强制执行效力可以无需经司法确认就可进入法院的执行程序？背后的基本原因是，我们时刻不能忘记，恪守公正之“公”是公证事业的生命线。如同仲裁机构一样，公证机构不是纯粹的市场主体，公证人不能等同于律师。公证行为不是商业行为。公证人不能像律师那样只是为委托人负责，为了委托人的利益可以

……我们时刻不能忘记，恪守公正之“公”是公证事业的生命线。如同仲裁机构一样，公证机构不是纯粹的市场主体，公证人不能等同于律师。公证行为不是商业行为。……公证人的首要职责是指导当事人正确实施法律，不能为了当事人的利益而在理解和适用法律时有自己的取舍，如果当事人提出公证的事项有违法律和事实，公证人应当拒绝公证，真正做到公证活动“铁面无私”，决不能徇私枉法。为什么公证人被称为“无冕法官”？就是指公证人必须严格站在法律和社会公共立场上执业，忠于事实，对当事人合法利益负责，同时对社会公共利益负责，……

22　曹建明：《全国人民代表大会常务委员会关于检查〈中华人民共和国公证法〉实施情况的报告》（2021 年 12 月 24 日），来源于中国人大网，http://www.npc.gov.cn，最后访问时间：2022 年 3 月 8 日。

23　《中共中央关于全面深化改革若干重大问题的决定》（2013 年 11 月 12 日中国共产党第十八届中央委员会第三次全体会议通过）。

24　司法部《关于印发〈关于深化公证体制机制改革 促进公证事业健康发展的意见〉的通知》（司发 [2021]3 号）。

有所取舍，公证人的首要职责是指导当事人正确实施法律，不能为了当事人的利益而在理解和适用法律时有自己的取舍，如果当事人提出公证的事项有违法律和事实，公证人应当拒绝公证，真正做到公证活动“铁面无私”，决不能徇私枉法。为什么公证人被称为“无冕法官”？就是指公证人必须严格站在法律和社会公共立场上执业，忠于事实，对当事人合法利益负责，同时对社会公共利益负责，这样理解“参公”的内涵是否更为全面准确一些？

……应当严格按照民法典权利、义务和责任统一的基本原则，按照习近平总书记提出的“有权必有责，用权受监督，失职要问责，违法要追究”的要求，防止少数公证人和公证机构借体制优势违法违规办案。需要通过修法改变现行公证法权责严重脱节的现状，将权利、义务和责任完整科学地统一在公证人身上，建立公证人职业活动不得偏离事实、法律和社会公共立场的刚性制度保障，确保公证公信力不受损害。

薛：完全赞同孙老师的观点！深受教益！

孙宪忠：从公证法修法的角度来讲，需要关注部分并且可能还会有更多公证人和公证机构从事业体制转入合作制社会体制带来的新情况，解决新问题，不能转制后“一转了事”，应当严格按照民法典权利、义务和责任统一的基本原则，按照习近平总书记提出的“有权必有责，用权受监督，失职要问责，违法要追究”[25]的要求，防止少数公证人和公证机构借体制优势违法违规办案。需要通过修法改变现行公证法权责严重脱节的现状，将权利、义务和责任完整科学地统一在公证人身上，建立公证人职业活动不得偏离事实、法律和社会公共立场的刚性制度保障，确保公证公信力不受损害。只有如此，公证事业才能健康发展，才能不辜负人民和社会的期望。

薛：感谢孙老师！由衷向您致敬！相信我和众多公证同行都会从您充满睿智的论述中获取法理真谛、焕发内心良知，产生致力于公证改革发展更好服务于人民的新动力。再次深表感谢！

通过尽早启动公证法修法，同时更需要通过每一个公证人在每一个公证个案中努力体现的诚实、公正、专业、负责任的法律服务，我们的公证事业一定能健康发展，真正发挥公证制度作为预防性司法制度的价值，造福人民和社会。

孙宪忠：谢谢。我也相信，通过尽早启动公证法修法，同时更需要通过每一个公证人在每一个公证个案中努力体现的诚实、公正、专业、负责任的法律服务，我们的公证事业一定能健康发展，真正发挥公证制度作为预防性司法制度的价值，造福人民和社会。

（2022 年 3 月 10 日，第十三届全国人大五次会议期间）

25　习近平：《在首都各界纪念现行宪法公布实施三十周年大会上的讲话》（2012 年 12 月 4 日），中共中央文献研究室编：《十八大以来重要文献选编》（上），中央文献出版社 2014 年版，第 92 页。

聚焦公证法修法与公证改革发展顶层设计

——中国政法大学法与经济学研究院院长李曙光教授访谈录

◎李曙光 / 薛凡 何治力*

我们说信用能“试点”吗？信用是不能“试点”的。
如果不尽快走出合作制“试点”阶段，实际上是人为降低了
公证机构这样一种增信机构的信用度。……
所以，我认为合作制就应该
大张旗鼓地搞、大量地搞、一刀切地搞，
而不应该“试点”地搞、少量地搞。
只有这样，合作制改革才能成功，
才能为公证法修法确立新的公证体制提供充分的实践样本，
公证改革发展才有可能真正破局。

---

* 李曙光，中国政法大学钱端升讲座教授、中国政法大学法与经济学研究院院长，中国政法大学破产法与企业重组研究中心主任；薛凡，中国法学会民事诉讼法学研究会理事、中国公证协会公证理论研究委员会主任委员、华东政法大学公证改革课题主持人；何治力，公证员，上海市临港公证处副主任。

薛凡（下称“薛”）：曙光老师，您好！十分感谢您接受我和您当年的研究生弟子治力的共同采访。据我们所知，这些年来，您作为有影响的学者，参与了市场化改革过程中不少顶层制度设计研究。2021年6月29日，中央全面深化改革委员会审议通过的《关于深化公证体制机制改革 促进公证事业健康发展的意见》（下称“《深化公证改革意见》”）由司法部印发[1]，这一《深化公证改革意见》提出“加快修改公证法”。2021年7月，全国人大常委会启动公证法执法检查，提出与时俱进修改公证法[2]。公证法修法如箭在弦，表明公证改革发展的顶层设计需要落实在新的公证法上。我和治力这次对您的采访，主要想请您谈谈对于公证法修法与公证改革发展顶层设计的意见。

李曙光：好的。

薛：2018年由您领衔的《中国公证》第1期封面专题“改革攻坚 中国公证新时代”，在我个人看来，是迄今《中国公证》公证改革理论领域最有质量的一期专题。这一专题中，您的访谈录《聚焦公证改革的顶层设计与〈公证法〉——访中国政法大学研究生院院长、博士生导师李曙光教授》视野开阔、大气磅礴，不是仅仅从公证谈公证。2019年，中国公证协会组织对2018年《中国公证》各期专题进行评比时，我和多位评委都投票将这一专题推荐为该年度最佳专题，获得顺利通过。但有点遗憾的是，2018年对您的采访由于时间较紧和《中国公证》杂志篇幅所限，您的许多精彩观点可能尚未进一步展开。今天我和治力再次对您进行采访，或许可以弥补当初的遗憾。

李曙光：这样好啊。

薛：令我印象特别深刻的是，曾经听您谈到过一个十分精彩的观点，您认为，公证改革在某种程度上预示着中国改革的方向，是中国改革的一个很重要的样板。

李曙光：任何一种制度都不是孤立存在的，需要和社会经济

1　司法部《关于印发〈关于深化公证体制机制改革 促进公证事业健康发展的意见〉的通知》（司发〔2021〕3号）。

2　参见《全国人大常委会启动公证法执法检查》，来源于新华网，http://www.xinhuanet.com/2021-07/16/c_1127663120.htm，访问时间：2021年11月23日。

的发展、和很多其他的制度相互配套，公证制度同样如此。在我看来，公证改革在某种程度上预示着中国改革的方向，是中国改革的一个很重要的样板，从中可以看出中国改革在具体的领域能够跑多远。

……公证改革在某种程度上预示着中国改革的方向，是中国改革的一个很重要的样板，从中可以看出中国改革在具体的领域能够跑多远。

薛：深为赞同！

李曙光：从宏观的市场经济的角度来看，我把公证看作是市场的一个力量，需要思考公证在中国的公民社会、市民社会的发展和市场化改革中扮演一个什么样的角色，所以我看公证的角度可能就和别人不太一样。

何治力（下称"何"）：您认为公证是什么？公证的界限在哪里？

李曙光：学界一般都认为，公证是一种"证明活动"。从法与经济学的角度来说，我认为，公证并不是"证明活动"，而应该是一种信用的担保和背书。在商业社会中，人与人之间的交往是非常多的，在日常生活中、经济生活中、家庭生活中、国家活动中，特别是商业经济活动中，很多都需要信用来背书。

……公证并不是"证明活动"，而应该是一种信用的担保和背书。

公证最早就是出现在国外许多地方，首先出现在私人领域，而不是公共领域。古罗马时期的"达比伦"即代书人制度，就被认为是现代公证的起源，而法国则最早颁布了公证人法。不同于中国，在国外许多地方，在商品交易的过程中，大家所处的是陌生人社会，人与人之间互不信任，交易成本是很高的，所以才需要有一种制度来降低双方的交易成本，节约交易费用，保护交易安全。所以，公证某种程度上就是一种信用的担保。

个人也好，机构也好，寻求公证，实际上就是寻求信用的保证。在早期，公证也往往是由社会上一些道德比较好的，大家都比较信赖的，同时和交易本身没有利害关系的中立的人来承担的，而这也是之后曾经由公权力机关、由政府来承担这一职能的原因所在，因为公权力机关、政府是大家都信任的，具有公共信用。但是，商业社会什么都靠政府是不可能的，这样就发展出由社会公共机构来承担这一职能，同样也带有一种信用背书的性质。据此，可以认为，公证就是一种信用的背书、担保。

那么，谁能来做这个信用的背书、担保？理论上来说，只要是有公信力的个人、机构都有可能来做这个担保，这也就是目前我们的两种公证体制，即一个是以政府公权力机关事业单位为主体，一个则是以民间比较有公信力的机构也就是社会组织为主体的来源。

至于说公证的界限，从学理上来分析，公证的范围其实是很广的。某种程度上，我认为公证既然是专业的活动，公证就不应该有太多的界限，但是也应该要有自身一定的专业界限，如果让公证人去帮助管理财产，可能就超出公证人的能力范围了。

公证的界限在于公证并不是万能的，公证有它的职责范围—公证就是一种担保，这种担保不是物的担保，而是信用的担保，是公证人以其人格、信誉和民事责任所作出的担保。

公证的界限在于公证并不是万能的，公证有它的职责范围——公证就是一种担保，这种担保不是物的担保，而是信用的担保，是公证人以其人格、信誉和民事责任所作出的担保。

扩展一下来说，我认为这就是我们现在担保法上提到的人保的概念。我一直认为，担保法有关担保的规定应该修改。担保法不应提供人保，人保是公证法的事情。担保就应该是质押、抵押、留置等等，是物的担保，不应该把人保放进担保法中。中国的现状是大量地运用保证，也就是现在担保法上提到的“人保”。

实际上，涉及大量财产的“人保”不应该由担保法来约束，保证也就是人保不应该是一种担保。因为商业行为是有一定风险的，各种借贷的担保，人保是不能去从事的，比如为某个人还钱做人保是不行的，但是物保是可以的。同样，公证作为人保也不能为某个人还钱做担保，人保只能证明文书或者行为是真实的、是符合法律的，担保法上的“人保”已经介入到了商业交易之中，而真正的人保是不应该介入到商业交易之中的。

人保是一种增信，人保并不能取代商业交易，不能直接去承担交易的风险，换句话说，信用是有价值的，但是在商业交易中，信用是不能替代交易本身去承担风险的。公证不可能介入到商业交易之中，公证只是证明一种商业交易行为或者文书的真实性、合法性，而不是以公证的信用去担保交易的结果一定会怎样。

所以说，公证法和担保法是相关的，目前在国内，公证的这种信用担保作用却被担保法的“人保”夺走了，而担保法中的“人保”又恰恰是公证不能去做的。实际上，在国际社会，担保法的这种“人保”是不被认可的。

总之，我认为公证就应该是人保，是一种增信而已。正因为公证是人保，公证人基于法律授权独立从事公证活动，恪守社会公共立场，只对事实和法律负责，并以公证人独立的民事责任作为担保，从而使公证人的权利、义务、责任对等，这应该是公证的本质特性和规律，也是公证改革的基本逻辑。在此基础上来回答公证的界限，那么，公证作为一种信用的担保，只要是与信用的担保有关的，包括它的相关的延伸，只要法不禁止，都是可以从事的。

正因为公证是人保，公证人基于法律授权独立从事公证活动，恪守社会公共立场，只对事实和法律负责，并以公证人独立的民事责任作为担保，从而使公证人的权利、义务、责任对等，这应该是公证的本质特性和规律，也是公证改革的基本逻辑。

薛、何：您的观点让人豁然开朗，十分赞同！

李曙光：正因为公证是人保，所以公证是信用的背书，我把它称之为“增信”行为，这一定位很重要，如果我们能把这一观点推广开，那么，相信公证改革发展的路就不会走歪。

薛：的确如此。关于公证是信用的背书，长期以来也有另外一种说法，认为“公证是公权力”，也就是所谓的“国家证明权”，宣称只有国家才有权进行信用背书，您对此如何看？

李曙光：如果公证代表国家来做信用背书，那么，国家就需要承担相应的责任，但是国家有没有这个能力来承担相应的责任呢？包括公证制度在内，任何一种制度的设计都不能想当然，需要和很多其他的制度相互配套。认为“公证是公权力”、是“代表国家”的，这样一种理解不仅在制度上难以找到依据，也同国家和社会治理的大方向不符。

何：关于公证责任的承担，您提到公证是一种信用的担保，那么它承担责任的界限范围何在？

李曙光：这就涉及公证的体制问题了。我一直认为公证的体制实际上应该是兼具有一定的公益性和市场性的，两者之间是并行的，并且是以市场为主、以公益为辅的体制，大多数的公证行为实际上是与交易行为、商业行为紧密联系在一起的，但是还有一些公证行为是带有公益性质的，或者说是带有法律援助性质，不具备商业性的，比如说，某项政府行为的公证（包括选举活动等），某些公民身份关系的证明，包括身份证的公证等等，这些我认为实际上

我一直认为公证的体制实际上应该是兼具有一定的公益性和市场性的，两者之间是并行的，并且是以市场为主、以公益为辅的体制，……

就应该是免费提供的，或者说只能收取极少一部分工本费等费用，因为这种行为是带有行使公权力色彩的，至于公证遗嘱、继承、婚姻、家庭、合同等带有民商事色彩的行为就应该是市场化的。

因此，我们的公证法就应该修改，既然公证机构是民事主体，独立承担民事法律责任，就应该是市场行为。但是，我们也要允许一部分公证机构来承担某些具有公权力性质的公证职能，该类公证机构可以是专门设立的带有公权力性质或者是政府授权的公证机关，这种授权的行为可以视为一种法律援助，或者任务分配，但是该类公证机构在数量上应该有所限制，不能影响到民间公证机构的正常运营。

因此，对于私生活领域的公证来说，只要是为当事人民商交易活动提供公证，如果公证出了问题就应该承担相应的民事责任。无论你采取何种体制，是事业体制、合作制或者合伙制都一样，这里的法律责任包括三个方面，首先是相关违法行为的刑事责任，其次是因为给当事人造成损失所产生的民事赔偿责任即民事责任中的附随责任，最后因为信用担保所产生的无限连带责任即民事责任中的主体责任，这就涉及相关的个人破产制度了，包括信用的破产、永久性的行业禁止进入等等。

……公证的主要目的在于降低商业社会交易成本，公证本质上是一种增信行为，让不相信变为相信，相信变为更相信。为了达到这一目的，由公证人作为第三者来提供这种帮助，这种帮助是带有服务性质的，因此，公证人是服务者，这也是公证收费的来源。

另外，对于公权力性质如事业单位体制的公证机构来说，还会涉及渎职罪等等，此外也可以包括一定程度上的国家赔偿责任等等。

因此，我们说责任还要具体看体制，什么样的体制决定什么样的责任。

何：《公证法》规定公证机构“不以营利为目的”，在您看来，立法者的用意何在？如果公证机构“不以营利为目的”而存在，考虑到公证的社会职能所在，那么，如何保障公证员和公证机构的主观积极性？是靠行业自律还是上级监管或两者都有之？在强监管模式下，如何才能保持公证机构的独立性？

李曙光：首先，公证的主要目的在于降低商业社会交易成本，公证本质上是一种增信行为，让不相信变为相信，相信变为更相信。为了达到这一目的，由公证人作为第三者来提供这种帮助，这种帮助是带有服务性质的，因此，公证人是服务者，这也是公证收费的来源。古罗马的“达比伦”代书人在为交易双方提供法律帮助的同时，就是领取报酬的。

具体来说，我认为公证收费是由两部分组成的，一部分在于公证机构的运行成本包括人力、办公成本等等，另一部分在于公证人提供的专业法律服务价值的增值，也可以理解为因公证增信行为即“人保”的保证作用所得到的合理“佣金”。因此，不应该将公证都理解成是政府应该做的，或者说是老百姓应该免费获得的。并不完全是这样的。如果是政府行为，因为纳税人有纳税，某种程度上政府应该提供一定的支持、服务，严格来说这些服务可以是免费的，但是如果是获利行为，那么，政府就不应该承担费用了，相关费用就应该由市场来承担。

……公证收费是由两部分组成的，一部分在于公证机构的运行成本包括人力、办公成本等等，另一部分在于公证人提供的专业法律服务价值的增值，也可以理解为因公证增信行为即“人保”的保证作用所得到的合理“佣金”。

至于说《公证法》规定了公证机构“不以营利为目的”，我认为公证法修法时是需要加以反思的，主要有两方面的原因。

首先还是因为在公证立法过程中，公证制度顶层设计思路不清晰造成的，是立法者对公证的性质、公证机构的性质、公证活动的性质等概念没有搞清楚所带来的立法误判。《公证法》第六条规定：“公证机构是依法设立，不以营利为目的，依法独立行使公证职能、承担民事责任的证明机构。”从这里我们可以看到，立法者当初在立法上一方面规定公证机构“不以营利为目的”，一方面又规定公证机构要“独立……承担民事责任”，这两者实际上是自相矛盾的，“不以营利为目的”应该仅适用于具有公权力性质的公证机构，例如现有的事业单位体制的公证处。

……立法者当初在立法上一方面规定公证机构“不以营利为目的”，一方面又规定公证机构要“独立……承担民事责任”，这两者实际上是自相矛盾的，“不以营利为目的”应该仅适用于具有公权力性质的公证机构，例如现有的事业单位体制的公证处。

我一直强调，公证法在界定公证法律服务的范畴时，应该有两个方面的内容，一方面是确实需要由政府提供的服务，比如身份证、结婚证公证等等，这些本来就是公权力机关应该提供的服务，但是还需要再办理一遍公证，同样也应该是政府的职责，就应该以公益为主，“不以营利为目的”。但是我们说的各种民商交易，随着交易的复杂化、专业化，这里涉及很多专业的判断，有很大的专业技术含量，需要大量人力、物力投入，如果这方面的公证活动还要求“不以营利为目的”，这怎么可能呢？这是很不现实也是很不恰当的。所以，公证法的这部分内容是必须要修改的。

其次，我认为现行公证法的规定很可能是因为当初立法者受到了两种不同法系的影响，甚至还受到了已经消亡的苏联“国家公证”制度模式很大的影响。大陆法系公证制度强调实体公证，英美法系公证制度则侧重于形式公证，立法者会不会认为大陆法系、英美法系公证制度以至苏联的“国家公证”制度相关规定都各有道理，于是就拼凑到了一起？但是，我们需要了解的是，公证制度是涉及信用的制度，它和一国的文化、宗教、历史密不可分，而两大法系对于公证的定位是完全不一样的。英美法系公证制度的社会性较高，主要在于其社会信用较高，英美法系国家是基督教社会，以信仰上帝为主，而在中国当前的社会文化中，中国传统的儒家文化、乡土文化，再加上市场经济的洗礼，我们中国公证制度应该有自己的特色，我们要彻底走出苏联的“国家公证”制度，吸收两大法系的优点，特别要对大陆法系的公证理念、公证价值进行融合吸收。公证的性质问题，是涉及我们中国公证未来发展方向的大问题，如果当年公证法立法的时候思路很清楚、目标很清晰，那么，立法上的表述就可能完全不一样，现在公证事业的局面可能也就大不一样了。

立法者当初既想得到公权力性质的所谓“国家证明权”效力和地位，又想得到市场的利益，这是不现实的。两边的好处你都想得到，怎么可能呢？这样一种立法思维，造成的结果很可能就是两者的坏处你也逃不掉。目前公证行业的现状就是一方面承担着几乎等同于公权力的责任，可实际上又没有从市场上得到可供自身发展的正当利益空间。我们说权利、义务、责任应该是对等的，现行公证法最大的问题就是权利、义务、责任的不对等。

立法者当初既想得到公权力性质的所谓“国家证明权”效力和地位，又想得到市场的利益，这是不现实的。两边的好处你都想得到，怎么可能呢？这样一种立法思维，造成的结果很可能就是两者的坏处你也逃不掉。目前公证行业的现状就是一方面承担着几乎等同于公权力的责任，可实际上又没有从市场上得到可供自身发展的正当利益空间。我们说权利、义务、责任应该是对等的，现行公证法最大的问题就是权利、义务、责任的不对等。不过话说回来，不可否认的是，当年的公证法立法在当时已经是很大的进步了。

至于说保持公证行业的发展是靠行业自律还是上级监管，无论在任何国家，对于任何行业，都存在这一问题，这是事关行业管理的问题。只是考虑到目前公证行业自身的发展程度，这些问题的表现比较突出而已。对于我们来说，关键是要认识到问题的根源出自哪里。毕竟我们的公证事业实质性的发展也就是改革开放以后的事情，时间不长，有一定的阶段性。同时我们也要看到公证所取得的成绩还是有目共睹的，在社会生活的各个方面，公证扮演着越来越重要的角色，为社会经济发展作出了很大的不可替代的贡献。

在下一步的公证改革发展进程中，我们要看重的是，公证行业自身的队伍建设如何与时俱进、因时而动？这时候公证队伍的专业性、社会认同度包括道德层面和专业层面两个方面的认同度就很关键了。在公证队伍建设中，我们要关注三个点：第一，怎么吸引和遴选最好的人才进入这个行业？第二，怎么给出一套行之有效的整个行业通行的执业标准？第三，怎么通过继续教育、培训不断提升服务的质量？只有具备了这样一整套整个公证行业认可、操作上可实施的制度，才能保证公证事业的健康发展。当然，这样说起来就又包括了几个方面，一个是公证行业自身应该做的，一个是主管部门应该做的，另外一个是如何回应社会服务对象的评价和监督。

在公证队伍建设中，我们要关注三个点：第一，怎么吸引和遴选最好的人才进入这个行业？第二，怎么给出一套行之有效的整个行业通行的执业标准？第三，怎么通过继续教育、培训不断提升服务的质量？只有具备了这样一整套整个公证行业认可、操作上可实施的制度，才能保证公证事业的健康发展。

何：2017 年公证改革重启后，行政体制公证机关基本上已经退出历史舞台，国内大部分公证机构属于事业单位体制，对于下一步的公证改革，您有什么建议？

李曙光：在现有公证法框架内发展起来的公证机构，实际上包括了三种类别，一个是已经消失的行政机关体制，一个是事业单位体制，一个是公证员合作制。事业体制和合作制这两个类别应该怎么改？我的建议是从整体上划分为两类，一类是纯公益性质的公证机构，一类是纯市场性质的公证机构，但是，并不排除纯市场性质的公证机构被授权去承担公益职责，因为纯公益性质的公证机构可能受限于规模等等原因无法满足社会公众的需求。但是，这是以公证法的修改为前提来说的，因为公证法不修改，公证的性质就不清楚。我们的目标就不明确，一旦我们公证改革的目标明确了，公证的体制清楚了，那么其他的问题就都不是问题了。我们围绕这一目标，相关的责任承担、社会的支持系统也就好设计了。

公证行业出现的某些乱象，不能简单就说是公证改革的问题，现有公证乱象其实是社会支持系统的问题，是你监管出现的问题，是你执法出现的问题，这些问题都是操作层面的问题，这与公证改革完全是两个不同的命题，公证行业管理者对此需要有一个基本的价值判断。

另外，公证行业出现的某些乱象，不能简单就说是公证改革的问题，现有公证乱象其实是社会支持系统的问题，是你监管出……加快修改公证法，对我们的公证体制、对公证性质作出一个准确的定位和描述，应该是公证改革的当务之急。

……公证机构其实和律师事务所、会计师事务所应该是一样的，公证机构作为一级社会中介组织，本质上是一个具有专业法律服务属性，并且具有一定社会公共权力属性的法律服务机构。

古往今来，全球公证行业来看，都不存在以“捐助法人”来定义公证机构，理由其实很简单，因为“捐助法人”性质的公证机构违背了公证的本质特性和规律，……

现的问题，是你执法出现的问题，这些问题都是操作层面的问题，这与公证改革完全是两个不同的命题，公证行业管理者对此需要有一个基本的价值判断。

所以，我们要把公证改革的目标和公证行业现有的一些乱象区别来看。每个行业都会有各种各样的问题，对于现有的某些公证乱象，我们只要做到该查的查，该改的改，相关公证机构该整改的整改，该关门的关门。只要我们公证改革的目标明确，改革的价值观清晰，公证行业的后续发展就不会存在问题。

何：那么，公证改革是否应该以修改公证法为前提，为第一步骤呢？

李曙光：我认为加快修改公证法，对我们的公证体制、对公证性质作出一个准确的定位和描述，应该是公证改革的当务之急。如此，我们公证改革的思路就很清晰了：首先，修改公证法。其次，通过修改公证法应当明确公证改革的目标，公证机构其实和律师事务所、会计师事务所应该是一样的，公证机构作为一级社会中介组织，本质上是一个具有专业法律服务属性，并且具有一定社会公共权力属性的法律服务机构。

薛：据了解，合作制“试点”期间，为数不多的省份出现了要求以“捐助法人”作为公证组织形式的现象，您对此如何看？

李曙光：古往今来，从全球公证行业来看，都不存在以“捐助法人”来定义公证机构，理由其实很简单，因为“捐助法人”性质的公证机构违背了公证的本质特性和规律，至于什么是公证的本质特性和规律，前面我基本上都已经谈到了。

薛、何：中央深改委审议通过的深化《改革意见》已经明确了合作制公证机构不再进行“试点”而要“规范推进”[3]，从而正式确认了合作制公证机构这一“公证组织的新形式”[4]，对此您有何看法与建议？合作制应否是公证机构的终极模式？律师事务所普遍

3 司法部《关于印发〈关于深化公证体制机制改革 促进公证事业健康发展的意见〉的通知》（司发〔2021〕3号）。

4 司法部《关于印发〈国务院办公厅关于深化公证工作改革有关问题的复函〉和〈关于深化公证工作改革的方案〉的通知》（司发通〔2000〕099号）。

实行的合伙制是否适合公证组织形式？公司制是否适用？您认为最适合中国的公证组织形式是什么？

李曙光：其实我认为，长期保持合作制“试点”的思维和做法是很不合适的。2000年开始的第一轮合作制“试点”为何没有取得成效？除了当时的主管部门对合作制试点骤然踩下刹车、公证法立法时刻意回避公证体制定位这些原因，还要看到一般来说，社会公众普遍会选择自己心目中更具公信力的公证机构来办理公证。少量合作制公证机构的存在，形成了“试点”公证机构与大量非“试点”公证机构并存这一现象，直接就造成了公证行业的不对称竞争，损害了整个公证行业的信用。

我们说信用能“试点”吗？信用是不能“试点”的。如果不尽快走出合作制“试点”，实际上是人为降低了公证机构这样一种增信机构的信用度。如果公证体制改革是一刀切，全部改制成合作制，只保留少数公益性质的公证机构，那么，就不会存在这种信用的竞争，也就不会有损整个公证行业的信用度了。

如果现在在实际做法上仍旧还要实行合作制“试点”的话，除非是我们的公证改革顶层目标还不清晰，因为之前早已经有过一次合作制试点了，如果现在仍说扩大合作制“试点”，和之前的“试点”相比难道有什么不同？事实上并无不同。据我了解的数据，在2017年重新启动这一轮公证改革之前，全国3001家公证处中，合作制仅仅20家，行政体制的则有894家，目前这894家行政体制都已转成了事业体制。但是，如果说我们之前的合作制公证机构“试点”是20家，现在我们就算有200家、300家，但是相对于我们3000家左右公证机构的整个公证行业的体量来说，那也是远远不够的。

所以，我认为合作制就应该大张旗鼓地搞、大量地搞、一刀切地搞，而不应该“试点”地搞、少量地搞。只有这样，合作制改革才能成功，才能为公证法修法确立新的公证体制提供充分的实践样本，公证改革发展才有可能真正破局。

至于合作制也好，合伙制也好，这只是一个名称问题，我们叫合作制实质上也可以是合伙制，这里的“合作”只要不和“供销合作”的合作混淆就行。但是，我认为，从学理上来说，从公证的本质特性和规律来说，如果要独立承担民事责任，那么还是

少量合作制公证机构的存在，形成了“试点”公证机构与大量非“试点”公证机构并存这一现象，直接就造成了公证行业的不对称竞争，损害了整个公证行业的信用。

……如果说我们之前的合作制公证机构“试点”是20家，现在我们就算有200家、300家，但是相对于我们3000家左右公证机构的整个公证行业的体量来说，那也是远远不够的。

……从学理上来说，从公证的本质特性和规律来说，如果要独立承担民事责任，那么还是合伙制更为合适，合作制还存在责任不清、责任不明之嫌。

合伙制更为合适，合作制还存在责任不清、责任不明之嫌。

其实，我一直认为我们说的合作制就应该是合伙制，只有这样我才是赞成的。因为我们有合伙企业法来规制合伙，但是我们没有合作制企业法来规制合作。合作制的责任怎么承担？立法者总不能为了公证行业单独制定一个“合作制法”，来解决相应的权利义务关系吧？

所以说，按照我国现有的法律体系，我们是完全可以解决我们公证组织形式的问题的。当然，我们说的公证组织形式，理论上是不应该排除公司制的。将来就看主管机关怎么想了，如果将来主管机关认为律师事务所可以采取公司制的话，那么我认为同样地，公证机构也应当是可以的。法国公证制度中，就有公证人设立的民事性质的公司[5]，而且同样是市场中介组织，我们现在是有会计公司的，德勤也好，普华永道也好，现在都是公司制了，都是公司承担责任，而且承担的是有限责任，因为他们行业的发展程度已经足以承担有限责任了。但是一般来说，对于公证行业作为信用行业、公证人作为“人保”来说，还是合伙制更合适，公司制还不是那么合适，毕竟目前公证行业的发展程度还是有限的。

……对于公证行业作为信用行业、公证人作为“人保”来说，还是合伙制更合适，……

何：在当前阶段，您认为在公证质量有保障的前提下，合作制公证机构的规模是否重要？或者说，小而精还是大而全？哪一种规模对于公证改革发展更为合适？

李曙光：毕竟中国现在有十四亿人口，事情也多，所以公证机构规模应该不是问题。但是，前面我已经提到，合作制“试点”长期存在，导致公证行业产生了严重的不对称竞争，需要防止体制上具有“优势”的合作制公证机构通过不正当竞争形成过度扩张，导致公证业务垄断，进而妨碍公证行业整体上的健康发展。只要规模大的合作制公证机构是通过正当竞争产生的，不是垄断的，只要是按照市场选择，自然发展起来的，提供的公证服务质

……合作制“试点”长期存在，导致公证行业产生了严重的不对称竞争，需要防止体制上具有“优势”的合作制公证机构通过不正当竞争形成过度扩张，导致公证业务垄断，进而妨碍公证行业整体上的健康发展。

5 《法国公证事务法律地位之条例》(1945 年 11 月 2 日第 45—2590 号条例，颁布在 1945 年 11 月 3 日《政府公报》Article l—1 规定：“公证人可以以独自身份执业或以民事职业公司或自由职业公司地位执业，或在自然人或法人地位的公证人拥有的公证事务所以受薪公证人身份执业。”(程春明译) 王公义等:《中国公证制度改革研究及国际比较》，法律出版社 2006 年版，第 438 页。

[李曙光:《转型法律学——市场经济的法律解释(增订本)》,商务印书馆2021年版。]

量足够高，就没有问题。在这一前提下，即使在当前阶段，考虑到对于公证改革的引领作用，合作制公证机构的规模只要不是政府去主导的，而是市场竞争下自然选择的结果，这样我们多一些大规模的合作制公证机构，就不是坏事情，也许还是好事。

薛、何：借此机会，我们祝贺您富有影响的原创名著《转型法律学——市场经济的法律解释》自2004年首次出版以来，2021年由商务印书馆列为"中华当代学术著作辑要"出版了增订本。您在这部论著中指出："'良法'不能出于立法者本位主义利益的考虑，而必须是能节约施法成本，有利于百姓，为社会带来多种效益。立法者与政府应高度重视中国转型改革时期立法的社会成本、执法司法成本以及法律实施的效果。"[6]在我们看来，您的这一真知灼见，也应该是公证法修法时需要秉承的一个基本理念。

"'良法'不能出于立法者本位主义利益的考虑，而必须是能节约施法成本，有利于百姓，为社会带来多种效益。立法者与政府应高度重视中国转型改革时期立法的社会成本、执法司法成本以及法律实施的效果。"

李：诚然如此，谢谢。

薛、何：深知您平时公务、教学和研究活动十分繁忙，真诚感谢您拨冗接受我们的采访，由衷向您致敬！本次采访我们想问的最后一个问题是，对于加快和深化公证改革发展，您有何期盼？

李曙光：公证员是中国社会非常独特的一支力量，和其他市场中介组织一样，我认为公证改革预示着中国改革的方向。随着中国经济的崛起，目前的公证行业因为发展时间短，在很多领域做得其实还不够，甚至在社会经济的很多领域都还没有真正介入，公证行业的改革意识、创新意识也远远不足，所以要着力解决好公证行业如何和这个时代接轨，不仅与时俱进，更能未雨绸缪。

随着中国经济的崛起，目前的公证行业因为发展时间短，在很多领域做得其实还不够，甚至在社会经济的很多领域都还没有真正介入，公证行业的改革意识、创新意识也远远不足，所以要着力解决好公证行业如何和这个时代接轨，不仅与时俱进，更能未雨绸缪。

6　李曙光:《转型法律学——市场经济的法律解释》(增订本)，商务印书馆2021年版，第654页。

当下最紧迫的事情，与加快修改公证法、加快推进公证改革并驾齐驱的是，公证行业要做好自身信誉的增信，让民众和社会更加理解和认同公证的价值，这样才能在新时代实现公证改革发展新的重大突破。

当然，当下最紧迫的事情，与加快修改公证法、加快推进公证改革并驾齐驱的是，公证行业要做好自身信誉的增信，让民众和社会更加理解和认同公证的价值，这样才能在新时代实现公证改革发展新的重大突破。

最后，祝福我们的公证行业，也相信通过加快和深化公证改革发展，我们公证行业的明天一定会更好！

中国公证改革发展新阶段与公证制度的革命性重塑

◎薛凡*

2021年7月，全国人大常委会启动公证法执法检查，华东政法大学公证改革课题组编印了我和王晓华主编的《公证改革文选》，以《公证改革与公证立法》为题先行选发了本文部分内容。《中国公证》2021年第10期作为封面专题，以《中国公证改革发展新阶段与公证制度的重大转型》为题也选发了部分内容。这里发表的是全文版，约5万字。

（华东政法大学公证改革课题组编/薛凡、王晓华主编:《公证改革文选》，2021年7月印行）

（《中国公证》2021年第10期）

公证改革需要加快告别合作制“试点”的“小众行为”，
彻底破解公证行业利益固化群体
“不让改”、“不愿改”或形改而实不改怪圈，
走向阳光化、充分化、法制化的公证改革，
让一切有志改革致力于发展公证事业的公证员
都能“自由行”，
迅速壮大“自主自治”社会组织体制公证员群体。
……构建公证机构分别由国家出资、财政保障和
由公证员发起、自我发展两种互为补充的公证体制，
同步进行公证员权责对等的公证办案责任制改革、
公证工作方式改革等综合配套改革，
推进公证执业活动稽查制度实施，严管公证质量，
这是公证改革发展新阶段无以回避的挑战。

---

* 薛凡，中国法学会民事诉讼法学研究会理事、中国公证协会公证理论研究委员会主任委员、华东政法大学公证改革课题主持人。

2000年7月31日，根据中共中央公证改革政策对于社会主义市场经济条件下公证制度所作的顶层设计……确立的公证机构“要与政府部门彻底脱钩”、“国家公证机关”转变为“市场中介组织”和“社会中介服务机构”并且“真正做到客观、真实、公正”、“依据市场规则，建立自律性运行机制”，“发挥其服务、沟通、公证、监督作用”的公证改革基本方向，国务院批准了司法部《关于深化公证工作改革的方案》。公证改革《方案》要求……“积极探索公证组织的新形式”。

一、中国公证改革发展新阶段的来临

（一）启动、停滞和重启－中国公证改革历程回望

1.公证改革的全面启动

2000年7月31日，根据中共中央公证改革政策对于社会主义市场经济条件下公证制度所作的顶层设计，即1993年11月14日、1999年9月22日中共十四届三中全会、中共十五届四中全会相继通过的《中共中央关于建立社会主义市场经济体制若干问题的决定》《中共中央关于国有企业改革和发展若干重大问题的决定》确立的公证机构“要与政府部门彻底脱钩”[1]、“国家公证机关”[2]转变为“市场中介组织”[3]和“社会中介服务机构”并且“真正做到客观、真实、公正”[4]、“依据市场规则，建立自律性运行机制”，“发挥其服务、沟通、公证、监督作用”[5]的公证改革基本方向，国务院批准了司法部《关于深化公证工作改革的方案》[6]（下称“公证改革《方案》”）。公证改革《方案》要求，公证机构在由行政机关体制（下称“行政体制”）转为事业单位体制（下称“事业体制”）的同时，“积极探索公证组织的新形式”[7]。所谓“公证组织的新形式”，是指

1 《中共中央关于国有企业改革和发展若干重大问题的决定》（1999年9月22日中国共产党第十五届中央委员会第四次全体会议通过）。

2 《中华人民共和国公证暂行条例》（1982年4月13日国务院发布施行，2006年3月1日《公证法》生效之日自动失效）第三条规定：“公证处是国家公证机关。”

3 《中共中央关于建立社会主义市场经济体制若干问题的决定》（1993年11月14日中国共产党第十四届中央委员会第三次全体会议通过）。

4 《中共中央关于国有企业改革和发展若干重大问题的决定》（1999年9月22日中国共产党第十五届中央委员会第四次全体会议通过）。

5 《中共中央关于建立社会主义市场经济体制若干问题的决定》（1993年11月14日中国共产党第十四届中央委员会第三次全体会议通过）。

6 司法部《关于印发〈国务院办公厅关于深化公证工作改革有关问题的复函〉和〈关于深化公证工作改革的方案〉的通知》（司发通〔2000〕099号）。

7 司法部《关于印发〈国务院办公厅关于深化公证工作改革有关问题的复函〉和〈关于深化公证工作改革的方案〉的通知》（司发通〔2000〕099号）。

公证改革《方案》批准之时，现实中已经普遍存在的行政体制、事业体制以外的其他体制公证机构，包括合作制、合伙制公证机构等公证组织形式，[8]而以合作制公证机构试点（下称“合作制试点”）为主。2000年1月19日，司法部律师公证工作指导司发出《关于开展合作制公证处试点工作的通知》（下称“《试点通知》”）部署“由各省、自治区、直辖市进行1—2家合作制公证处试点”，《试点通知》指出：“进行合作制公证处试点，是坚持从我国国情出发，为尽早建立与我国政治、经济体制相适应的公证机构组织形式而进行的一次探索，为进一步加快和深化公证工作改革提供有益的经验。”[9]2000年8月19日，司法部在吉林省长春市召开全国深化公证改革工作会议，学习传达国务院批准的公证改革《方案》，研究部署贯彻落实措施，[10]时任司法部副部长、党组成员段正坤代表司法部党组作题为《认真贯彻落实〈方案〉　全面深化公证工作改革》的讲话明确强调，“从长远看，就公证机构而言，行政体制和事业体制都只能是过渡形式”，“公证机构是中介组织，这一特点决定了公证机构最终将采用合伙制、有限责任制等中介组织通用的组织形式”，“允许有条件的地方探索更新的组织形式”。[11]

“进行合作制公证处试点，是坚持从我国国情出发，为尽早建立与我国政治、经济体制相适应的公证机构组织形式而进行的一次探索，为进一步加快和深化公证工作改革提供有益的经验。”

“公证机构是中介组织，这一特点决定了公证机构最终将采用合伙制、有限责任制等中介组织通用的组织形式”，“允许有条件的地方探索更新的组织形式”。

2000年10月1日，公证改革《方案》正式实施[12]，标志着公证改革由党和国家政策倡导层面进展为实践层面。自此，以公证体制改革为突破口、以合作制试点作为“公证组织的新形式”[13]主要标志的公证改革全面启动。

2000年10月1日，公证改革《方案》正式实施，标志着公证改革由党和国家政策倡导层面进展为实践层面。

8　薛凡：《公证改革的逻辑——基于公证属性、全球和中国语境展开》（中国公证改革30周年纪念版），厦门大学出版社2018年版（2022年第2印），第171页。

9　司法部律师公证工作指导司《关于开展合作制公证处试点工作的通知》（〔2000〕司律公字第001号）。

10　《深刻领会〈方案〉精神　共商改革发展大计——全国深化公证改革工作会议在长春市召开》，《中国公证》2000年第5期。

11　《认真贯彻落实〈方案〉　全面深化公证工作改革——段正坤副部长在司法部深化公证改革工作会议上的讲话》，《中国公证》2000年第5期。

12　司法部《关于印发〈国务院办公厅关于深化公证工作改革有关问题的复函〉和〈关于深化公证工作改革的方案〉的通知》（司发通〔2000〕099号）。

13　司法部《关于印发〈国务院办公厅关于深化公证工作改革有关问题的复函〉和〈关于深化公证工作改革的方案〉的通知》（司发通〔2000〕099号）。

2. 公证改革长期停滞导致公证行业积弊深重

（1）公证改革的长期停滞

2000年10月1日公证改革全面启动后为时不久，“积极探索公证组织的新形式”[14]受到质疑，公证改革进程骤然发生偏转，公证改革的内涵发生收缩，公证改革的目标发生了重大调整。2002年4月16日、2003年9月1日、2016年12月30日，司法部或司法部会同其他部门先后发出三个文件，[15]明确规定事业单位或称事业法人为公证组织形式的不二选项。在此期间，2003年9月28日，司法部向安徽省司法厅作出《关于不同意在芜湖市设立合作制公证处的批复》，明确提出“公证体制改革的主要任务是将现有符合条件的行政体制公证处改为事业体制，……不再增设合作制公证处。”[16]以合作制试点为标志的“积极探索公证组织的新形式”实践在全国范围内陷于停顿，公证改革进入停滞时期，长达十数年。

……全国人大常委会检查组了解到，“相比大幅增加的司法案件数量，公证业务总量增幅并不明显”，表明“公证预防纠纷的作用发挥不够”；“公证行业的职业吸引力偏低，难以吸引和留住高素质人才，公证队伍流失现象严重”；……

2021年7月至9月，全国人大常委会首次开展公证法执法检查，执法检查组分赴北京、上海、河北、宁夏、广东、辽宁等6个省（区、市）开展检查。通过执法检查，在肯定公证行业既有成绩的同时，更揭示出公证改革的紧迫性。

执法检查中，全国人大常委会检查组了解到，“相比大幅增加的司法案件数量，公证业务总量增幅并不明显”，表明“公证预防纠纷的作用发挥不够”；“公证行业的职业吸引力偏低，难以吸引和留住高素质人才，公证队伍流失现象严重”；“事业制、合作制两种不同体制的公证机构并存，对于如何处理好非营利性机构性质和市场化运行机制的关系，还没有有效方案”。执法检查中发现的直到2021年“全国共有‘一人处’59家，‘无人处’114家”

---

14 司法部《关于印发〈国务院办公厅关于深化公证工作改革有关问题的复函〉和〈关于深化公证工作改革的方案〉的通知》（司发通〔2000〕099号）。

15 司法部《关于当前公证工作改革和发展若干问题的意见》（司发通〔2002〕41号）；司法部《关于拓展和规范公证工作的若干意见》（司发〔2003〕16号）；司法部、中央机构编制委员会办公室、财政部《关于推进公证机构改革发展有关问题的通知》（2016年12月30日发布）。

16 司法部《关于不同意在芜湖市设立合作制公证处的批复》（2003年9月28日），中国司法行政年鉴编辑委员会：《中国司法行政年鉴2004》，法律出版社2004年版，第573页。

等多项实证数据堪称触目惊心：

> 公证法实施以来，我国经济快速发展、社会利益格局不断调整，社会矛盾纠纷处于高发时期，法律服务需求增长迅速。但相比大幅增加的司法案件数量，公证业务总量增幅并不明显。检查组了解到，2006 年，……全年办理公证业务 980.7 万件；15 年过去了，……全年办理公证业务仅逾 1000 万件，公证预防纠纷的作用发挥不够。
>
> ……
>
> 通过检查，公证员队伍缺口问题严重，部分基层、偏远地区公证员数量难以满足业务需求的情况引起检查组高度关注。公证法规定，公证机构应有 2 名以上公证员。但目前，全国共有“一人处”59 家，“无人处”114 家。一些公证机构队伍青黄不接。此外，从业人员老龄化也是普遍性问题，河北 50 岁以上公证员占比 32%，辽宁 50 岁以上公证员占比达到 52.4%。由于准入门槛高、工资待遇低等原因，公证行业的职业吸引力偏低，难以吸引和留住高素质人才，公证队伍流失现象严重。
>
> ……事业制、合作制两种不同体制的公证机构并存，对于如何处理好非营利性机构性质和市场化运行机制的关系，还没有有效方案。近年来，由于监管不力、队伍素质能力不强等原因，个别公证机构在办理业务时审查不严，导致“套路贷”和变相高利贷等违法违规交易进入执行程序，群众反映强烈。[17]

全国人大常委会检查组认为，公证行业存在发展乏力、队伍建设亟须加强、职业保障有待落实、体制机制改革推进困难、监督管理有待加强等问题，一些法律规定不适应新形势。[18]显然，公证改革长期停滞，不仅导致公证行业自我发展的内在动力受到严

全国人大常委会检查组认为，公证行业存在发展乏力、队伍建设亟须加强、职业保障有待落实、体制机制改革推进困难、监督管理有待加强等问题，一些法律规定不适应新形势。

……公证改革长期停滞，不仅导致公证行业自我发展的内在动力受到严重损耗，也使公证行业成为整个国家“市场化改革”和“法治领域改革”的洼地，积弊深重。

17　记者徐隽：《推动公证事业高质量发展——全国人大常委会开展公证法执法检查》，《人民日报》2021 年 12 月 16 日。

18　记者徐隽：《推动公证事业高质量发展——全国人大常委会开展公证法执法检查》，《人民日报》2021 年 12 月 16 日。

中华人民共和国成立后，基于特定的历史原因，公证制度几乎完全照搬了苏联“国家公证”制度模式。“国家公证”制度与全球现代公证制度南辕北辙、大相径庭，两者的基本分野在于，“国家公证”制度以计划经济体制为依托，全球现代公证制度以市场经济体制为依托。……源于苏联的“国家公证”制度是计划经济体制的产物，……为了顺应计划经济体制的需求，公证人的“人”字被拿掉，代之以“国家公证机关”，形成全球公证业罕见的行政化的“国家公证机关本位”，公证人专业法律服务公正之“公”被异化为公权力之“公”即所谓的“国家证明权”。

重损耗，也使公证行业成为整个国家“市场化改革”[19]和“法治领域改革”[20]的洼地，积弊深重。

（2）如何理解公证改革与“市场化改革”和“法治领域改革”的内在关系？

中华人民共和国成立后，基于特定的历史原因，公证制度几乎完全照搬了苏联“国家公证”制度模式。“国家公证”制度与全球现代公证制度南辕北辙、大相径庭，两者的基本分野在于，“国家公证”制度以计划经济体制为依托，全球现代公证制度以市场经济体制为依托。颁布于计划经济年代、现行《公证法》生效实施后已废止的《中华人民共和国公证暂行条例》第一条第一句开门见山对公证制度性质的定论是，“为健全国家公证制度”而制定《公证暂行条例》[21]。源于苏联的“国家公证”制度是计划经济体制的产物，计划经济体制的主要特征是国家权力管控一切，社会缺乏活力。为了顺应计划经济体制的需求，公证人的“人”字被拿掉，代之以“国家公证机关”[22]，形成全球公证业罕见的行政化的“国家公证机关本位”，公证人专业法律服务公正之“公”被异化为公权力之“公”即所谓的“国家证明权”。何为“国家证明权”？简而言之，是指“国家作证”，即公证权一切归于国家，直接以国家的名义对某一需要公证的事项作出证明，1985年国内出版的一本权威公证书籍《公证知识》如此论述道：

> 公证，顾名思义，就是“公家”作证明。在我国，是指国家作证的意思。[23]

19　中共中央、国务院《关于新时代加快完善社会主义市场经济体制的意见》，新华社2020年5月11日播发。

20　习近平：《加快建设社会主义法治国家》，习近平：《论坚持全面依法治国》，中央文献出版社2020年版，第116页。

21　《中华人民共和国公证暂行条例》（1982年4月13日国务院发布施行，2006年3月1日《公证法》生效实施之日起自动废止。）

22　《中华人民共和国公证暂行条例》（1982年4月13日国务院发布施行，2006年3月1日《公证法》生效实施之日起自动废止。）第二条。

23　陈六书、赵霄洛编著：《公证知识》，法律出版社1985年版，第1页。

于是，国家直接站到前台，以国家的名义作出对公证事项的证明，同时，由国家承担证明的责任和后果，构成了“国家证明权”的主要含义。[24]

1992年，中共十四大确立了社会主义市场经济体制改革目标，源于苏联计划经济体制的“国家公证”制度完全丧失了存在的根基，彻底变革“国家公证”制度，建立与社会主义市场经济相适应的公证制度成为历史的选择。不难理解，正是社会主义市场经济改革目标的确立催生了中国公证改革大潮的到来。因而，1993年11月14日、1999年9月22日中共十四届三中全会、中共十五届四中全会相继通过的《中共中央关于建立社会主义市场经济体制若干问题的决定》《中共中央关于国有企业改革和发展若干重大问题的决定》从市场化改革的鲜明取向出发，明确要求公证机构“要与政府部门彻底脱钩”[25]、从“国家公证机关”[26]转变为“市场中介组织”[27]和“社会中介服务机构”并且“真正做到客观、真实、公正”[28]、“依据市场规则，建立自律性运行机制”，“发挥其服务、沟通、公证、监督作用”。[29]

1992年，中共十四大确立了社会主义市场经济体制改革目标，源于苏联计划经济体制的“国家公证”制度完全丧失了存在的根基，彻底变革“国家公证”制度，建立与社会主义市场经济相适应的公证制度成为历史的选择。不难理解，正是社会主义市场经济改革目标的确立催生了中国公证改革大潮的到来。

深入理解公证改革与市场化改革的内在联系，应当走出的一个观念误区是，认为社会主义市场经济体制改革只是经济领域的改革，与公证改革并无关联。习近平总书记深刻指出，“要使各方面体制改革朝着建立完善的社会主义市场经济体制这一方向协同推进，同时也使各方面自身相关环节更好适应社会主义市场经济发展提出的新要求”：

习近平总书记深刻指出，“要使各方面体制改革朝着建立完善的社会主义市场经济体制这一方向协同推进，同时也使各方面自身相关环节更好适应社会主义市场经济发展提出的新要求。”

24　薛凡：《公证改革的逻辑——基于公证属性、全球和中国语境展开》（中国公证改革30周年纪念版），厦门大学出版社2018年版（2022年第2印），第63页。

25　《中共中央关于国有企业改革和发展若干重大问题的决定》（1999年9月22日中国共产党第十五届中央委员会第四次全体会议通过）。

26　《中华人民共和国公证暂行条例》（1982年4月13日国务院发布施行，2006年3月1日《公证法》生效之日自动失效）第三条规定：“公证处是国家公证机关。”

27　《中共中央关于建立社会主义市场经济体制若干问题的决定》（1993年11月14日中国共产党第十四届中央委员会第三次全体会议通过）。

28　《中共中央关于国有企业改革和发展若干重大问题的决定》（1999年9月22日中国共产党第十五届中央委员会第四次全体会议通过）。

29　《中共中央关于建立社会主义市场经济体制若干问题的决定》（1993年11月14日中国共产党第十四届中央委员会第三次全体会议通过）。

> 坚持社会主义市场经济改革方向，不仅是经济体制改革的基本遵循，也是全面深化改革的重要依托。使市场在资源配置中发挥决定性作用，主要涉及经济体制改革，但必然会影响到政治、文化、社会、生态文明和党的建设等各个领域。要使各方面体制改革朝着建立完善的社会主义市场经济体制这一方向协同推进，同时也使各方面自身相关环节更好适应社会主义市场经济发展提出的新要求。[30]

2020年5月11日，中共中央、国务院发布《关于新时代加快完善社会主义市场经济体制的意见》提出，“坚定不移深化市场化改革”，以三个“更高”推进“各方面体制改革”：

> ……中国特色社会主义进入新时代，社会主要矛盾发生变化，经济已由高速增长阶段转向高质量发展阶段，与这些新形势新要求相比，我国市场体系还不健全、市场发育还不充分、政府和市场的关系没有完全理顺，还存在市场激励不足、要素流动不畅、资源配置效率不高、微观经济活力不强等问题，推动高质量发展仍存在不少体制机制障碍，必须进一步解放思想，坚定不移深化市场化改革，扩大高水平开放，不断在经济体制关键性基础性重大改革上突破创新。为贯彻落实党的十九大和十九届四中全会关于坚持和完善社会主义基本经济制度的战略部署，在更高起点、更高层次、更高目标上推进经济体制改革及其他各方面体制改革，构建更加系统完备、更加成熟定型的高水平社会主义市场经济体制……。[31]

“……必须进一步解放思想，坚定不移深化市场化改革，……在更高起点、更高层次、更高目标上推进经济体制改革及其他各方面体制改革……”

显然，“各方面体制改革”包括公证体制改革在内，公证改革是市场化改革的有机组成部分。

市场经济是信用经济、法治经济，必然提出与之相应的法治

30 习近平：《切实把思想统一到党的十八届三中全会精神上来》，《人民日报》2014年1月1日。

31 中共中央 国务院《关于新时代加快完善社会主义市场经济体制的意见》（2020年5月11日）。

领域改革的要求。法治领域改革是包括公证等司法行政制度在内的整个法治领域制度性、结构性和集成性改革，公证行业不可能游离在外。习近平总书记指出，“法治领域改革涉及的主要是公检法司等国家政权机关和强力部门，社会关注度高，改革难度大，更需要自我革新的胸襟。”“要把解决了多少实际问题、人民群众对问题解决的满意度作为评价改革成效的标准。”习近平总书记强调，法治领域改革“不管遇到什么阻力和干扰，都要坚定不移向前推进，决不能避重就轻、拣易怕难、互相推诿、久拖不决”：

习近平总书记指出，“法治领域改革涉及的主要是公检法司等国家政权机关和强力部门，社会关注度高，改革难度大，更需要自我革新的胸襟。”

> 法治领域改革涉及的主要是公检法司等国家政权机关和强力部门，社会关注度高，改革难度大，更需要自我革新的胸襟。如果心中只有自己的“一亩三分地”，拘泥于部门权限和利益，甚至在一些具体问题上讨价还价，必然是磕磕绊绊、难有作为。改革哪有不触动现有职能、权限、利益的？需要触动的就要敢于触动，各方面都要服从大局。各部门各方面一定要增强大局意识，自觉在大局下思考、在大局下行动，跳出部门框框，做到相互支持、相互配合。要把解决了多少实际问题、人民群众对问题解决的满意度作为评价改革成效的标准。只要有利于提高党的执政能力、巩固党的执政地位，有利于维护宪法和法律的权威，有利于维护人民权益、维护公平正义、维护国家安全稳定，不管遇到什么阻力和干扰，都要坚定不移向前推进，决不能避重就轻、拣易怕难、互相推诿、久拖不决。[32]

“解决法治领域的突出问题，根本途径在于改革。”习近平总书记明确指出，“当前，法治领域存在的一些突出矛盾和问题，原因在于改革还没有完全到位。”习近平总书记强调，要深化法治领域改革，同时指出要加快发展公证等法律服务队伍。[33]公证改革是

“解决法治领域的突出问题，根本途径在于改革。”习近平总书记明确指出，“当前，法治领域存在的一些突出矛盾和问题，原因在于改革还没有完全到位。”习近平总书记强调，要深化法治领域改革，同时指出要加快发展公证等法律服务队伍。

32　习近平：《加快建设社会主义法治国家》，习近平：《论坚持全面依法治国》，中央文献出版社 2020 年版，第 117 页。

33　求是网评论员：《加快建设公正高效的社会主义司法制度》，来源于求是网，http://www.qstheory.cn，最后访问时间：2022 年 2 月 22 日；《中共中央政治局进行第三十五次集体学习 习近平主持》，微信公众号“司法部”，2021 年 12 月 7 日。

中国改革开放和实行社会主义市场经济以来，整个国家和社会沧桑巨变，但是，一些公证员似乎“与世隔绝”，依旧“唯我独尊”，权力思维根深蒂固，服务意识严重匮乏，以手握子虚乌有的“国家证明权”的自我优越感高高在上，惯于“坐堂等证”“以证换证”，自视为“公权力”化身并背靠公证效力大树的“办证官员”，视公证机构为“公权力”性质的“颁证机关”，导致“坚持以人民为中心”的基本宗旨在公证行业没有得到完全落实。

整个国家法治领域改革不可或缺的组成部分，而要加快发展公证队伍，唯有加快和深化公证改革，别无他途。

公证改革曾经长期停滞“久拖不决”，导致公证行业产生的一个近乎不可思议的现象是，中国改革开放和实行社会主义市场经济以来，整个国家和社会沧桑巨变，但是，一些公证员似乎“与世隔绝”，依旧“唯我独尊”，权力思维根深蒂固，服务意识严重匮乏，以手握子虚乌有的“国家证明权”的自我优越感高高在上，惯于“坐堂等证”“以证换证”[34]，自视为“公权力”化身并背靠公证效力大树的“办证官员”，视公证机构为“公权力”性质的“颁证机关”，导致“坚持以人民为中心”[35]的基本宗旨在公证行业没有得到完全落实。2021 年 5 月 19 日，国务院常务会议将确定优化公证服务的措施列为专门事项，国务院总理李克强在会议上尖锐批评“现在企业和群众办公证，有时依然会遭遇证明多、办证难、办证慢、收费高等问题。甚至有些公证证明不仅手续烦琐，而且听上去就很‘奇葩’”。李克强总理指出，“优化公证服务是深化‘放管服’改革、打造市场化法治化国际化营商环境的重要举措，有利于激发市场主体活力、更好便企惠民……要强化监管。整治公证违规收费和‘门难进、事难办、态度差’等问题，依法查处公证造假，惩处违法违规执业行为。”[36]

3. 公证改革破冰重启与显著成效

2017 年 7 月，公证改革在长期陷于停滞后迎来重大转机。7 月 10 日，全国司法体制改革推进会强调，“要加快推进行政体制公证机构转为事业体制公证机构，完善配套政策，深化合作制公证机构试点，进一步增强公证工作活力”。[37]7 月 13 日，司法部、中央

34　司法部办公厅《关于广东省惠州市惠阳公证处有关案件情况的通报》（司办通〔2020〕94 号）。

35　习近平：《决胜全面建成小康社会，夺取新时代中国特色社会主义伟大胜利——在中国共产党第十九次全国代表大会上的报告》（2017 年 10 月 18 日）。

36　参见《李克强：这些公证证明材料不得让当事人重复提供》，来源于中国政府网，http://www.gov.cn/premier/2021-05/21/content_5609571.htm，最后访问时间：2021 年 7 月 21 日。

37　参见《司法部召开全国公证工作会议 张军强调严管公证质量和公证队伍加快推进公证工作改革》，来源于司法部政府网，http://www.moj.gov.cn/news/content/2017-07/18/bnyw_4576.html，最后访问时间：2018 年 9 月 11 日。

机构编制委员会办公室、财政部、人力资源社会保障部印发《关于推进公证体制改革机制创新工作的意见》，在明确“推进合作制公证机构试点”的同时，提出“积极探索创新公证机构组织形式，建立与市场经济体制相适应、按市场规律和自律机制运行的公证机构，进一步增强公证工作活力”。[38] 7月17日，司法部在哈尔滨召开全国公证工作会议，时任司法部部长、党组书记张军在讲话中强调加快推进公证工作改革，同时强调严管公证质量和公证队伍。[39] 同年9月5日，司法部发出《关于推进合作制公证机构试点工作的意见》，强调“进一步解放思想，强化改革意识，积极稳妥地推进本地区合作制公证机构试点工作”。[40] 于是，公证改革实践回归2000年国务院批准的公证改革《方案》明确的“积极探索公证组织的新形式”[41] 的路径，以更大的力度破冰重启。

“积极探索创新公证机构组织形式，建立与市场经济体制相适应、按市场规律和自律机制运行的公证机构，进一步增强公证工作活力”。

2017年公证改革重启以来，路径清晰，力度坚韧，成效显著。公证改革取得的显著成效是中共十八届三中全会以来全面深化改革取得的历史性成就的组成部分。

2018年1月22日，中央政法工作会议要求，扩大合作制公证机构试点，激发公证机构活力。[42]2019年1月11日，中央政法委员会批准印发了《全面深化司法行政改革纲要（2018—2022年）》，明确“推进公证制度改革。围绕完善中国特色社会主义公证制度，推进公证机构体制改革和机制创新，扩大合作制公证机构试点，建立健全政策保障和合理的分配激励机制”。[43]2020年3月24日，

38　司法部、中央机构编制委员会办公室、财政部、人力资源社会保障部《关于推进公证体制改革机制创新工作的意见》（司发〔2017〕8号）。

39　参见《司法部召开全国公证工作会议 张军强调严管公证质量和公证队伍加快推进公证工作改革》，来源于司法部政府网，http：//www.moj.gov.cn/news/content/2017-07/18/bnyw_4576.html，最后访问时间：2018年9月11日。

40　司法部《关于推进合作制公证机构试点工作的意见》（2017年9月5日发布）。

41　司法部《关于印发〈国务院办公厅关于深化公证工作改革有关问题的复函〉和〈关于深化公证工作改革的方案〉的通知》（司发通〔2000〕099号）。

42　参见《聚焦2018年中央政法工作会议》，新华网、正义网等刊发的报道和相关会议资料。

43　司法部《关于印发〈全面深化司法行政改革纲要（2018—2022年）〉的通知》（司发〔2019〕1号）。

中共司法部党组发出《关于加强公证行业党的领导 优化公证法律服务的意见》，要求“深化公证机构体制改革机制创新”，“要做好合作制公证机构试点工作，……发挥引领示范作用，释放公证服务活力”。[44] 事实表明，公证改革重启以来，合作制公证机构“在当地公证行业的领头雁作用正在显现”。[45]

据统计，公证改革重启前，2000 年至 2016 年，作为“积极探索公证组织的新形式”的起步，约十七年间，全国合作制公证机构仅有 20 家。2017 年公证改革重启后近五年左右，合作制公证机构如“雨后春笋”般出现，至 2022 年 5 月全国已设立 155 家[46]（见图 1《公证改革重启前后全国合作制公证机构数量（2016—2022 年 5 月）》）

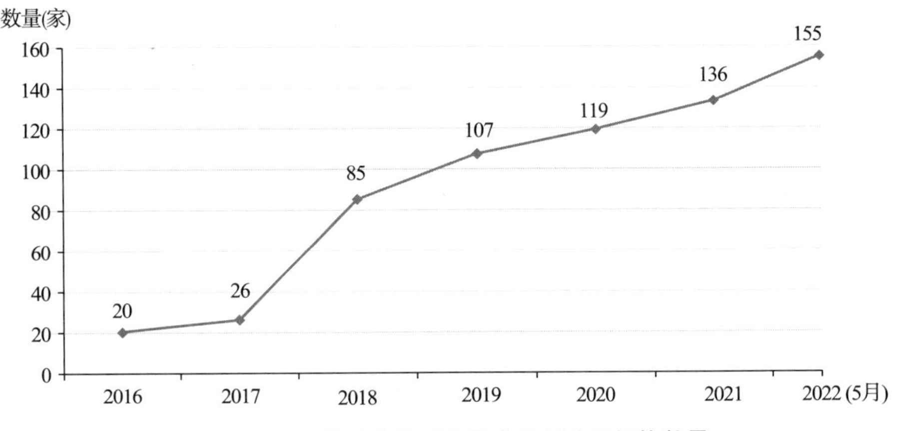

图 1　公证改革重启前后全国合作制公证机构数量

（2016—2022 年 5 月）

另据统计，至 2021 年 6 月，全国 133 家合作制公证机构中，各省、自治区、直辖市设立合作制公证机构数量排名前三位的分别是：广东省 13 家，排名第一；山东省 10 家，居于第二；福建

44　参见《中共司法部党组关于加强公证行业党的领导 优化公证法律服务的意见》，来源于司法部政府网，http://www.moj.gov.cn/government_public/content/2020-03/25/tzwj_3244751.html，最后访问时间：2020 年 12 月 6 日。

45　参见《施汉生：党建引领航向 坚定笃行远方》，微信公众号“厦门市鹭江公证处”2020 年 11 月 13 日。

46　统计数据来自司法部公共法律服务管理局公证工作处，特此致谢。

省、辽宁省、重庆市和内蒙古自治区各为6家，并列第三。[47]

2017年公证改革重启后，国务院批准的公证改革《方案》所要求的“积极探索公证组织的新形式”[48]不再停留于纸面文件，合作制公证机构不断出现，合作制公证机构群体逐步壮大，不仅为中国公证行业的发展持续注入新的活力，而且给人民和企业带来了更好的公证法律服务。

（二）从“探索”和“试点”转向“加快”和“深化”-中国公证改革发展新阶段的来临

2020年12月7日，新华社播发了中共中央《法治社会建设实施纲要（2020—2025年）》（下称“法治社会《纲要》”）。法治社会《纲要》第四部分“加强权利保护”“（十五）为群众提供便捷高效的公共法律服务”明确要求：

> 加快律师、公证……等行业改革发展，……有效满足人民群众日益增长的高品质、多元化法律服务需求。[49]

时隔仅一个月，2021年1月10日，新华社播发了中共中央《法治中国建设规划（2020—2025年）》（下称“法治中国《规划》”）。法治中国《规划》第六部分“建设有力的法治保障体系，筑牢法治中国建设的坚实后盾”“（十九）加强队伍和人才保障”提出：

> 加快发展律师、公证……等法律服务队伍。[50]

47　统计数据来自司法部公共法律服务管理局公证工作处，特此致谢。

48　司法部《关于印发〈国务院办公厅关于深化公证工作改革有关问题的复函〉和〈关于深化公证工作改革的方案〉的通知》（司发通〔2000〕099号）。

49　《中共中央印发〈法治社会建设实施纲要（2020—2025年）〉》，来源于新华网，http://www.xinhuanet.com/politics/2020-12/07/c_1126832481.htm，最后访问时间：2020年12月8日。

50　《中共中央印发〈法治中国建设规划（2020—2025年）〉》，来源于新华网，http://www.xinhuanet.com/2021-01/10/c_1126966552.htm，最后访问时间：2021年7月20日。

值得注意的是，作为中共中央公开发布的这两份官方文件，在提出公证改革发展的要求时，都使用了“加快”一词，法治社会《纲要》明文提出“加快……公证……行业改革发展”[51]的要求，法治中国《规划》提出了“加快发展……公证……等法律服务队伍”[52]的要求，导向十分明确，对于引领中国公证改革实践和公证事业发展意义重大。

2021年6月29日，中央全面深化改革委员会（下称“中央深改委”）审议通过的《关于深化公证体制机制改革 促进公证事业健康发展的意见》（下称“《深化公证改革意见》”）由司法部印发，司法部向各省、自治区、直辖市人民政府，中央和国家机关有关部门和单位发出《关于印发〈关于深化公证体制机制改革 促进公证事业健康发展的意见〉的通知》，要求“结合实际认真贯彻落实”。[53]同年7月8日，《深化公证改革意见》由中国政府法治信息网公开发布。

中央深改委审议通过的《深化公证改革意见》的发布，预示着积二十余年实践的艰辛探索，公证改革正在实现历史性的跨越，已从公证改革的“探索”和“试点”阶段开始迈向“加快”和“深化”的新阶段，中国公证改革发展由此进入全新的历史阶段。

《深化公证改革意见》发布后，公证行业有观点评论道，“《深化公证改革意见》应该是由最高层首次对公证改革作出正式政治决断。对于公证改革区域范围内的抵制肯定还会继续存在，但块块分割的‘山头利益’计算终将被大一统的治理范式横扫。”[54]

中央深改委审议通过的《深化公证改革意见》的发布，预示着积二十余年实践的艰辛探索，公证改革正在实现历史性的跨越，已从公证改革的“探索”和“试点”阶段开始迈向“加快”和“深化”的新阶段，中国公证改革发展由此进入全新的历史阶段。

---

51 《中共中央印发〈法治社会建设实施纲要（2020—2025年）〉》，来源于新华网，http://www.xinhuanet.com/politics/2020-12/07/c_1126832481.htm，最后访问时间：2020年12月8日。

52 《中共中央印发〈法治中国建设规划（2020—2025年）〉》，来源于新华网，http://www.xinhuanet.com/2021-01/10/c_1126966552.htm，最后访问时间：2021年7月20日。

53 司法部《关于印发〈关于深化公证体制机制改革 促进公证事业健康发展的意见〉的通知》（司发〔2021〕3号）。

54 2021年7月8日，中国公证协会公证理论研究委员会副主任委员、山东省青岛市黄海公证处主任张红光公证员发在微信朋友圈的观点。

二、中国公证改革发展新阶段提出的新要求

（一）预防性司法兴起的标志——中国公证制度定位于“重要的预防性司法制度”

《深化公证改革意见》开宗明义第一句的表述是：“公证制度是重要的预防性司法制度”[55]。中国公证制度的这一全新定位大气磅礴、立意高远，是对现行公证制度长期以来被视为“证明”制度的纠偏，无论对于公证人个体或公证行业整体的成长还是公证事业的发展，都将产生积极深远的影响。

2021 年 2 月 19 日，习近平总书记主持召开中央全面深化改革委员会第十八次会议。会议强调，法治建设既要抓末端、治已病，更要抓前端、治未病。要坚持和发展新时代“枫桥经验”，把非诉讼纠纷解决机制挺在前面，推动更多法治力量向引导和疏导端用力，加强矛盾纠纷源头预防、前端化解、关口把控，完善预防性法律制度，从源头上减少诉讼增量。[56]

前已述及，中华人民共和国成立后，基于特定的历史原因，从苏联引进了以计划经济体制为依托的全球罕见的“国家公证”制度。“二战”后，“国家公证”制度曾一度覆盖苏联、东欧诸国、越南和计划经济年代的中国，现已覆亡。但是，“国家公证”制度虽已覆亡，制度的惯性仍顽强地影响着现实。在观念层面，源于苏联法学理论、与公证本质属性全然相悖、在党和国家公证改革政策与法律层面早已失去正当性的“公证是公权力”“公证是‘国家证明权’”的认知时常被奉为圭臬；在实践层面，仍有一些公证员自视“国家证明权”大权在握，以“盖章收费”为业，冷漠机

……“国家公证”制度虽已覆亡，制度的惯性仍顽强地影响着现实。在观念层面，源于苏联法学理论、与公证本质属性全然相悖、在党和国家公证改革政策与法律层面早已失去正当性的“公证是公权力”“公证是‘国家证明权’”的认知时常被奉为圭臬；在实践层面，仍有一些公证员自视“国家证明权”大权在握，以“盖章收费”为业，冷漠机械应对民众和企业的公证法律服务需求。公证行业沿袭已久、挥之不去的“坐堂等证”“以证换证”恶习，某些公证员简单化、格式化的狭隘工作模式，无不由“国家公证”制度和“国家证明权”观念所形塑。

55 司法部《关于印发〈关于深化公证体制机制改革 促进公证事业健康发展的意见〉的通知》（司发〔2021〕3 号）。

56 《习近平主持召开中央全面深化改革委员会第十八次会议强调完整准确全面贯彻新发展理念 发挥改革在构建新发展格局中关键作用》，新华社北京 2021 年 2 月 19 日电讯。

械应对民众和企业的公证法律服务需求。公证行业沿袭已久、挥之不去的“坐堂等证”“以证换证”[57]恶习，某些公证员简单化、格式化的狭隘工作模式，无不由“国家公证”制度和“国家证明权”观念所形塑。

改革是系统性纠错，公证改革是在党和国家公证改革政策引领下，对现行公证制度进行系统纠错，这一纠错建立在符合公证本质属性、公证事业发展规律和“坚持以人民为中心”[58]的基本价值之上。《深化公证改革意见》对于中国公证制度首次明文作出“预防性司法制度”的定位，要求“充分发挥公证制度在推进国家治理体系和治理能力现代化中的重要作用，强化预防纠纷功能作用，促进经济社会发展”，[59]从而驱除了产生于计划经济时代的公证制度属于“证明制度”的重重迷雾，在对公证制度本质的认识上实现了重要的拨乱反正。寻根溯源，纵观起源于古罗马民事制度、全球已有上千年历史的公证人职业活动，从来都不是“证明”活动，更不是所谓由“国家”或“公权力”所进行的“证明”活动，而是公证人在民事和社会经济活动中居中而立、“公正存真”旨在预防纠纷的专业法律服务。以公证活动的现实效应加以衡量，单一“证明”根本无法实现有效预防纠纷。同时，《深化公证改革意见》对于公证制度作为“预防性司法制度”的定位，使作为预防性司法制度的公证制度与作为救济性司法制度的审判制度，在司法制度的整体功能上，实现了预防和救济两种功能的内在对应和衔接，符合国家和社会治理体系现代化对于公证制度功能定位的要求。对于建设法治中国而言，明确公证制度作为预防性司法制度的性质更为长远和深层次的意义在于，有助于民众的法律意识逐步由“事后维权”更多地转向“事先预防”，从而减少社会损耗，增加社会经济生活的安全系数。中国公证制度的这一全新定

改革是系统性纠错，公证改革是在党和国家公证改革政策引领下，对现行公证制度进行系统纠错，这一纠错建立在符合公证本质属性、公证事业发展规律和“坚持以人民为中心”的基本价值之上。

寻根溯源，纵观起源于古罗马民事制度、全球已有上千年历史的公证人职业活动，从来都不是“证明”活动，更不是所谓由“国家”或“公权力”所进行的“证明”活动，而是公证人在民事和社会经济活动中居中而立、“公正存真”旨在预防纠纷的专业法律服务。

57　司法部办公厅《关于广东省惠州市惠阳公证处有关案件情况的通报》（司办通〔2020〕94号）。

58　习近平：《决胜全面建成小康社会，夺取新时代中国特色社会主义伟大胜利——在中国共产党第十九次全国代表大会上的报告》（2017年10月18日）

59　司法部《关于印发〈关于深化公证体制机制改革 促进公证事业健康发展的意见〉的通知》（司发〔2021〕3号）。

位，具有广阔的全球视野，与中国作为成员国的以国际公证联盟为象征的全球现代公证制度的基本宗旨高度契合。

（二）“加快修改公证法”

《深化公证改革意见》要求“加快修改公证法”[60]。2021年7月，为推进公证法贯彻实施和学习宣传，促进公证事业高质量发展，更好地发挥公证作为预防性法律制度在推进全面依法治国中的作用，全国人大常委会启动公证法执法检查。这是自2005年公证法颁布以来，全国人大常委会首次对该法开展执法检查，以进一步推进法律实施和与时俱进修改完善公证法[61]。

为了与时俱进修改完善公证法，有必要回望现行公证法立法期间对于公证体制建构所作的立法选择以资借鉴。

1. 现行公证法立法期间对于公证体制建构取向不同的两个法律草案

2005年8月28日，《公证法》由十届全国人大常委会颁布，标志着现行公证法立法过程终结。《公证法》颁布后，从唯一公开出版的公证立法资料汇编即全国人大常委会法制工作委员会法律释义丛书之一《中华人民共和国公证法释义》（下称“人大法工委《公证法释义》”）来看，立法资料的收集可能尚欠完整，从中不仅没有看到对于2000年公证改革全面启动前后国内已经出现的合作制公证机构等“公证组织的新形式”[62]的调研资料，甚至也没有收录对于“公证组织的新形式”[63]有所涉及的法律草案。

现行公证法立法期间，作为中国公证员协会公证文书改革委员会主任委员，我曾参与了公证法草案向公证行业协会征求意见

60 司法部《关于印发〈关于深化公证体制机制改革 促进公证事业健康发展的意见〉的通知》（司发〔2021〕3号）。

61 参见《全国人大常委会启动公证法执法检查》，来源于新华网，http://www.xinhuanet.com/2021-07/16/c_1127663120.htm，最后访问时间：2021年8月11日。

62 司法部《关于印发〈国务院办公厅关于深化公证工作改革有关问题的复函〉和〈关于深化公证工作改革的方案〉的通知》（司发通〔2000〕099号）。

63 司法部《关于印发〈国务院办公厅关于深化公证工作改革有关问题的复函〉和〈关于深化公证工作改革的方案〉的通知》（司发通〔2000〕099号）。

的若干调研工作，就自己掌握的有限情况可知，公证法立法过程中，2004年，官方层面至少出现过两个完全不同版本的法律草案，这两个法律草案最为主要的区别是对于公证体制的建构采取了全然不同的取向。

2003年9月，司法部向国务院报送了《中华人民共和国公证法（送审稿）》。经多方征求意见，形成了《中华人民共和国公证法（草案）》，2004年10月26日，这一草案经国务院第68次常务会议讨论通过[64]，可以称之为“公证法10月26日草案”，该草案全文收录于人大法工委《公证法释义》。[65]这一草案由国务院常务会议通过，意味着另外一个版本的公证法草案从此被束之高阁。

另外一个版本的公证法草案，是指2004年4月27日国务院法制办公室（下称“国务院法制办”）修改后形成的《公证法（草案）》修改稿[66]，可以称之为“公证法4月27日草案”。这一草案并未刊布于人大法工委《公证法释义》。无须讳言，就如任何立法文本一样，公证法4月27日草案不可能是完美的，但是，在公证法立法理念上，这一草案最为主要的贡献，是明确提出了实行公证体制双轨制的立法构想，这一立法构想的价值，已被日后的公证改革实践充分证明。

（1）公证法10月26日草案对于公证体制的“模糊化”

2005年1月，全国人大法工委将《公证法》10月26日草案印发部分省、自治区、直辖市、较大的市和经济特区，以及中央有关部门和法学教学研究机构等单位征求意见。同年3月、4月，人大法工委民法室相继邀请有关部门和单位以及法学专家围绕这一公证法草案进行座谈。从多方面反馈的意见来看，最为主要的意见是围绕公证机构的性质存在争议，例如，4月下旬，人大法工委民法室编印的邀请有关部门和单位的同志进行座谈的简报，反映出与会人士对于公证机构的性质有着不同的理解：

---

64 参见《关于〈中华人民共和国公证法（草案）〉的说明》，王胜明、段正坤主编：《中华人民共和国公证法释义》，法律出版社2005年版，第192页。

65 参见《关于〈中华人民共和国公证法（草案）〉的说明》，王胜明、段正坤主编：《中华人民共和国公证法释义》，法律出版社2005年版，第192页。

66 国务院法制办公室《公证法（草案）》（2004年4月27日修改稿）。

有些同志建议明确公证机构的性质。

有的同志提出：公证机构同一般的法律服务机构不一样，有国家证明的作用和功能，但是也不宜规定为国家机关，建议定性为证明机构。

有的同志提出：公证机构提供社会化的法律服务，并非行使国家职能，因此，公证机构应该定性为社团法人。

有的同志提出：应当将公证机构定性为法律服务组织。[67]

公证立法过程中，对于公证机构性质争议的焦点在于，公证权和公证体制的性质究竟是什么？更确切而言，公证权和公证体制继续实行国家化还是走向社会化？公证组织形式继续实行行政化还是去行政化？意味深长的是，对于这一似乎是比较敏感的问题，法学界却已形成了基本共识，2005 年 3 月，全国人大法工委编印的邀请法学专家座谈的简报表明，除极个别人士外，大多数法学专家都不认为公证权应视为“国家证明权”，并且已经有法学专家明确提出了公证组织“双重的法律属性”：

公证立法过程中，对于公证机构性质争议的焦点在于，公证权和公证体制的性质究竟是什么？更确切而言，公证权和公证体制继续实行国家化还是走向社会化？公证组织形式继续实行行政化还是去行政化？

有的专家提出：公证机构可以定义为国家法律规定行使特定证明权的法律机构。

有的专家提出：公证机构最主要的职能就是提供证明，比其他的机构、社会团体和公民具有更高的公信力。因此对公证机构定性，主要突出它的证明特性就可以了，至于是法律服务机构还是事业单位可以相对模糊一些。

有的专家提出：公证机构应该是法律服务组织，它只是在法律关系发生变动时，为权利义务关系的行使提供一个确定性因素，所以它担负的是服务型的职能，而不是国家职能。

……公证机构应该是法律服务组织，它只是在法律关系发生变动时，为权利义务关系的行使提供一个确定性因素，所以它担负的是服务型的职能，而不是国家职能。

有的专家提出：可以把公证机构的性质认定为“特殊的社会公共事务机构”。这种机构具有双重的法律属性：一方面，

67 《有关部门和单位对公证法有关问题的意见》，王胜明、段正坤主编：《中华人民共和国公证法释义》，法律出版社 2005 年版，第 241 页。

公证机构取得了国家的授权来行使公证权力，其效力由国家强制力加以保障，具有一定的公权性；另一方面，公证机构又具有一定的自由性或者自由职业性，公证人员可以通过特殊的制度从民间选拔，或者由国家特许授权的机构承担公证职能。

有的专家提出：公证机构不是国家的证明机关，也不能完全规定为法律服务组织，而应该是行使国家证明权的机构。[68]

与公证法草案征求意见活动并行的，是十届全国人大常委会第十三次、第十六次会议先后对公证法草案进行的初次审议和二次审议。审议中，有些委员提出，明确公证机构的性质，对规范公证制度是至关重要的，不能回避。全国人大法律委员会经会同国务院法制办、司法部反复研究并取得一致意见，建议将《公证法（草案）》二次审议稿第五条规定的“公证机构依法设立，独立行使公证职能，独立承担民事责任”修改为：“公证机构是依法设立，不以营利为目的，依法独立行使公证职能、承担民事责任的证明机构。”[69]

2005 年 8 月 27 日，《公证法（草案）》正式交付全国人大常委会表决前，全国人大法律委员会向人大常委会作了如下汇报：

这里，还有一个问题需要汇报。草案三次审议稿第五条规定：“公证机构是依法设立，不以营利为目的，依法独立行使公证职能、承担民事责任的证明机构。”有些常委委员认为，这一条规定的公证机构的性质仍然不够明确，有的建议规定为“事业法人”，有的建议规定为“中介机构”，有的建议规定为“法律服务机构”，有的认为不宜规定为“事业法人”。法律委员会经再次认真研究认为，这一条对公证机构的性质是从其功能做出规定的，也就是说，公证机构是依照本法第二条的规定，独立行使公证职能，对民事法律行为、有法律意义的事实

68 《法学专家对公证法有关问题的意见》，王胜明、段正坤主编：《中华人民共和国公证法释义》，法律出版社 2005 年版，第 247 页。

69 参见《全国人大法律委员会关于〈中华人民共和国公证法（草案）〉审议结果的报告》，王胜明、段正坤主编：《中华人民共和国公证法释义》，法律出版社 2005 年版，第 211 页。

> 和文书的真实性、合法性予以证明的机构。这样规定，同律师法关于“律师事务所是律师的执业机构”的规定和注册会计师法关于“会计师事务所是依法设立并承办注册会计师业务的机构”的规定，是类似的。如果要进一步把公证机构明确为事业法人、中介机构或者法律服务机构，还有不同意见。因此，法律委员会建议对这一条以不再修改为妥。[70]

这一汇报意味着，公证立法过程中，公证机构的性质未能确定，公证体制的方向未能明确，而是被模糊化了。为什么会模糊化？从时任司法部部长张福森向全国人大常委会作的《关于〈中华人民共和国公证法（草案）〉的说明》（下称“公证法《说明》”）中多少可见端倪。公证法《说明》提出，“我们考虑，公证是否属于国家职能，公证处是否为国家公证机关，今后仍可以进一步研究，法律中对此可不做规定”：

> 暂行条例将公证处定性为国家公证机关。党的十四届三中全会做出《中共中央关于建立社会主义市场经济体制若干问题的决定》后，公证体制酝酿改革。2000年7月，经国务院批准的《关于深化公证工作改革的方案》提出：要加快公证工作改革和发展的步伐，尽快建立健全适应社会主义市场经济要求的公证制度。现有行政体制的公证处要尽快改为事业体制。改制的公证处应成为执行国家公证职能、自主开展业务、独立承担责任、按市场规律和自律机制运行的公益性、非营利的事业法人。在草案征求意见过程中，一些地方人民政府进一步提出，“公证处是国家公证机关”的提法已不适应我国社会主义市场经济发展对公证事业提出的新要求，没有必要由国家对民事法律行为承担证明责任，通过行业组织或

70 《全国人大法律委员会关于治安管理处罚法（草案三次审议稿）、公证法（草案三次审议稿）和关于修改妇女权益保障法的决定（草案）修改意见的报告（节选）》，王胜明、段正坤主编：《中华人民共和国公证法释义》，法律出版社2005年版，第216页。

> 者中介机构完全能够胜任这项工作。
>
> 根据以上情况，我们考虑，公证是否属于国家职能，公证处是否为国家公证机关，今后仍可以进一步研究，法律中对此可不做规定，法律只要确定公证机构独立行使公证职能，独立承担民事责任，就能够满足公证机构开展公证工作的需要。[71]

公证法《说明》中，“我们考虑，公证是否属于国家职能，公证处是否为国家公证机关，今后仍可以进一步研究”的表示，显而易见与党和国家公证改革政策已经明确的公证机构应当成为“要与政府部门彻底脱钩”[72]的“市场中介组织”[73]、“社会中介服务机构”[74]的定性产生了距离，表明公证改革不仅在实践层面而且在公证行业主管机关的认识以至立法理念层面都明显有所后退。

（2）公证法 4 月 27 日草案对于建构公证体制双轨制的设想

于今视之，公证改革实践也已充分证明，现行公证法立法过程中，公证法 4 月 27 日草案[75]摒弃了“国家公证制度”立法思维，对于公证员的主体地位、公证组织形式和公证体制建构的整体构想视野开阔、前瞻而务实，既契合全球现代公证制度的普遍惯例，明确认可以人为本，规定公证员为“法律职业人员”，并且如同律师一样可以终身执业，提出公证机构“可以由公证员以合伙出资方式设立”，又充分顾及中国国情和公证行业的现实状况，认可公证机构也可以“由国家出资设立”，即公证体制实行双轨制。公证法 4 月 27 日草案共九章、六十二条，仅引述其中第五条、第十条、第十三条和第二十二条的规定。

---

71 《关于〈中华人民共和国公证法（草案）〉的说明》，王胜明、段正坤主编：《中华人民共和国公证法释义》，法律出版社 2005 年版，第 193 页。

72 《中共中央关于国有企业改革和发展若干重大问题的决定》（1999 年 9 月 22 日中国共产党第十五届中央委员会第四次全体会议通过）。

73 《中共中央关于建立社会主义市场经济体制若干问题的决定》（1993 年 11 月 14 日中国共产党第十四届中央委员会第三次全体会议通过）。

74 《中共中央关于国有企业改革和发展若干重大问题的决定》（1999 年 9 月 22 日中国共产党第十五届中央委员会第四次全体会议通过）。

75 国务院法制办公室《公证法（草案）》（2004 年 4 月 27 日修改稿）。

第五条是就包括“公证组织的新形式”[76]在内的公证体制架构所作的规定，明确规定了公证体制实行双重体制，即“公证机构由国家出资设立，也可以由公证员以合伙方式出资设立”：

第五条 公证机构是经批准设立、依照本法授权行使公证职能的非营利性的证明机构。

公证机构由国家出资设立，也可以由公证员以合伙方式出资设立。

公证机构依法独立行使公证职能，自主开展业务，独立承担民事责任。

公证机构及其公证员应当在司法行政部门核定的业务区域内办理公证事务。[77]

公证机构由国家出资设立，也可以由公证员以合伙方式出资设立。

基于出资主体的不同，第十条就公证机构法定代表人制度按不同体制作了精准区分，国家出资设立的公证机构主任实行主管司法行政部门核准制，以合伙出资方式设立的公证机构主任实行司法行政部门备案制：

第十条 公证机构实行主任负责制，主任是公证机构的法定代表人。公证机构的主任在有三年以上执业经历的公证员中推选。

国家出资设立的公证机构的主任人选，应当报主管司法行政部门核准；以合伙出资方式设立的公证机构主任人选，应当报司法行政部门备案。[78]

国家出资设立的公证机构的主任人选，应当报主管司法行政部门核准；以合伙出资方式设立的公证机构主任人选，应当报司法行政部门备案。

本草案第十三条的规定完全不同于公证法10月26日草案第十五条“公证员是符合本法规定的条件，获准在一个公证机构从

76 司法部《关于印发〈国务院办公厅关于深化公证工作改革有关问题的复函〉和〈关于深化公证工作改革的方案〉的通知》（司发通〔2000〕099号）。

77 国务院法制办公室《公证法（草案）》（2004年4月27日修改稿）。

78 国务院法制办公室《公证法（草案）》（2004年4月27日修改稿）。

公证员是符合本法规定的条件，获准在公证机构为社会提供公证服务的法律职业人员。

……对公证员执业年龄不设上限，而只规定“退休的”或“因健康原因不能继续履行职务的”可以构成免除职务事由。公证人“因健康原因不能继续履行职务”而免职是大陆法系许多国家公证人终身任职制度的立法通例。……由此，在立法观念上，为中国借鉴引进国际公证联盟立法确认的公证人终生执业开辟了道路。在中国公证行业人才十分紧缺、短期内难以缓解的现实情形下，公证员终身执业的立法规定显得尤为重要。

事公证法律服务的执业人员”[79]的表述，明确认可公证员为“法律职业人员”，向着“以人为本”前进了一大步：

> **第十三条** 公证员是符合本法规定的条件，获准在公证机构为社会提供公证服务的法律职业人员。

基于公证体制双轨制的立法理念，鉴于现行公证法立法期间，国内公证体制现状已经出现了公证员发起组建的合作制公证机构这一“公证组织的新形式”[80]，因此，第二十二条没有规定公证员执业年龄的上限，就公证员的免职按不同体制区分为“退休的”和“因健康原因不能继续履行职务的”等情形：

> **第二十二条** 公证员有下列情形之一的，由省、自治区、直辖市司法行政部门提请司法部部长免除其职务：
> （一）丧失中华人民共和国国籍的；
> （二）被吊销公证员执业证书的；
> （三）连续两次年度考核被评定为不称职被公证机构辞退的；
> （四）因健康原因不能继续履行职务的；
> （五）辞职的；
> （六）退休的。[81]

该条规定对于公证员免职六种情形的区分科学精准，特别体现在对公证员执业年龄不设上限，而只规定“退休的”或“因健康原因不能继续履行职务的”可以构成免除职务事由。公证人“因健康原因不能继续履行职务”而免职是大陆法系许多国家公证人终身任职制度的立法通例。由于退休制度适用于行政机关、事业单位和国有企业等，因而，合作制等社会组织性质公证机构的公证员未必如同事业体制公证机构公证员需适用退休而免除职务

79 《中华人民共和国公证法（草案）》，王胜明、段正坤主编：《中华人民共和国公证法释义》，法律出版社2005年版，第199页。

80 司法部《关于印发〈国务院办公厅关于深化公证工作改革有关问题的复函〉和〈关于深化公证工作改革的方案〉的通知》（司发通〔2000〕099号）。

81 国务院法制办公室《公证法（草案）》（2004年4月27日修改稿）。

的规定，由此，在立法观念上，为中国借鉴引进国际公证联盟立法确认的公证人终生执业开辟了道路。在中国公证行业人才十分紧缺、短期内难以缓解的现实情形下，公证员终身任职的立法规定显得尤为重要。

2.《公证法》与《律师法》实施效果的比较——以法的保障和激励效应为视角

公证员、律师同属法律服务业[82]。在此，不妨从法的保障和激励效应的视角，对于《公证法》与《律师法》实施后的实际效果简要加以比较。

发展公证事业，首先需要发展公证员队伍，而发展公证员队伍，需要提供强有力的制度保障。那么，作为公证制度的载体，现行公证法是否起到了促进保障发展公证员队伍的作用？

2000年国务院批准的公证改革《方案》提出："到2010年，要使懂政治、懂经济、懂科技、懂外语的公证员比现在翻两番。"[83]直到2021年，这一目标是否已经实现？二十年弹指一挥间，改革开放和市场经济大潮奔涌，多少个职业、行业破浪远航，取得长足发展。反观公证行业，2000年全国公证员12849人[84]，2006年3月1日《公证法》生效实施，这一年全国公证员总数21362人[85]。2021年，《公证法》生效实施已十五年，全国公证员的人数仅为13620人[86]，不仅远没有实现二十年前2000年公证改革《方案》提出的"翻两番"的目标，如果将2021年与2006年《公证法》生效实施这一年相比，全国公证员却由21362人"下行"为13620

82 《中共中央关于全面推进依法治国若干重大问题的决定》（2014年10月23日中国共产党第十八届中央委员会第四次全体会议通过）。

83 司法部《关于印发〈国务院办公厅关于深化公证工作改革有关问题的复函〉和〈关于深化公证工作改革的方案〉的通知》（司发通〔2000〕099号）。

84 《司法行政统计资料》，中国司法行政年鉴编辑委员会：《中国司法行政年鉴2001》，法律出版社2002年版，第903页。

85 《司法行政统计资料》，中国司法行政年鉴编辑委员会：《中国司法行政年鉴2007》，法律出版社2007年版，第1004页。

86 参见《国新办举行优化公证服务更好利企便民国务院政策例行吹风会图文实录》，来源于国新网，http://www.scio.gov.cn/32344/32345/44688/45725/tw45727/Document/1704889/1704889.htm，最后访问时间：2021年7月25日。

岁月向前，全国公证员人数却并没有“向前”，表明公证行业人才流失现象已到何等严峻的地步，同时也表明，现行公证法对于发展公证员队伍未能起到应有的保障和激励作用。

人，十五年间竟然减少了 7742 人。岁月向前，全国公证员人数却并没有“向前”，表明公证行业人才流失现象已到何等严峻的地步，同时也表明，现行公证法对于发展公证员队伍未能起到应有的保障和激励作用。如不义无反顾加快推进改革，全国公证员的人数不是没有继续“下行”之虞。

相比之下，同属中国法律服务业的立法，1996 年中华人民共和国第一部《律师法》颁布，在立法理念上，以人为本，彻底告别事业体制的法律顾问处模式[87]，一举确立律师而不是律师机构主体地位的同时，确立了律师事务所合作、合伙和国家三重体制并存[88]，该法于 1997 年 1 月 1 日起实施，当年全国律师不足 10 万人，共 98902 人[89]，《律师法》实施将近二十五年后，到 2020 年，全国律师总人数已经达到 52.2 万人[90]的规模。

从法的保障和激励效应视角比较《公证法》与《律师法》实施的效果，足以表明体制兴，人才兴；人才兴，服务兴；服务兴，人民群众高兴和满意。[91]

……体制兴，人才兴；人才兴，服务兴；服务兴，人民群众高兴和满意。

长期以来，中国公证改革一直没有进入“快车道”，体现在公证立法上的显著表现之一是，人是一切事物中的决定性因素，现行公证法却排斥以人为本，不承认公证人在发展公证事业中的主

87 《中华人民共和国律师暂行条例》（1980 年 8 月 26 日五届全国人大常委会第 15 次会议通过，1982 年 1 月 1 日起施行，2008 年 6 月 1 日起《律师法》施行之日起自动失效）第十三条规定：“律师执行职务的工作机构是法律顾问处。法律顾问处是事业单位。受国家司法行政机关的组织领导和业务监督。”

88 《中华人民共和国律师法》（1996 年 5 月 15 日第 8 届全国人民代表大会常务委员会第 19 次会议通过）第十六条规定：“国家出资设立的律师事务所，依法自主开展律师业务，以该律师事务所的全部资产对其债务承担责任。”第 17 条规定：“律师可以设立合作律师事务所，以该律师事务所的全部资产对其债务承担责任。”第十八条规定：“律师可以设立合伙律师事务所，合伙对该律师事务所的债务承担无限责任和连带责任。”

89 《司法行政统计资料》，中国司法行政年鉴编辑委员会：《中国司法行政年鉴 1998》，法律出版社 1999 年版，第 695 页。

90 参见《2020 年度律师、基层法律服务工作统计分析》，来源于司法部政府网，http://www.moj.gov.cn/pub/sfbgw/zwxxgk/fdzdgknr/fdzdgknrtjxx/202106/t20210611_427394.html，最后访问时间：2021 年 7 月 22 日。

91 薛凡：《公证改革的逻辑——基于公证属性、全球和中国语境展开》（中国公证改革 30 周年纪念版），厦门大学出版社 2018 年版（2022 年第 2 印），第 44 页。

体价值，致使公证行业生机难以焕发。任何一部良法必然包含对于人的主体价值的充分尊重，公证法当不例外，这是因为“对人的看法……决定着法律的方向”：

> 对于一个法律时代的风格而言，重要的莫过于对人的看法，它决定着法律的方向。[92]

同时需要看到，现行公证法变相沿袭了源于苏联“国家公证”制度的全球公证业罕见的“公证机构本位”[93]模式。在“机构本位”前提下，由于全国公证机构现有的主流体制为事业体制，事业体制公证机构由国家设立，直接隶属于各级司法行政机关，以行政化模式运行，本质上与行政机关无异；事业体制公证机构一旦发生公证过错赔偿，是以“国有资产”而不是以公证员个体的财产进行赔偿，实质上属于“国家赔偿”的翻版，因而，事业体制公证机构是“国家公证机关”[94]的“翻牌公司”，依然处在计划经济年代“国家公证”制度、“国家证明权”旧有模式的延长线上。

遵循习近平总书记提出的“不断促进人的全面发展”[95]和权责要对等[96]的要求，从党和国家公证改革政策确认的公证机构应当成为“要与政府部门彻底脱钩”[97]的“法律服务业”[98]的“社会组织”[99]和

……人是一切事物中的决定性因素，现行公证法却排斥以人为本，不承认公证人在发展公证事业中的主体价值，致使公证行业生机难以焕发。任何一部良法必然包含对于人的主体价值的充分尊重，公证法当不例外……

对于一个法律时代的风格而言，重要的莫过于对人的看法，它决定着法律的方向。

……事业体制公证机构是“国家公证机关”的“翻牌公司”，依然处在计划经济年代“国家公证”制度、“国家证明权”旧有模式的延长线上。

92　舒国滢：《法治与人类形象》，《法制日报》2002年10月30日。

93 《中华人民共和国公证法》第二条规定：“公证是公证机构根据自然人、法人或者其他组织的申请，依照法定程序对民事法律行为、有法律意义的事实和文书的真实性、合法性予以证明的活动。”

94 《中华人民共和国公证暂行条例》（1982年4月13日国务院发布施行，2006年3月1日《公证法》生效之日自动失效）第三条规定：“公证处是国家公证机关。”

95　习近平：《决胜全面建成小康社会，夺取新时代中国特色社会主义伟大胜利——在中国共产党第十九次全国代表大会上的报告》（2017年10月18日）。

96　习近平：《在首都各界纪念现行宪法公布实施三十周年大会上的讲话》（2012年12月4日），中共中央文献研究室编：《十八大以来重要文献选编》（上），中央文献出版社2014年版，第92页。

97 《中共中央关于国有企业改革和发展若干重大问题的决定》（1999年9月22日中国共产党第十五届中央委员会第四次全体会议通过）。

98 《中共中央关于全面推进依法治国若干重大问题的决定》（2014年10月23日中国共产党第十八届中央委员会第四次全体会议通过）。

99 《中共中央关于构建社会主义和谐社会若干重大问题的决定》（2006年10月11日中国共产党第十六届中央委员会第六次全体会议通过）。

遵循习近平总书记提出的“不断促进人的全面发展”和权责要对等的要求，从党和国家公证改革政策确认的公证机构应当成为“要与政府部门彻底脱钩”的“法律服务业”的“社会组织”和“专业机构”的定性出发，需要与时俱进修改完善公证法，果断进行公证立法改革，彻底破除“国家证明权”和“公证机构本位”误区，确立公证人在公证活动和公证事业发展中的主体地位和主体价值，以促进和保障公证改革实践向前推进，焕发公证制度新的生机，造福于人民、社会和国家。

“专业机构”[100]的定性出发，需要与时俱进修改完善公证法[101]，果断进行公证立法改革，彻底破除“国家证明权”和“公证机构本位”误区，确立公证人在公证活动和公证事业发展中的主体地位和主体价值，以促进和保障公证改革实践向前推进，焕发公证制度新的生机，造福于人民、社会和国家。

（三）创设全新的公证执业活动稽查制度，以制度的刚性力量保障公证质量和公证公信力，确保公证改革行稳致远

中国公证制度依托的经济体制由计划经济转向社会主义市场经济，注定了公证由国家信用转变为社会信用，国家不再为公证公信力背书，也不再承担公证过错赔偿责任。随着国家退出公证活动的场域，在公证改革发展进程中，应当如何确保公证质量和公证公信力？

需要看到，长期以来，公证行业普遍奉行的公证质量监管模式主要体现为两种途径：第一，纸面上的“静态监管”，指地方公证协会通过抽查公证机构保存的案卷寻找和发现公证质量问题；第二，被动的“事后监管”，指当公证个案引发纠纷或信访、投诉后，地方司法行政部门和公证协会才开始介入。事实表明，上述公证质量监管模式对于保障公证质量和公证公信力的现实功效远不充分完备，甚至在某种程度上已经濒于“机制失灵”。公证改革发展进程中，如何通过制度创新实现对公证质量科学有效的监管已成当务之急。

《深化公证改革意见》开创性地提出，“研究建立公证执业活动稽查制度，部署开展稽查工作试点，依法对公证机构的资质条件、公证档案、会计账册等进行核查。”[102]显然，公证执业活动稽

100　国务院《关于加强和规范事中事后监管的指导意见》（国发〔2019〕18号）；中央全面依法治国委员会《关于印发〈关于加强综合治理从源头切实解决执行难问题的意见〉的通知》（中法委发〔2019〕1号）。

101　参见《全国人大常委会启动公证法执法检查》，来源于新华网，http://www.xinhuanet.com/2021-07/16/c_1127663120.htm，最后访问时间：2021年8月11日。

102　司法部《关于印发〈关于深化公证体制机制改革 促进公证事业健康发展的意见〉的通知》（司发〔2021〕3号）。

查制度是公证制度的一项重大创新，使公证质量的监管从“静态监管”走向动态监管，从被动监管走向主动监管，从“事后监管”走向事前、事中、事后一体化的立体监管，将为确保公证活动真正依照法律、客观、公正[103]，为确保公证质量和公证公信力提供刚性的制度保障。但是，良法善治不能停留于纸面文件，宜尽早在合作制公证机构群体中率先全面实施公证执业活动稽查制度，与公证体制改革协同推进，使公证质量至上与公证改革并行。

……良法善治不能停留于纸面文件，宜尽早在合作制公证机构群体中率先全面实施公证执业活动稽查制度，与公证体制改革协同推进，使公证质量至上与公证改革并行。

需要把握的是，公证执业活动稽查制度的实施应防止演变为行政权以权代法、以言代法，对正常公证活动应有的独立性进行不当干预。为此，应当强调稽查活动专业、客观、建章立制在先，可以借鉴在司法改革实践中行之有效的法官、检察官遴选惩戒委员会的运行模式，由学者、法官、检察官、注册会计师等专业人士和地方司法行政部门、公证协会派员共同组成第三方稽查组织，下设专业工作团队，既防止行政权对公证活动独立性的不当干预，同时防止公证行业和公证机构“自我稽查”“自说自话”。

需要把握的是，公证执业活动稽查制度的实施应防止演变为行政权以权代法、以言代法，对正常公证活动应有的独立性进行不当干预。为此，应当强调稽查活动专业、客观、建章立制在先，……既防止行政权对公证活动独立性的不当干预，同时防止公证行业和公证机构“自我稽查”“自说自话”。

（四）公证机构“分类改革”的内涵发生根本性变化，成为公证改革的一个战略性转折点

《深化公证改革意见》首次提出“推进公证机构分类改革”[104]，同时，首次提出“规范推进合作制公证机构建设发展”[105]，而不是如同以往仅仅只是要求公证机构进行事业单位分类改革[106]。将事业单位公证机构分类改革转变为“公证机构分类改革”置于中国公

103 《中华人民共和国公证法》第三条规定：“公证机构办理公证，应当依照法律，客观、公正。”

104 司法部《关于印发〈关于深化公证体制机制改革 促进公证事业健康发展的意见〉的通知》（司发〔2021〕3号）。

105 司法部《关于印发〈关于深化公证体制机制改革 促进公证事业健康发展的意见〉的通知》（司发〔2021〕3号）。

106 2002年4月16日、2003年9月1日、2016年12月30日，司法部或司法部会同其他部门先后发出了三个以事业单位或称事业法人为取向的涉及公证体制的文件：司法部《关于当前公证工作改革和发展若干问题的意见》（司发通〔2002〕41号）；司法部《关于拓展和规范公证工作的若干意见》（司发〔2003〕16号）；司法部、中央机构编制委员会办公室、财政部《关于推进公证机构改革发展有关问题的通知》（2016年12月30日发布）。

将事业单位公证机构分类改革转变为“公证机构分类改革”置于中国公证改革整体进程，会发现公证机构分类改革内涵发生了根本性变化，成为公证改革的一个战略性转折点，是公证改革进入新的历史阶段的重要标志之一。

公证改革《方案》提出“积极探索公证组织的新形式”要求，具有相当的合理性。“探索”是动词，前面冠以“积极”这一定语，旨在强调不能“消极探索”，更不应消极等待、无所作为。

证改革整体进程，会发现公证机构分类改革内涵发生了根本性变化，成为公证改革的一个战略性转折点，是公证改革进入新的历史阶段的重要标志之一。从这一转折点出发，义无反顾向前，尽早走出合作制试点阶段，迅速壮大合作制公证机构群体，才有可能通过“公证组织的新形式”的体制优势，在以制度的刚性力量严管公证质量的前提下，充分激发公证人职业群体的活力，更好地惠企便民，并且为更加“积极探索公证组织的新形式”[107]进而振兴公证行业、发展公证事业破局。

历史地看，2000 年国务院批准的公证改革《方案》提出“积极探索公证组织的新形式”[108]要求，具有相当的合理性。“探索”是动词，前面冠以“积极”这一定语，旨在强调不能“消极探索”，更不应消极等待、无所作为。从公证改革全面启动当时的特定历史情形来看，公证机构从计划走向市场、从国家走向社会、从权力走向服务[109]是一种全新的社会现象，无论是公证行业自身还是更为广泛的社会心理层面都需要有一个转换的过程，正因为如此，将“公证组织的新形式”定位于“积极探索”不无必要。“探索”意味着方向尚不确定前景、尚不明朗，也正因为如此，在积极探索“公证组织的新形式”的起步阶段，合作制公证机构只宜定位于“试点”，“试点”意味着结果还看不准，作为“试点”本身，既可以上升为可复制的经验，也是随时可以终止的。但如前所述，2000年全面启动“积极探索公证组织的新形式”[110]进程启动油门不久，合作制试点即被踩下刹车陷于停滞，停滞期长达十数年，停滞的主要标志是在公证机构事业单位分类改革阶段原地踏步甚至“一动不动”，导致全国公证机构主流体制在事业体制内泥足深陷。长此以往，相当一些公证员在法律服务领域的创新和竞争能力日

107　司法部《关于印发〈国务院办公厅关于深化公证工作改革有关问题的复函〉和〈关于深化公证工作改革的方案〉的通知》（司发通〔2000〕099 号）。

108　司法部《关于印发〈国务院办公厅关于深化公证工作改革有关问题的复函〉和〈关于深化公证工作改革的方案〉的通知》（司发通〔2000〕099 号）。

109　青春改革者：《从计划到市场 从权力到服务 从国家到社会——党和国家公证改革政策对公证制度的革命性重塑》，微信公众号“公证文选”，2021 年 1 月 6 日。

110　司法部《关于印发〈国务院办公厅关于深化公证工作改革有关问题的复函〉和〈关于深化公证工作改革的方案〉的通知》（司发通〔2000〕099 号）。

趋弱化，活力渐失。2017 年公证改革重启后，部分公证员无奈地选择告别公证人职业生涯、回归行政机关或另谋职业，很大程度上是公证行业长期止步于事业单位分类改革阶段酿成的恶果。

《深化公证改革意见》有关“推进公证机构分类改革”和“规范推进合作制公证机构建设发展”[111]要求的提出，不仅意味着公证机构的“分类改革”进入全新的第二个历史阶段，更意味着在公证改革进程中，中共十八届三中全会作出的《中共中央关于全面深化改革若干重大问题的决定》对于事业单位改革的新要求在公证行业开始得到切实贯彻落实。

2013 年 11 月 12 日，中共十八届三中全会作出历史性的《中共中央关于全面深化改革若干重大问题的决定》，前所未有地提出“推进有条件的事业单位转为……社会组织”[112]。此前，2006 年 10 月 11 日中共十六届六中全会通过的《中共中央关于构建社会主义和谐社会若干重大问题的决定》已一锤定音，将公证机构正式定性为“社会组织”[113]。所谓社会组织即民间组织[114]，民间组织的定义中，核心词是“民间”，表明社会组织不隶属于官方机构，也不是“半官半民”的机构。明确公证机构社会组织即民间组织的属性，对于理解作为“公证组织的新形式”起步的合作制公证机构在中国诞生的意义至为重要。[115]值得注意的是，中共十六届六中全会举行后不久，时任中共中央政治局常委、全国人大常委会委员长、《中共中央关于构建社会主义和谐社会若干重大问题的决定》起草组组长吴邦国在一次学习《决定》的报告中，明确重申了社会组织性质的公证机构属于“市场中介组织”的范畴。[116]

所谓社会组织即民间组织，民间组织的定义中，核心词是“民间”，表明社会组织不隶属于官方机构，也不是“半官半民”的机构。明确公证机构社会组织即民间组织的属性，对于理解作为“公证组织的新形式”起步的合作制公证机构在中国诞生的意义至为重要。

111 司法部《关于印发〈关于深化公证体制机制改革 促进公证事业健康发展的意见〉的通知》（司发〔2021〕3 号）。

112 《中共中央关于全面深化改革若干重大问题的决定》（2013 年 11 月 12 日中国共产党第十八届中央委员会第三次全体会议通过）。

113 《中共中央关于构建社会主义和谐社会若干重大问题的决定》（2006 年 10 月 11 日中国共产党第十六届中央委员会第六次全体会议通过）。

114 本书编写组编著：《党的十六届六中全会〈决定〉学习辅导百问》，学习出版社、党建读物出版社 2006 年版，第 190 页。

115 薛凡：《公证改革的逻辑——基于公证属性、全球和中国语境展开》（中国公证改革 30 周年纪念版），厦门大学出版社 2018 年版（2022 年第 2 印），第 173 页。

116 吴邦国：《构建社会主义和谐社会的纲领性文件》，本书编写组编著：《党的十六届六中全会〈决定〉学习辅导百问》，学习出版社，党建读物出版社 2006 年版，第 56 页；《吴邦国论经济社会发展》，人民出版社 2017 年版，第 642 页。

……中共中央历次《决定》确立的公证机构从计划走向市场、从国家走向社会、从权力走向服务的基本方向清晰明确，一以贯之，从未将公证机构定性为事业体制或其他任何形式的国有体制。……与行政体制相同的是，事业体制公证机构仍在“国家”、“国有”的范畴之内，与中共中央公证改革政策对于公证制度的顶层设计明显不符。

需要明确加以理解的是，实行社会主义市场经济以来，中共中央公证改革政策对于公证制度的顶层设计包括了中共中央四个《决定》：1993年11月14日、1999年9月22日、2006年10月11日、2014年10月23日先后由中共十四届三中全会、十五届四中全会、十六届六中全会、十八届四中全会通过的《中共中央关于建立社会主义市场经济体制若干问题的决定》《中共中央关于国有企业改革和发展若干重大问题的决定》《中共中央关于构建社会主义和谐社会若干重大问题的决定》《中共中央关于全面推进依法治国若干重大问题的决定》，中共中央历次《决定》确立的公证机构从计划走向市场、从国家走向社会、从权力走向服务的基本方向清晰明确，一以贯之，从未将公证机构定性为事业体制或其他任何形式的国有体制。根据国务院《事业单位登记管理暂行条例》的规定，事业单位“由国家机关举办或者其他组织利用国有资产举办”[117]，据此，本质而论，与行政体制相同的是，事业体制公证机构仍在“国家”“国有”的范畴之内，与中共中央公证改革政策对于公证制度的顶层设计明显不符。

公证组织形式实行事业体制，与行政体制相比，只是“新瓶装旧酒”而已，……

虽然公证机构由行政体制改为事业体制被称为“改制”，但只是字面上的“改制”，并不是真正意义上的改制。公证组织形式实行事业体制，与行政体制相比，只是“新瓶装旧酒”而已，事业单位由政府部门出资组建，在人、财、物各方面与政府部门有着千丝万缕、难以分割的联系，如学者深刻所论，“事业单位既是公权力产物，又是公权力的组成部分”，“事业单位在编人员和公务员都是纳入同一套行政级别序列并且相互流动的‘公家’人员；事业单位的一切职能行为都是在主管部门领导、监管之下，主管部门的意思就是事业单位的意思，事业单位的职能就是照章办事，并且不折不扣地落实主管部门的指示”，“除了功能以外，事业单位与机关并没有显著差异”：

117 《事业单位登记管理暂行条例》（1998年10月25日中华人民共和国国务院令第252号发布 根据2004年6月27日《国务院关于修改〈事业单位登记管理暂行条例〉的决定》修订）第二条。

> 事实上，除了功能以外，事业单位与机关并没有显著差异：事业单位和机关都是政府纵横结构的组成部分；事业单位在编人员和公务员都是纳入同一套行政级别序列并且相互流动的“公家”人员；事业单位的一切职能行为都是在主管部门领导、监管之下，主管部门的意思就是事业单位的意思，事业单位的职能就是照章办事，并且不折不扣地落实主管部门的指示。如果说事业单位有意思能力的话，那也只是限于履行职能的意思能力。事业单位与主管部门之间是监管和被监管、领导和被领导的关系：事业单位和员工之间并非一概都是“平等主体的民事关系”，因为，事业单位既是公权力产物，又是公权力的组成部分，事业单位对员工或多或少地行使着公权力。在事业单位行使公权力的情况下，它与机关并没差别。[118]

事实上，除了功能以外，事业单位与机关并没有显著差异……。如果说事业单位有意思能力的话，那也只是限于履行职能的意思能力。事业单位与主管部门之间是监管和被监管、领导和被领导的关系：事业单位和员工之间并非一概都是“平等主体的民事关系”，因为，事业单位既是公权力产物，又是公权力的组成部分，事业单位对员工或多或少地行使着公权力。在事业单位行使公权力的情况下，它与机关并没差别。

曾经多年担任河北省司法厅主管公证工作的厅领导并曾担任省公证协会会长的刘向东先生曾经谈到当地公证行业一个生动个案，“县司法局局长一上任，先到公证处‘收权’，不仅收了公证处的财务权，连公证处印章都由他代管，公证处的工作根本没办法开展”，“后来此类事情越来越多”：

> 一些司法局把公证处看作是自己管理的部门，甚至是内设机构，按纯行政机关对待，公证处主任负责制得不到落实，人、财、物越统越死，影响了公证处、公证员的工作积极性，这种状态在一些公证处延续至今。另一方面，一些老公证员业务素质提高较慢，优秀、年轻的人才无法进入公证行业、待不稳、留不住的情况亦开始显现。河北省发现这些问题是在八十年代。一次到邯郸市一个县公证处调研，一位主任同我讲，有几千件棉花购销合同的公证不想办了，因为“县司法局局长一上任，先到公证处‘收权’，不仅收了公证处的财

118　苏永钦、方流芳：《寻找新民法——苏永钦、方流芳对话中国民法法典化》，元照出版有限公司2019年版，第131页。

务权，连公证处印章都由他代管，公证处的工作根本没办法开展。”后来此类事情越来越多。[119]

“……在基层司法局不肯放权的地区，即使完成事业单位改制的公证处甚至买一支铅笔也需要司法局长审批。”

……公证机构由行政体制转为事业体制，“只是体制内改革，并没有触及体制本身，还不是真正意义上的公证体制改革”。

历史地看，事业体制公证机构群体对中国公证事业的发展曾经作出了很大的不可抹杀的贡献，与行政体制公证机构相比，事业体制公证机构不是没有优越性，但是，随着社会变迁和公证改革的推进，这种优越性正在逐步成为“过去时”。

公证改革停滞期间，2014年，署名山东省司法厅公证管理处的课题报告《公证体制改革的路径选择》认为，公证改革《方案》虽然对落实事业体制公证机构的政策作了明确规定，“但是，在推进改革过程中却低估了地方运作不规范对公证改革所造成的阻力。司法部在积极推进改革，但地方财政、人事、税务等部门不给政策，基层司法局不肯放权，……在基层司法局不肯放权的地区，即使完成事业单位改制的公证处甚至买一支铅笔也需要司法局长审批。”[120]

因此，诚如张卫平先生所指出的，公证机构由行政体制转为事业体制，“只是体制内改革，并没有触及体制本身，还不是真正意义上的公证体制改革”。[121]

历史地看，事业体制公证机构群体对中国公证事业的发展曾经作出了很大的不可抹杀的贡献，与行政体制公证机构相比，事业体制公证机构不是没有优越性，但是，随着社会变迁和公证改革的推进，这种优越性正在逐步成为“过去时”。根据中共中央上述四个《决定》提出的要求，公证机构“要与政府部门彻底脱钩”[122]，“国家公证机关”[123]应转变为“市场中介组织”[124]、“社会中介服务机构”[125]，在此基础上，进一步明确公证机构是归属于“法律

119　刘向东：《我经历的公证体制改革三十年》，北京市长安公证处编：《公证四十不惑》，法律出版社2020年版，第48页。

120　山东省司法厅公证管理处：《公证体制改革的路径选择》，《山东公证通讯》2014年第2期。

121　张卫平／多人：《公证体制改革与公证公信力的提升——中国民事诉讼法学研究会会长张卫平教授访谈实录》，《东方公证法学》第2卷，上海人民出版社，2017年版。

122　《中共中央关于国有企业改革和发展若干重大问题的决定》（1999年9月22日中国共产党第十五届中央委员会第四次全体会议通过）。

123　《中华人民共和国公证暂行条例》（1982年4月13日国务院发布施行，2006年3月1日《公证法》生效之日自动失效）第三条规定：“公证处是国家公证机关。”

124　《中共中央关于建立社会主义市场经济体制若干问题的决定》（1993年11月14日中国共产党第十四届中央委员会第三次全体会议通过）。

125　《中共中央关于国有企业改革和发展若干重大问题的决定》（1999年9月22日中国共产党第十五届中央委员会第四次全体会议通过）。

服务业”的“社会组织”[126]。按照中共中央上述四个《决定》作出的公证改革政策顶层设计，同时，根据2013年11月12日中共十八届三中全会通过的《中共中央关于全面深化改革若干重大问题的决定》提出的“推进有条件的事业单位转为……社会组织”[127]的要求，无论是正式意义上的事业单位还是事业单位实行“备案制管理”，[128]事业体制属于公证机构的过渡性、消亡性体制，合作制等“社会组织”属于公证机构的方向性、成长性体制。

按照中共中央……公证改革政策顶层设计，……无论是正式意义上的事业单位还是事业单位实行“备案制管理”，事业体制属于公证机构的过渡性、消亡性体制，合作制等“社会组织”属于公证机构的方向性、成长性体制。

无疑，合作制公证机构作为社会组织，应当根据中共十八届三中全会通过的《中共中央关于全面深化改革若干重大问题的决定》的要求，“加快实施政社分开，推进社会组织明确权责，依法自治、发挥作用。”[129]在此之前，1999年9月22日中共十五届四中全会通过的《中共中央关于国有企业改革和发展若干重大问题的决定》已经明文强调，公证机构“要与政府部门彻底脱钩”[130]，所谓“政府部门”具体是指政府的什么部门？对此，党和国家公证改革政策明确指出，是指司法行政部门。2019年2月，由习近平总书记作序言、中央政法委员会牵头编写的全国干部学习培训教材《建设社会主义法治国家》公开出版。习近平总书记在《建设社会主义法治国家》的序言中指出，教材“阐释了新时代中国特色社会主义思想的重大意义、科学体系、精神实质、实践要求”[131]。全国干部学习培训教材《建设社会主义法治国家》第六章“创新社会治理 建设法治社会”

“加快实施政社分开，推进社会组织明确权责，依法自治、发挥作用。”

126 《中共中央关于全面推进依法治国若干重大问题的决定》(2014年10月23日中国共产党第十八届中央委员会第四次全体会议通过)；《中共中央关于构建社会主义和谐社会若干重大问题的决定》(2006年10月11日中国共产党第十六届中央委员会第六次全体会议通过)。

127 《中共中央关于全面深化改革若干重大问题的决定》(2013年11月12日中国共产党第十八届中央委员会第三次全体会议通过)。

128 《中共中央印发〈关于深化人才发展体制机制改革的意见〉》，新华社北京2016年3月21日电。

129 《中共中央关于全面深化改革若干重大问题的决定》(2013年11月12日中国共产党第十八届中央委员会第三次全体会议通过)。

130 《中共中央关于国有企业改革和发展若干重大问题的决定》(1999年9月22日中国共产党第十五届中央委员会第四次全体会议通过)。

131 习近平：《序言》(2019年2月27日)，全国干部培训教材编审指导委员会组织编写：《建设社会主义法治国家》，人民出版社、党建读物出版社2019年版，第1页。

第二部分“建设完备的公共法律服务体系”在论述推进公证体制机制改革时具体明确指出，“推动公证机构与司法行政部门脱钩”：

> 建设完备的公共法律服务体系，要完善公共法律服务体制，逐步推进律师、公证……等公共法律服务的体制机制改革，……健全公证工作与行政执法、司法审判、社会管理等领域相衔接的立法设计和制度安排，推动公证机构与司法行政部门脱钩。[132]

……健全公证工作与行政执法、司法审判、社会管理等领域相衔接的立法设计和制度安排，推动公证机构与司法行政部门脱钩。

党和国家公证改革政策为什么强调公证机构“要与政府部门彻底脱钩”[133]？为什么要“推动公证机构与司法行政部门脱钩”[134]？早在2005年《公证法》颁布后不久，全国人大法工委《公证法释义》就明确指出，“公证的独立性是公证法律服务活动的本质需要。公证人不是政府官员，所以公证人在工作时不会受到任何政府机构的影响”：

> 公证的独立性是公证法律服务活动的本质需要。……公证人不是政府官员，所以公证人在工作时不会受到任何政府机构的影响……没有任何上级单位或个人给他发出指示或是施加任何影响，法律和法规是公证人的唯一行动法则。[135]

2006年司法部颁布《公证程序规则》[136]，司法部、中国公证协会编《公证程序规则释义》在阐释公证的独立性时作了特别强调，将如上人大法工委《公证法释义》所阐释的“公证人在工作时不会受

132 全国干部培训教材编审指导委员会组织编写：《建设社会主义法治国家》，人民出版社，党建读物出版社2019年版，第201页。

133 《中共中央关于国有企业改革和发展若干重大问题的决定》（1999年9月22日中国共产党第十五届中央委员会第四次全体会议通过）。

134 全国干部培训教材编审指导委员会组织编写：《建设社会主义法治国家》，人民出版社，党建读物出版社2019年版，第201页。

135 王胜明，段正坤主编：《中华人民共和国公证法释义》，法律出版社2005年版，第11页。

136 司法部：《公证程序规则》（司法部令〔2006〕103号）。

到任何政府机构的影响”中的“不会”进一步表述为“不应”:

> 公证独立性是公证法律服务活动的本质需要。当事人申办公证最本质的目的，旨在通过公证员所掌握的法律知识、技能和能力，使双方合意的契约、文书符合法律的要求，……公证员不是政府官员，所以公证员在工作时不应受到任何政府机构的影响，个人也不得非法干预，他在办理公证时，没有任何上级单位或个人给他发出指示或是施加任何影响，法律和法规是公证员的唯一行动法则。[137]

……公证员不是政府官员，所以公证员在工作时不应受到任何政府机构的影响，个人也不得非法干预，他在办理公证时，没有任何上级单位或个人给他发出指示或是施加任何影响，法律和法规是公证员的唯一行动法则。

现实中，公证的独立性是指公证人职业活动应当享有的独立性，这种独立性与公证之公正联系在一起，这是因为，“任何带有行政色彩的公证权和公证体制运行的安排，势必影响公证人职业活动理应具有的独立性，如果公证人职业活动的独立性受到影响，公证人所从事的包括公证保全证据在内的公证活动的公正势必难以保证，如果公证活动的公正受到影响，必然影响司法公正，进而影响社会公正”:

> 显而易见，如果现实中未能切实做到党和国家政策所要求的公证机构“与政府部门彻底脱钩”，如果作为“法律服务业”“社会组织”的公证机构未能与政府部门“实施政社分开”，那么，任何带有行政色彩的公证权和公证体制的制度安排，势必影响公证人职业活动本应具有的独立性。如果公证人职业活动的独立性受到影响，公证人所从事的包括公证保全证据在内的公证活动的公正势必难以保证，如果公证活动的公正受到影响，必然影响司法公正，进而影响社会公正。正因为如此，公证改革是全面依法治国背景下追求司法公正和实现社会公正这一历史任务提出的客观要求，使真正独立的、负责任的、具有公信力的公证之公正能够有效地保障和

……任何带有行政色彩的公证权和公证体制的制度安排，势必影响公证人职业活动本应具有的独立性。如果公证人职业活动的独立性受到影响，公证人所从事的包括公证保全证据在内的公证活动的公正势必难以保证，如果公证活动的公正受到影响，必然影响司法公正，进而影响社会公正。

137　司法部、中国公证协会编:《公证程序规则释义》，法律出版社2006年版，第14页。

促进司法公正，致力于实现社会公正。[138]

……《深化公证改革意见》提出的“规范推进合作制公证机构建设发展”，表明在党和国家公证改革政策层面，合作制公证机构作为公证组织新形式已“名正言顺”，合作制试点由此成为历史，……

在“推进公证机构分类改革”的前提下，《深化公证改革意见》提出的“规范推进合作制公证机构建设发展”[139]，表明在党和国家公证改革政策层面，合作制公证机构作为公证组织新形式已“名正言顺”，合作制试点由此成为历史，公证改革有望进入普惠、均衡的新阶段；“规范推进”的表述，表明“规范”与“推进”并举，两手都要抓，两手都要硬。立足中国公证行业现实状况，《深化公证改革意见》提出的“推进公证机构分类改革”[140]要求，不仅包括“规范推进合作制公证机构建设发展”，同时也包括“落实事业体制公证机构有关改革政策”[141]，如此既明确了公证体制演进的方向，又为尚不具备转为社会组织条件的部分事业体制公证机构保留了缓冲余地，从而有利于保持公证法律服务供给的稳定。

（五）首次明确合作制公证机构“公有公益”属性

《深化公证改革意见》首次明确了合作制公证机构“公有公益”[142]属性。立足党和国家政策、宪法法律和基本常识，应当科学准确理解合作制公证机构“公有公益”的内涵。

1. 合作制公证机构“公有公益”与保护产权并不相悖，谨防开计划经济倒车。

2016年11月4日，中共中央、国务院发布《关于完善产权保护制度依法保护产权的意见》，强调“产权制度是社会主义市场经

138 薛凡：《公证改革的逻辑——基于公证属性、全球和中国语境展开》（中国公证改革30周年纪念版），厦门大学出版社2018年版（2022年第2印），第32页。

139 司法部《关于印发〈关于深化公证体制机制改革 促进公证事业健康发展的意见〉的通知》（司发〔2021〕3号）。

140 司法部《关于印发〈关于深化公证体制机制改革 促进公证事业健康发展的意见〉的通知》（司发〔2021〕3号）。

141 司法部《关于印发〈关于深化公证体制机制改革 促进公证事业健康发展的意见〉的通知》（司发〔2021〕3号）。

142 司法部《关于印发〈关于深化公证体制机制改革 促进公证事业健康发展的意见〉的通知》（司发〔2021〕3号）。

济的基石”：

> 产权制度是社会主义市场经济的基石，保护产权是坚持社会主义基本经济制度的必然要求。有恒产者有恒心，……[143]。

2020年5月11日，中共中央、国务院发布《关于新时代加快完善社会主义市场经济体制的意见》，强调“全面完善产权制度”：

> （一）全面完善产权制度。健全归属清晰、权责明确、保护严格、流转顺畅的现代产权制度。加强产权激励。[144]

需要明确的一个基本前提是，根据党和国家政策、宪法法律确立的产权保护制度，遵循保护产权这一市场经济的铁律，合作制公证机构的“公有”不是国有制意义上的公有，而是合作制公证机构全体公证员合作人基于民法典共有制度的“公有”即共同共有。因此，“公有公益”不可能改变中共中央公证改革政策顶层设计对于公证机构“社会组织”[145]的明确定性，不可能使合作制公证机构重走回头路“变身”为计划经济年代的公权力部门。如果出于误解甚至别有用心，以合作制公证机构“公有公益”属性为借口，以任何方式对合作制公证机构进行不当的权力干预，无疑与党和国家政策、宪法法律严重背道而驰，是开计划经济的倒车。

需要明确的一个基本前提是，根据党和国家政策、宪法法律确立的产权保护制度，遵循保护产权这一市场经济的铁律，合作制公证机构的“公有”不是国有制意义上的公有，而是合作制公证机构全体公证员合作人基于民法典共有制度的“公有”即共同共有。因此，“公有公益”不可能改变中共中央公证改革政策顶层设计对于公证机构“社会组织”的明确定性，不可能使合作制公证机构重走回头路“变身”为计划经济年代的公权力部门。

2.“公有公益”要求合作制公证机构定位于“人合”而

143 中共中央 国务院《关于完善产权保护制度依法保护产权的意见》（2016年11月4日）。

144 中共中央 国务院《关于新时代加快完善社会主义市场经济体制的意见》（2020年5月11日）。

145 《中共中央关于构建社会主义和谐社会若干重大问题的决定》（2006年10月11日中国共产党第十六届中央委员会第六次全体会议通过）。

不是“资合”。

“规范推进合作制公证机构改革”[146]是为了发展公证事业以更好地服务人民。依靠什么力量发展公证事业？从 2014 年 10 月 23 日中共十八届四中全会通过的《中共中央关于全面推进依法治国若干重大问题的决定》提出的“发展公证员队伍”[147]要求出发，主要是依靠公证员这一特定的法律职业群体发展公证事业，由此加以理解，合作制公证机构是公证员作为法律职业人组成的发展公证事业的“职业共同体”，这是合作制公证机构“公有”法理正当性的基础，因而要求合作制公证机构的出资人以公证员为唯一主体，不能是公证员以外的主体，也不能由公证员以外的任何主体借公证员之名进行“隐名出资”。强调“公有公益”意味着“人合”而不是“资合”，必然要求全体公证员合作人法律地位一律平等，虽分工可能有所不同，但都应共同从事公共法律服务专业劳动；强调合作制公证机构的“公有”是共同共有而不是按份共有的意义在于，如果是按份共有，就意味着出资份额有可能决定话语权和收益权，就等于在合作制公证机构的运行中引进了商业规则，进而难以保证合作制公证机构成为全体公证员合作人“不以营利为目的”[148]的发展公证事业的“职业共同体”。

……强调合作制公证机构的“公有”是共同共有而不是按份共有的意义在于，如果是按份共有，就意味着出资份额有可能决定话语权和收益权，就等于在合作制公证机构的运行中引进了商业规则，进而难以保证合作制公证机构成为全体公证员合作人“不以营利为目的”的发展公证事业的“职业共同体”。

3.“公有公益”与公证制度基本宗旨、价值和现实运行效果相联。

合作制公证机构“公有公益”指向公证制度蕴含的基本宗旨、价值和现实运行效果。“公益”既可以指代利他主义的行为，同时也强调这些行为所秉持的价值观，这种价值观以促进社会公共利益为导向、以完善社会生态为基本目标。作为预防性司法制度，公证制度立基于社会公正，以预防和解决纠纷并举为宗旨和职能，

146 司法部《关于印发〈关于深化公证体制机制改革 促进公证事业健康发展的意见〉的通知》（司发〔2021〕3 号）。

147 《中共中央关于全面推进依法治国若干重大问题的决定》（2014 年 10 月 3 日中国共产党第十八届中央委员会第四次全体会议通过）

148 《中华人民共和国公证法》第六条规定：“公证机构是依法设立，不以营利为目的，依法独立行使公证职能、承担民事责任的证明机构。”

促进"社会安定有序"[149]，因而，公证制度在本质上体现了公益的基本价值[150]，无论是合作制公证机构还是事业体制公证机构都不应违背公证制度的公益价值。

作为预防性司法制度，公证制度立基于社会公正，以预防和解决纠纷并举为宗旨和职能，促进"社会安定有序"，因而，公证制度在本质上体现了公益的基本价值，……

（六）区分公益类公证服务与市场化公证服务，为公证人职业群体的成长提供广阔空间

长期以来，受制于公证制度是"证明制度"、公证活动是"证明活动"的认知，对于公证法律服务的范畴未进行精准区分和细化，致使公证收费一直被视为类似政府部门的"规费"。公证改革的深化，预示着全球现代公证制度所要求的公证人职务双重性有望在中国逐步实现本土化，而前提是彻底破除"国家证明权"的认识误区。公证人职务双重性不应理解为"社会组织"性质的合作制公证机构行使早已成为历史的"国家证明权"，这样一种理解只会导致公证人职务双重性在中国"水土不服"。公证人职务双重性指公证人并不是公务员，但公证人的职务具有公共性，严守法律和社会公共立场，同时具有服务性，公证人以自身的专业法律服务向服务对象收取合理的报酬，按劳取酬，不从国库领取薪酬。《深化公证改革意见》首次提出"区分公证机构的公益性服务与市场化服务，实行不同的价格政策"[151]，并进一步提出"对密切关系民生的公益类公证服务事项实行清单制"[152]收费，将"市场化的公证业务交给市场，服务价格协商确定，充分发挥市场作用"[153]，视野宏阔，契合现实，意味着公证收费将告别单一的"规费"模式，清单制收费和协商化收费将并驾齐驱。

公证人职务双重性不应理解为"社会组织"性质的合作制公证机构行使早已成为历史的"国家证明权"，这样一种理解只会导致公证人职务双重性在中国"水土不服"。公证人职务双重性指公证人并不是公务员，但公证人的职务具有公共性，严守法律和社会公共立场，同时具有服务性，公证人以自身的专业法律服务向服务对象收取合理的报酬，按劳取酬，不从国库领取薪酬。

149　参见《习近平：确保人民安居乐业社会安定有序国家长治久安》，来源于人民网，http://politics.people.com.cn/n/2013/0531/c70731-21695750.html，最后访问时间：2020年3月5日。

150　此处有关公益概念的阐述参见唐昊：《中国式公益：现代性、正义与公民回应》，中国社会科学出版社2015年版，第8页。

151　司法部《关于印发〈关于深化公证体制机制改革 促进公证事业健康发展的意见〉的通知》（司发〔2021〕3号）。

152　司法部《关于印发〈关于深化公证体制机制改革 促进公证事业健康发展的意见〉的通知》（司发〔2021〕3号）。

153　司法部《关于印发〈关于深化公证体制机制改革 促进公证事业健康发展的意见〉的通知》（司发〔2021〕3号）。

……由公权力背书的所谓“国家证明”，作为计划经济年代国家权力管控社会的一种方式，正在并将彻底退出历史舞台，这是“减证便民”带来的“证明”类公证业务不断被削减以至消失的内在逻辑，是社会主义市场经济逐步完善催生的公证机构由“权力部门”向公共法律服务部门转型的必然趋势，更是公证本质规律回归的开始。

基于《深化公证改革意见》已将公证制度定位于预防性司法制度而不是“证明制度”，与此相应的时代背景是，党和国家为更好满足人民群众需求，充分激发市场活力，持续推进“减证便民”，由公权力背书的所谓“国家证明”，作为计划经济年代国家权力管控社会的一种方式，正在并将彻底退出历史舞台，这是“减证便民”带来的“证明”类公证业务不断被削减以至消失的内在逻辑，是社会主义市场经济逐步完善催生的公证机构由“权力部门”向公共法律服务部门转型的必然趋势，更是公证本质规律回归的开始。不难预见，单一的公证“证明”需求日趋萎缩的背景下，真正符合市场和社会需求并且经得起时间考验的新的公证工作方式、公证法律服务产品有望不断涌现。2017年公证改革重启后，在公证工作方式、公证法律服务产品创新领域，合作制公证机构群体“一枝独秀”，远远走在事业体制公证机构群体前面，例如，云南省昆明市明信公证处公证人主持“家庭会议”并为当事人起草和公证化解家事纠纷的“家庭协议”、福建省厦门市鹭江公证处公证人介入民事纠纷的警务调解、江苏省苏州市中新公证处公证人主导办理全新的上市公司股权公证提存、江苏省无锡市江南公证处公证人担任众多社区的公证顾问从而深度参与防范和化解社区物业管理等各类纠纷[154]等等，这些典型的创新案例正在对整个公证行业提升法律服务水准产生示范效应。

需要看到，伴随公证改革实践不断向前，合作制公证机构群体本身也正在发生某种分化，确切而论，合作制公证机构群体的不断扩大，正在使合作制公证机构从公证改革启动之初的领跑者演进为深化公证改革的对象，这是符合事物发展客观规律的。合作制试点曾经长期存在，使试点阶段的合作制公证机构享有事业单位公证机构难以望其项背的改革红利，与不得不经受更多行政管控的事业体制公证机构相比，合作制公证机构享有的社会组织的“自主自治”，解放了合作制公证机构的“生产力”，于是，以“两低”即比拼公证收费的低廉进行压价竞争和降低公证办案标准

154　薛凡：《公证人：为人民、社会和国家创造价值》，未刊稿。

为主要标志，甚至采用其他有违公证执业底线的“竞争”方式，成为个别合作制公证机构某些公证员“业绩飘红”的“秘密武器”。产生这一局面的本质原因，在于公证改革曾长期停滞并徘徊于合作制试点阶段，远没有走向公证改革充分化，在某种程度上，使合作制公证机构获得的“出生证”演变为“特权许可证”，导致公证行业形成严重的不对称竞争。只有加快进行阳光化、普惠化、均衡化的公证改革，同时根据中共中央政策倡导的司法责任制的要求，加快进行以权责对等[155]为标志的公证办案责任制改革，推进公证执业稽查制度率先在合作制公证机构群体全面实施，才能促成整个公证行业真正走向对称、规范、有序的竞争，通过竞争不断提升公证法律服务品质。当公证行业对称、规范、有序的竞争真正到来之时，能否在竞争中立于不败之地，决定于公证人在每一个个案中体现的人格素养、法律思维、专业能力和坚韧不拔、奋发进取发展公证事业造福人民的责任心。作为公证体制改革的配套改革，公证收费改革必将为公证工作方式和公证法律服务产品的改革提供广阔空间和有力支撑。

……公证改革曾长期停滞并徘徊于合作制试点阶段，远没有走向公证改革充分化，在某种程度上，使合作制公证机构获得的“出生证”演变为“特权许可证”，导致公证行业形成严重的不对称竞争。只有加快进行阳光化、普惠化、均衡化的公证改革，同时根据中共中央政策倡导的司法责任制的要求，加快进行以权责对等为标志的公证办案责任制改革，推进公证执业稽查制度率先在合作制公证机构群体全面实施，才能促成整个公证行业真正走向对称、规范、有序的竞争，通过竞争不断提升公证法律服务品质。

三、中国公证改革发展新阶段面临的新挑战

2020 年 12 月 30 日，中共中央总书记、国家主席、中央军委主席、中央全面深化改革委员会主任习近平主持召开中央深改委第十七次会议发表讲话强调，党的十八届三中全会以来，党中央以前所未有的决心和力度冲破思想观念的束缚，突破利益固化的藩篱，坚决破除各方面体制机制弊端，积极应对外部环境变化带来的风险挑战，开启了气势如虹、波澜壮阔的改革进程。习近平总书记指出，这是一场人民广泛参与的深刻改革。[156]而从全国公证机构参与公证改革的数量来看，数据显示，至 2021 年 6 月，全国正常执业

155　习近平：《在首都各界纪念现行宪法公布实施三十周年大会上的讲话》（2012 年 12 月 4 日），中共中央文献研究室编：《十八大以来重要文献选编》（上），中央文献出版社 2014 年版，第 92 页。

156　《推动新发展阶段改革取得更大突破》，《文汇报》2020 年 12 月 31 日。

……需要充分看到，在大多数一线办案公证员和相当一部分对于发展公证事业具有责任感的公证机构负责人中，公证改革是人心所归、人心所向。但是在整个公证行业，公证改革只是"小众行为"，还远没有实现广大公证从业人员"广泛参与"。

如果从民间历史的视角加以考察，公证改革的进退，公证体制的选择，不仅关乎公证行业整体意义上的发展，同时也承载着公证员个体职业生涯的奋进和艰辛，……

的公证机构 2927 家，[157] 其中，事业体制公证机构高达 2784 家，占比 95.5%，合作制公证机构只有 133 家，占比仅 4.5%，这一事实表明，高达 95% 以上的公证机构和公证从业人员处于尚未参与公证改革实践的状态。因此，需要充分看到，在大多数一线办案公证员和相当一部分对于发展公证事业具有责任感的公证机构负责人中，公证改革是人心所归、人心所向。但是在整个公证行业，公证改革只是"小众行为"，还远没有实现广大公证从业人员"广泛参与"。

（一）人心所归、人心所向—从民间历史视角看公证改革

如果从民间历史的视角加以考察，公证改革的进退，公证体制的选择，不仅关乎公证行业整体意义上的发展，同时也承载着公证员个体职业生涯的奋进和艰辛，并且影响到公证员所在家庭的生活。对此，试以 2017 年公证改革重启后，北京、安徽、上海三地，四位同属二十世纪八〇年代出生的年轻公证员赵某、李某、何某和沈某参与合作制试点的个案为例，这些个案均来自我亲身了解的真实情况。

赵某，中国人民大学法学院法律硕士，在事业体制公证机构安徽省阜阳市 A 公证处任公证员 。2018 年，安徽省公证行业历史上首次启动合作制试点，但仅在合肥、芜湖、六安三市各设一家试点公证处。已经成家的赵某为了尽早投身合作制试点改革，只身一人前往六安，加盟合作制公证机构安徽省六安市 B 公证处，成为合作人之一，后任该公证处副主任。平时，赵某住在六安市 B 公证处集体宿舍，每逢周末和节假日，驾车往返近 500 公里与家人"小团圆"。这种两地奔波往返的状况持续了整整一年多，直到 2019 年下半年，赵某的妻子带着子女一起来到六安安家落户，全家才得以共同生活在一起。赵某在给我的微信中表示："为了公证改革我愿意付出和尝试，我也相信通过改革会改变公证行业的发展境况。"

157　该项数据引自司法部办公厅统计资料，特此致谢。

李某，上海财经大学法学院本科毕业，在事业体制公证机构北京市A公证处任公证员近十年。至2021年，北京市公证行业一直未设立合作制公证机构。2020年10月，李某从北京市A公证处离职，只身一人跨省参与合作制试点改革，前往湖北省加盟合作制公证机构武汉市B公证处，成为合作人之一。家在北京，公证执业地点在武汉，乘坐高铁往返于京汉之间，成为每周一次例行的“必修课”。

为参与公证改革付出更大的是何某。何某，中国政法大学法律硕士，师从著名学者李曙光先生。在事业体制公证机构北京市A公证处任公证员近十年并担任公证业务部门负责人。为了参加合作制试点改革，2021年，何某毅然举家南下，在上海安家，加盟合作制公证机构上海市B公证处，成为B公证处合作人之一并任该公证处副主任。

也许从另一个侧面更能说明问题的，是沈某大学毕业后先加盟、后离开又回归公证行业的法律职业生涯“三部曲”的经历。

2002年，沈某由华东政法大学国际法学院本科毕业，入职事业体制公证机构上海市A公证处，从公证员助理逐步成长为公证员，先后在该公证处不同的公证业务部门担任负责人。2018年，沈某欲加盟合作制公证机构上海市B公证处，未能成行。此后不久，沈某从A公证处辞职转投律师行业，由律师助理做起，成为一名执业律师。2021年，上海合作制公证机构在2018年已设立2家的基础上逐步开始扩容，该年新设了3家合作制公证机构[158]，沈某重新燃起对公证改革的希望，从律师行业出走重返公证行业，加入当年新设的合作制公证机构上海市C公证处，再度从公证员助理做起，成为公证员并任该公证处副主任（见表1《公证员—律师—公证员：沈某法律职业履历（2002—2021）》）。

158　2018年至2021年，上海已设5家合作制公证机构，无事业体制改制设立的合作制公证机构，均为公证员发起设立，参见上海市司法局官网披露的信息。

表 1 公证员—律师—公证员：沈某法律职业履历(2002—2021)

时间	学习 / 工作单位	职务
2002.9—2006.6	华东政法大学国际法学院本科	院团委副书记
2006.7—2008.10	上海市 A 公证处(事业体制)	公证员助理
2008.11—2013.12	上海市 A 公证处	公证员
2014.1—2019.6	上海市 A 公证处中层干部	公证业务部门负责人
2019.7—2020.11	北京环球律师事务所上海分所	律师助理
2020.12—2021.2	北京环球律师事务所上海分所	律师
2021.3—2021.9	上海市 C 公证处(合作制)	公证员助理
2021.10—	上海市 C 公证处	公证员合作人、副主任

2006 年 6 月的一天，沈某本科毕业前在事业体制公证机构上海市 A 公证处实习，其时，我在该公证处从事管理工作，负责对实习人员进行培训和考核属分管的工作之一。在此期间，我与沈某曾经就其为何选择公证员职业有过一次对话。时隔多年，这次对话对于我和沈某来说都记忆犹新：

薛凡(下称“薛”)：来公证处前，你是否在其他地方实习过？

沈某(下称“沈”)：去过律所实习。

薛：是否去法院实习过？

沈：没有，但跟着律师一起去法院开庭时，也接触过法官。

薛：为什么没有选择当一名律师？

沈：刚开始的收入太低，与自己的付出不成正比。

薛：为什么没有去法院实习？

沈：和律师一起去法院开庭时，接触到的有的法官和以前自己想象的并不一样，我觉得有点失望。

因为公证员比较“中间”，而且确实能帮助到当事人。

薛：为什么觉得做公证员比较适合？

沈：因为公证员比较“中间”，而且确实能帮助到当事人。

薛：这是不是你喜欢公证员这个职业的理由？

沈：是的，我想过了，我还是想选择这一个法律职业。[159]

159　2021 年 12 月，本段对话经我和沈某作了核对。

从这段对话，不难感受到沈某当初从华东政法大学毕业后选择公证员职业并不是出于盲动，而是出于内心理性的召唤，也是出于一位青年法律职业人的良知。但是，包括沈某在内，上述四位公证员虽矢志参与公证改革，道路却并不顺畅，每个人甚至所在家庭都不得不为此付出相当代价。沈某原从事公证员职业的上海市A公证处至2021年一直为事业体制，沈某与其他仍在事业体制公证机构的公证员一样，由事业体制公证机构转入合作制公证机构并无“直通车”，反而在沈某从公证行业“出走”改任律师后，由公证员以外的其他法律职业前往合作制公证机构却存在畅行无阻的“绿色通道”。为什么发生这种公证员不得不“曲线”参与公证改革的现象？背后的原因值得深长思之。李某、何某原从事公证员职业所在地北京市公证行业直至2021年一直未启动合作制改革，致使李、何二人都不得不远赴他乡，方能圆公证改革之梦。对于法律职业人十分宝贵的时间成本而言，这种状况无疑是一种莫大的浪费。由于全国公证员人数十分有限，至2021年5月，全国公证员仅13620人[160]，公证行业人才稀缺，人才浪费的代价更难以承受。

……事业体制公证机构的公证员……转入合作制公证机构并无“直通车”，反而在……从公证行业“出走”改任律师后，由公证员以外的其他法律职业前往合作制公证机构却存在畅行无阻的“绿色通道”。为什么发生这种公证员不得不“曲线”参与公证改革的现象？背后的原因值得深长思之。

令人深思的是，赵某、李某、何某和沈某四位公证员不得不“曲线”参与合作制改革的真实个案，是否仅仅是现实中公证改革阻力重重的“冰山一角”？

2018年10月18日，北京市司法局在京组织召开对于《北京市合作制公证机构试点工作方案社会稳定风险评估报告》的专家评审会，我作为专家组成员应邀与会。

在此之前，2018年9月，北京市司法局委托第三方评估机构北京某咨询开发有限公司具体开展北京市合作制公证机构试点工作方案社会稳定风险评估工作，对于这一方案所涉及的主要风险源、风险点进行排查，评估方案的决策实施对社会稳定等方面可能造成的影响，以及方案决策实施的合法性、合理性、可行性和

160　参见《国新办举行优化公证服务更好利企便民国务院政策例行吹风会图文实录》，来源于国新网，http：//www.scio.gov.cn/32344/32345/44688/45725/tw45727/Document/1704889/1704889.htm，最后访问时间：2021年7月25日。

可控性。其时，距 2017 年公证改革重启为时不久，且北京市尚未设立过任何合作制公证机构。2018 年北京市司法局组织实施的这一对于合作制试点的事先评估，在全国公证行业开创了先例，体现了地方司法行政主管部门科学尽责的态度。具体实施评估的第三方评估机构与当地公证行业不存在利益关系，能够保证评估结果的中立性、客观性。

2018 年 10 月，上述第三方评估机构形成了《北京市合作制公证机构试点工作方案社会稳定风险评估报告（专家评审版）》，其中记载的一项调研显示，作为被调研对象的该年度北京市公证行业从业人员共计 942 名。调研结果表明，对于公证机构由事业单位体制改为公证员合作制，表示“积极配合”的占压倒性大多数，共计 814 人，占被调研对象总人数 86.4%；表示“有条件配合”的共计 76 人，占 8.1%；表示“不愿意配合”的共计 52 人，占 5.5%（见图 2《北京市公证行业对于公证机构合作制改革配合态度的第三方调研统计》）。[161]

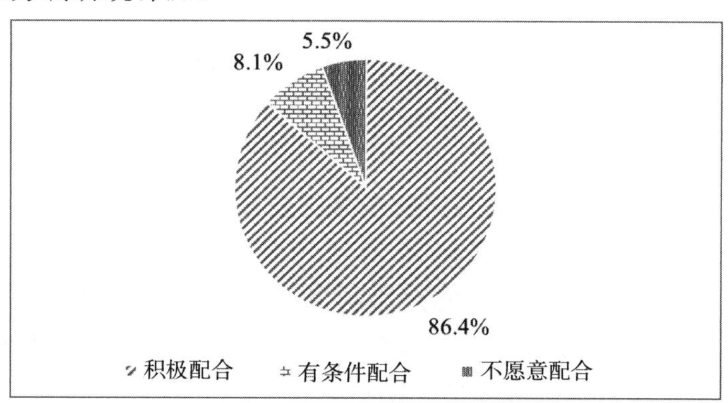

图 2　北京市公证行业对合作制改革配合态度的第三方调研统计

2019 年，在云南省公证协会公证事业发展委员会在当地公证行业就合作制试点进行的一项调研活动中，云南省某公证处主任“改制未必会好，但不改制一定不会好”的一席之言，反映出公证行业诸多有志参与改革者的真实心声：

161　北京某咨询开发有限公司：《北京市合作制公证机构试点工作方案社会稳定风险评估报告（专家评审版）》（2018 年 10 月）。

在目前的发展形势下，改制未必会好，但不改制一定不会好！[162]

在目前的发展形势下，改制未必会好，但不改制一定不会好！

2021年9月，全国人大常委会公证法执法检查组在广东开展执法检查，广州市某事业体制公证处主任表示，“体制机制改革有待进一步深化，正是我们公证员所盼望的”：

全国人大常委会公证法执法检查组在广东开展执法检查的报道，里面提到的体制机制改革有待进一步深化，正是我们公证员所盼望的，但是执行中遇到很大阻力，希望立法能确定下来，最大限度地推进公证体制改革。[163]

（二）“前进难度很大，后退没有出路”。[164]

需要谨记不忘的前车之鉴是，2000年10月1日国务院批准的公证改革《方案》生效实施后不久，在现实层面，各地公证行业“积极探索公证组织的新形式”[165]的作为即被叫停[166]，导致公证改革长期陷于停滞，无论对于整个公证行业还是公证员个体来说，公证改革停滞都产生了显而易见的危害。公证改革口号嘹亮，现实中却阻力重重，令人回想起当年任司法部部长肖扬提到的对公证改革的一个概括：“前进难度很大，后退没有出路”。

……当年任司法部部长肖扬提到的对公证改革的一个概括：“前进难度很大，后退没有出路”。

162 云南省公证协会公证事业发展委员会：《云南公证发展规划建议稿》，2019年印行。

163 2021年9月3日广东省广州市某公证处主任发给我的微信实录，其中提到的报道指《全国人大常委会公证法执法检查组在广东开展检查》，《法治日报》2021年9月3日。

164 岳军：《法制重建岁月拾索》，北京市长安公证处编：《公证四十不惑》，法律出版社2020年版，第48页。

165 司法部《关于印发〈国务院办公厅关于深化公证工作改革有关问题的复函〉和〈关于深化公证工作改革的方案〉的通知》（司发通〔2000〕099号）。

166 司法部《关于不同意在芜湖市设立合作制公证处的批复》（2003年9月28日），中国司法行政年鉴编辑委员会：《中国司法行政年鉴2004》，法律出版社2004年版，第573页。

据司法部原公证管理司副司长岳军回忆，1996年底，时任司法部部长肖扬就公证改革所作的一项批示意见中曾经指出：岳军同志提出的“前进难度很大，后退没有出路”的困惑，我亦有同感。[167]

此后过了近十年，2005年3月24日，《公证法》颁布[168]前不久，司法部召开由各省（区、市）司法厅（局）长、分管公证工作的副厅（局）长、公证管理处处长和公证员协会会长共同参加的全国公证队伍“教育、规范、塑形象”活动动员会议，时任司法部部长张福森在会上作《关于公证立法的几个问题》的讲话，在谈及公证改革的难度时显然深有感慨地表示，“司法行政工作进行了几个方面的改革，最难的可以说是公证”：

> 近些年，司法行政工作进行了几个方面的改革，最难的可以说是公证，争议最大的可能也是公证。因为公证工作在我们国家恢复重建的时间短，这些年公证事业的改革和发展一直是在争论中走过来的，在公证业发展的许多问题上各方面认识很不一致，不仅有关部门和社会上有不同看法，就连我们系统内部的意见也不尽一致。[169]

《公证法》生效实施后又过了十五年，2019年，司法部重建后中国公证制度恢复发展40周年之际，一篇公开发表的题为《我们拿什么奉献给未来》的文章引人关注，作者感叹公证改革“总有一种阻力，无影无形又无所不在，每到车子要加速之际，阻力就自动启动，任你油门轰得山响，车子就是难以启动”：

> 中国公证的未来仍然寄望于改革。公证行业四十年的成就有目共睹，但在体制机制上一些不适应新时代发展要求、不符合人民群众需求、不利于公证行业良性发展的老问题依然有待进一步改革，这也是无可回避的客观事实。2017年，

167 岳军：《法制重建岁月拾索》，北京市长安公证处编：《公证四十不惑》，法律出版社2020年版，第48页。

168 2005年8月28日，在完成立法程序后，《公证法》颁布。

169 张福森：《关于公证立法的几个问题》，张福森：《司法部长谈司法行政》，法律出版社2006年版，第157页。

全国公证工作会议召开，国家四部委联合发文推进公证体制改革和机制创新。司法部部署，全国积极响应，但改革推进仍嫌迟滞。总有一种阻力，无影无形又无所不在，每到车子要加速之际，阻力就自动启动，任你油门轰得山响，车子就是难以启动。[170]

不能不追问的是，公证改革面临的阻力来自何方？

如果进一步放开视野，以社会主义市场经济改革的大视野观之，会发现公证改革面临的阻力主要来自两个方面，一是思想观念上的，一是利益调整上的。

……公证改革面临的阻力主要来自两个方面，一是思想观念上的，一是利益调整上的。

客观而论，公证改革面临的思想观念上的阻力又存在两种不同的情形，一种是出于对党和国家公证改革政策不够了解，还有一种是从自身利益出发。当公证改革涉及自身利益调整时，往往会听到堂而皇之的“老调重弹”，这些堂而皇之的论调集中表现在，以“公证是公权力”“公证是‘国家证明权’”为借口，作为向公证改革发难之“矛”，同时作为固守自身利益之“盾”。对事实上，如前所论，在1993年11月14日、1999年9月22日中共十四届三中全会、中共十五届四中全会相继通过《中共中央关于建立社会主义市场经济体制若干问题的决定》《中共中央关于国有企业改革和发展若干重大问题的决定》，确立公证机构“要与政府部门彻底脱钩”[171]、“国家公证机关”[172]转变为“市场中介组织”[173]和“社会中介服务机构”并且“真正做到客观、真实、公正”[174]、“依据市场规则，建立自律性运行机制”、发挥“服务、沟通、公证、

当公证改革涉及自身利益调整时，往往会听到堂而皇之的“老调重弹”，这些堂而皇之的论调集中表现在，以“公证是公权力”“公证是‘国家证明权’”为借口，作为向公证改革发难之“矛”，同时作为固守自身利益之“盾”。

170 周志扬：《我们拿什么奉献给未来》，北京市长安公证处编：《公证四十不惑》，法律出版社2020年版，目录前页。

171 《中共中央关于国有企业改革和发展若干重大问题的决定》（1999年9月22日中国共产党第十五届中央委员会第四次全体会议通过）。

172 《中华人民共和国公证暂行条例》（1982年4月13日国务院发布施行，2006年3月1日《公证法》生效之日自动失效）第三条规定：“公证处是国家公证机关。”

173 《中共中央关于建立社会主义市场经济体制若干问题的决定》（1993年11月14日中国共产党第十四届中央委员会第三次全体会议通过）。

174 《中共中央关于国有企业改革和发展若干重大问题的决定》（1999年9月22日中国共产党第十五届中央委员会第四次全体会议通过）。

习近平总书记深刻指出，"冲破思想观念的障碍、突破利益固化的藩篱，解放思想是首要的。在深化改革问题上，一些思想观念障碍往往不是来自体制外而是来自体制内"，"因此，一定要有自我革新的勇气和胸怀，跳出条条框框限制，克服部门利益掣肘"。

监督"[175]作用的公证改革基本方向后，所谓"公证是公权力""公证是'国家证明权'"之类的论调，已永远失去了正当性。

习近平总书记深刻指出，"冲破思想观念的障碍、突破利益固化的藩篱，解放思想是首要的。在深化改革问题上，一些思想观念障碍往往不是来自体制外而是来自体制内"，"因此，一定要有自我革新的勇气和胸怀，跳出条条框框限制，克服部门利益掣肘"：

> 冲破思想观念的障碍、突破利益固化的藩篱，解放思想是首要的。在深化改革问题上，一些思想观念障碍往往不是来自体制外而是来自体制内。思想不解放，我们就很难看清各种利益固化的症结所在，很难找准突破的方向和着力点，很难拿出创造性的改革举措。因此，一定要有自我革新的勇气和胸怀，跳出条条框框限制，克服部门利益掣肘……[176]

前已论及，中国公证改革不是"孤军奋进"的改革，而是更为宏大的"市场化改革"和"法治领域改革"的内在组成部分。理解公证改革，需要理解中国改革开放的本意，孙宪忠先生认为，"从中国改革开放的本意来看，就是要从苏联法学中解脱出来"：

从中国改革开放的本意来看，就是要从苏联法学中解脱出来。

> 从中国改革开放的本意来看，就是要从苏联法学中解脱出来。这种建立在计划经济体制下以斯大林思想为基础的前苏联法学知识体系，其基本的特征首先是完全自我封闭，自设前提，切断了历史，切断了世界法学发展的联系，……这样的法学，违背了法律科学基本的要求，……[177]

175 《中共中央关于建立社会主义市场经济体制若干问题的决定》（1993年11月14日中国共产党第十四届中央委员会第三次全体会议通过）。

176 习近平：《关于〈中共中央关于全面深化改革若干重大问题的决定〉的说明》，本书编写组编著：《〈中共中央关于全面深化改革若干重大问题的决定〉辅导读本》，人民出版社2013年版，第61页。

177 《孙宪忠：坚持做一个说真话的法学人》，微信公众号"与民法典同行"，2018年12月4日。

中国现行公证制度脱胎于苏联为适合计划经济体制需要独家打造的全球罕见的"国家公证"制度。中国公证改革是为了建立和发展与社会主义市场经济体制相适应、同时与全球现代公证制度契合的中国公证制度。但是，从中国公证改革历史进程来看，公证改革实践推进的同时，整个公证行业却一直没有对苏联模式"国家公证"制度在思想观念上带来的影响进行系统、全面的清理。产生于计划经济年代的公证是"公权力"、"国家证明权"等陈腐观念，并没有随着"国家公证"制度的覆灭而销声匿迹，反而时常大行其道，成为阻碍公证改革无形却又顽固的思想堡垒，这种思想堡垒如果出自某个公证员，影响的只是单一个体；如果出自某个公证机构负责人，就会影响整个公证机构的改革，如果出自某个地区的基层司法行政部门负责人，势必影响整个地区的公证改革的推进。因而，公证改革进程中，需要时刻铭记习近平总书记深刻强调的："冲破思想观念的障碍、突破利益固化的藩篱，解放思想是首要的。"[178] 公证改革面临的首要任务，是解放思想、正本清源，从中国实行社会主义市场经济以来党和国家公证改革政策、公证本质属性和基本规律出发，彻底清理苏联"国家公证"制度模式带来的思想观念的影响，实现观念上的拨乱反正，诚如 2020 年中共中央办公厅公开发布的一份文件所言，"决不能身子进了新时代，思想还停留在过去"。[179]

除了思想观念上的障碍，公证改革实践中需要破解的另一障碍来自从自身利益出发，拖延和阻碍公证改革。李克强总理深刻指出，"触动利益往往比触及灵魂还难。但是，再深的水我们也得趟，因为别无选择。"[180]

2017 年公证改革破冰重启。当年 7 月 17 日，司法部在黑龙

从中国公证改革历史进程来看，公证改革实践推进的同时，整个公证行业却一直没有对苏联模式"国家公证"制度在思想观念上带来的影响进行系统、全面的清理。产生于计划经济年代的公证是"公权力"、"国家证明权"等陈腐观念，并没有随着"国家公证"制度的覆灭而销声匿迹，反而时常大行其道，成为阻碍公证改革无形却又顽固的思想堡垒，……公证改革面临的首要任务，是解放思想、正本清源，从中国实行社会主义市场经济以来党和国家公证改革政策、公证本质属性和基本规律出发，彻底清理苏联"国家公证"制度模式带来的思想观念的影响，实现观念上的拨乱反正，……诚如 2020 年中共中央办公厅公开发布的一份文件所言，"决不能身子进了新时代，思想还停留在过去"。

李克强总理深刻指出，"触动利益往往比触及灵魂还难。但是，再深的水我们也得趟，因为别无选择。"

---

178 习近平：《关于〈中共中央关于全面深化改革若干重大问题的决定〉的说明》，本书编写组编著：《〈中共中央关于全面深化改革若干重大问题的决定〉辅导读本》，人民出版社 2013 年版，第 61 页。

179 中共中央办公厅《关于印发〈关于持续解决困扰基层的形式主义问题为决胜全面建成小康社会提供坚强作风保证〉的通知》（2020 年 4 月 14 日）

180 《李克强谈改革：触动利益往往比触及灵魂还难》，来源于搜狐新闻 2013 年 3 月 17 日，最后访问时间：2022 年 3 月 25 日。

首先，是司法行政机关不愿改。因为“管办合一”有巨大的利益在里面，钱在自己的袋子里，潜规则在起作用：人财物都可上下其手。……其次，是公证机构不想改。拥有双重身份，既是公证员，又是行政干部，有多安稳？改制之后有压力，适应不了。说到底是“既要帽子、又要票子”，脚踩两条船，企图“两头占”，什么也不愿丢。

江省哈尔滨市召开全国公证工作会议，时任司法部部长、党组书记张军在讲话中发问，为什么公证改革“多年来就是改不动呢？我们做了些调研。首先，是司法行政机关不愿改。因为‘管办合一’有巨大的利益在里面，钱在自己的袋子里，潜规则在起作用；人财物都可上下其手。其次，是公证机构不想改。拥有双重身份，既是公证员，又是行政干部，有多安稳？改制之后有压力，适应不了，什么也不愿丢”；

> 首先，是司法行政机关不愿改。因为“管办合一”有巨大的利益在里面，钱在自己的袋子里，潜规则在起作用：人财物都可上下其手。要知道，这是双刃剑！都到什么时候了，还在抱残守缺，还在装睡不醒？！其次，是公证机构不想改。拥有双重身份，既是公证员，又是行政干部，有多安稳？改制之后有压力，适应不了。说到底是“既要帽子、又要票子”，脚踩两条船，企图“两头占”，什么也不愿丢。再有，就是机构编制政策尚不到位，有的可能想改也难，或者是以上情况兼而有之。我认为，影响改革进程固然有客观因素，但主观方面思想认识问题是主要原因。[181]

公证机构改革，不改不行，改晚了也不行。再不推进改革，我们都将成为历史的罪人：拖了你那个地方经济社会发展的后腿，影响了你那个地方社会和人民群众合法权益的有效保障！这是政治上和改革发展中的不作为！

“自我革命难！但你不革命，形势、发展、任务就要革你的命！没有第三条道路。公证机构改革，不改不行，改晚了也不行。再不推进改革，我们都将成为历史的罪人”！时任司法部部长、党组书记张军的这一讲话，以加快推进公证改革为取向，旗帜鲜明，振聋发聩：

> 自我革命难！但你不革命，形势、发展、任务就要革你的命！没有第三条道路。公证机构改革，不改不行，改晚了也不行。再不推进改革，我们都将成为历史的罪人：拖了你那个地方经济社会发展的后腿，影响了你那个地方社会和人

181　张军：《在全国公证工作会议上的讲话》（2017 年 7 月 17 日）。

民群众合法权益的有效保障！这是政治上和改革发展中的不作为！[182]

2019年，司法部重建后中国公证制度恢复发展40周年之际，题为《我们拿什么奉献给未来》一文中的提问发人深省：

子曰“四十而不惑”。人到四十，春秋鼎盛，有了比较丰富的人生阅历和经验，该明白的基本上都明白了，人谓“成熟”。作为一项法律制度，运行了四十年，改革了四十年，发展了四十年，发生过问题，遇到过困难，走过弯路，都很正常。但这一制度应该是什么样的，现实中存在的主要问题有哪些，改革究竟应该怎么搞，应该说，公证行业的从业者、管理者和立法机关、司法部门早已形成共识，即便有一些不同声音，也并不影响绝大多数人达成的默契。搞了四十年如果还说不知道中国公证应该是什么样子的，不清楚阻碍公证行业发展的主要问题是什么，不明白什么样的改革有利于公证事业发展，那这种制度、这个行业还有未来吗？[183]

搞了四十年如果还说不知道中国公证应该是什么样子的，不清楚阻碍公证行业发展的主要问题是什么，不明白什么样的改革有利于公证事业发展，那这种制度、这个行业还有未来吗？

2017年公证改革重启后，李曙光先生提出，“合作制试点经过总结提升、科学决策后，就应该大量地搞、大张旗鼓地搞、一刀切地搞。只有这样，合作制才能成功”：

其实，从法理上来说，我们说信用能试点吗？信用是不能试点的。因为我个人认为这种试点实际上是人为地降低了公证机构这样一种增信机构的信用度。如果我们的改革是一刀切，全部改制成合作制（只保留少数公益性质的公证机构），那么就不存在这种信用的竞争，也就不会有损公证机构的信用度了。所以，我认为合作制试点经过总结提升、科学决策

182　张军：《在全国公证工作会议上的讲话》（2017年7月17日）。

183　周志扬：《我们拿什么奉献给未来》，北京市长安公证处编：《公证四十不惑》，法律出版社2020年版，目录前页。

后，就应该大量地搞、大张旗鼓地搞、一刀切地搞。只有这样，合作制才能成功。[184]

……按照法制统一原则，从公证改革发展“全国一盘棋”出发，强调能改尽改、应改尽改，而不是由各地各行其是，公证改革发展才有望真正破局。

所谓“一刀切”，并不意味着一夜之间将所有事业体制公证机构都改为合作制，而是按照法制统一原则，从公证改革发展“全国一盘棋”出发，强调能改尽改、应改尽改，而不是由各地各行其是，公证改革发展才有望真正破局。

重要的是，公证改革需要加快告别合作制“试点”的“小众行为”，彻底破解公证行业利益固化群体“不让改”、“不愿改”或形改而实不改怪圈，走向阳光化、充分化、法制化的公证改革，让一切有志改革致力于发展公证事业的公证员都能“自由行”，迅速壮大“自主自治”社会组织体制公证员群体。同时，为确实不具备转为合作制条件的某些事业体制公证机构和公证员提供安心执业通道，进而构建公证机构分别由国家出资、财政保障和由公证员发起、自我发展两种互为补充的公证体制，同步进行公证员权责对等的公证办案责任制改革、公证工作方式改革等综合配套改革，推进公证执业活动稽查制度实施，严管公证质量，这是公证改革发展新阶段无以回避的挑战。

“何以解忧，唯有改革”！

“何以解忧，唯有改革”！[185]

改革是发展的引擎，不思改革甚至畏惧改革何来发展？公证改革并不只是关乎公证行业自身，公证行业是法律服务业的组成部分，公证员是以专业服务致力于预防纠纷的法律职业人，公证改革与人民群众利益和社会经济发展同呼吸、共命运。公证行业切实做到“坚持以人民为中心”[186]，除了“加快”和“深化”改革，别无他途。习近平总书记深刻阐述道：

---

184 《聚焦公证改革的顶层设计与〈公证法〉——访中国政法大学研究生院院长、博士生导师李曙光教授》，《中国公证》2018 年第 1 期。

185 朱镕基同志名言，转引自王煜：《上海市长如何“借脑”？》，《新民周刊》2016 年第 47 期。

186 习近平：《决胜全面建成小康社会，夺取新时代中国特色社会主义伟大胜利——在中国共产党第十九次全国代表大会上的报告》（2017 年 10 月 18 日）。

我们现在所处的，是一个船到中流浪更急、人到半山路更陡的时候，是一个愈进愈难、愈进愈险而又不进则退、非进不可的时候[187]。

……

我们要通过深化改革，让一切劳动、知识、技术、管理、资本等要素的活力竞相迸发，让一切创造社会财富的源泉充分涌流[188]。

华山天险一条路。公证改革缓进则退，不进则亡，唯有奋进。

我们现在所处的，是一个船到中流浪更急、人到半山路更陡的时候，是一个愈进愈难、愈进愈险而又不进则退、非进不可的时候。

我们要通过深化改革，让一切劳动、知识、技术、管理、资本等要素的活力竞相迸发，让一切创造社会财富的源泉充分涌流。

187　习近平:《在庆祝改革开放40周年大会上的讲话》，来源于新华网，http://www.xinhuanet.com//3gnews/2018-12/18/c_1210018127.htm，最后访问时间:2018年12月21日。

188　习近平:《切实把思想统一到党的十八届三中全会精神上来》，《人民日报》2014年1月1日。

公证改革的出路是走向合伙制
——公证组织形式的民法地位

◎王公义*

公证的功能决定了
公证机构必须承担无限责任才有社会存在价值，
公证机构只能选择非法人组织体制，
只有承担无限责任的合伙制才是合适的公证组织形式，
使权利、义务和责任在公证人身上相统一，
才能真正担负起对人民、社会和国家应尽的职责。
所以，公证改革的出路是走向合伙制，
事业体制和合作制两种体制都必须逐渐走向消亡。
让我们为它们的尽快走向消亡而努力吧！

目前我国公证机构从体制上看有两种组织形式：一是事业单位体制（下称“事业体制”），二是合作体制（下称“合作制”）。在

* 王公义，经济学博士，曾任司法部研究室主任、司法研究所所长，《中国司法》总编辑，中国公证协会副会长。

《民法典》的规定里，这两种体制都具有法人资格，合作制为“特别法人”，事业体制为“非营利法人”，各自具有自己不同的法律地位，负有不同的法律责任，国家以不同的管理方式管理着不同法律地位的公证机构。

一、我国现行公证法关于公证职能与公证组织形式的规定

根据现行《公证法》，我国公证的基本特征是公证机构本位而不是公证人本位，即其法律责任的承担者是公证机构而不是公证员个人，由此产生了不同于其他国家的公证制度。《公证法》第二条规定：“公证是公证机构根据自然人、法人或者其他组织的申请，依照法定程序对民事法律行为、有法律意义的事实和文书的真实性、合法性予以证明的活动。”这条关于公证定义的规定，定义了公证的主体是公证机构而不是公证员个人。所以，公证机构的性质是十分重要的。从公证的内涵看，被公证对象的真实性和合法性是公证的两大基本要求，特别是公证的真实性，公证的真实性是公证的灵魂！可以说，没有公证的真实性就没有公证存在的价值。所以，公证在西方国家又被称为“证实”。确认和保存有法律意义的事实真相及文书的真实性，防止善意当事人因遗忘而产生争议，或者恶意当事人因不良目的而发起诉讼，为司法公正留下真实客观的证据，是公证的核心价值所在。

从公证的内涵看，被公证对象的真实性和合法性是公证的两大基本要求，特别是公证的真实性，公证的真实性是公证的灵魂！可以说，没有公证的真实性就没有公证存在的价值。

《公证法》第六条规定：“公证机构是依法设立，不以营利为目的，依法独立行使公证职能、承担民事责任的证明机构。”这是关于公证机构性质的规定。公证机构有法定的职能，公证文书有法定的效力，公证机构独立承担民事责任。非营利性和独立性是公证的两大基本特征，公证活动虽然收费，但法律要求公证机构不能违背社会公益单纯追求经济效益。公证机构按国家规定收费以及其非营利性表明公证机构不是一般的企业，也不是一般的中介服务机构。公证机构独立行使自己的职权，独立承担民事责任，与政府主管部门不是上下级关系，而是监督与被监督、指导与被指导的关系。

公证机构独立行使自己的职权，独立承担民事责任，与政府主管部门不是上下级关系，而是监督与被监督、指导与被指导的关系。

1803年3月6日法国颁布的《公证组织法》第一条规定，“公证人员是公务职员，受理当事人必须或自愿取得公权文书公式效力的文书或契约，并确定日期，保存文书，发放抄本或执行副本”，1945年11月2日颁布的公证人身份法令第一条，除了将“公务职员”改成表述上更准确的“公务助理”之外，完全保留了《公证组织法》原条文，至今未变[1]。这一规定，决定了“公证人基于公权授权的身份，以其职业民事责任作为担保，制作反映客观事实、表示当事人真实意思、得约束当事人、抗辩第三人甚或公权机构的文书。”[2]

公证书有很强的司法证明效力。《公证法》第三十六条规定：“经公证的民事法律行为、有法律意义的事实和文书，应当作为认定事实的根据，但有相反证据足以推翻该项公证的除外。”所以，国外又称公证人为特权证人，公证书为特殊证书。公证书的超强效力，节约了司法资源，提高了司法效率，也保障了司法安全。公证机构还要保存公证书原件及作为原件存放在公证机构的私署文书，这进一步加强了文书的安全性，使公证更具吸引力。法国规定公证书在公证机构保存100年以后，才可以转到公共档案馆永久保存。所以说，公证文书的历史就是一部立体的、鲜活的、真实记录客观证据的历史，也是一部真实的社会经济文化历史。

除了证据功能，公证的第二个功能是执行功能。《公证法》第三十七条规定：“对经公证的以给付内容并载明债务人愿意接受强制执行承诺的债权文书，债务人不履行或者履行不适当的，债权人可以依法向有管辖权的人民法院申请执行。”这是公证的执行功能，是公证真实性效力的延伸。

与公证功能相联系，我国目前阶段的公证组织形式是什么？按照《民法典》第五十七条规定：“法人是具有民事权利能力和民事行为能力，依法独立享有民事权利和承担民事义务的组织。”法

---

1 [法]让—吕克·奥贝赫著[法]瑞夏·科罗改编:《公证人之民事责任》(第5版)唐觉译，上海人民出版社2015年版，第1页。

2 唐觉:《译者序》，[法]让—吕克·奥贝赫著[法]瑞夏·科罗改编:《公证人之民事责任》(第5版)，上海人民出版社2015年版，第4页。

人是民法上的主体，其法律人格的赋予是民法理论最富想象力和技术性的创造。根据以上《公证法》和《民法典》的规定看，无论是合作制还是事业体制公证机构，我国现有的所有公证机构显然都是法人组织，是具有民事权利能力和民事行为能力，依法独立享有民事权利和承担民事义务的法人组织，从法人组织这个视角加以理解，合作制公证机构与事业体制公证机构并无本质上的不同。

二、事业体制公证机构是“非营利法人”

事业体制公证机构是我国目前公证机构的主体，《民法典》规定其为非营利法人。《民法典》第一编《总则》第三章《法人》第三节《非营利法人》第八十七条规定：“为公益目的或者其他非营利目的成立，不向出资人、设立人或者会员分配所得利润的法人，为非营利法人……非营利法人包括事业单位、社会团体、基金会、社会服务机构等。”

《事业单位登记管理暂行条例》第二条规定：“本条例所称事业单位，是指国家为了社会公益目的，由国家机关举办或者其他组织利用国有资产举办的，从事教育、科技、文化、卫生等活动的社会服务组织。”

公证机构是国家为公益目的而建立不以营利为目的的非独立对外开展业务，独立承担责任，也不向任何单位和个人包括公证员分配利润，确实符合非营利法人的条件，但非营利法人唯独不符合公证事业发展规律，难以推进公证事业的发展，主要原因是公证不是依靠权力来发展的，我国基本没有多少法定公证事项，公证业务主要靠市场行为，公证的发展主要靠其公信力，公证事业发展的根本原因在于公证依靠承担无限责任而取得社会的信任，推动自身的发展。但是公证机构事业体制的性质，需要接受上级单位的行政管理，其人事、分配、发展等都需要上级单位批准或者支持才能进行，难以持久地真正调动公证员的积极性，而且承担的是有限责任，这就从根本上限制了公证事业的发展，不是公证事业所需要的组织形式。

公证机构……确实符合非营利法人的条件，但非营利法人唯独不符合公证事业发展规律，难以推进公证事业的发展，主要原因是公证不是依靠权力来发展的，我国基本没有多少法定公证事项，公证业务主要靠市场行为，公证的发展主要靠其公信力，公证事业发展的根本原因在于公证依靠承担无限责任而取得社会的信任，推动自身的发展。……公证机构事业体制的性质，需要接受上级单位的行政管理，其人事、分配、发展等都需要上级单位批准或者支持才能进行，难以持久地真正调动公证员的积极性，而且承担的是有限责任，这就从根本上限制了公证事业的发展，不是公证事业所需要的组织形式。

三、合作体制的公证机构是"特别法人"

从合作制的起源来看，合作制是人类社会从农业经济向工业经济前进时期逐渐发展起来的组织形式，在于使身怀绝技但处于分散和弱势的手工艺人联合起来，形成一定的抗风险能力，促使合作者发展壮大的职业人共同体。《民法典》第一编《总则》第三章《法人》第四节《特别法人》第一〇〇条规定："城镇农村的合作经济组织依法取得法人资格"；第九十六条规定："本节规定的……城镇农村的合作经济组织法人……为特别法人。"城镇农村合作经济组织，既具有公益性或者互益性，又具有营利性，是为特别法人，承担有限责任。

事实上，国内所有的合作制公证机构都不是真正按照合作制的管理方式运营的。

《宪法》第八条规定："城镇中的手工业、工业、建筑业、运输业、商业、服务业等行业的各种形式的合作经济，都是社会主义劳动群众集体所有制经济。"

合作制的基本特质是合作社成员权利平等，一人一票，所有重大问题的决策都是全体合作人集体决定和承担责任的。截至2021年12月，我国已有136家合作制公证机构，[3]事实上，国内所有的合作制公证机构都不是真正按照合作制的管理方式运营的。

公证法立法时，参考了大陆法系国家公证人设立合伙制公证机构的立法，特别是公证法借鉴大陆法系不少国家公证立法通例，确立了公证全行业保险保障机制，脱离国家保障体制，进行市场化运作，已经暗含公证机构承担无限责任，以此赢得社会公众的信任，保障公证事业健康发展。

四、公证法里面还隐含着一种合伙制的"非法人组织"

现行公证法立法期间，我曾经参与了部分工作。公证法立法时，参考了大陆法系国家公证人设立合伙制公证机构的立法，特别是公证法借鉴大陆法系不少国家公证立法通例，确立了公证全行业保险保障机制，脱离国家保障体制，进行市场化运作，已经暗含公证机构承担无限责任，以此赢得社会公众的信任，保障公证事业健康发展。

按照现行民法典规定，合伙制是非法人组织。《民法典》第一

3　记者徐隽：《推动公证事业高质量发展——全国人大常委会开展公证法执法检查》，《人民日报》2021年12月16日。

编《总则》第四章《非法人组织》第一〇二条规定:“非法人组织是不具有法人资格,但是能够依法以自己的名义从事民事活动的组织。非法人组织包括个人独资企业、合伙企业、不具有法人资格的专业服务机构等。”第一〇四条规定:“非法人组织的财产不足以清偿债务的,其出资人或者设立人承担无限责任。法律另有规定的,依照其规定。”第一〇八条规定:“非法人组织除适用本章规定外,参照适用本编第三章第一节的有关规定”,即有关法人的一般规定。

《合伙企业法》第二条规定:“本法所称合伙企业,指自然人、法人和其他组织依照本法在中国境内设立的普通合伙企业和有限合伙企业。普通合伙企业由普通合伙人组成,合伙人对合伙企业债务承担无限连带责任。本法对普通合伙人承担责任的形式有特别规定的,从其规定。有限合伙企业由普通合伙人和有限合伙人组成,普通合伙人对合伙企业债务承担无限连带责任,有限合伙人以其认缴的出资额为限对合伙企业债务承担责任。”

以专业知识或专门技能为客户提供有偿服务的专业服务机构,都可以设立为特殊的普通合伙企业,如律师事务所、会计师事务所、医师事务所,设计师事务所等等。公证机构与此同类,是可以参照设立合伙制公证机构的。合伙公证人为公证机构的拥有者,承担无限责任:而雇员公证人为公证机构雇员,不参与利润分配,也不承担无限责任,是公证机构内只拿工资的工薪阶层。

《律师法》第十五条对于合伙律师事务所的规定,区分了普通合伙和特殊合伙两种形式:“设立合伙律师事务所,除应当符合本法第十四条规定的条件外,还应当有三名以上合伙人,设立人应当是具有三年以上执业经历的律师。合伙律师事务所可以采用普通合伙或者特殊的普通合伙形式设立。合伙律师事务所的合伙人按照合伙形式对该律师事务所的债务依法承担责任。”[4]根据合伙的

4 《中华人民共和国律师法》(1996 年 5 月 15 日第八届全国人民代表大会常务委员会第十九次会议通过　根据 2001 年 12 月 29 日第九届全国人民代表大会常务委员会第二十五次会议《关于修改〈中华人民共和国律师法〉的决定》第一次修正　2007 年 10 月 28 日第十届全国人民代表大会常务委员会第三十次会议修订　根据 2012 年 10 月 26 日第十一届全国人民代表大会常务委员会第二十九次会议《关于修改〈中华人民共和国律师法〉的决定》第二次修正)。

……公证法修法时，将合伙制公证机构定位于特殊的普通合伙形式，就不会发生同一合伙制公证机构内，某一个公证员合伙人办了假案错案，其他公证员合伙人一并“买单”的情形，可以消除一些公证员对于公证机构进行合伙制改革的后顾之忧，更使民法典的权利、义务、责任对等原则在公证人身上真正得到统一。

公证制度是一种预防性司法制度，公证人必须对公证的结果承担责任，因公证错误而造成财产损失必须承担无限责任，全额赔偿，公证才能取信于人，才有人敢来做公证，公证才能立足于法律界，真正成为预防纠纷、保障社会安全的法律制度。……公证行业立足的基础是承担无限责任，公证承担无限责任的保障是全行业保险。

基本原理，依据《民法典》《合伙企业法》上述规定，并参照《律师法》的上述规定，公证法修法时，将合伙制公证机构定位于特殊的普通合伙形式，就不会发生同一合伙制公证机构内，某一个公证员合伙人办了假案错案，其他公证员合伙人一并“买单”的情形，可以消除一些公证员对于公证机构进行合伙制改革的后顾之忧，更使民法典的权利、义务、责任对等原则在公证人身上真正得到统一。

五、公证承担的责任是无限责任

公证制度是一种预防性司法制度，[5]公证人必须对公证的结果承担责任，因公证错误而造成财产损失必须承担无限责任，全额赔偿，公证才能取信于人，才有人敢来做公证，公证才能立足于法律界，真正成为预防纠纷、保障社会安全的法律制度。如果没有承担无限责任的制度规定，一个几百万几千万甚至几亿的资产，由于公证的错误而丢失，如果仅仅依靠赔偿公证收费及以公证机构所有财产来承担有限责任，还有谁敢来做公证，公证事业要健康发展也是不可能的。公证行业立足的基础是承担无限责任，公证承担无限责任的保障是全行业保险。

法国公证人杰里·瓦雄说：“集体保障使公证人在财务方面承担连带责任，在公证人间形成了一个真正的利益团体。既然所有的公证人都对某一公证人引起的客户的利益损害负有赔偿责任，出于利益考虑，同行们对公证活动拥有监督权。”[6]曾任法国公证人高等理事会主席的阿兰·布代尔在谈到公证人职业民事责任担保时说：“担保先由公证人依法必须购买的保险合同来承担；在无法依靠保险机制的情况下，由其个人来承担；最后，在其个人无法负担时，

5　司法部《关于印发〈关于深化公证体制机制改革 促进公证事业健康发展的意见〉的通知》（司发〔2021〕3号）。

6　《中法公证法律论文精选2001—2006》，法律出版社2016年版，第132页。

由整个公证行业来承担。”[7] 公证人的民事责任担保制度，为当事人提供了任何其他职业都不可能提供的安全，这也是公证公信力的主要保障。法国在检察机关监督下，各级公证人协会负责对各自辖区内的公证人进行行业纪律监督，并组织和实施对公证人事务所定期和强制性的财务检查，也体现了国家对公证行业的监督监管。严格的监管保障了公证制度运行的安全。我国公证行业现有的监督监管机制很不健全，蕴藏着极大的行业风险。

“担保先由公证人依法必须购买的保险合同来承担；在无法依靠保险机制的情况下，由其个人来承担；最后，在其个人无法负担时，由整个公证行业来承担。”公证人的民事责任担保制度，为当事人提供了任何其他职业都不可能提供的安全，这也是公证公信力的主要保障。

2006 年 3 月 1 日我国《公证法》生效实施，这一年公开出版的由我主持的司法部国家法治建设与法学理论研究部级科研课题成果“中国公证制度改革研究”[8]就已提出“就个体合伙公证处的模式而言，应该是公证事业发展的方向”，并认为“对于一些东部沿海发达地区，有条件采用个人合伙体制模式的，国家应该允许”，其意义在于“对公证事业的发展大有好处，一可为试点，二可为锻炼队伍，为未来公证事业的创新发展积累经验，为下一步的改革提供基础，以为铺路之功”：

就个体合伙公证处的模式而言，应该是公证事业发展的方向。……对于一些东部沿海发达地区，有条件采用个人合伙体制模式的，国家应该允许。……对公证事业的发展大有好处，一可为试点，二可为锻炼队伍，为未来公证事业的创新发展积累经验，为下一步的改革提供基础，以为铺路之功。

> 就个体合伙公证处的模式而言，应该是公证事业发展的方向。但是，要实现这一点，必须具备相当的前提条件，其中最主要的是市场经济发展的成熟度、当地经济发达的程度以及法制环境的好坏。在国家完善公证有关立法的前提下，对于一些东部沿海发达地区，有条件采用个人合伙体制模式的，国家应该允许。个别选择个体合伙模式，对公证事业的发展大有好处，一可

（王公义等：《中国公证制度改革研究及国际比较》，法律出版社 2006 年版）

7　[法]阿兰·布代尔：《首版序言》，[法]让—吕克·奥贝赫著[法]瑞夏·科罗改编：《公证人之民事责任》（第 5 版）唐觉译，上海人民出版社 2015 年版，第 1 页。

8　王公义：《后记》，王公义等：《中国公证制度改革研究及国际比较》，法律出版社 2006 年版，第 453 页。

为试点，二可为锻炼队伍，为未来公证事业的创新发展积累经验，为下一步的改革提供基础，以为铺路之功。[9]

需要看到，所有的法人组织都是承担有限责任的，不管是事业体制的非营利法人还是合作制的特别法人莫不如此，其社会公信力都是远远不够的。只有自然人才能承担无限责任，债务才可以永远追偿。唯有如此，公证人才能以信立业、以信立世。

公证法生效实施多年，公证法修法势在必行，公证组织形式走向全球公证业普遍实行的合伙制事关公证事业兴衰，应在公证法修法时明确加以规定。需要看到，所有的法人组织都是承担有限责任的，不管是事业体制的非营利法人还是合作制的特别法人莫不如此，其社会公信力都是远远不够的。只有自然人才能承担无限责任，债务才可以永远追偿。唯有如此，公证人才能以信立业、以信立世。公证的功能决定了公证机构必须承担无限责任才有社会存在价值，公证机构只能选择非法人组织体制。只有承担无限责任的合伙制才是合适的公证组织形式，使权利、义务和责任在公证人身上相统一，才能真正担负起对人民、社会和国家应尽的责任。所以，公证改革的出路是走向合伙制，事业体制和合作制两种体制都必须逐渐走向消亡。让我们为它们的尽快走向消亡而努力吧！

9 王公义：《序言》，王公义等：《中国公证制度改革研究及国际比较》，法律出版社2006年版，第18页。

延长我国公证员执业年限的必要性和可行性

——以公证法修法为视角

◎李全一*

事实表明，
我国公证员数量总体不足，
严重制约公证改革发展，
短期内难以缓解。
解决这一颇为严峻的问题，
需要“开源”和“截流”并举，
既要吸纳优秀年轻人才加盟公证行业扩大增量，
也需要借鉴全球现代公证制度公证人终身执业惯例，
通过制度创新，
延长我国公证员执业年限以降低减员、稳定存量，
做到“双管齐下”，才能取得成效。

---

* 李全一，中国公证协会公证理论研究委员会委员、四川省公证协会副秘书长。本文为2021年中国公证协会公证理论研究委员会指定课题。

2021年12月6日，中共中央总书记习近平在主持中共中央政治局就建设中国特色社会主义法治体系进行第三十五次集体学习时指出，要加快发展公证等法律服务队伍。[1]同年12月21日，在第十三届全国人大常委会第三十二次会议上，全国人大常委会副委员长曹建明作的《全国人民代表大会常务委员会执法检查组关于检查〈中华人民共和国公证法〉实施情况的报告》（下称“全国人大公证法实施检查报告”）中列举公证法实施中存在的主要问题时，重点提出了公证队伍建设亟需加强，其中尤其突出的问题是公证员数量总体不足。[2]全国人大常委会执法检查组对所作的这一剖析切中要害，客观地反映出当前我国公证行业发展中存在的一个重要症结。事实表明，我国公证员数量总体不足，严重制约公证改革发展，短期内难以缓解。解决这一颇为严峻的问题，需要“开源”和“截流”并举，既要吸纳优秀年轻人才加盟公证行业扩大增量，也需要借鉴全球现代公证制度公证人终身执业惯例，通过制度创新，延长我国公证员执业年限以降低减员、稳定存量，做到“双管齐下”，才能取得成效。对于前者即所谓“开源”，吸纳优秀年轻人才加盟公证行业，政策机制已相对完善，关键在于公证行业吸引力尚乏善可陈，唯有进一步加快公证改革才能破局，对此相关分析已比较充分，本文不再加以讨论。对于后者即所谓“截流”，需要突破现行公证法的制度设计，属于制度创新的范畴，论者鲜见，本文不揣浅陋，试予讨论，以求教于方家。

……吸纳优秀年轻人才加盟公证行业，政策机制已相对完善，关键在于公证行业吸引力尚乏善可陈，唯有进一步加快公证改革才能破局，……

一、初步回溯—中国公证员执业年限规定演变简史

欲考察我国现行公证员执业年限规定从何而来，有必要溯及公证制度引进的源头及其法律规定的演变历史。众所周知，我国

1 《中共中央政治局举行第三十五次集体学习 习近平主持》，微信公众号“司法部”，20121年12月27日。

2 曹建明:《全国人民代表大会常务委员会关于检查〈中华人民共和国公证法〉实施情况的报告》，来源于中国人大网，http://www.npc.gov.cn，最后访问时间:2022年3月1日。

的公证制度，是学习借鉴大陆法系国家而来的一项预防性法律制度，最早始自清末民初。故此，考察我国公证员执业年限规定的演变史，有必要从民国年间的有关规定起予以回溯。

（一）民国年间公证人执业年限规定

考量民国年间有关公证制度的立法草案和法律规定，均未对公证人任职的最高年限作出过明确规定，例如，1930 国民政府司法院拟定的《公证人法草案》，只规定了入职公证人的最低年龄，未规定任职的最高年限。[3]1933 年国民政府司法行政部草拟的《公证人法草案》，既未规定公证人的入职年龄限制，也未规定任职年龄上限。[4]1943 年国民政府正式公布的《公证法》，依然未对公证人的任职年龄予以明确限制。[5]

纵观前述民国年间的公证制度，对公证人的任职年限放得比较宽松，除最低入职年龄要求须成年外，对最高任职年龄没有作出任何限制。至于公证人任职年龄无上限规定的原由，究竟基于何种考虑，已无法考究其端详，依笔者揣测，大致是由于民国时期的公证制度主要是借鉴法、德公证制度而来，而后者之公证人为终身制的缘故，当然也可考虑，是否因为民国时期的公证人任职于法院，一般为法官兼任[6]，故其退休退职年龄与法官相同，公证法无需重复规定。

3　1930 年国民政府司法院《公证人法草案》第六条规定："非具备左列资格并经考试及格者不得为公证人：一、中华民国人民已成人者；二、在国内外专门以上学校修法政之学三年以上，得有毕业文凭者，但专门以上学校系私立者，以曾经立案特许或中国驻外使领馆证明者为限；……"。参见翁腾环编著：《公证法释义与实务》，商务印书馆 1937 年版，第 397 页。

4　1933 年国民政府司法行政部《公证人法草案》第十条规定："非具有左列资格之一者，不得作为公证人：一、经公证人考试合格，并经学习六个月以上者；二、有法官资格者；公证人考试及学习规则由司法行政部另以部令定之。"参见翁腾环编著：《公证法释义与实务》，商务印书馆 1937 年版，第 422 页。

5　1943 年国民政府公布的《公证法》第二条规定："公证处置公证人委任或荐任办理公证事务由司法行政部就具有左列各款资格之一者遴充之：一、经公证人考试及格者；二、曾任推事检察官或县司法处审判官者；三、曾执行律师职务者；四、曾任法院书记官三年以上成绩优良者；五、在教育部认可之国内外专科以上学校修习法律学科得有毕业证书者。前项公证人得由地方法院推事兼充之。"参见蔡煜：《中国公证编年史 1902—1979》，上海人民出版社 2019 年版，第 144 页。

6　参见郑云鹏：《公证法新论》，台湾元照出版有限公司 2015 年版，第 35 页。

（二）中华人民共和国建国后公证员执业年限规定

新中国建国之初，公证事务仍沿袭旧制由法院公证人实施，虽然一些地区印发过若干公证规范，但没有颁布全国性的公证法规，对公证员的任职年龄也未作明确限定。后历经“文革”动乱，公证制度几近消失。[7]改革开放后公证制度恢复重建，1982 年国务院颁布了新中国首部公证法规《公证暂行条例》。该《条例》主要从公证业务范围、公证处的组织管理、公证业务的管辖、公证程序等方面进行规范，虽然也规定有公证员的任命条件，但并没有规定公证员任职的年龄条件，亦即既无入职最低年龄的限制，也无执业最高年龄的限制。[8]不过考虑到当时的公证员属于公务员序列，也可以认为，其最高执业年限应为与公务员退休年龄相一致。

……司法部公证司《关于对离、退休公证员聘用问题的批复》，明确了离、退休公证员可“继续担任公证员职务”；强调“不得冠以‘特邀公证员’之称谓”，表明在公证员职务身份上，离、退休公证员应与其他公证员一视同仁、平等对待；同时，未限制公证员任职的最高年龄。

1989 年 1 月 4 日，司法部公证司对上海市司法局有关离、退休公证员聘用问题的请示作出《关于对离、退休公证员聘用问题的批复》，《批复》指出，鉴于“在目前公证工作任务重，人员缺少的情况下，为了更好地为治理经济环境、整顿经济秩序，全面深化改革服务，可以根据工作需要，对已离、退休的公证员经市司法局批准，返聘他们做公证工作，继续担任公证员职务，但不得冠以‘特邀公证员’之称谓。”[9]司法部公证司《关于对离、退休公证员聘用问题的批复》，明确了离、退休公证员可“继续担任公证员职务”；强调“不得冠以‘特邀公证员’之称谓”，表明在公证员职务身份上，离、退休公证员应与其他公证员一视同仁、平

7　可参详拙著：《公证证明论》，法律出版社 2016 年版，第 61 页。

8　《中华人民共和国公证暂行条例》（1982 年 4 月 13 日国务院发布，2006 年 3 月 1 日《中华人民共和国公证法》施行之日自动废止）第八条规定：“有选举权和被选举权的公民，符合下列条件之一的，可以被任命为公证员：（一）经见习合格的高等院校法律专业毕业生，并从事司法工作、法律教学工作或者法学研究工作一年以的；（二）在人民法院、人民检察院曾任审判员、检察员职务的；（三）在司法行政机关从事司法业务工作两年以上，或者在其他国家机关、团体、企业事业单位工作五年以上，并具有相当中等法律学校毕业生的法律知识的；（四）曾任助理公证员职务二年以上的。”

9　司法部公证司：《关于对离、退休公证员聘用问题的批复》（89 司公字第 1 号），司法部公证司编：《公证规章集成》，法律出版社 1992 年版，第 110 页。

等对待；同时，未限制公证员任职的最高年龄。

1995年6月2日，司法部印发《公证员注册管理办法》，这是新中国首个公证员任职注册管理行政规章。该《办法》第七条明确规定，可以对离、退休的公证员及公证管理人员发给公证员工作执照，[10]即允许离、退休公证员继续担任公证员，且未限制其执业的年限。

司法部的两个法律文件就公证员任职年限作出的具体解释，是新中国公证员执业年限规范首开先河之举，在对离、退休公证员继续担任公证员职务均加以确认的同时，都没有限制公证员任职的最高年龄。按此理解，公证员出于自愿，实际上可以任职到其身体条件不允许或因自身其他合理原因无法从事公证工作时为止。在我国公证员执业年限规定的演变史上，这是一个意味深长的现象，体现了国家公证主管部门对于公证员任职年限开放、务实的思维，以回应现实中“公证工作任务重，人员缺少的情况”带来的挑战。

司法部的两个法律文件就公证员任职年限作出的具体解释，是新中国公证员执业年限规范首开先河之举，在对离、退休公证员继续担任公证员职务均加以确认的同时，都没有限制公证员任职的最高年龄。按此理解，公证员出于自愿，实际上可以任职到其身体条件不允许或因自身其他合理原因无法从事公证工作时为止。在我国公证员执业年限规定的演变史上，这是一个意味深长的现象，体现了国家公证主管部门对于公证员任职年限开放、务实的思维，以回应现实中“公证工作任务重，人员缺少的情况”带来的挑战。

在新中国公证员执业年限规定的演变史上，2005年8月28日十届全国人大常委会第十七次会议通过并于2006年3月1日起实施的《公证法》，第一次明确限定了公证员的执业年龄，《公证法》第十八条既将公证员入职最低年龄限制为年满25周岁，也将公证员退职年龄限定为年满65周岁。[11]《公证法》为何将公证员的最高任职年龄规定为65周岁？权威性的《中华人民共和国公证法释义》一书的解读认为，理由有二：一是为了更好的实现公证员的新老交替，避免公证员的工作能力因年老体衰下降而难以保障公证服务水平；二是考虑到公证员的职业主要是知识和经验的运用，故

10 《公证员注册管理办法》第七条规定：“离退休的公证员、从事公证管理工作十年以上的离退休人员，经公证处返聘为公证员的，发给《公证员工作执照》”。《公证员注册管理办法》（司法部令第9号），司法部律师公证工作指导司编：《中外公证法律制度资料汇编》，法律出版社2004年版，第147页。

11 《中华人民共和国公证法》第十八条规定：“担任公证员，应当具备下列条件：（一）具有中华人民共和国国籍；（二）年龄二十五周岁以上六十五周岁以下；（三）公道正派，遵纪守法，品行良好；（四）通过国家司法考试；（五）在公证机构实习二年以上或者具有三年以上其他法律职业经历并在公证机构实习一年以上经考核合格。”

其任职年龄比普通公务员退休年龄适当延长符合其职业特点。[12] 应当说，《公证法》第十八条这一公证员执业年限的规定，大体与当时我国劳动力人口数量大、劳动红利突出等基本国情相适应。

显然，《公证法》第十八条关于公证员执业年限的设计是一个“双向限制”性质的规定，既限制了公证员的入职年龄，也限制了公证员的最高任职年龄。时移世易，虽然当初立法时的考量可能是合理的，未必现在和今后也是合理的。现行公证法的这类限制性规定，是否已经到了应该放宽以至取消限制之时？

显然，《公证法》第十八条关于公证员执业年限的设计是一个“双向限制”性质的规定，既限制了公证员的入职年龄，也限制了公证员的最高任职年龄。时移世易，虽然当初立法时的考量可能是合理的，未必现在和今后也是合理的。现行公证法的这类限制性规定，是否已经到了应该放宽以至取消限制之时？

二、域外国家和地区公证人执业年限的规定

世界上的公证制度依法系的差异，大致可以划分为英美法系公证制度和大陆法系公证制度，但英美法系国家和地区公证制度不属于司法制度范畴，故笔者仅考究大陆法系国家和地区公证人执业年限的规定。

大陆法系公证制度亦被称作拉丁公证制度，被公认为是世界公证制度的主流，也是世界上公证制度的渊源和肇端所在，更是当今世界公证制度发展最稳健、最完善的法域。在大陆法系各大洲各主要国家和地区中，对公证人执业年限的规定各有不同。

（一）欧洲国家和地区的规定

法国是世界上第一个制定现代公证法的国家，1803 年颁布的《法国公证组织法》（又称“风月法”）第二条明确规定，公证人为终身职务。[13] 法国公证人不但为终身职业，“还可以指定自己的继承人，只要这些人具备法律要求的品德和条件即可。”[14] 当然在法国

12　参见王胜明、段正坤主编：《中华人民共和国公证法释义》，法律出版社 2005 年版，第 64 页。

13 《法国公证组织法》，参见苏国强、汤庆发、刘志云编：《域外公证法汇编》，法律出版社 2015 年版，第 547 页。

14　参见 [法] 让 · 叶戈、让 – 佛朗索瓦 · 皮伊尔：《公证执业法》，唐觉译，法律出版社 2008 年版，第 49 页。

的公证制度中，公证人的终身职务也有例外的情况，如在法国东部地区（阿尔萨斯省及莫塞尔地区）对公证人的最高执业年龄，限制为不得超过 70 周岁。除东部地区外的其他法国领土内，公证人的终身制长期以来得到严格保护，除公证人受到法律制裁外，不得剥夺其资格或被强制调动。公证人的职能可以被临时终止的情形只有两种情况：一是因疾病不能受理公证事务，二是因战争远离（逃难）。公证人职能的彻底终止也只有三种情形：一是死亡，二是革职，三是辞职。[15] 不过法国在 2015 年修改了《法国公证组织法》第二条实行终身制的规定，将公证人最高执业年龄改为 70 岁。[16]

德国的公证人结构比较复杂，由专职公证人、律师公证人构成，专职公证人专门从事公证业务，律师公证人兼营公证业务。[17]《德意志联邦公证人法》第三条规定："专职公证人职务为终身职"。[18]

《意大利公证法》、《俄罗斯联邦公证立法纲要》都规定，公证人的最高执业年龄为 75 周岁。[19]《西班牙公证人职业法》第十条规定，公证人入职须已经成年，但未对公证人的最高执业年龄加以限制。[20] 此外，公证法上对公证人执业最高年龄无限制，亦即可理解为终身职业的公证人法例还包括《葡萄牙公证人法》等，而

15　参见［法］让·叶戈、让－佛朗索瓦·皮伊尔：《公证执业法》，唐觉译，法律出版社 2008 年版，第 49 页。

16　修改后的法国《公证组织法》（"风月法"）第二条规定，经 2015 年 8 月 6 日第 2015-990 号法律第 53 条修改：公证人在年满 70 岁时停止履行职务。经司法部长批准，公证人可以继续履职至其继任者宣誓就职之日为止，但期限不得超过十二个月。此修改条文的中文由四川省成都市律政公证处蔡勇先生翻译，特此致谢。

17　参见赵林：《赴德公证培训考察报告》，司法部律师公证工作指导司编：《中外公证法律制度资料汇编》，法律出版社 2004 年版，第 571 页。

18 《德意志联邦公证人法》第六条第（1）规定："只有在人品和能力上适合从事公证人职务的人，才能被任命为公证人。在申请公证人职位期间，已满 60 岁申请人不能被任命为公证人。"《德意志联邦公证人法》，苏国强、汤庆发、刘志云编：《域外公证法汇编》，法律出版社 2015 年版，第 422 页。

19 《意大利公证法》第一条规定："公证人由国家元首以元首令任命，开业的公证人年满 75 周岁时，依元首令退休。"《意大利公证法》，司法部律师公证工作指导司编：《中外公证法律制度资料汇编》，法律出版社 2004 年版，第 770 页。

20 《西班牙公证人职业法》，苏国强、汤庆发、刘志云编：《域外公证法汇编》，法律出版社 2015 年版，第 674 页。

《比利时公证法》则明确规定公证人为终身职业。[21]

（二）亚洲国家和地区的规定

《日本公证人法》对公证人的最高执业年龄作出了限制，规定公证人最高执业年龄不得超过 70 周岁。[22] 在东亚地区，除日本外，我国台湾地区“公证法”也规定公证人的最高执业年龄为70周岁。[23] 而《韩国公证人法》则规定公证人的最高执业年龄为 75 周岁。[24]

菲律宾、越南、我国澳门地区的公证法，对公证人的最高执业年龄均没有予以限制。如《菲律宾 2004 年公证执业规则》之“规则三”是关于公证人的任命须具备条件的条文，其中仅规定了符合受任为公证人条件者须年满 21 周岁，但未对其最高任职年龄予以明确限定。[25]《越南公证法》则对公证人的入职最低年龄和执业最高任职年龄均未加以限制，仅将学历、品行、经历列为任职的必备要件，表明越南公证人为终身职业。[26] 同样，我国澳门地区

21 《比利时王国公证法》第二条规定：“公证人为终身职务”。《比利时王国公证法》，司法部律师公证工作指导司编：《中外公证法律制度资料汇编》，法律出版社 2004 年版，第 807 页。

22 《日本公证人法》第十五条规定：“下列情形下，法务大臣可以免去公证人职务：（一）公证人提出辞呈时；（二）担任公证人期间不缴纳身份保证金或补充金额时；（三）公证人年满七十岁时；（四）公证人因身体或精神衰弱不能履行职务时。”《日本公证人法》，苏国强、汤庆发、刘志云编：《域外公证法汇编》，法律出版社 2015 年版，第 6 页。

23 我国台湾地区“公证法”第二十六条规定：“有下列情事之一者，不得遴任为民间公证人：一、年满七十岁。……”。《台湾地区“公证法”》，苏国强、汤庆发、刘志云编：《域外公证法汇编》，法律出版社 2015 年版，第 432 页。

24 《韩国公证人法》第十五条规定：“达到任命公证人的退休年龄 75 岁”的，当然失去职务。《韩国公证人法》，苏国强、汤庆发、刘志云编：《域外公证法汇编》，法律出版社 2015 年版，第 37 页。

25 《菲律宾 2004 年公证执业规则》，苏国强、汤庆发、刘志云编：《域外公证法汇编》，法律出版社 2015 年版，第 127 页。

26 《越南公证法》第八条为公证人的标准，该条规定：“常住越南的越南公民，遵守宪法和法律，品行良好并满足下列条后的可认定、任命为公证人：1. 有法学本科毕业证；2. 在机关、组织工作时间达到 5 年以上，并获得法学本科文凭；3. 毕业于本法第 9 条规定的公证业务培训班或完成本法第 10 条第 2 款规定的公证业进修班；4. 达到公证业实习检查结果要求的；5. 身体健康、足以从事公证。”《越南公证法》，苏国强、汤庆发、刘志云编：《域外公证法汇编》，法律出版社 2015 年版，第 151 页。

《公证法典》也既未对公证员的入职年龄加以限定，也未就公证员的退职年龄加以限定。[27]

（三）美洲国家和地区的规定

加拿大魁北克省属于法语区，承袭的是典型的大陆法系公证法传统，因此其公证法上未对公证人的执业最高年龄予以限制，可认为其与法国公证法的规定相同，为终身职业。[28]

《巴西公证及登记法》第十四条有关公证人任命须具备条件的规定中，既未对入职年龄加以规范，也未对退职年龄加以规范，也可视为终身职业。[29]《阿根廷公证人法》第一条规定的是从事公证职业必须具备的条件，其中有关年龄的规范仅要求须“已成年”，对执业的最高年龄未予限定。[30] 此外，南美洲的《秘鲁公证人法》《厄瓜多尔公证人法》等均未对公证人的最高执业年龄进行限制。[31]

综上可以得出结论，在大陆法系国家或地区，多数规定公证人为终身职业或者对最高执业年龄不加以限制，少部分规定最高执业年龄为70周岁或75周岁。

三、我国延长公证员执业年限的必要性与可行性分析

从前面所列举的世界各国和地区对公证人执业年限的规定中，我们不难看出，我国公证法上规定的公证员执业年限在全球公证

27 《澳门公证法典》，苏国强、汤庆发、刘志云编：《域外公证法汇编》，法律出版社2015年版，第220页。

28 《加拿大魁北克公证法》，司法部律师公证工作指导司编：《中外公证法律制度资料汇编》，法律出版社2004年版，第841页。

29 《巴西公证及登记法》第十四条规定：“从事公证或登记工作必须具备以下条件：（一）通过相关的考试并获得相应文凭；（二）具有巴西国籍；（三）具有民事行为能力；（四）完成相应的选举义务和兵役义务；（五）法学本科学位；（六）能证明具有履行该职业的通力。”《巴西公证及登记法》，苏国强、汤庆发、刘志云编：《域外公证法汇编》，法律出版社2015年版，第405～406页。

30 《阿根廷公证人法》，司法部律师公证工作指导司编：《中外公证法律制度资料汇编》，法律出版社2004年版，第958页。

31 《秘鲁公证人法》、《厄瓜多尔公证人法》，司法部律师公证工作指导司编：《中外公证法律制度资料汇编》，法律出版社2004年版，第972页、第981页。

我国公证法上规定的公证员执业年限在全球公证业中是最短的。与此同时，在世界各国和地区中，我国的公证员数量与全国人口总量之比有可能又是最低的之一。按我国当前14亿1千多万人口的总数与14147名注册公证员测算比例，大约每10万人才拥有一名公证员。

业中是最短的。与此同时，在世界各国和地区中，我国的公证员数量与全国人口总量之比有可能又是最低的之一。按我国当前14亿1千多万人口的总数与14147[32]名注册公证员测算比例，大约每10万人才拥有一名公证员。在这一背景下，有必要提出延长我国公证员执业年限的问题。以下，笔者从必要性和可行性两个方面来予以分析论证。

（一）延长公证员执业年限的必要性分析

1. 延长公证员执业年限是解决我国公证员短缺难题的需要

根据全国人大公证法实施检查报告披露，截至2021年11月底，全国共有公证员14147人，[33]说明公证员队伍发展十分缓慢，而同属法律服务业，全国律师队伍已发展到52.2万人[34]。目前我国公证员的数量，与我国经济的高速发展，社会对公证的需求成倍甚至数十倍增长的现实极度不相适应。公证员队伍增长缓慢的一个突出原因是，由于通过法律职业资格考试的年青人选择加入公证行业的动因不强，或者说公证行业对青年人才的吸引力远不充分，加之在职公证员到退休年龄即选择离职或者最多执业到65周岁，因此，全国绝大多数公证机构都存在执业公证员不足的情况。

公证员队伍增长缓慢的一个突出原因是，由于通过法律职业资格考试的年青人选择加入公证行业的动因不强，或者说公证行业对青年人才的吸引力远不充分，加之在职公证员到退休年龄即选择离职或者最多执业到65周岁，……

执业公证员不足的情况在中短期内不可能有较大的改善。原因在于：其一，公证机构为非营利机构并以公益性为宗旨，故缺乏对入职人才的有效吸引力；其二，公证工作相较于律师、法官等法律职业，挑战性、技术性、创造性相对较弱。众所周知，公证制度属于预防性司法制度，一般而论，预防性制度大多存在一

32 曹建明：《全国人民代表大会常务委员会关于检查〈中华人民共和国公证法〉实施情况的报告》，来源于中国人大网，http://www.npc.gov.cn，最后访问时间：2022年3月1日。

33 曹建明：《全国人民代表大会常务委员会关于检查〈中华人民共和国公证法〉实施情况的报告》，来源于中国人大网，http://www.npc.gov.cn，最后访问时间：2022年3月1日。

34 转引自叶青：《加快推进公证改革 与时俱进修改完善公证法—在全国人大常委会公证法执法检查座谈会上的发言》，微信公众号“建设和学习”，2021年12月3日。

定的保守性。这是因为，预防性制度要维系的是现行制度框架下的社会秩序，故不以创新、突破为要旨，[35] 因而难以满足年轻人实现人生价值的期望心理；其三，公证工作审查判断的经验性要求较高。实践表明，成熟的公证员大致需要 10 ～ 20 年以上的公证工作经验积累，才能达到熟能生巧、运用自如的状况。正是基于这些原因，补充公证员队伍的可行方式既需要加速吸收青年才俊，也需要果断调整和优化政策与立法，留住经验丰富、身体健康的 65 周岁以上的公证员，也就是延长公证员的最高执业年限。甚至从一定意义上讲，在公证员自愿选择的基础上，延长在职公证员执业年限从而维持存量，比吸纳青年公证员入职来扩大增量，对于稳定和扩大公证员队伍而言更具实现性。

……补充公证员队伍的可行方式既需要加速吸收青年才俊，也需要果断调整和优化政策与立法，留住经验丰富、身体健康的 65 周岁以上的公证员，也就是延长公证员的最高执业年限。甚至从一定意义上讲，在公证员自愿选择的基础上，延长在职公证员执业年限从而维持存量，比吸纳青年公证员入职来扩大增量，对于稳定和扩大公证员队伍而言更具实现性。

2. 延长公证员执业年限有助于解决我国公证发展不平衡的问题

全国人大公证法实施检查报告指出，当前我国公证发展极其不平衡。公证机构、业务数量两极分化现象突出，存在较大的地区差异。公证服务资源布局不均衡，公证员主要集中在发达地区，业务能力较强的公证员大多在规模较大的公证机构执业。目前"全国共有'一人处'59 家，'无人处'114 家。一些公证机构队伍青黄不接，靠返聘退休人员和行政编制人员派驻从业勉强维持业务。[36] 以四川省公证行业为例，全省现有公证机构 209 家，但注册公证员在 3 人以上的公证机构大约只占到全部公证机构的五成左右，还有近 20 家"一人处"、"无人处"。[37] 我国公证行业的发展之所以会出现极不平衡，主要表现在县域公证机构尤其是经济欠发达地区基层公证机构执业公证员严重短缺，甚至存在相当数量的公证机构无法执业的情况。产生这一情况的原因较多，如这些

35　相关论说可参详拙著：《公证证明论》，法律出版社 2016 年版，第 129 页以下。

36　曹建明：《全国人民代表大会常务委员会关于检查〈中华人民共和国公证法〉实施情况的报告》，来源于中国人大网，http://www.npc.gov.cn，最后访问时间：2022 年 3 月 1 日。

37　参见四川省司法厅《2021 年公证报表》表二。

……一方面，让长期在一线工作的公证员年满65周岁后再从事若干年的公证工作，可以切实解决许多地方因公证员严重短缺无法办理公证的问题，从而真正实现公证法律服务的有效全覆盖；另一方面，也可以让既有公证资源存量得到充分有效的发挥，缓解公证发展不平衡的程度，至少可以使这种不平衡状况不至于继续恶化。

地区的公证业务需求量较大中城市少，公证机构维持生存有一定难度，公证工作环境相对艰苦，无法吸纳新鲜血液补充公证员队伍等，而这一状况在可预见的期限内，似无明显改观的迹象。

因此，根据现实情形，延长公证员的执业年限，无疑是解决公证员人手不足这一瓶颈问题的一个可行办法。一方面，让长期在一线工作的公证员年满65周岁后再从事若干年的公证工作，可以切实解决许多地方因公证员严重短缺无法办理公证的问题，从而真正实现公证法律服务的有效全覆盖；另一方面，也可以让既有公证资源存量得到充分有效的发挥，缓解公证发展不平衡的程度，至少可以使这种不平衡状况不至于继续恶化。

3. 延长公证员执业年限是完善我国公共法律服务体系、实现协调发展的需要。

我国的公共法律服务体系，是具有中国社会主义特色的法律服务体系，主要由律师、公证员、司法鉴定人员、仲裁员等法律职业群体构成。在法律服务共同体中，律师没有执业年限限制，[38]司法鉴定人员也没有执业最高年龄的限制，[39]法律也未限制仲裁员的最高执业年龄，[40]唯独公证员的最高执业年龄却受到限制，既显得不协调，也显得不公平。

---

38 《中华人民共和国律师法》第五条第一款规定："申请律师执业，应当具备下列条件：（一）拥护中华人民共和国宪法；（二）通过国家统一法律职业资格考试取得法律职业资格；（三）在律师事务所实习满一年；（四）品行良好。"

39 目前尚无全国性的司法鉴定法律或行政法规，但从各省市自治区制定的鉴定条例来看，均未限定鉴定人员的从业年龄。如《山东省司法鉴定条例》第二十一条规定："个人具备下列条件之一的，可以申请登记从事司法鉴定业务：（一）有与所申请从事的司法鉴定业务相关的高级专业技术职称；（二）有与所申请从事的司法鉴定业务相关专业执业资格或者高等院校相关专业本科以上学历，从事相关工作五年以上；（三）申请从事经验鉴定型或者技能鉴定型司法鉴定业务，应当具备相关专业工作十年以上经历和较强的专业技能。申请从事的司法鉴定业务，相关行业对执业资格有特别规定的，应当符合行业规定。"

40 《中华人民共和国仲裁法》第十三条规定："仲裁委员会应当从公道正派的人员中聘任仲裁员。仲裁员应当符合下列条件之一：（一）通过国家统一法律职业资格考试取得法律职业资格，从事仲裁工作满八年的；（二）从事律师工作满八年的；（三）曾任法官满八年的；（四）从事法律研究、教学工作并具有高级职称的；（五）具有法律知识、从事经济贸易等专业工作并具有高级职称或者具有同等专业水平的。仲裁委员会按照不同专业设仲裁员名册。"

相对于律师、司法鉴定人员和仲裁员而言，公证员从业的难度和需要的体力、精力并不具有特殊性，甚至公证工作的复杂性、体力耗费性在一定程度或某些侧面，可能还会低于律师。综观整个公共法律服务业，律师、司法鉴定人员、仲裁员均无执业最高年龄限制，公证员理应等同视之，一视同仁，才能使公共法律服务业各个门类所有从业人员获得协调、平衡、公平的发展环境，也能更好地发挥出我国公共法律服务的整体效能。

综观整个公共法律服务业，律师、司法鉴定人员、仲裁员均无执业最高年龄限制，公证员理应等同视之，一视同仁，才能使公共法律服务业各个门类所有从业人员获得协调、平衡、公平的发展环境，也能更好地发挥出我国公共法律服务的整体效能。

（二）延长公证员执业年限的可行性分析

所谓可行性分析，也就是关于理由条件的论说。笔者认为，我国延长公证员执业年限的条件和理由，可以从多个视角、多个维度来加以论证阐释。

1. 从基本国情方面来看，我国劳动力存量短缺，延长公证员执业年限与国家逐渐延迟法定退休年龄的趋势相吻合。

众所周知，我国已经进入老龄化社会，人口红利逐年下降，劳动力短缺正在逐渐成为现实，[41]国家正着手制定相关政策，一方面鼓励生育，如允许一对夫妻生育三个孩子等，另一方面，拟逐步延迟法定退休年龄，缓解劳动力短缺、补充成本高昂等问题。这为公证员执业年限的延长提供了相应的决策参考。公证业属于法律服务行业，公证员的劳动主要是脑力劳动、智力支出、智慧服务，更加突出法律素养的沉淀与实务案例处理能力的累积，亦即更加依靠具体的法律服务处理经验。故公证员执业年限的延长既符合公证职业的特点，也契合国家逐渐延迟法定退休年龄的趋势。

……公证员的劳动主要是脑力劳动、智力支出、智慧服务，更加突出法律素养的沉淀与实务案例处理能力的累积，亦即更加依靠具体的法律服务处理经验。故公证员执业年限的延长既符合公证职业的特点，也契合国家逐渐延迟法定退休年龄的趋势。

2. 从比较法上来看，我国公证员有延长执业年限的环比空间，延长执业最高年限既与全球公证业发展的整体趋势相协调，也有可资参考借鉴的法例。

前已论及，同属于大陆法系的西班牙、葡萄牙、越南、巴西、

41 如著名经济学家蔡昉先生就认为，2013 年以后，我国传统意义上的人口红利趋于消失，“未富先老”的情况正在发生。参见蔡昉：《读懂中国经济——大国拐点与转型路径》，中信出版集团股份有限公司 2017 年版，第 126 页以下。

秘鲁、智利、阿根廷、加拿大魁北克省、我国澳门地区等的现行公证法，均未限制公证员的最高执业年龄；法国、意大利、日本、韩国和我国台湾地区，虽然对公证人的执业年龄作出了限制，但最高执业年龄一般均在 70 ～ 75 岁，显然都高于我国公证法规定的 65 周岁。

另外需要看到，根据 2021 年世界人口平均寿命排名，我国人均寿命为 76. 1 岁，大约居全世界的 53 位左右，虽然与日本、法国、德国等有一定差距，但却明显高于巴西、秘鲁、越南等国家。[42] 中共中央、国务院于 2021 年 9 月印发的《“健康中国 2030”规划纲要》指出，到2030年我国的人均预期寿命要达到79. 0岁。[43] 随着我国经济社会快速发展，逐步实现现代化，健康条件大幅改善，今后一个时期，我国的人均预期寿命还会显著提高。从这个角度上审视，延长我国公证员的最高执业年龄，与我国的人均预期寿命状况也不存在冲突。

3. 从我国专家类服务业的整体立法实践来看，律师法、仲裁法、注册会计师法都不设最高执业年龄限制，为公证法修法延长公证员执业年限提供了立法范例。

1999 年 4 月 1 日，司法部在《关于律师执业年龄问题的批复》中曾规定：“合作律师事务所、合伙律师事务所的律师及国资所的聘用律师，年满 70 周岁不再注册。如果律师事务所确实需要，本人身体健康并愿意继续在律师事务所工作的，可聘为顾问，不再从事执业活动。”[44]但由于此规定违背上位法《律师法》的规定，在

42 根据相关统计，2021 年世界人均寿命排名，日本高居第一位，人均寿命 83.7 岁；法国排名第 9 位，人均寿命 82.4 岁；德国排名第 24 名，人均寿命 81 岁；越南排名第 56 名，人均寿命 76 岁岁；秘鲁排名第 62 位岁，人均寿命 75.5 岁；巴西排名第 76 位，人均寿命 75 岁。参见《2021 世界各国人均寿命排名》，来源于财经新闻网，http://www.qianlaiye.com/news/1207194438.html，最后访问时间：2022 年 2 月 13 日。

43 来源于阿里云官方网站，http://www.imaopiao.com/maricle.asp?id=1489，最后访问时间：2022 年 2 月 13 日。

44 司法部《关于律师执业年龄问题的批复》（1999 年年 4 月 1 日司复〔1999〕4 号）。

2003年深圳一位律师诉司法部行政违法案胜诉后，司法部及时取消了这一限制性规定。[45] 此外，同属专家型服务的注册会计师，法律也未限制其执业年龄。[46] 从我国专家类服务业的整体立法实践来看，律师法、仲裁法、注册会计师法都已不设最高执业年龄限制，唯独现行公证法对公证员最高执业年龄加以限制，成了我国法律对专家型社会服务人员执业年限加以限制的一个罕有的例外。

从我国专家类服务业的整体立法实践来看，律师法、仲裁法、注册会计师法都已不设最高执业年龄限制，唯独现行公证法对公证员最高执业年龄加以限制，成了我国法律对专家型社会服务人员执业年限加以限制的一个罕有的例外。

遵循专家型社会服务人员可长期以至终身执业的职业特点，打破现行公证法对于公证员执业最高年限的限制性规定，既符合客观需要，也有其他相近行业法律规定可资参照，在立法上并不存在法理逻辑障碍，且无立法技术上的难题，属于顺理成章、水到渠成又能利国利民的好事。

4.国家鼓励积极培育“银发经济”、发展适老产业的规划，为延长公证员的执业年龄提供了政策支撑，也契合基层公证实务的现实需要。

中共中央、国务院《关于加强新时代老龄工作的意见》明确指出，要加强规划引导，“编制相关专项规划，完善支持政策体系，统筹推进老龄产业发展。鼓励各地利用资源禀赋优势，发展具有比较优势的特色老龄产业。统筹利用现有资金渠道支持老龄产业发展。”同时，要“鼓励老年人继续发挥作用。把老有所为同老有所养结合起来，完善就业、志愿服务、社区治理等政策措施，充分发挥低龄老年人作用。”[47] 在现实中，正如全国人大公证法实施检查报告所指出的，不少县域公证机构主要是依靠返聘退休老公证员在开展公证法律服务，这也充分说明，延长公证员的执业年龄符合我国老龄工作方针所倡导的基本原则，切实可行。

---

45 参见“深圳一老律师诉省司法厅行政案胜诉”，来源于新浪网，http://www.sina.com.cn，最后访问时间：2022年2月13日。

46 《中华人民共和国注册会计师法》第九条规定：“参加注册会计师全国统一考试成绩合格，并从事审计业务工作二年以上的，可以向省、自治区、直辖市注册会计师协会申请注册。”该法未规定注册会计师的年龄条件。

47 中共中央、国务院《关于加强新时代老龄工作的意见》（2021年11月24日发布）。

四、延长公证员执业年限的立法建议

全国人大公证法实施检查报告建议，将公证法修订列入第十四届全国人大的立法规划。[48] 在加快和深化公证改革、公证法即将修订的大背景下，延长公证员执业年限是大势所趋，既是经济社会发展和公证事业可持续发展的需要，也符合现行公证行业服务状况和社会对公证服务需求状况的基本判断。至于如何延长较为适宜，可考虑选择以下三个方案之一，分别为小幅、中幅和大幅调整方案：

（一）将公证员执业最高年龄延长至 70 周岁。这是一个小幅调整的方案，即在现行公证法规定的 65 周岁上延长 5 周岁。可资参考的法例有法国、日本和我国台湾地区的规定。这一方案调整的难度较小，短处是带来的效果可能未必明显和长远。

（二）将公证员执业最高年龄延长至 75 周岁。这是一个中幅调整的方案，即在现行公证法规定的最高执业年龄基础上再延长 10 周岁。可资参考的法例有俄罗斯、意大利和韩国的规定，同时根据国际公证联盟的立法信息，目前国际公证联盟已经通过的示范公证法，所倡导的公证人最高执业年龄也是 75 周岁。《国际公证联盟示范公证法》第 19 条规定："公证人可以自愿暂时离职并告假，这意味着其被暂停履职并失去所担任的职位，但其仍有可能重新竞争未来空缺的职位。公证人死亡、身体或精神上丧失履职能力、自愿辞职、因受纪律处分被最终开除和退休时，其职务永久终止。公证人可以从 65 岁起自愿退休，在 75 岁时必须退休。"[49]

（三）不限制或明确规定公证人终身任职，这是一个大幅调整的方案，具体方案有两种。

---

48 曹建明：《全国人民代表大会常务委员会关于检查〈中华人民共和国公证法〉实施情况的报告》，来源于中国人大网，http://www.npc.gov.cn，最后访问时间：2022 年 3 月 1 日。

49 《国际公证联盟示范公证法》于 2021 年 12 月 3 日由国际公证联盟成员大会通过，尚未正式公布。相关资讯和中译文由蔡勇先生提供，特此致谢。

其一，公证法修法时，无需限制执业年龄，亦即在公证法上不明确规定公证员的执业年龄，只规定须通过国家法律职业资格考试，以及道德品质条件等，这是一个最为理想也能为稳定、扩大公证员队伍带来明显和长远效果的方案。可资参考的法例有西班牙、葡萄牙、巴西、越南等。这一方案与我国现行的律师法、仲裁法等法律的规定相一致，立法阻力相对较小，实现的可能性较大。同时，这样的规定具有一定的灵活性，公证员只要身体和智力状况允许，即可以一直执业；如果身体和智力状况不能适应执业要求时，可以自动选择辞去公证员职务；对违法违规的公证员，管理者也可以采取除名或辞退的方式予以淘汰，不会产生冗员堆积的情况。

其二，明确规定公证员为终身职业。可资参考的法例有比利时等国的法例，但此方案可能难度较大。

综上所述，延长我国公证员执业年限，不但可以解决当前公证员短缺的现实问题，及时化解人民群众申办公证难的窘境，同时从前瞻性的视角审视，随着深化公证改革步伐加快，必然导致公证体制机制发生较大的变革。通过公证法修法和制定政策延长公证员执业年限，将为下一步公证改革发展确立稳固的队伍基础，为新时期公证事业的稳健、快速发展提供充足的员额支撑，从而确保我国公证事业的可持续发展。

公证法修法时，无需限制执业年龄，亦即在公证法上不明确规定公证员的执业年龄，只规定须通过国家法律职业资格考试，以及道德品质条件等，这是一个最为理想也能为稳定、扩大公证员队伍带来明显和长远效果的方案。

通过公证法修法和制定政策延长公证员执业年限，将为下一步公证改革发展确立稳固的队伍基础，为新时期公证事业的稳健、快速发展提供充足的员额支撑，从而确保我国公证事业的可持续发展。

公证基础理论研究

如何理解合作制公证机构“公有公益”
——青年法学新锐笔谈

“公有”意味着人合而不是资合

◎王晓华*

合作制公证机构的“公有公益”是一个有机的整体。公证改革中，“公益”是改革的基本价值指向，合作制公证机构“公有”是确保合作制公证机构能够实现公益的组织保障。需要明确的是，合作制公证机构“公有”并不是指公权力的公有或国家公有，在于强调公证员的人合而不是资合，强调公证员即便作为合作制公证机构的出资人，同样必须参与合作制公证机构的共同劳动。

需要明确的是，合作制公证机构“公有”并不是指公权力的公有或国家公有，在于强调公证员的人合而不是资合，强调公证员即便作为合作制公证机构的出资人，同样必须参与合作制公证机构的共同劳动。

公证员的法律服务与律师的法律服务都是我国社会主义公共法律服务的组成部分，但两者却存在某些质的区别。律师的服务以当事人利益为核心，在合法的前提下，律师以自己的专业知识和劳动追求实现当事人的权益，其公益属性弱于公证员服务的公益属性，相应地，在律师事务所的设立上，更加强调律师个体的独立性。我国律师事务所从《律师暂行条例》确立的事业单位体制的法律顾问处[1]向合作制、合伙制乃至律师个人执业的逐步转变，体现了律师服务的基本特点。但是，就公证员提供的法律服务而言，无论是从中国历史传统还是现实来看，公证员个人的信用尚

* 王晓华，法学博士后，华东政法大学诉讼法学硕士研究生导师、公证改革课题主持人。

1 《中华人民共和国律师暂行条例》（全国人大常委会1980年8月26日颁布，现已废止。）

……“公有”强调公证员人合而不是资合，意味着合作制公证机构不能和企业一样单纯地以营利为目的，也不能在合作制公证机构内部形成一种雇佣——剥削关系的体制，……

……合作制公证机构“公有”并不是要把公证改革的方向转向计划经济体制，实践已经充分证明，事业单位体制公证机构不适应现代公证制度的发展方向，在北上广深等一线城市和沿海经济发达地区，向合作制以至未来的合伙制改革的大方向不仅应当坚定不移，而且应当进一步加快。

小，在现阶段，需要将公证员个人的信用与公证机构的信用结合在一起，这也就是强调合作制公证机构“公有”的现实意义。当然，我们更要看到，在公证改革的发展方向上，势必逐步走向公证员的个人信用，现阶段公证员个人信用尚小和长期以来受苏联模式“国家证明权”制度与观念影响，公证员个体无法施展个性化的法律服务有很大关系。“公有”强调公证员人合而不是资合，意味着合作制公证机构不能和企业一样单纯地以营利为目的，也不能在合作制公证机构内部形成一种雇佣——剥削关系的体制，在公证的信用基础没有出现根本性改变的前提下，合作制公证机构“公有”仍然应该是公证改革的基本前提之一。

但是，我们需要特别注意的是，合作制公证机构“公有”并不是要把公证改革的方向转向计划经济体制，实践已经充分证明，事业单位体制公证机构不适应现代公证制度的发展方向，在北上广深等一线城市和沿海经济发达地区，向合作制以至未来的合伙制改革的大方向不仅应当坚定不移，而且应当进一步加快。

如前所述，合作制公证机构“公有”的实质是所有合作人的人合而不是资合，因此，在公证机构内部关系上应当充分落实合作制的“公有”。合作制公证机构和股份制企业的重要区别在于决策机制的基础不同，股份制决策机制的基础是一股一票，股东的投入比例决定了股东在股份制企业中的地位，因此，股份制企业允许存在管理层的等级制度。在合作制公证机构中，“公有”的人合特征决定了决策机制的基础是合作人的资格，在自愿加入的前提下，合作人的法律地位一律平等，一人一票，民主管理。虽然合作制公证机构也需要有自身的管理层，但在一人一票的制约下，管理层应当受全体合作人平等控制与监督，这与股份制企业中管理层受大股东控制和监督的体制全然不同。在公证机构合作制体制下，出资可以作为合作人分红比例的参照，但需要避免出现以出资多寡决定决策权大小的现象。因此，在本质上，合作制公证机构“公有”应以民法典所确立的共同共有而不是按份共有的法律关系为基础。

谨防将“公有”与公权力相混淆

◎钱一栋*

根据相关法律和公证改革政策，我们可以从正反两方面理解合作制公证机构的“公有公益”内涵。一方面，“公有”这一提法突出了其合作属性，在所有权、控制权层面反对一言堂现象，强调合作制公证机构由全体合作人共同共有；另一方面，从公证改革的基本精神可知，合作制公证机构不同于国家机关、事业单位，带有“去公权力化”的特征，切不可将“公有”属性同公权力属性相混淆，公有公益属性和非营利性一体两面、互为补充。合作制公证机构不同于事业体制公证机构的国有特征，但也不能定位为单纯的市场主体。

……合作制公证机构不同于国家机关、事业单位，带有“去公权力化”的特征，切不可将“公有”属性同公权力属性相混淆，公有公益属性和非营利性一体两面、互为补充。

合作制公证机构的公益属性要联系公证机构“不以营利为目的”[1]来把握。合作制公证机构在体制上不同于事业体制公证机构，但在“不以营利为目的”上是共同的。合作制公证机构在遵循市场规律的同时要坚持公益属性，区分并兼顾公益性服务与市场化服务，而要发挥公益属性，合作制公证机构就必须坚持全体公证员合作人集体的“公有”、坚持“不以营利为目的”。

明确合作制公证机构的“公有公益”是规范推进合作制公证机构改革过程中的重要举措，有助于合作制公证机构在行使公证权的过程中恪守公证权的社会公共属性。公证权绝非国家公权力，但也不能单纯以营利为目的，公证权是一种带有专业服务属性的社会公共权力，这与合作制公证机构“公有公益”的定性是一致的。

* 钱一栋，法学博士，同济大学法学院助理教授。

1 《中华人民共和国公证法》第六条规定：“公证机构是依法设立，不以营利为目的，依法独立行使公证职能、承担民事责任的证明机构。”

由"公有"而公益　由公益而公正

◎孔祥伟*

2021年6月29日，司法部印发《关于深化公证体制机制改革促进公证事业健康发展的意见》[1]（下称"《意见》"）。《意见》从总体要求、加强党的领导、坚持公益属性、推进公证机构分类改革、扩大服务区域和领域、强化从严监管、提升行业管理水平、加强信息化建设、建设高素质公证员队伍、加强组织领导等十个方面部署了今后的公证改革工作。尤其引人注目的是，《意见》明确提出了合作制公证机构的公有公益属性。那么，我们应当如何理解合作制公证机构的公有公益属性？这一最新的性质界定又蕴含着哪些改革精神指向呢？对此，笔者试从公有、公益和公正三个方面予以探究。

从所有制结构角度看，"公有"并不等于"国有"，更何况即使我国现行《宪法》第六条规定的基本经济制度——"以公有制为主体、多种所有制经济共同发展"，也不等于纯粹的国有经济。合作制公证机构公有公益性中的"公有"，主要强调的是在所有权关系上，合作制公证机构的产权为设立者集体共有，即由该组织体内部的所有合作人共同共有。

第一，必须准确把握公证机构的"公有"属性。言及"公有""私有"，必然会联系到产权的所有制问题。从所有制结构角度看，"公有"并不等于"国有"，[2]更何况即使我国现行《宪法》第六条规定的基本经济制度——"以公有制为主体、多种所有制经济共同发展"，也不等于纯粹的国有经济。合作制公证机构公有公益性中的"公有"，主要强调的是在所有权关系上，合作制公证机构的产权为设立者集体共有，即由该组织体内部的所有合作人共同共有。不曾出资的个人、法人或其他组织对于合作制公证机构的设立、运转和注销均无权干涉。这就有点类似于村镇集体经济和公司企业内的产权关系。很显然，我们不能把集体经济和公司法人中的共同所有也理解为"国有"，否则，不同公私属性的财产权利将混为一谈，《宪法》第十三条关于"公民的合法的私有财产

* 孔祥伟，法学博士，执教于汕头大学法学院。

1 司法部《关于深化公证体制机制改革 促进公证事业健康发展的意见》（司发〔2021〕3号）。

2 参见张宇：《当前关于国有经济的若干争议性问题》，《经济学动态》2010年第6期。

不受侵犯”的规定也将沦为空谈，这是开计划经济的倒车。

第二，由于上文所分析的“公有”属性的存在，合作制公证机构必须强调“公益”性。众所周知，合作制公证机构改革的方向是类似于民法上意思自治的社团法人，需要防止合作制公证机构在运转过程中单纯追求营利性从而偏离公共法律服务职能，有鉴于此，《意见》在提出“公有”性之后紧接着强调合作制公证机构的公益属性。事实上，这是公证改革政策对合作制公证机构提出的一项基本要求与约束。所谓公益，表明合作制公证机构与单纯追求营利、追求价值最大化的公司企业法人不同。公证机构应当围绕促进、维护司法公正、减少司法成本这一目标提供公共法律服务。从这个意义上讲，“公有公益”要求合作制公证机构必须自我克服单纯趋利化倾向。

公证机构应当围绕促进、维护司法公正、减少司法成本这一目标提供公共法律服务。从这个意义上讲，“公有公益”要求合作制公证机构必须自我克服单纯趋利化倾向。

第三，公证机构只有在开展业务时贯彻公益属性，才能真正确保公证之公正。公益性是公证改革政策层面的要求。衡量公证活动是否落实公益性，需借助一套外部的评价、监督、制约机制。按照我国目前的制度设计，各级公证协会具有对本区域内公证机构、公证员执业活动进行监督的职责。[3]然而遗憾的是，实践中，地方公证协会的监督制约功能苍白乏力。事实上，一些地方的公证协会基本成为了当地司法行政机关在公证领域的“代理人”，行政化、准政府色彩比较浓厚，管理有余而监督不足，业务指导功能较弱。此外，地方公证协会的组成人员多以区域内公证机构负责人为主，代表性和专业性也有所不足。凡此种种，皆使得一些地方的公证协会难以胜任监管公证办案活动与公证质量的职责。我们知道，在司法领域，审判机关、检察机关早已建立了权责对等的办案责任制。办案责任制的有效推行不仅依靠司法人员内心强烈的责任意识，更在于外部独立、公允的考评和监督体系，例如跨部门建立并具有广泛代表性、专业性的法官检察官惩戒委员会。笔者以为，公证改革完全可以借鉴上述做法，特别是要注意引入不依附于地方司法行政机关、不依附于地方公证行业协会的

……实践中，地方公证协会的监督制约功能苍白乏力。事实上，一些地方的公证协会基本成为了当地司法行政机关在公证领域的“代理人”，行政化、准政府色彩比较浓厚，管理有余而监督不足，业务指导功能较弱。

3 我国《公证法》第四条第二款规定，公证协会是公证业的自律性组织，依据章程开展活动，对公证机构、公证员的执业活动进行监督。

第三方监督机制，“如建立司法行政机关、法院或检察机关及公证行业协会相协调的监管机制，避免公证行业‘自说自话’”[4]，防止监督流于形式，严管公证质量，确保公证公信力，也使合作制公证机构“公有公益”能够科学地落到实处。

“公有公益”指向公证质量至上

◎王浩*

中央全面深化改革委员会审议通过的《关于深化公证体制机制改革 促进公证事业健康发展的意见》（下称“《意见》”）。《意见》提出要推进公证机构分类改革，规范推进合作制公证机构建设发展，明确了合作制公证机构的“公有公益”[1]属性，这为一直处于争议之中的合作制公证机构的建设发展提供了明确的方向指引，也为合作制公证机构的管理和运营设定了基本原则和底线。

“公有公益”指明了合作制公证机构“安身立命”的根本。公益性和营利性之间的矛盾张力，一直制约着合作制公证机构的深入发展和规范管理，成为公证改革的难点问题之一。此次，《意见》明确了合作制公证机构的公有公益属性，并没有回避这个难题，而是将公益性作为营利的前提，为合作制公证机构可能产生的营利性冲动戴上了“紧箍咒”。公益性和营利性之间的矛盾之所以掣肘合作制公证机构发展，主要在于没有理顺公证机构权力来源与收入分配的关系。与事业体制公证机构相比，合作制公证机构具有更灵活的自主权，但是由于其公证活动的性质与事业体制公证机构并无二致，“公有公益”原则必将成为合作制公证机构取信于人民、服务好社会的不二法门。

“公有公益”属性指向公证质量至上，将成为对合作制公证机

4　叶青/薛凡：《新时代背景下的公证制度改革——华东政法大学校长叶青教授访谈实录》，《公证研讨》第5辑，上海人民出版社2019年版。

*　王浩，法学博士，执教于安徽大学法学院。

1　司法部《关于深化公证体制机制改革 促进公证事业健康发展的意见》（司发〔2021〕3号）。

构进行监督管理的重要依据。各地经验显示，合作制公证机构在激发公证行业活力、盘活公证行业资源、提高公证服务水平等方面具有很强的体制机制优势。但是，毋庸讳言，如何规范合作制公证机构的外部监管和内部管理尚没有形成统一的可复制的模式和经验，监管重心的主要问题是合作制公证机构的组织性质和收入分配，核心可能是资产问题。全年制公证机构的资产问题确实会影响合作制公证机构设立和运营，需要做法明晰产权，强调全体公证员合作人共同共有。但是，从公证改革的大背景来看，决定合作制公证机构改革成败的因素是公证质量和公证公信力。“公有公益”属性表明，对合作制公证机构的外部监管，必须坚持从质量至上出发，建立保障公证质量的监管规范和标准。从合作制公证机构内部经营来看，要坚持“人合”，谨防滑向“资合”，在这一前提下，不断探索更适合合作制公证机构的权力决策机制和日常管理机制。

……决定合作制公证机构改革成败的因素是公证质量和公证公信力。

公有公益属性是合作制公证机构建设发展的基本原则。虽然合作制公证机构承担了为公证行业开拓新的服务领域和服务项目的重要职责，但是，从公证改革的远景来看，合作制公证机构并不能仅仅求“新”，一味以所谓的“开拓”来为自己谋求正当性和社会的认可，而必须以切实服务好人民和社会为基本宗旨，坚持守正创新，既要不断满足经济社会发展对公证服务的需求，也要能够不断提升传统公证服务的质量和水平，不断提升公证行业的社会公信力，为公证行业的发展提供源源不断的活力。

合作制公证机构应成为“公有公益”的“公共家庭”

◎曾俊*

对于合作制公证机构规范发展而言，中央全面深化改革委员

* 曾俊，法学博士，执教于浙江工业大学法学院。

我国公证改革迈出初步的步伐，强调合作制公证机构“公有公益”，给予公证员半独立的空间和公证机构半开放性的机构自由，已然是对计划经济时代苏联模式“国家证明权”制度的重大突破。

会审议通过的《关于深化公证体制机制改革 促进公证事业健康发展的意见》提出“公有公益”[1]的要求确有必要。与成熟的大陆法系公证制度体系相比，我国公证制度和实践在公证人执业的独立化方面较弱。所谓独立化，指公证人事务所由公证人自行出资设立、控制权和管理权均由公证人自行掌握，当然风险也由公证人自行承担。同时，这些国家或地区的公证行业协会具有十分关键和强势的地位，对于监督公证行业发挥了重要作用，保证了公证行业整体的廉洁公正和风险的前期控制以及后期补救。我国公证改革迈出初步的步伐，强调合作制公证机构“公有公益”，给予公证员半独立的空间和公证机构半开放性的机构自由，已然是对计划经济时代苏联模式“国家证明权”制度的重大突破。

……将每一个合作制公证机构视为全体公证从业人员的“公共小家庭”，将整个公证行业视为“公共大家庭”，自觉培养一种集体荣誉感，这个集体是同一合作制公证机构内所有公证从业人员“公有”的，而不是某一位公证机构负责人个人“私有”的。

我曾在法国最大的一家公证人事务所实习达两个月，一个深刻感受是，法国公证人虽然完全属于自由职业，有个体、合伙、公司等多种公证组织形式，但是，所有公证人对于公证行业都有一种近乎神圣的归属感，整个法国公证行业可以视为一个和谐的“公共大家庭”，我们理解合作制公证机构“公有公益”是否也应该从这样的视角出发？将每一个合作制公证机构视为全体公证从业人员的“公共小家庭”，将整个公证行业视为“公共大家庭”，自觉培养一种集体荣誉感，这个集体是同一合作制公证机构内所有公证从业人员“公有”的，而不是某一位公证机构负责人个人“私有”的。确立这样的理念，同时充分施展公证员个人的抱负，服务于人民和社会，才有可能使公证改革真正行稳致远。

1 司法部《关于印发〈关于深化公证体制机制改革 促进公证事业健康发展的意见〉的通知》(司发〔2021〕3号)。

从计划经济年代“国家证明权”走向与市场经济相适应的社会公共权力

——法学界公证权属性观点综述

◎徐天阳*

随着人类社会生活权力运行体系理论的不断完善，学界已越来越倾向于认为，一个现代社会的权力架构包含了公权力、私权力和介于其间的社会公共权力，而公证权属于社会公共权力。

如何看待公证权的属性？公证权究竟是“国家证明权”还是其他性质的权力？随着对于我国以及世界各国各地区公证制度运行状况的深入理解，随着人类社会生活权力运行体系理论的不断完善，学界已越来越倾向于认为，一个现代社会的权力架构包含了公权力、私权力和介于其间的社会公共权力，而公证权属于社会公共权力。

一、何为“国家证明权”？如何理解社会公共权力？

所谓公证权为“国家证明权”源于苏联模式的“国家公证制度”，指公证权一切归于国家，直接以国家的名义对某一需要公证的事项作出证明，简而言之，是指“国家作证”，1985年国内出版的一本权威公证书籍《公证知识》如此论述道：

> 公证，顾名思义，就是“公家”作证明。在我国，是指国家作证的意思。[1]

于是，国家直接站到前台，以国家的名义作出对公证事项的

---

* 徐天阳，上海市东方公证处公证员助理，华东政法大学公证改革课题组成员。

1 陈六书、赵霄洛编著：《公证知识》，法律出版社1985年版，第1页。

证明，同时，由国家承担证明的责任和后果，构成了“国家证明权”的主要含义。本质上看，“国家证明权”是与计划经济体制相适应的。[2]

中国人民大学法学院教授陈桂明等由权力运行体系理论出发，比较了社会公共权力与国家公权力的异同，阐释了社会公共权力的基本含义：

社会公共权力是权力的一种特殊形式，其最主要的特点是公共性，即它是适应社会公共需要，处理公共事务，追求社会公共利益而产生的权力。社会公共权力实际上是一种社会自治权。

> 社会公共权力是权力的一种特殊形式，其最主要的特点是公共性，即它是适应社会公共需要，处理公共事务，追求社会公共利益而产生的权力。社会公共权力实际上是一种社会自治权。社会公共权力与国家公共权力有共性，也有不同。不同之处主要表现在：首先，从产生方式看，国家公共权力源于恶，是对我们恶的本性的惩罚；社会公共权力则是一种恩泽，它源于我们的自然需求。其次，从发展规律看，国家公共权力伴随阶级产生而产生、并最终将伴随国家的消亡而消失；而社会公共权力实际上先于国家权力而产生，并将作为一种公共利益实现并维护的方式而长期存在下去。再次，从作用的领域看，国家公共权力作用于政治社会中，而社会公共权力则存在于市民社会中。最后，国家公共权力凌驾于社会之上，并通过它的代表即公职官员们来同市民接触；而社会公共权力存在于社会之中，为社会成员共同拥有，它是社会成员对共同利益的自觉认识与自发管理，并处处体现着自愿的原则。[3]

二、公证权本质属性是社会公共权力

中国法理学研究会副会长、复旦大学法学院教授孙笑侠从社

---

2 薛凡：《公证改革的逻辑——基于公证属性、全球和中国语境展开》(中国公证改革30周年纪念版)，厦门大学出版社2018年版(2022年第2印)，第63页。

3 陈桂明、王德新：《论公证权的性质——立足于政府职能社会化背景的一种认识》，《河南省政法管理干部学院学报》2009年第3期。

会演变的视角指出，“本质上，公证权应当是一种社会公共权力”：

……本质上，公证权应当是一种社会公共权力，……

……在公证理论中，对于公证权性质的界定存在公权力、准公权力和其他性质的权力三种不同的观点。显然，从目前中国乃至全球公证行业的发展趋势而言，公证机构已经脱离了国家公权力机关的序列，这也证明了公证权并非属于公权。那么，公证权究竟应当定位在准公权力还是其他性质的权力之上？……准公权力的概念本身较难界定，如果将公证权定位在准公权力之上，从理论上而言难以自圆其说。……本质上，公证权应当是一种社会公共权力，……[4]

孙笑侠教授认为，公证权作为一种社会公共权力具有四个方面的特征：社会性、公共性、专业性和科学性：

……公证权具有以下四个方面的特征，即社会性、公共性、专业性和科学性：

第一，社会性

从主体性质而言，公证机构是社会组织而非公权力机关，公证人所开展的公证活动本质上是社会组织而非公权力机关提供的法律服务，因此，公证权具有社会性的特点。

第二，公共性

公证机构提供的是一种公共服务，公证在预防纠纷、维护社会法治秩序方面有着不可替代的作用，公证法律服务是公证人面向社会公众所提供的一种法律服务，公证所维护的价值是社会法律生活中的安全价值和秩序价值，公证人履行着社会公共法律生活中的调节职能。因此，公证权是一种公共性的权力。

第三，专业性

公证人是法律职业人，公证机构进行的公证活动是专业

4 张宇衡：《社会结构演变对于公证权性质的影响——孙笑侠教授谈公证权应如何定位》，《东方公证法学》第2卷，上海人民出版社2017年版。

的法律服务，公证人凭借其具有专业性的法律服务满足公众与社会主体的法律上的需求，同时公证法律服务中的专业性也是公证价值属性之所在。因此，公证权具有专业性。

第四，科学性

公证机构对特定行为、事实、证据进行客观、公正、科学的证明或保全，公证人在进行公证证明时需要同时考虑到将公证证明以客观、真实、科学的方式进行呈现，公证程序的设计需要符合社会法治生活运行的规律，满足司法活动中对于科学性的要求。因而，公证权具有科学性的特征。[5]

从公证权的本质而言，公证权是中国改革开放以来基于社会结构的变化而由国家让渡给社会的一种公共权力，因而，公证权应当定位在一种具有专业性、客观性、科学性的社会公共权力为宜。

孙笑侠教授认为，从中华人民共和国成立后公证制度的发展历程来看，公证制度恢复重建之初，公证机关属于行政机关的序列，公证权可以视为是国家权力的一部分，这是我国公证制度一度所具有的特殊性所在，但是，从公证权的本质而言，公证权是中国改革开放以来基于社会结构的变化而由国家让渡给社会的一种公共权力，因而，公证权应当定位在一种具有专业性、客观性、科学性的社会公共权力为宜。他进而指出，只有明晰公证权的性质，才有可能厘清公证制度的一些基本问题，从而推动公证事业健康发展。

中国人民大学法学院教授陈桂明等在分析社会公共权力含义的基础上，得出公证权是社会公共权力的结论：

……公证机构提供了一种在社会上几乎不可替代的服务，正如彼德·布劳关于权力的强制属性的描述那样，这种不可替代性的服务使它获得了权力；……

……公证权具有……社会公共权力的基本属性。首先，公证权具有强制实现的属性，具有权力的特点。这可以从两个方面来理解：一方面，公证机构提供了一种在社会上几乎不可替代的服务，正如彼德·布劳关于权力的强制属性的描述那样，这种不可替代性的服务使它获得了权力；另一方面，公证活动的结果被法律认可并带有强制性，如《公证法》第三十六条规定：“经公证的民事法律行为、有法律意义的事实

5　张宇衡：《社会结构演变对于公证权性质的影响——孙笑侠教授谈公证权应如何定位》，《东方公证法学》第2卷，上海人民出版社2017年版。

和文书，应当作为认定事实的根据，但有相反证据足以推翻该项公证的除外。”其次，公证权具有社会自治的属性，不同于任何一种国家权力。这也可以从两个方面来看：一方面，从公证预防纠纷的功能来看，这主要不是国家权力的范围，国家权力主要是在人们发生了权利争议后介入并以强制力解决，而纠纷的预防则是市民社会本身的需求，而且在市民社会中就能够实现；另一方面，从权力的实现方式看，国家权力主要以国家机器为后盾来强制实现，而公证权主要依靠的是公证机构证明活动的公信力，并实行自愿原则，充分体现了社会的自治性。因此，将公证权定位为一种新型的社会公共权力是适宜的。[6]

陈桂明教授等认为，公证权作为一种新型的社会公共权力，具有公信性、服务性和预防性三个特点：

公证权是一种新型的社会公共权力，它在内容上与其他类型的社会公共权力有着明显的不同，如咨询性社会权力（如职业介绍组织）、监督性社会权力（如保监会、证监会）、管理性社会权力（如居委会）等。从权力内涵上看，公证权在本质上属于证明权。从历史上的私证发展到近代的国家公证，再从国家公证发展到社会公证，证明性一直都是公证活动的基本内涵。证明是一种社会性活动，在社会各种领域中，证明都普遍存在。当人们需要求诸证明活动时，可供选择的途径不外乎三种：私人证明、国家证明以及社会证明。公证活动属于其中的社会证明，公证权属于社会公共权力中的证明权。这种社会证明权不同于私人证明（如证人作证），也不同于国家证明（如行政机关的签证、认证），它具有如下特点：

（1）公信性。公证作为社会信用的重要载体和法律保障机制，既是判断民商事行为是否真实合法的重要途径，也是

6 陈桂明、王德新：《论公证权的性质——立足于政府职能社会化背景的一种认识》，《河南省政法管理干部学院学报》2009年第3期。

公证活动的公信力，来自于法律的认可，更主要的是来自于社会对公证机构独立性、公正性、诚信性自发的认可，这就使公证权与依靠国家强制力迫使人们认可的国家权力相区分。

公证权的服务性内涵，决定了公证机构有权收取一定的费用。

司法机关裁判纠纷的重要根据，这就要求公证工作自身要有很强的公信力。公证活动的公信力，来自于法律的认可，更主要的是来自于社会对公证机构独立性、公正性、诚信性自发的认可，这就使公证权与依靠国家强制力迫使人们认可的国家权力相区分。……

（2）服务性。在公证机构和当事人之间的关系上，公证机构是应当事人的申请人提供服务的。在有些国家的立法中，有明确的关于公证的服务性内容的条款，如《比利时王国公证法》第 3 条规定："公证人被依法请求时，应作承担义务人看待，直接对申请人的利益进行保护，尊重当事人意思自治原则，维护社会秩序。"公证权的服务性内涵，决定了公证机构有权收取一定的费用。有学者就此指出："公证人通过自己的劳动，来满足当事人对法律的需求。由于这种服务的收益人不是全体社会成员，国家就不应当承担公证人提供服务所需的费用。"我国《公证法》第三十四条也规定，当事人应当按照规定支付公证费。

（3）预防性。从公证产生及发展的历史看，其最重要的功能就是预防纠纷的发生。公证制度产生于商品经济，人们在经济交往过程中为了防止言而无信、背信弃义的情形发生，需要找一个"中间人"来证明某事件、行为曾经发生的真实性，这就产生了"私证"。后由于私证的权威性不够，需要借助国家强力来维持交易的秩序，遂产生了"公证"。在公证权从国家权力中分化出来成为社会权力以后，其主要功能依然是预防纠纷。"在整个预防和解决民事纠纷的系统工程中，公证、调解、仲裁、诉讼和执行这五个环节，从系统内来讲，形成一个体系 、一个链条，其中公证是站在最前面、最前线的，是第一道防线。"预防性功能是市民社会自治的典型表现，也是与以解决纠纷为目的的司法权相区分的重要特点。[7]

7　陈桂明、王德新：《论公证权的性质——立足于政府职能社会化背景的一种认识》，《河南省政法管理干部学院学报》2009 年第 3 期。

华东政法大学党委副书记、校长叶青教授认为，判断公证权是国家行使还是一种社会公共权力，可以从三个方面加以思考，从党中央政策、法律层面和公证责任来说，将公证权定义为社会公共权力是顺理成章的：

公证是一种什么权力？首先肯定不是私权，既然不是私权，是否可以认为是一种公权也就是国家权力？但是，如果公证被认为是国家权力，将无法回答以下三个问题。

第一，从党中央的政策来说，公证作为国家权力早已经不存在了。1993 年中共十四届三中全会通过的《中共中央关于建立社会主义市场经济体制若干问题的决定》，第一次明确提出公证机构、律师机构同属“市场中介组织”，显然，党的政策层面已将公证权从国家权力的范畴中彻底剥离出来，这一《决定》与此后 1999 年、2006 年和 2014 年中共十五届四中全会、中共十六届六中全会、中共十八届四中全会分别通过的中共中央另外三项《决定》都明确把公证权划出国家权力体系之外。党中央的多个《决定》将公证机构明确定性为“要与政府部门彻底脱钩”的“法律服务业”的“社会组织”，社会组织也就是民间组织。2019 年 1 月，习近平总书记在中央政法工作会议上作重要讲话时指出，要调动社会组织自主自治的积极性。由于党中央政策明确将公证机构、律师机构都界定为社会组织，公证作为国家权力早已没有了正当性。

由于党中央政策明确将公证机构、律师机构都界定为社会组织，公证作为国家权力早已没有了正当性。

第二，从法律层面来说，《公证法》2005 年颁布、2006 年 3 月 1 日实施，其后经过两次修正，总览整个《公证法》47 条，从头至尾没有出现公证权属于“国家权力”的表述，也就是说，在立法层面，公证权也已经彻底告别了计划经济年代《公证暂行条例》时期的“国家证明权”。再从依宪治国、依法治国角度来看，如果公证权是一种国家权力，类似审判权、检察权，在宪法上找不到任何依据。

再从依宪治国、依法治国角度来看，如果公证权是一种国家权力，类似审判权、检察权，在宪法上找不到任何依据。

第三，从公证的责任来说，如果公证权是国家权力，那……从公证责任的角度也难以找到公证是“国家证明权”的依据。

么从法律上讲，一旦公证发生错误，引发的就是国家赔偿，而《公证法》已经明确规定公证处是独立承担民事责任的机构，实行的是民事赔偿，因此，从公证责任的角度也难以找到公证是“国家证明权”的依据。

综上，公证不是私权，也不是国家权力，那么公证是一种什么性质的权力？与律师不同的是，由于公证具有社会公共职能，通过公证行为应当增进社会整体利益和促进国家法律的准确实施。因此，相当一些学者已经提出将公证权定义为社会公共权力比较合适。在这一前提下，合作制公证处作为社会组织，行使公证权这一社会公共权力符合党中央政策和法律，逻辑上也顺理成章。[8]

三、公证权作为社会公共权力不依附于司法权和行政权

中国民事诉讼法学研究会副会长、中国人民大学法学院教授汤维建认为，公证权经历了从依附性权力到独立性权力的嬗变，在历史上，公证权曾经依附于司法权而存在，不仅“混淆了法院的职能，同时也软化了司法对公证的监督和制约作用”：

> 在历史上，公证制度最早依附于司法而存在。公证制度与司法历来存在紧密关联，公证文书的证据效力和强制执行效力都需要借助司法力量，因此，有观点认为，公证是司法制度的组成部分，具有司法权的属性，更准确的说法是一种准司法权，其本质属性是依法行使国家证明权的一种司法性的证明活动。但是，司法权是法院享有的对纠纷当事人的事实和法律主张进行判断，以维护法律权威的终局性权力。司法权是一种判断权，而公证权则不是对争议进行终局性的判断，只是对当事人没有争议的事项进行确认和证明，和司法

8　叶青／薛凡：《新时代背景下的公证制度改革——华东政法大学校长叶青教授访谈实录》，《公证研讨》第 5 辑，上海人民出版社 2019 年版。

权区别很大。尤其是，从实践逻辑看，将公证权隶属于司法权的立法规制模式也具有不可克服的巨大局限性。因为这样做不仅增加了法院的负荷，混淆了法院的职能，同时也软化了司法对公证的监督和制约作用，使公证的错误难以得到纠正。[9]

从我国实践需求来看，汤维建教授认为，公证权作为社会公共权力不依附于司法权和行政权，来源于法律的明确授予：

从我国目前的实践需要出发，公证权的性质应该是一种独立的“证明权”。这种权力来源于法律的明确授予，不同于传统的立法、行政和司法权，公证权行使的方法和效力都由法律加以规定。我国现行的公证立法实际上已经采纳了这种“独立证明权”观点。《公证法》第2条规定：“公证是公证机构根据自然人、法人或者其他组织的申请，依照法定程序对民事法律行为、有法律意义的事实和文书的真实性、合法性予以证明的活动。”“证明活动”表明公证权的内容是证明，来源于法律授予，……不依附于行政权和司法权。[10]

中国法理学研究分副会长、复旦大学法学院教授孙笑侠指出，公证权与司法权同属法治体系，公证权作为社会公共权力，使公证公信力与司法公信力也有所区别：

司法公信力与公证公信力更为本质的区别在于，两者所针对的问题也是不同的。司法公信力关心的是司法机关如何取信于民，与之对立的是司法机关失去社会公众信任的局面；公证公信力强调的是公证文书相对于“私证”所具有的优势，即经过公证的法律行为、事实、文书的真实性与合法性可以获得公开的、可查验的权威保证，因此，可以说与公证公信

……公证公信力强调的是公证文书相对于“私证”所具有的优势，即经过公证的法律行为、事实、文书的真实性与合法性可以获得公开的、可查验的权威保证，因此，可以说与公证公信力对立的是“私证”的不可靠性。

9 汤维建：《刍议独立的国家证明权》，《法学家》2006年第2期。

10 汤维建：《刍议独立的国家证明权》，《法学家》2006年第2期。

力对立的是“私证”的不可靠性。[11]

威胁公证权的独立性、权威性的不仅有行政权力的干预，还有市场主体营利特性的干扰，因此，公证人在行使职能时不仅应独立于行政权力，也应独立于经济诱惑，坚持以法律与事实为准。

孙笑侠教授认为，基于公证权社会公共权力的属性，要求“公证人在行使职能时不仅应独立于行政权力，也应独立于经济诱惑，坚持以法律与事实为准”：

> 公证与司法同属法治体系，公证公信力与司法公信力有较大的相似性，在主体的职业素养、法律活动与最终结果这些方面的要求都是类似的。但在体制机制层面存在一定的区别。公证机构不是国家机关，公证权是一种社会公共权力。威胁公证权的独立性、权威性的不仅有行政权力的干预，还有市场主体营利特性的干扰，因此，公证人在行使职能时不仅应独立于行政权力，也应独立于经济诱惑，坚持以法律与事实为准。[12]

四、公证权的社会公共权力属性与公证改革

“社会公共权力”这一性质存在着“社会”与“公共”两个属性的对立与统一，它强调的是公证既不能成为行政机关的附属机构，也不能完全按市场竞争的营利逻辑来理解自身的定位，而要超脱于既有的权力、利益格局，以客观、公正、中立的姿态和促进社会交往的良好意图来提供有公信力的法律服务。

中国法理学研究会副会长、复旦大学法学院教授孙笑侠精辟指出，从世界公证业的主流形态和中国公证改革的方向，都可以得出“公证权是一种社会公共权力”的结论：

> “公证权是社会公共权力”这一论断可以从世界公证业的主流形态和中国公证业的改革方向中看出来。“社会公共权力”这一性质存在着“社会”与“公共”两个属性的对立与统一，它强调的是公证既不能成为行政机关的附属机构，也不能完全按市场竞争的营利逻辑来理解自身的定位，而要超脱于既有的权力、利益格局，以客观、公正、中立的姿态和

11　孙笑侠 / 钱一栋：《公证权的社会公共属性——中国法理学研究会副会长孙笑侠教授访谈实录》，《东方公证法学》第 2 卷，上海人民出版社 2017 年版。

12　孙笑侠 / 钱一栋：《公证权的社会公共属性——中国法理学研究会副会长孙笑侠教授访谈实录》，《东方公证法学》第 2 卷，上海人民出版社 2017 年版。

促进社会交往的良好意图来提供有公信力的法律服务。[13]

中国民事诉讼法学研究会会长、清华大学法学院张卫平教授强调，“公证行业不是行政机关、司法机关”，“公证行业是一个服务行业”，“如果真的是公证体制改革，对公证员的管理思路就应该从原来对国家机关工作人员的管理思路中走出来，否则只是体制内改革，并没有触及体制本身，还不是真正意义上的公证体制改革”。他指出：“我们在管理思路、意识上还没有转变过来，从而影响了公证体制改革的突破，我们要认识到，如果我们在观念和体制两个方面都能有转变，那么，公证行业、公证事业就会有很大的发展”，据此，张卫平教授深刻指出，公证改革的目标应理解为三个独立：“公证员独立执业、独立承办案件、独立承担责任”：

“公证行业不是行政机关、司法机关”，“公证行业是一个服务行业”，“如果真的是公证体制改革，对公证员的管理思路就应该从原来对国家机关工作人员的管理思路中走出来，否则只是体制内改革，并没有触及体制本身，还不是真正意义上的公证体制改革”。

> 公证体制改革包括公证机构组织形式的改革、公证行业激励机制改革和公证办案责任制改革，等等。我们要认识到，这些改革最终产生的都是积极效应，将激发公证员的活力，同时在制度的良性运作上规范公证员的执业行为。所以，公证体制改革只会增进公证的公信力。2016年，《公证法》实施十周年，《东方公证法学》创刊时，我在接受《东方公证法学》执行主编薛凡先生的采访时曾经提出过一个观点，这里我想对我当初的观点稍作补充并再次重申一下：
>
> 我们的目标应该是，真正走向公证员独立执业、独立承办案件、独立承担责任，就像新的司法改革对审判运行机制提出的“谁办案谁负责”“让审理者裁判，由裁判者负责”的要求一样。[14]

我们的目标应该是，真正走向公证员独立执业、独立承办案件、独立承担责任，就像新的司法改革对审判运行机制提出的“谁办案谁负责”“让审理者裁判，由裁判者负责”的要求一样。

13　孙笑侠／钱一栋：《脚踏实务大地　仰望法理星空——访复旦大学法学院院长孙笑侠教授》，《公证研讨》第1辑，上海人民出版社2017年版。

14　张卫平／多人：《公证体制改革与公证公信力的提升——中国民事诉讼法学研究会会长张卫平教授访谈实录》，《东方公证法学》第2卷，上海人民出版社2017年版。

国际公证联盟立法文本

国际公证联盟的两项纲领性立法

◎蔡勇*

国际公证联盟1948年10月2日成立于布宜诺斯艾利斯，是在全球代表大陆法系公证制度的国际组织。经过70年多的发展，联盟现拥有91个成员，包括G20集团19国中的15个国家、欧盟27国中的22个国家，充分显示了大陆法系公证制度蓬勃发展的态势。全球已有近120个国家或地区建立了大陆法系公证制度，占全球2/3以上的人口和60%以上的GDP，约有30万名公证人和200多万名公证辅助人员，每年出具公证文书超过4亿份[1]。中国于2003年加入国际公证联盟，是联盟的重要成员。

《拉丁公证制度的基本原则》是国际公证联盟最为重要的纲领性文件，代表着大陆法系公证制度的基本纲领和价值取向，该文件所包含的原则构成了大陆法系公证制度的本质和应当遵循的基本模式。2005年，国际公证联盟常设理事会在哥斯达黎加会议上通过第72号决议（下称“联盟第72号决议”），修订了加入联盟的五项基本条件：

一、公证人必须具备大学法律文凭；

二、公证是公共职能，但必须由公证人以独立和公正的方式行使；

三、公证人的法定义务是向申请人提供法律协助和建议；

四、公证文书属于公文书；

五、申请国（地区）的公证人应当建立法定的行业协会组织。

从联盟第72号决议的内容可以看出，是否符合拉丁公证制度

---

* 蔡勇，中国公证协会公证理论研究委员会委员，四川省成都市律政公证处政策研究室主任。

1 以上数据均来自国际公证联盟官网，网址：http://www.uinl.org，最后访问时间：2021年12月31日。

的基本原则，是加入国际公证联盟的重要前提，也是判断是否属于大陆法系公证体系的重要参照。

国际公证联盟《公证人职业道德规范和组织规约》也是联盟的重要纲领性文件之一，被视为大陆法系公证的“统一法”。它在吸纳各国公证立法成果的基础上，以条文形式详细诠释了公证制度的本质、公证人与国家的关系、公证组织原则与运行模式、职业道德规范等，揭示了大陆法系公证制度的内在运行规律。国际公证联盟制订该“统一法”的宗旨，不仅是将其作为意欲引入大陆法系公证制度的国家立法的参照，而且也供已经建立了大陆法系公证制度的国家作为完善其公证立法的参考，对于大陆法系公证制度在全球的推广具有重要意义。

拉丁公证制度的基本原则*

（2005 年 11 月 8 日国际公证联盟成员大会于罗马通过）

◎蔡勇 译

前言

本文件所包含的所有原则构成了公证制度的本质以及所有成员国公证制度应当追求的模式。

希望国际公证联盟所有成员国都接受、尊重和运用这些原则，我们敦促所有成员国将这些原则得以落实。

第一章　公证人及其职能

第 1 条　公证人是法律职业人士，是由国家任命的公务助理人员，旨在赋予其起草文件中所载法律行为和契约以公文书效力，并为寻求其服务的人提供建议。

第 2 条　公证人持有公共权力，应当公正、独立地行使其职能，并应独立于各级政府。

第 3 条　公证人职能延伸至非讼领域的所有法律活动，向法律使用者提供法律安全保障，预防潜在纠纷，或者通过法律调解来消除纠纷，是良好司法体系中不可或缺的工具。

公证人持有公共权力，应当公正、独立地行使其职能，并应独立于各级政府。

公证人职能延伸至非讼领域的所有法律活动，向法律使用者提供法律安全保障，预防潜在纠纷，或者通过法律调解来消除纠纷，是良好司法体系中不可或缺的工具。

* 译自国际公证联盟官方网站 http://www.uinl.org，原文为法语文本——译者注。

公证人起草和作成公证文书时须始终尊重法律，诠释当事人的意愿并使之合乎法律之规定。为此，公证人应当核验当事人的身份和行为能力，必要时应审查当事人权限的有效性。公证人保障文书的合法性，确保各方当事人的意愿得以在其面前自由表达，且不得因公证文书的载体不同而有所差异。

公证人是起草公证文书的唯一职权人。公证人自主接受或者拒绝当事人提供的任何文书草稿，并在各方同意的基础上进行公证人认为合适的修改。

第二章　公证文书

第 4 条　公证文书是指由公证人作成的涉及各种法律活动的公文书。公证文书的公文书效力涉及文书上的签名、文书内容和签署日期。公证文书由公证人保管并编制目录。

第 5 条　公证人起草和作成公证文书时须始终尊重法律，诠释当事人的意愿并使之合乎法律之规定。为此，公证人应当核验当事人的身份和行为能力，必要时应审查当事人权限的有效性。公证人保障文书的合法性，确保各方当事人的意愿得以在其面前自由表达，且不得因公证文书的载体不同而有所差异。

第 6 条　公证人是起草公证文书的唯一职权人。公证人自主接受或者拒绝当事人提供的任何文书草稿，并在各方同意的基础上进行公证人认为合适的修改。

第 7 条　公证文书的当事人有权获得公证人存管之公证文书原本的副本。公证文书副本的效力与原本等同。根据所在国之规定，公证人亦可将公证文书副本交付给有权知晓该文书内容的合法利害关系人。

第 8 条　公证文书的内容享有合法性和真实性的双重推定，非经司法程序不得被质疑。公证文书具有证据效力和执行效力。

第 9 条　公证活动还扩展到认证私署文书上当事人的签名，证明文书的影印本与原件相符，以及所在国法律所允许的各种活动。

第 10 条　符合上述原则的公证文书应当在所有国家得到承认，并产生与文书制作国等同的证据效力、执行效力和生成权利义务的效力。

第三章　公证人的组织

第 11 条　成员国法律确定公证人的职权范围，并确定足够的公证人数量以确保其足以完成使命。

成员国法律还确定公证人事务所的住所地，确保公证人事务所在全国范围内的均衡分布。

第 12 条 所有公证人均应参加行业组织。每个成员国只能有一个专由公证人组成的行业组织来代表该国的全体公证人。

第 13 条 成员国法律确定公证人职业准入和实施公证公共服务的条件，并为此建立必要的考核或考试机制，候选人在任何情况下均应精通法律并具备法律职业资格。

第四章　公证人职业道德

第 14 条 成员国法律建立公证人职业纪律制度，将公证人始终纳入公共权力和行业协会的监督之下。

第 15 条 公证人必须对当事人、国家和同行保持忠实和廉正。

第 16 条 鉴于公证职能的公共性质，公证人必须保守职业秘密。

第 17 条 为实现缔结公平契约所必需之衡平，公证人的公正亦应体现在为当事人中相对弱势一方提供适当的帮助。

第 18 条 选择公证人的权利只能由当事人享有。

第 19 条 公证人在国内和国际范围内均应遵守公证人职业道德规范。

公证人职业道德规范和组织规约

（2013 年 10 月 8 日国际公证联盟成员大会于利马通过）

◎蔡勇 译

引言

本《规约》是对 2005 年 11 月 8 日在罗马举行的国际公证联盟成员大会上通过的《拉丁公证制度的基本原则》以及 2004 年 10 月 17 日在墨西哥城举行的国际公证联盟成员大会上通过的《公证人职业道德规范的原则》的发展和更新。

本《规约》是对国际公证联盟各个机构（国际公证合作委员会、公证人职业道德委员会、联盟主席、行政秘书处以及咨询委员会）所遇需求的回应，并且响应了数个国家公证管理当局和非公证管理当局提出的关于公证人的组织以及公证活动的问题。

本《规约》以“统一法”的形式呈现，在这项公共职能的组织、实施以及职业道德原则和规则的确定、实现中，本规约可以作为启迪公证人的范本。

本《规约》适用于国际公证联盟的所有成员或希望加入国际公证联盟的国家。

本《规约》规定了各个层面的适用范围：

第一章：公证的原则和组织。本章条文阐释了公证制度的本质。

第二章：公证人与国家的关系。本章条文定义了公证人职业在国家司法组织及自身法律体系中的架构。

第三章和第四章：本章条文明确了公证人的组织和执业模式

中必不可少的一些规则。例如加入行业组织的义务、公证检查和监督制度、公证人责任、保密义务、当事人对公证人的自由选择权、禁止兼任制度，以及其他规则如经济互助、继续教育、对患病或缺席公证人的援助，这些都根据各国公证人的组织方式而有所不同。

第五章：违纪和惩戒制度的规定。这方面的规定需要由每个国家契合公证职能的实施情况予以批准。

因此，本《规约》以“范本”的形式呈现，但它是开放性的，并整体纳入了法律和道德规则（两者经常难以区分），其目的是给国际公证联盟的成员提供行动方针。

前言

职业道德规范是公证人行使职能必不可少的要素，否则我们就不可能正确地履职，因为公证人是一个崇尚道德的职业。这就是为什么我们有责任在全球公证人中，以最广泛的方式吸收、传播公证人职业道德规范并努力使之完美，因为它始终伴随我们的职业实践并增强了我们职业的社会价值。

……公证人是一个崇尚道德的职业。

公证人的活动是独一无二的。公证人的使命相当棘手，那就是确保法律安全和真实性，这对于社会来说非常重要。因此，公证是对社会绝对有用而且必需的一项制度。

基于公证的预防功能，公证人的活动保障确定性和法律安全，而且有着很高的职业道德要求。确定性和法律安全是手段，是为了实现法律的最终目标：正义。

基于公证的预防功能，公证人的活动保障确定性和法律安全，而且有着很高的职业道德要求。确定性和法律安全是手段，是为了实现法律的最终目标：正义。正是基于这个原因，职业伦理绝对是必需的，它是公证活动的基础、根源以及合法性的支撑。但是，像任何专业人士一样，公证人也会遭受失误或失败的困扰，即使它们永远都不应该发生。因此，有必要制订一个职业道德规范，其中不能缺少规范公证人行为的最低标准。

本《规约》列举了公证活动在过去、现在和将来都不可或缺的基本准则，这些都是国际公证联盟过去六十多年里一直研究和传播的原则，所涉主题影响了社会现实的方方面面，所针对的公证活动包括生态保护、信息技术、打击洗钱、保护个人数据、法治文化以及公证的社会影响。

公证人应当凭着无可挑剔的道德操守，发挥其应有的公共和社会职能，向社会提供坚实的预防性司法利益和保障。

公证人应当凭着无可挑剔的道德操守，发挥其应有的公共和社会职能，向社会提供坚实的预防性司法利益和保障。

国际公证联盟的成员可以将此“统一法”作为公证人组织和职业道德规范的“法律范本”，这是可以提高公证活动法律价值的工具。

违反职业伦理的行为应当受到惩戒，由公证人行业团体或成员国的行业公会、协会作出处罚和适用程序的决定，这些团体或公会、协会必须建立切实可行的程序，以确保严格遵守本《规约》中的职业道德义务。

在此问题上，需要重申定义职业道德准则的法律规范的性质，它属于法律体系的范畴，因为这其中不仅有职业伦理的内容，而且还与每个成员国的宪法和普通法直接相关联。

遵守职业行为准则是公证人职业的天生本质，它能发挥保护和示范的作用，界定公证人的行为框架并有助于其执业实践。公证人必须接纳、捍卫它，并使之成为一种职业生活方式、存在方式、行动方式和思考方式，因为对职业行为准则的尊重决定了公证的现在和未来。

概述

自1948年成立以来，国际公证联盟制订了一系列标准和原则，借此宣扬公证制度是国家法律体系的组成部分，并定义了公证人的存在和行为方式。

这些标准和原则在历次联盟大会上得以落实，并在《拉丁公证制度的基本原则》和《公证人职业道德规范的原则》中得以系统体现，这两个文本构成了国际公证联盟的基本纲领和文化。

但是，由于上述文本的纲领性特征，有必要将这些标准和原则在公证人这个严谨的法律职业中进一步阐明，形成统一的法律来对它们进行细化和详列，让这部法律成为在世界范围内传播和宣传公证职能的国际公证联盟各机构的工作工具。

这部“示范法”应作为希望将拉丁公证引入其法律体系的国家的立法参照，并作为已经建立拉丁公证制度国家立法的参考和修法的工具。

应国际公证联盟主席的要求，公证人职业道德委员会制定了本《规约》，并在公证制度传统价值（例如合法性、公正性、独立性、预防性法律安全、入职准备和继续教育、职业秘密、保密义务）的基础上，增添了包容性、全球性的新型社会所必须具备的道德标准，例如公证人在捍卫人权、保护消费者和信息弱势方、保障经济的可持续发展、保护环境、保障透明度、反洗钱、处理国际法律关系的灵活性等方面的服务以及由此带来的附加值。这些准则和要求都已被纳入公证人的职业义务，这表明公证人是一个富有活力并且紧贴它所服务的社会的职业。

这些行为准则适用于国际公证联盟所代表的世界各国公证，并通过本《规约》成为公证人的职业道德规范，成为对公证人具有约束力和强制性的标准。

本《规约》的目标是以制定法的方式组织公证职业活动，归纳公证人的行为准则并让其成为职业道德规范，这些规范定义的不只是公证行为的“存在方式”（行为准则），还有其“应该的存在方式”（公证人职业伦理）以及公证人必须履行的职业义务。因此，本《规约》界定了公证人的良好行为，并且还包含了违反规则的惩戒措施。

遵循各成员国不同职业道德规范中对于这一问题的传统处理方法，本《规约》共分为五章。

第一章为“公证的组织原则和规则”，归纳了公证行业的组织原则和规则，将其作为强制性的职业行为规范，以显示使之具有执行力和约束力的必要性。

第二章为“公证人与国家的关系”，规定了公证人因其“公务助理人员”和“法律自由职业者”的双重性质而产生的义务。

第三章为“公证人与行业团体和／或行业协会的关系”，涉及公证人的垂直关系、公证人的行业组织制度、公证组织纳入国家司法行政的情况、公证人任命制度、参加行业组织、公证人责任和行业互助。

第四章为“公证人与其他公证人、雇员和顾客之间的关系”，涉及公证人的横向关系，即公证人日常活动中对用户、其他公证人、自己的雇员和助理应负的义务。

最后是第五章，“禁止兼任，禁止行为和惩戒制度”，以对先前章节的总结作为本《规约》的结尾，它列举了强制性规范的违反情形、处罚措施以及管辖权的适用制度。

简而言之，本《规约》是以制定法、现行法形式制订的法律文本，强调了公证服务作为保障法律安全、正义与社会安宁的工具向全球社会所提供的附加值。

第1章　公证的原则和组织

第1条　本《规约》的目的、性质和适用

本《规约》的规定构成了国际公证联盟成员职业行为规范的法律制度范本，应当被吸纳进各成员国的公证法，因为这些规定发展、细化了2004年10月17日在墨西哥城举行的国际公证联盟成员大会上通过的《公证人职业道德规范的原则》和联盟其他相关文件。

本《规约》的规定在国际公证联盟各成员国内的实施具有强制性，以纳入该国公证法律法规或通过公证人职业道德法的途径来实施。

本《规约》未被写入成员国公证法的规定中，凡涉及公证人职业道德的内容，将由该成员国公证人行业团体或公会、协会作为职业行为规范实施。

第2条　受约束的活动

公证活动是规范的活动，受国家法律法规的约束。

本《规约》制订的条款适用于公证行业，并可作为国际公证联盟成员国法规的补充。

公证人应尽其所能地、完全忠实地尊重并执行其职业活动的

规范。

第3条 公证人的组织

3.1 公务助理人员

公证人是受权持有国家权力的公务助理人员，赋予他/她起草的文书以真实确切性，负责文书的保存并使之具有证据效力和执行效力。

3.2 法律专业人士

除了行使公务助理人员的职能，公证人还是法律专业人士，在独立且受约束的职业范围内行使公共职能。

3.3 全国唯一的公证人行业团体或公会、协会以及与司法部的从属关系

公证行业由国家的全体公证人组成，他们加入全国唯一的公证人行业团体或公会、协会。公证行业组织独立于政府，但应符合公法原则并受到法律的承认。必要时，全国公证行业组织整合地区的公证人行业团体或公会、协会，并置于司法部的分级监督之下。

第4条 公证活动的公共利益和公证的社会价值

作为由国家委托行使公共权力的受托人，公证人必须以公正、独立和尽责的方式来监督所受理的文书和事务的合法性，并赋予其真实确切性。公证人服务于公共利益和预防性法律安全，公证人应当避免纠纷，并且应当为经济可持续发展和社会安宁作出贡献。

作为由国家委托行使公共权力的受托人，公证人必须以公正、独立和尽责的方式来监督所受理的文书和事务的合法性，并赋予其真实确切性。公证人服务于公共利益和预防性法律安全，公证人应当避免纠纷，并且应当为经济可持续发展和社会安宁作出贡献。

公证活动不能委托于他人，公证人负有文书制作义务，但有理由拒绝的除外，本《规约》后面对此进行了规定。

第5条 行使公证职能的条件

5.1 职业资格和个人资格

公证作为一项制度，公证人作为专业人士，应当获得在该国从事法律职业的最高法律资格，且应当通过准入考试，并且拥有必需的法律知识来有效、正确地监督其受理的行为和文件的合法性。

公证人在行使职能时必须恪守职业道德，避免出现让公民对

公证制度失去信任或违背公证人职业尊严的行为。

5.2 合法性

公证人的职业活动应当依法进行，应当避免法律欺诈和人身损害，如此，公证人拟定或参与的文书或文件才被推定为合法。

公证人在履职时，应当具备正确实施法律以及在所有职业活动中正确行动的能力，寻求以最符合公共利益和私人利益的法律形式参与被请求的活动。

5.3 公正性

公证人作为“可信第三方”，应当公正对待当事人以及可能涉及的第三人，以保护所有这些人的法律安全。

公证人的公正应当是主动性的，应当弥补当事人之间的信息缺乏或不对称，应当特别关注最需要帮助的契约当事人，并以审慎的专业身份提供咨询意见。

公证人的行为应当独立于当事人和政府，但绝不能损害政府的利益。

公证人不能受理带有使公证人直接或间接获利条款的文书。

5.4 独立性

公证人的行为应当独立于当事人和政府，但绝不能损害政府的利益。

公证人应当避免受当事人的影响，不应歧视当事人。

公证人应当尊重和保护人权、环境权（清洁的水和空气是生活的基本条件）、正义、自由、真理、诚实和安全，应当保守职业秘密。

5.5 尊重基本权利

公证人应当尊重和保护人权、环境权（清洁的水和空气是生活的基本条件）、正义、自由、真理、诚实和安全，应当保守职业秘密。

公证人不得有贪污、受贿、串谋以及其他损害个人和经济发展的行为，以及那些即使在遵守法律的前提下仍然违背公证制度精神的行为，或者对当事人明显不利的行为。

5.6 随时服务，勤勉和责任

公证人必须能够随时履行其职责，必须以卓越专业人士的勤勉行事，并在公证人行使职能的地方扎根于社会。

公证人对他所造成的损失和损害（由于公证人的行为或公证人受理的文书造成损失和损害，并且违反了法律或卓越专业人士的勤勉责任）负责，这一责任应当投保。

5.7 职业自主性

公证人自主行使职能，但这不影响其与公证人行业团体或公会、协会的隶属关系，也不影响司法部对其履职的监督。

5.8 不可兼容性

公证人应拒绝介入本法所规定的不兼容情形。

第2章　公证人与国家的关系

第6条　与司法部的从属关系。行业团体、公会和协会

公证人在司法部的监督下行使职能，并隶属于公证人行业团体或公会、协会。

公证人行业团体或公会、协会（地方或国家级）是具有法人资格并且有能力为实现其目标而采取行动的公法机构。

公证人行业团体或公会、协会处于司法部的监督之下。

第7条　公证人行业团体或公会、协会

在不妨害公证法所赋予职权的情况下，公证人行业团体或公会、协会负责组织公证人的职业活动，代表公证行业，捍卫公证行业利益以及履行公证行业的社会职能。

作为公证职业的代表，公证人行业团体或公会、协会应当遵守和执行本《规约》的规定，维护公证职能并确保它的良好实施。

地方公证人行业团体或公会、协会在国家层面统一为一个公证人行业团体或公会、协会。

公证人行业团体或公会、协会的领导机构由会员公证人在大会上民主选举产生。

公证人行业团体或公会、协会负责对会员公证人实施检查和监督，并有权实施本《规约》后面所述的纪律和惩戒。

隶属于公证人行业团体或公会、协会是公证人行使公证职能的必需条件。

公证人行业团体或公会、协会的经费来自公证人会员的出资、自有财产的收益以及根据其章程规定的活动和服务获得的收入。

公证人应当忠于国家，国家特许公证人为公共权力的受托人，公证人应当以勤勉和尊严的精神行使受托付的公共权力。

第8条 国家权力授权。公共服务

公证人应当忠于国家，国家特许公证人为公共权力的受托人，公证人应当以勤勉和尊严的精神行使受托付的公共权力。

作为公务助理人员，公证人必须在被需要时履行职务，并安排必需的物质和人力资源来保障其职责所在之公共服务的良好运转。

公证人应当正直、尽责、勤勉地履行公共职责，应当避免任何有悖于公务人员或公职人员尊严的行为，或可能使其直接或间接不当获利的行为。

公证人的雇员应遵守同样的义务，其行为由公证人承担责任。

仅在法律许可的情况下，并在确保其执业区域内的公证服务能够继续得以保障的前提下，公证人才可以离开值守。

第9条 与司法系统的合作

公证人作为非讼领域的法律专业人士和国家权力受托人，公证人行业团体或公会、协会作为公证人的代表，与司法机构合作行使公共职责，并使用国家为此合作所赋予的权力，使正义与社会安宁得以更好地发展和实施。

第10条 与其他国家机构、机关以及各类组织的合作

为了履行受托之职责，或者在与其职权有关的官方关系框架内，公证人在不违反职业保密义务的前提下与国家机构和机关合作。

在恪守应有职责并监督相对人遵守义务的前提下，公证人在必要时也可以与公共或私人的机构或组织合作。

公证人事务所由公证人独立组织，并由公证人承担责任。公证人事务所因其公共特征而具有不可侵犯性。

第11条 公证人事务所

公证人事务所由公证人独立组织，并由公证人承担责任。公证人事务所因其公共特征而具有不可侵犯性。

公证人事务所受所属公证人行业团体或公会、协会的永久监督。公证人行业团体或公会、协会负责公证服务的总体方向，对公证人事务所进行检查和监督。公证人事务所受法院的保护。

公证目录、文件和公证档案由公证人负保管责任，并受到隐私和职业秘密的保护。

在不损害公证目录的保密性、公证人事务所及档案的秘密以及其权利和义务的前提下，公证人应当为所属公证人行业团体或公会、协会的上级机关查询前述文件提供充分便利，以方便接受审验、检查和监督。

第 12 条 技术手段

公证人必须根据政府、国内和国际公共服务的组织状况，为自己的事务所配置最先进的技术手段，至少要有足够的设备来保障其行使职能。

第 13 条 管辖权

公证人的职权可包括非司法途径形成的文书和契约、非讼司法文书、所有须在公共登记簿登记的文书和契约以及国家授权处理的文书或契约。

公证人的属地管辖权或属人管辖权由法律确定。

第 14 条 职务的任命和任期

鉴于公证人职能的独立性和公正性特征，公证人的任命制度必须以公认的专业能力为基础，并应建立在客观标准之上。

公证人应当具有国家要求的从事法律职业所需具备的最高技能水平。

公证人职务的期限不受限制，仅在具备法定的退休条件、丧失行为能力或履职能力或者被永久免职的情况下方能终止公证人的职务。

公证人职务的期限不受限制，仅在具备法定的退休条件、丧失行为能力或履职能力或者被永久免职的情况下方能终止公证人的职务。

第 15 条 入职准备。终身培训

公证人应当进行充分的入职前准备，在具备完全能力的前提下开展职业活动，尤其是在法律的咨询、顾问、解释和实施等主要职责上具备相应能力。因此，公证人应当在法律领域和技术领域定期更新其知识。

在继续培训义务上，公证人应当遵循公证人行业团体或公会、协会的要求。

继续培训的义务还涉及公证人的雇员，由公证人负责推动和监督这项培训。

第 16 条 服务义务。拒绝服务

公证人的职能是个人性质的，不能委托他人。公证人履行职务是强制性的。

作为公务助理人员，公证人只有在以下情形下才能拒绝服务：

1. 当文书违反法律或公共秩序，或可能误导第三方时；
2. 当文书构成对法律、第三人或公共当局的欺诈时；
3. 在不兼容的情况下，如后文所述；
4. 当文书不在公证人的权限之内时；
5. 当文书损害公务助理人员应有的尊严时。

针对公证人的拒绝行为，可以向公证人所在的公证人行业团体或公会、协会申诉。

如果请求公证人介入的行为符合国家法律，则公证人不得以良心为由拒绝行使其职责。

公证人事务所必须在正常办公时间开放，事务所内应有公证人和提供公共服务的其他必要人员。

第 17 条 合法性。反腐败。反洗钱

公证人的行为必须始终遵守道德规范并遵守法律。

公证人应拒绝一切腐败、贿赂、不诚实的行为、洗钱、逃税、恐怖主义和所有其他犯罪活动，以及任何以反社会形式行使权利的行为。

在反洗钱领域，公证人应当依照国家法律提供合作，并将其掌握的所有必要信息提供给有关当局，特别是有此需要的公证人，但没有义务开展属于公权力机关包括司法机关职权范围的调查活动。这种合作应秉着客观和法律预先确定的原则和标准，在公证人的全国行业团体或公会、协会的协调下进行。

公证人向当局通报可能导致洗钱的可疑交易并不构成违反职业保密义务，因为此举优先考虑了普遍利益和公共利益。

第 18 条 人的权利。可持续发展。共同利益

公证人在履行职责时必须促进人权，尤其是对生命、食物和环境（清洁的水和空气）的尊重，并在可持续发展与社会互助方面开展合作。

公证人必须尊重当地人民的权利，帮助他们加强和建立自己的法律、经济、文化和社会体系。

公证人应当通过尊重法律来促进自由、正义和真理。在没有法律约束的情况下，公证人应当将公证行为置于个人私心之外，使之有利于共同利益和社会普遍利益。

第 19 条　国际关系

公证人应通过掌握其他国家的语言和法律以及所在国公证人行业团体或公会、协会参与的国际公证联盟和世界公证网等国际组织，促进交流和国际关系的发展。

公证人应当通过尊重法律来促进自由、正义和真理。在没有法律约束的情况下，公证人应当将公证行为置于个人私心之外，使之有利于共同利益和社会普遍利益。

第 3 章　公证人与行业团体或公会、协会的关系

第 20 条　独立和层级化的组织结构

公证活动由每个公证人个人独立实施，并且由公证人个人承担责任。

在共同开展公证活动时，在不妨害公证人个人责任的情况下，参加公证行为的所有公证人共同承担所造成损害的赔偿责任。

第 21 条　强制参加行业组织

以不妨害其职业活动的独立性为前提，为了行使其职能，公证人应当是公证人行业团体或公会、协会的成员，并且必须服从该组织在司法部领导下实施的审验、检查和监督。

在开始执业活动之前，公证人必须是公证人行业团体或公会、协会的成员。

第 22 条　公证人对公证人行业团体或公会、协会所负的义务

公证人必须使其行为符合公证人行业团体或公会、协会依权制订的规定，并在需要时提供合作。

公证人应当避免在公共当局面前作出可能干扰公证人行业团体或公会、协会决定的个人举措或干预行为。

第 23 条　责任和任务承担

公证人有责任接受他在公证人行业团体或公会、协会中被提议或选择的职务。

公证活动由每个公证人个人独立实施，并且由公证人个人承担责任。

在共同开展公证活动时，在不妨害公证人个人责任的情况下，参加公证行为的所有公证人共同承担所造成损害的赔偿责任。

公证人有义务积极参加公证人行业团体或公会、协会的所有活动，并投入必要的时间和手段来完成委托给他/她的任务。

公证人应将危害职业利益的任何事实或行为，或以任何方式损害公证行业的完整性和层级组织的任何行为，通报给公证人行业团体或公会、协会的领导机构。

第 24 条 公证人行业团体或公会、协会领导机构的职能

公证人行业团体或公会、协会领导机构的成员必须按照审慎、公正和公平的标准行使其职责，始终注意维护公证人职业道德和行业尊严，保证良好履责并尊重个体权利。

领导机构成员应根据法律规定行使纪律处分权，并严格、坚决地按照其职责和所任命的职务行事，对过失的体谅不应阻碍或限制领导机构成员职责所要求的正直义务。

全国公证人行业团体或公会、协会的领导机构联合了地方公证人行业团体或公会、协会，代表着整个国家公证人的利益，该领导机构必须尊重每个地方公证人行业团体或公会、协会的特殊性和需求。

公证人行业团体或公会、协会的领导人应实施适当的机制，旨在成功促使其同事履行管理职能，并鼓励公证行业的所有成员参与拟开展的各项任务和活动。

第 25 条 为公证人行业团体或公会、协会出资

公证人应当依照法律以及公证人行业团体或公会、协会的规定和决定，参加公证人行业团体或公会、协会的出资。

第 26 条 公证行为的监察和监督

国家直接或者通过公证人行业团体或公会、协会，拥有对公证活动审验、监督、监察和惩戒的权力，惩戒活动将处于法院控制之下。

违纪行为和惩戒措施根据“没有法律规定就没有惩罚”的原则依法确立。

法律应规定监察、惩戒的程序以及针对公证人行业团体或公会、协会的决定向司法部申诉的程序。

针对司法部决定的上诉应向法院提出，该上诉将终结行政

程序。

第 27 条 和解，支持，互助

公证人行业团体或公会、协会的领导机构应当尽可能避免其成员之间的冲突，帮助在公证人会员中建立起和谐融洽的氛围。

领导机构尤其应帮助和支持新入职的公证人良好履职。

领导机构对行业互助方式和机制进行评判，旨在使履行公证人职务能够让公证人在整个职业生涯中和退休后都能过上有尊严的生活。

第 28 条 公证人数量。执业区域。履行职务的地点

公证人的数量受法律的约束即数量管控，以确保良好的服务水平。

除非法律另有规定，否则公证人的执业是区域性的。

公证人的活动在公证人事务所进行。

除非因距离和公证人执业区域导致了必须的公共服务需求，否则不允许设立二级公证人事务所。

在需要公证服务的申请人无法走动时，或者因使用文书的公共当局的原因，公证人可以在事务所之外开展活动。

在公证人事务所之外办理公证文书需要征得文书上各方的明确同意。

上述规定不影响公证人在其事务所之外发送通知和呈送请求。

第 29 条 广告。内容和限制

公证活动的广告、拉丁公证制度原则和优势的传播将只能由公证人行业团体或公会、协会体系化地实施。

公证人单独进行的广告必须兼顾公众信息权和禁止以商业手段“吸引顾客”两者之间的平衡。

公证人在参与公共活动或所有公共关系活动时，应当采取必要的措施避免任何个人广告行为。

根据本《规约》，公证人只能发布以下类型的信息性广告：

a）广告仅显示姓名和职务，学历以及公证人的专业情况；履职的地点；电话号码和电子邮件地址。

b）发布广告是为了在法律或公证出版物中通告执业住所变更。

c）在专业期刊或出版物发布广告时，仅能公布上述 a）段中列出的信息。

违反上述标准将构成职业道德上的错误。

在公证人事务所所在建筑物的入口处设立的招牌不得超过法律或公证人行业团体或公会、协会规定的尺寸。

禁止在建筑物的外墙上安装标志和发光招牌来宣示公证人事务所名称或公证活动。

禁止在任何媒体以商业宣传的形式发布任何公证人的广告。

第 30 条 物质和人力资源。组织

公证人事务所的组织结构必须使用适当的人力、物质和技术资源以确保正常有效的运行。

公证人应当在公证人事务所内行使其职能，应确保随时切实地提供服务，保持常态并遵守适合客户需求的时间表。

公证档案和文件必须保持完好无损，并应配备实物的和信息化的存档和维护手段，以确保它们的保存以及信息检索的简便性。

公证人事务所的财务账目必须完整、准确并符合法律要求，以便随时了解支付给公证人的资金情况、事务所的财产状况和公证活动的结果。

公证人不能因个人利益而处置客户为委托给公证人的活动所支付的资金。

第 31 条 在事务所缺席

如第 8 条所述，公证人仅在法律规定的情况下可以在事务所缺席，但前提是公证服务必须得到适当的保障。

法律规定公证人可以在事务所缺席的期限。

第 32 条 职业勤勉责任。民事、刑事和纪律责任

公证人以卓越的专业人员身份勤勉地开展执业活动，并应对其过失或疏忽造成的损害和损失承担民事责任。

公证人的执业活动由法律和 / 或者公证人行业团体或公会、协会制定的规则予以保障，此保障是公证人开始执业的先决条件。

法律确定公证人可能产生刑事责任的欺诈或犯罪行为或者职业疏忽。

公证人的纪律责任应由不遵守公证条文的行为、任何有悖于其职责尊严的行为或违反本《规约》规定的行为引起。

第 33 条 经济互助

公证人受益于经济互助制度。

在没有相关法律法规的情况下，公证人行业团体或公会、协会自行建立公证行业互助制度。

公证行业互助应为经济收入不足以支付必要的公证服务成本的公证人事务所提供资金支持。

公证行业互助应在死亡、疾病、丧失民事能力以及退休的情况下为公证人及其家庭提供经济支持。

公证的财务应保持风险可控的财务投资结构。

第 4 章 公证人与其他公证人、雇员和当事人之间的关系

第 1 节 与其他公证人的关系

第 34 条 公证人与其他公证人的关系

公证人与同行之间的关系是平等的。

公证人应当将其他公证人视为团结在同一共同目标下的同事，正确开展职业活动，而不是竞争对手。

公证人对其他公证人的行为必须得体，寻求合作和团结、相互的帮助以及服务和建议。

公证人不得贬低其他公证人。其他公证人犯下的科学、技术失误或职业道德错误应当上报给公证人行业团体或公会、协会，以便开启相应的纪律程序或者用于司法程序。

公证人之间的纠纷应尽可能友好地解决。为此，公证人始终可以请求公证人团体或公会、协会的介入。

第 35 条 选择公证人的自由

自由选择公证人是公证服务中公民的一项基本权利，但法律规定的指定公证人的情况除外。

公证人与同行之间的关系是平等的。

自由选择公证人是公证服务中公民的一项基本权利，但法律规定的指定公证人的情况除外。

公证人应当始终尊重这项权利。

公证人应当杜绝以降费、优惠、礼物、回扣或其他损害公证职业尊严和独立性的类似行为来“吸引客户”。

第 36 条 公证案件的移交

如果要将公证人正在处理的案件移交给另一公证人，当事人必须提交明确的撤回请求，并支付先前负责该案件的公证人的费用。

新接手案件的公证人应当要求前任处理案件的公证人清算正在办理的案件费用，并要求当事人付清。

如果当事人不同意所要求支付的费用，应当向公证人行业团体或公会、协会申诉，直到问题解决。

如果当事人不愿意支付费用，在向前任公证人通报之后，新接手案件的公证人可以继续处理该案件，并将当事人拒绝付费的情况上报公证人行业团体或公会、协会，直到纠纷解决为止。

第 37 条 由一名以上国内或国际公证人处理的事务

如果在同一案件中有多名公证人的合作，他们/她们应当共同寻求最佳的共同解决方案，保障各方利益，并遵守法律法规的规定。

国际公证联盟成员国应开展合作和经验交流，借以不断改善为公民和企业提供的公证服务。

根据国际公证联盟的规则，世界公证网（RMN）负责为参与跨国交易的公证人提供协助。

第 38 条 有多名公证人的公证人事务所

多名公证人在同一家公证人事务所执业不得妨碍当事人选择公证人的自由，据此，只有当事人的此项权利在公证人执业的同一地点得以保障时才能由多名公证人在同一家公证人事务所执业。

根据各国法律成立多名公证人的事务所，并不影响该事务所的所有公证人对本所的其他公证人以及所有雇员的作为或过失承担连带责任。

第 39 条 与其他职业的合作

在法律许可时，公证人与其他职业人员（例如公证行业以外的机构的人员）的合作必须保证公证人的独立性和公正性。

第 40 条 对患病或缺席公证人的帮助

患病或缺席的公证人的替换应确保事务所内公证人的奉献精神和职业素养的延续性，并尊重客户和被替换的公证人。

因替换公证人而产生的经济分配规则按有关当事方达成的协议处理；在没有协议的情况下，根据当地习俗和习惯处理；如果没有，按照公证人行业团体或公会、协会制定的标准和规则处理。

第 2 节 与雇员、候任公证人以及事务所人员的关系

第 41 条 公证人事务所的组织

公证人负责公证人事务所的组织，公证人应当遵守公证人行业团体或公会、协会以及 / 或法律规定的设备和人文要求，确保其员工和助理人员的待遇，确保他们 / 她们的工作条件从人身和经济上足以有尊严地从事该职业。

公证人事务所应当具有适当的技术手段，足以按照国家和所提供公共服务的要求行使其职能。

第 42 条 人力资源

公证人应向其雇员和助理人员告知职业操守的规定和从事职业活动的其他规范，并且要求他们 / 她们予以遵守。公证人对上述人员的行为或疏忽所造成的损害负责。

公证人应与长期一贯不遵守本《规约》规定的人员分离。

第 43 条 在职培训，服务质量。

公证人应鼓励和监督服务的不断改进，为此需要对其雇员和助理人员进行持续培训，让他们 / 她们参加技术、法律知识和实践提升课程，追求公证服务的质量。

第 44 条 雇员在公证职业以外的活动

如果法律允许公证人的雇员从事公证以外的活动，则在任何情况下，该活动都必须与公证活动相兼容并且不发生竞争，并且在任何情况下均不得为公证人带来直接或间接的利益。

第 45 条 候任公证人和实习公证人

候任公证人和实习公证人不仅必须学习和掌握法律和技能，而且还应学习和了解公证人职业的义务和公证服务的存在方式。

负责培训的公证人对候任公证人和实习公证人应当给予尊重和支持。

第 3 节　与当事人的关系

第 46 条　外部关系

公证人的行为始终寻求共同利益。

公证人必须在所有职业活动中公正且独立地采取行动，避免外界对其活动产生任何影响以及对当事人有任何形式的歧视。

公证人应特别关注需要更多信息的当事人，以弥补这些当事人信息和知识上的不平衡，积极提供专业意见和咨询，保持平衡的立场以维护公证行为或事务的合法性，保证公证文书的完全有效以及当事人的安全与和平。

公证人应清楚、专业地告知当事人获求合法目的的合法手段，告知拟进行的行为或事务的后果，警告当事人在坚持要求公证的情况下将会发生的不利效果。

第 47 条　与公证案件的关系

公证人应当始终竭尽全力并应特别谨慎对待涉及个人隐私性质的文书和事务。

公证人应当始终竭尽全力并应特别谨慎对待涉及个人隐私性质的文书和事务。

第 48 条　隐私权和职业秘密

公证人必须尊重个人隐私权。公证人有保守职业秘密和隐私的权利和义务，并兼顾共同利益和社会普遍利益。

公证人必须尊重个人隐私权。公证人有保守职业秘密和隐私的权利和义务，并兼顾共同利益和社会普遍利益。

以上义务不仅涉及公证人，还涉及其雇员和助理人员。

以上义务扩展至文档目录中的文件、其他公证档案、公证人存储的所有数据以及向公证人口头透露的所有信息。

秘密信息应特别保存于电子文档，应采用保证其存储和将来阅读的程序和安全措施，避免复制、丢失、传播或出版。

职业保密不是绝对的，它服从于共同利益和社会普遍利益，公证人有义务在刑事诉讼中或在有法律规定时披露其档案内容。

公证人应当以权衡、谨慎和专注的态度，评估申请人是否享有权利或合法利益来合理地获得与他 / 她有关的档案信息，尤其是在公证的行为或文件承认或赋予他 / 她权利的情况下。公证人选择以交付全部或部分副本的方式，最恰当地遵守上述规定。

第 49 条　放弃义务

公证人必须履行公证职责，法律规定应当拒绝服务的情形除外。

除上述法定情况外，出于私人关系、家庭关系或者直接或间接经济利益的原因，导致文书可能致使公证人或其四代以内家族成员获利的情况下，公证人应当放弃行动。

公证人还应当避免介入违背法律、优良习俗或诚信的文书。

第 50 条　兼容机制

公证职能与法律咨询、教学、调解、仲裁、领事服务以及所有其他不损害公证人的独立性和公正性的非讼法律活动兼容。

公证活动与商业活动不相兼容，与属于司法管辖的活动不兼容，与其他公共职能不兼容。

第 51 条　费用透明

公证人的费用按法律规定的定价进行管理，如法律没有规定，则由公证人行业团体或公会、协会制订价目。

定价必须确保公证服务的公正性和独立性，以及卓越的质量和公民的普遍可及性。

定价禁止任何仅基于价格而导致恶性竞争的返利或回扣，因为这将损害公证服务的质量和独立性。

公证费定价必须简单、透明且公众容易负担。

公证人的发票应当清楚载明收费的服务项目。

第 52 条　共同利益保护

公证服务应当为共同利益和社会普遍利益作出贡献，这是诠释前面所有条文的准则。

第 5 章　纪律制度，违纪和惩戒

第 53 条　合法性

本《规约》规定和惩戒违反职业道德的行为，但不影响对违反其他公证规范或公证人所犯其他性质（刑事、行政）行为的制裁。

公证人的纪律制度遵循“没有法律就没有犯罪，没有法律就没有惩罚”的原则，根据该原则，除非公证人违反了法律规定，否则不施加任何制裁。

第 54 条　程序

公证人行业团体或公会、协会在司法部长的分级授权下启动程序后，将对违反本《规约》规定的行为或事实进行审查，公证人可以就此向司法部长申诉。

公证行业内部途径的最终决定可以被起诉到法院。

根据辩护权和无罪推定的原则，当事人在程序的每个阶段都可以表达意见。

第 55 条　纪律案件。审理

如果被揭露的事实违反了本《规约》中的规定，公证人所属公证人行业团体或公会、协会的领导机构有权主动受理纪律案件，也可以应一方当事人的要求受理。

在任命一位或多位公证人担任案件的审查员和秘书后，将开启调查阶段。

在调查阶段的最后，公证人审查员将结论草案发送给公证人行业团体或公会、协会，由公证人行业团体或公会、协会作出决定。

可以就上述决定向司法部长上诉，司法部长的决定将终结案件。针对司法部长的决定，只能向法院提出上诉。

法律规定程序和每个阶段的期限。

第 56 条　违纪

公证人在履行职责时不遵守公证法规所规定的义务，构成本《规约》规定的需受惩戒的违反职业道德行为。

根据本《规约》的规定，以下违反行为，无论其是否包含在公证法规中，均被视为违反职业道德的行为：

1. 签署文书时公证人缺席。
2. 伪造文件的日期、内容或真实性。
3. 在公证人区域管辖范围以外办理文书公证。

4. 签署的公证文书或认证文书构成了违反法律、法律欺诈或者明显的权利滥用。

5. 没有完成应由公证人负责的税收清算。

6. 介入了法律规定的不兼容情形。

7. 侵犯隐私权或违反职业保密义务。

8. 将资金挪用到收费目的以外的用途。

9. 接受贿赂，与非法活动进行合作，洗钱，恐怖主义。

10. 对最脆弱的一方或者对客户没有提供帮助，或者没有提供建议或专业意见。

11. 未解释合同的一般条款，或未解释当事方之一强加条款的不公平性。

12. 不尊重人权，或者受理违反人的尊严的文书。

13. 违反环境、城市规划、水、空气、沿海、农业、林业或矿业的准则。

14. 未对凭证、登记或先前的文件进行预先查询。

15. 与当事方之一有经济联系，丧失独立性或公正性。

16. 在行使公证职能或文件起草过程中丧失独立性或公正性。

17. 不尊重公民自由选择公证人的权利。

18. 不尊重客户要求将案件移交给其他公证人的请求。

19. 不遵守法律规定情形的拒绝公证义务。

20. 不尊重或招揽其他公证人的客户和雇员。

21. 没有出具列明费用和酬劳的发票。

22. 高出法律定价收费，提供礼品或支付佣金。

23. 没有或缺失可以反映公证人事务所资产情况、经营结果的财务账目，凭该账目应该能够核验价格执行情况以及客户资金的存入和预付情况。

24. 违反公证人行业团体或公会、协会和/或司法部批准通过的规范和指示。

25. 无正当理由且未经公证人行业团体或公会、协会的事先同意，放弃提供公证服务。

26. 不遵守公证人行业团体或公会、协会的内部规章、通知和规定，或其行动与前述文件或决定相左，其性质由所违反的规范或指示决定。

27. 未缴纳公证人行业团体或公会、协会的费用，或者未缴纳公证组织的保险等费用。

28. 阻止、拖延或妨碍公证人行业团体或公会、协会、监督机构对公证人事务所的检查或监督行动。

29. 妨碍、阻止或拖延纪律处分案件。

30. 在法律要求或对客户承担了将文书递交登记部门的义务时，公证人未履行该义务。

31. 在法律禁止的情况下，在公证人事务所之外行动。

32. 不尊重公证人行业团体或公会、协会委托的任务。

33. 缺乏对其他患病或失能公证人的帮助或合作。

34. 本《规约》禁止的广告。

35. 技术或人力资源不足以保障公证服务。

36. 在没有合法理由的情况下拒绝履职，无理拖延或拒绝受托的任务。

37. 不履行公证人及其雇员和助理人员的继续教育义务。

38. 对候任公证人和实习公证人缺乏关注和支持。

39. 给予雇员和助理人员不公平、有损尊严的经济待遇。

第 57 条　违纪行为的分级

违纪行为分为轻微、严重和非常严重。

对轻微的违纪行为，给予警告或警告加罚款的处罚。

严重的违纪将受到警告加罚款的处罚，或同时给予警告、罚款和暂停执业的处罚。

非常严重的违纪可同时处以警告、罚款和暂停执业的处罚，或者在相应的经济制裁外，处以开除出公证行业的惩罚。

纪律处分与针对公证人的法院民事或刑事责任诉讼以及面临的损害赔偿不相抵触。

解除公证人职务的决定应当由公证行业的上级机关作出。

第 58 条　惩戒定性

重复触犯应受处罚的行为构成更严重的违纪行为。

第 59 条 惩戒的分级

构成违纪的行为应当受到：

1. 非常严重的惩戒

第 56 条第 1-9 项所列的违纪行为

2. 严重惩戒

第 56 条第 10-30 项所列的违纪行为

3. 轻微惩戒

第 56 条第 31-39 项所列的违纪行为

根据所违反的具体规定，第 29 项的违纪行为可定性为轻微或严重。

第 60 条 惩戒程序的规则

在没有法律规定的情况下，由公证人行业团体或公会、协会制订规章，规定惩戒程序的条款，确定相应的经济处罚金额以及暂停执业的期限。

过渡条款

本《规约》的规定在获得有关公证人行业团体或公会、协会的批准后适用。

最后条款

本《规约》中涉及的需要由法律实施的违纪处分，将纳入法律并由该法律进行明确，除非本《规约》被批准作为法律。

大陆法系国家公证人职业活动亲历记

奥地利公证人职业活动与公证制度特色

——在维也纳科勒·凯多·杜尔和合伙人民法公证人事务所工作交流的感悟

◎秦世平*

2009 年 4 到 6 月，我曾经在奥地利科勒·凯多·杜尔和合伙人（Köhler, Kaindl, Dürr & Partner）民法公证人事务所进行工作交流，对我来说这是一段难以忘怀的经历。结束工作交流回国后，我向中国公证协会提交了考察报告。2021 年撰写本文时，薛凡老师建议我在考察报告的基础上再补充以下三个方面的内容，一是我在奥地利公证人事务所进行交流的具体情况，二是我亲自接触到的奥地利公证人从事公证活动的细节，三是奥地利公证人办理公证、作成公证文书有什么特点。于是，我根据当时在奥地利的工作日记和带回来的材料，进行了系统整理，形成了本文，希望有助于读者更直观地了解奥地利公证制度运行的真实情况，从而

* 秦世平，中国公证协会常务理事、涉外涉港澳台外事工作委员会主任委员，广东省深圳市公证协会会长。

有助于我国公证制度改革。

一、在维也纳一家民法公证人事务所进行工作交流的概况

2009年4月到6月，我在奥地利首都维也纳的科勒·凯多·杜尔和合伙人民法公证人事务所进行公证工作交流，这是我迄今为止唯一一次短期的境外工作经历，也是自认为获益最多的一次对外交流活动，深感有幸。此事最初源于中奥两国公证行业协会的一次交流。

据了解，2008年5月，奥地利联邦公证人协会派员访问中国公证协会，双方就有关公证的话题进行了座谈，因为时间所限，许多话题无法深入展开。访问结束时，来访的奥方公证人觉得意犹未尽，于是，向中国公证协会提出，可否委派一名中国公证员到奥地利开展短期工作交流，这样，他们就可以更多地了解中国公证行业的情况，同时也可以让中国公证员更深入地了解奥地利公证业的情况，以增进相互间的联系和合作，实现双方互惠互利。奥方还表示，中国公证员在奥工作期间的生活费用由奥方邀请人（即某家公证人事务所）负担。中国公证协会表示，同意选派一名公证员赴奥进行工作交流。

2008年底，中国公证协会按照组织程序，经考察、考核后，决定委派我赴奥地利工作交流，当时我任职公证员已有20年，担任深圳市深圳公证处副主任。在办妥了赴奥工作所需的审批、签证等各项手续后，2009年4月5日，我由香港经迪拜中转飞往维也纳。奥方的邀请人是维也纳科勒·凯多·杜尔和合伙人民法公证人事务所。该事务所总部位于多瑙河东岸的卡格兰（Kagran），并在维也纳联合国城对面的多瑙城大街（A-1220 Donaustadtstrasse 1/3rd）设有一个分部。事务所的三位合伙人分别是公证人科勒、凯多、杜尔，厉害的是，三位合伙人均具有法学博士学位，其中，凯多博士还于2010年至2013年担任欧洲公证人协会主席。

该事务所出资为我租了一套公寓，公寓位于维也纳市中心的卡尔广场(Karlsplatz) 附近，并承担了我在奥期间的生活费用。在工作日，按照事务所的作息时间，我和他们的工作人员一样按时上下班。工作的主要内容和方式是：观摩、协助公证人办理公证，包括参与公证人办理遗嘱公证，并以见证人的身份见证立遗嘱人在遗嘱上签名；陪同公证人或事务所的工作人员前往民事事务登记部门、土地登记部门和公司登记部门核实与公证事项有关的个人身份信息、土地信息、房产信息和公司登记信息；到维也纳图书中心、维也纳大学图书馆、奥地利联邦民法公证人协会等处搜集、查阅与奥地利公证相关的资料，查阅公证卷宗。该公证人事务所规定，卷宗内容不得复印，但可以摘录相关内容。每次阅读之前，必须签署保密声明，声明书存入该卷宗。同时，应维也纳公证人要求，我向他们提供了英文版的中国公证法、相关民事法律、公证书格式以及公证收费标准等资料，并就中奥两国公证理论与实务中的有关具体问题进行相互切磋。

2009 年 5 月 12 日下午，应奥地利联邦公证人协会邀请，我以“当代中国公证制度的理论与实务”为题，在该协会(Landesgerichtsstrasse,20) 会议室举办专题讲座，来自维也纳的公证人和维也纳大学法学院的师生共 30 多人参加讲座。我从中国当代公证业的基本情况、中国的公证立法、公证员与公证机构及公证管理体制、公证书的法律效力、公证业务范围、公证程序和公证法律责任等方面，系统介绍了中国公证制度与实务。主讲内容结束后，我和与会人员共同进行了探讨，特别令奥方公证人感兴趣的是中国当时的公证体制以及下一步可能的改革方向，大家就有关话题进行了深入的交流。讲座受到与会人员的充分肯定。

在两个月的工作交流实践中，我将中国公证行业的情况介绍给了奥地利同仁，也深入地了解了奥地利公证行业的具体情况，将奥地利公证人的工作经验带回了国内，特别是在推动我国意定监护(即奥地利的“持久委托书”) 公证理念的引进和公证遗嘱备案查询平台的建立等方面，起到了积极作用。

在奥地利法律规定的公证业务中，有所谓“持久委托书

(Durable Power of Attorney)”公证，这是奥地利公证人借鉴英国的信托制度，在法定的监护制度之外创建的一项奥地利公证人所特有的一项公证业务。实际上，持久委托是附条件的委托监护行为，它是指一个具有完全民事行为能力的人，为了防止日后可能成为无民事行为能力人，请求公证人为其起草一份持久委托书并作成公证文书。委托人在持久委托书中承诺，一旦委托人日后丧失民事行为能力，即由委托代理人代为作出医学治疗的决定，或者以自己的名义处分其财产。委托处分的财产可以是全部财产，也可以是特定的财产。为保证持久委托书的真实性，奥地利公证人借鉴最后遗嘱登记的做法，建立了持久委托书的登记制度，所有经过公证的持久委托书由经办公证人提交联邦公证人协会进行登记，持久委托书登记也便于有关单位或个人日后核实真伪。奥地利法律界人士和社会公众普遍认为，相对于法定的监护制度，持久委托制度可以更充分地体现委托人的意志，保护委托人的利益。

最后遗嘱登记制度是指根据奥地利法律规定，公民可以采用下列三种形式之一订立最后遗嘱：私人遗嘱（包括自书、代书遗嘱）、公证遗嘱（包括书面、口头遗嘱）、法院证明的遗嘱（包括书面、口头遗嘱）。为了规范对遗嘱的管理，奥地利联邦民法公证人协会建立了最后遗嘱登记中心，统一进行最后遗嘱登记。根据奥地利有关法律规定，遗嘱人在订立任何一种形式的遗嘱后，都可以将遗嘱提交给公证人事务所、律师事务所或法院保管。法律规定，不论遗嘱在何处保管，遗嘱人都必须通过公证人向联邦民法公证人协会最后遗嘱登记中心办理最后遗嘱登记。最后遗嘱登记中心只登记遗嘱人姓名、出生日期、遗嘱的形式、遗嘱订立日期以及遗嘱的保管地点，最后遗嘱登记中心不负责保管遗嘱，对遗嘱的具体内容也不作登记。

二、奥地利公证人开展公证活动之观察

在奥工作交流期间，除了我所在的那家公证人事务所，我还

走访了维也纳多家公证人事务所。我特别留意观察奥地利公证同行在工作方式上与我们的差异，兹分述如下：

在接待咨询环节，没有一家公证人事务所安排直接在接待大厅接待公证当事人，如果是第一次上门的“散客”，由事务所门口的咨询人员简单交谈后，引导给相应的公证人，与公证人在事务所小会客室进行洽谈。奥地利所有公证人事务所都不允许事务所的咨询人员对当事人的身份和需要办理的公证事务进行审查，他们认为，这是为了保护当事人的隐私。当然，如果当事人是公证人原来的客户，就可以直接进入公证人的房间。

在维也纳，根据维也纳、下奥地利、布尔根兰德民法公证人协会的公证执业纪律要求，除非当事人因疾病等特殊情况确实无法亲自前往公证人事务所，公证人原则上不得上门受理公证申请，只能在公证人注册的办公场所受理业务。据称，在奥地利其他五个地方的民法公证人协会也有类似这样的限制性规定。奥地利公证人认为，这样做的目的主要是为了防止公证人的中立性受到不当干扰。

按照奥地利公证程序规范，公证人在受理公证事务时，必须确凿了解当事人办理公证的真实目的、意图，并根据当事人的目的、意图，亲自代拟相应的法律文书，如委托书、声明书、合同/协议等。因此，了解当事人办理公证的目的、意图非常重要，奥地利的有关规范要求公证人应当与当事人进行充分沟通，并将沟通的内容记入笔录。同时，还要求公证人在沟通过程中，向当事人详细诠释公证的意义以及相关法律规定和相应的法律后果。

三、从公证“产品”看奥地利公证人如何作成公证文书

奥地利公证人是怎样进行公证活动的？或者更通俗地讲，奥地利公证人是如何为民众和社会“生产”公证“产品”的？俗话说，百闻不如一见，在奥地利工作交流期间，我收集了三个不同类型的公证“产品”，了解这些公证“产品”，对于奥地利公证人

如何履行公证职责可以有具体深切的感受。

我们先来看一份奥地利公证人作成的公司并购协议公证文书，由公证人作成的这份并购协议公证文书内容专业翔实，原文为德文和英文两种版本，现将其中的英文版公证文书译为中文。

公证档案号：××

公　证　书

A（博士），维也纳城内的公证人，办公地点在维也纳市1区××号。本人，B（双硕士，博士），作为维也纳科勒·凯多·杜尔和合伙人民法公证事务所的候任公证人，根据以下当事人申请，今日来到V公司的位于维也纳市3区××的办公地点。

C先生（博士），生于××年××月××日，和D先生，生于××年××月××日，均经我验证身份，在维也纳市3区××，作为V公司的董事会成员，公司注册地在维也纳，营业地在维也纳市3区××，在维也纳商事法院商事登记（FN166××），经授权共同代表V公司；

E先生（博士），生于××年××月××日，和F先生（双博士），生于××年××月××日，均经我验证身份，在维也纳市3区××，作为Y公司的董事经理，公司注册地在维也纳，营业地在维也纳市3区××，在维也纳商事法院商事登记（FN269××），经授权独立代表Y公司；

根据当事人的陈述，候任公证人起草的协议如下：

并购协议

由以下各方订立：

S公司

维也纳3区××

（以下或称“转让公司”）

和

Y 公司

FN 26900××

维也纳 3 区 ××

（以下或称“收购公司”）

达成如下内容：

释义

AktG	指的是联邦股份公司法（公司法），经联邦法律公报 1965/98 修正
GmbHG	指的是有限责任公司法，经皇家法律公报（1906/58）修正
第三方	指的是除 Intercell 或者 Pelias BIO 之外的任何实体，尤其是受公法约束成立和行为的自然人或法人。
V× ×	指的是 V 公司，根据奥地利法律组建的一家股份公司，注册地在维也纳，营业地在维也纳 3 区 ××，在维也纳商事法院商事登记（FN166××）
S× ×	指的是 S 公司，根据奥地利法律组建的一家公司，注册地在维也纳市，营业地在维也纳市 3 区 ××，在维也纳商事法院商事登记（FN267××）
Y× ×	指的是 Y 公司，根据奥地利法律组建的一家有限责任公司，注册地在维也纳市，营业地在维也纳市 3 区 ××，在维也纳商事法院商事登记（FN269××）
期末资产负债表	指的是 S 公司截至 2008 年 12 月 31 日的资产负债表，作为附件 ./1. 附于并购协议
收购公司	指的是 V 公司
转让公司	指的是 Y 公司
UmgrStG	指的是关于公司改组税务制度的联邦法，该法修正了 1988 年个人所得税法、1988 年公司税务法、1955 年公司评估法、内部结构治理法和财务犯罪处罚法，经联邦法律公报 1991/699 修正

序言

（A）V公司以现金出资35,000.00欧元（三万五千欧元）作为唯一股东持有S公司的股份。S公司以现金出资35,000.00欧元（三万五千欧元）作为唯一股东，持有Y公司的股份。

（B）第一步，根据GmbHG和AktG的规定，作为转让公司的S公司与作为收购公司的Y公司于2008年12月××日实施并购（下层并购，以下简称“并购I”）

（C）第二步，根据GmbHG和AktG的规定，作为转让公司的Y公司与作为收购公司的V公司于2008年12月31日并购（上层并购，以下简称“并购II”）

（D）本并购的先决条件是“并购I”的有效性

（E）本并购的主要事项是作为转让方的Y公司与作为收购方V公司之间的“并购II”

鉴于以上，各方达成协议如下：

1. 相关公司的公司名称和公司地址（AktG 220条2款1项）

1.1 转让公司是Y公司，根据奥地利法律组建的一家有限责任公司，公司注册地维也纳市，营业地在维也纳市3区××，在维也纳商事法院商事登记（FN269××）。公司的股份资本为35,000.00欧元。

1.2 收购公司是V公司，根据奥地利法律组建的一家股份公司，公司注册地在维也纳市，营业地在维也纳市3区××，在维也纳商事法院商事登记（FN166××）。V公司的股份资本达到47,207,256.00欧元，分为47,2047,256股，每股代表1欧元的股份资本。

1.3 V公司以向Y公司现金出资35,000.00欧元，并申请并购商事登记之时，将持有Y公司的股份，收购公司也因此成为转让公司唯一的股东（涉及序言“并购I”）。

2. 本协议关于转让公司资产的转让适用统一的法定承继

（AktG 220 条 2 款 2 项）

2.1 根据 AktG 234 条、AktG 220 条至 233 条、GmbHG 97 条至 100 条，以及根据 UmgrStG 第 1 节，和改组税务法中涉及的税务利益，转让公司 Y 公司应当将其整体资产，连同债权债务，不进行清算，并入收购公司 V 公司。

2.2 该并购应当根据转让公司截至 2008 年 12 月 ×× 日截止的资产负债表，附于本协议的附件 1，作为实施依据，并且此表构成本协议不可分割的组成部分。2008 年 12 月 ×× 日这一天也将在本协议以下部分成为“并购日”，同时也构成 AktG 220 条 2 款 5 项以及 UmgrStG 2 条 5 款中所述的并购日期的并购之日。

2.3 并购日一经截止，转让公司将被视为终止，其整体资产不进行清算，视为转让给收购公司。

3. 对价（AktG 220 条 2 款 3 项）和现金偿付

3.1 根据 224 条 1 款 1 项，收购公司不可以发行任何股份，因为在申请并购的商事登记之时，V 公司将是 Y 公司唯一的股东，因此收购公司的股份资本也不因该并购而增加。

3.2 鉴于收购公司的股份资本不因该并购而增加，而且收购公司也不可以发行股份，所以根据 AktG 220 条 2 款 4 项之规定，无需提供有关收购公司股份发行变化的信息。

3.3 V 公司在本协议中单独声明：V 公司因将成为 Y 公司的唯一股东而失去其所要支付的现金对价和由对价派生的利益。

4. 资产负债表上的收益权（AktG 220 条 2 款 4 项）

根据本协议 3.1 条，收购公司不出让股份，因此股东依股权分配资产收益的时间无需定义。

5. 并购日与并购的追溯效力（AktG 220 条 2 款 5 项）

5.1 转让公司的资产负债表中能够被列入的所有资产均明细记载于 2008 年 12 月 ×× 日截止的资产负债表上，本并购基于此表。

5.2 基于“并购 I”，即转让公司 S 公司于 2008 年 12 月 ×× 日并入收购公司 Y 公司之后，Y 公司的所有资产均明细记载于 2008 年 12 月 ×× 日的补充资产负债表。个别不能列入该资产表中的资产视为被转让。

5.3 并购日结束后，被转让资产的所有利益应当一并转让于收购公司，包括转让公司正在履行之中的交易与合同。并购日结束之日起，转让公司所有的行为均视作为了收购公司而执行，收购公司已经查阅了转让公司 2008 年 12 月 ×× 日以后的账簿并获取了交易信息记录，转让公司声明已经详实地的向收购公司公布了 2008 年 12 月 ×× 日起实施的交易。

6. 权利（AktG 220 条 2 款 6 项）

转让公司和收购公司不向他们的股东们和 / 或单一股东，给予特殊的权利。转让公司或收购公司也未曾给予过优先权、优先股、债券或分红的权利。

7. 特殊利益（AktG220 条 2 款，7 项）

禁止给予相关公司董事会和监事会人员以及任何审计人员或者监管人员以特殊的利益。

8. 并购报告（AktG 220 条 a），并购审计（AktG220 条 b），呈交商事登记并公告（AktG 221 条 a）

8.1 根据 AktG 220 条 a，Y 公司和 V 公司的董事会应当出具一份书面报告，审议评估本并购和并购协议可能引起的金融与法律后果。

8.2 根据 AktG 232 条 1 款，不要求并购审计（AktG 220 条 b），因为收购公司进行商事登记，将获得转让公司的所有股份，并且根据 GmbHG 100 条 2 款，V 公司作为 Y 公司唯一的股东，无需并购审计（AktG 220 条 b）

8.3 根据 AktG 231 条 1 款与 AktG 221 条 a，V 公司董事会必须在转让公司对此次并购作出决议的股东大会召开之日至少提前一个月向维也纳商事法院商事登记处提交并购协议。提交通知必须在 Wiener Zeitung 的官方公报上刊登。V 公司作为 Y 公司唯一的股东将放弃递交并购文件的权利（GmbHG 97 条 1 款）。根据 AktG 221 条 a，也不必向商事登记处提交并购文件，公告提交文件的通知，让所有的股东获得并购文件并查阅，即使是为了Y公司的利益，因为Y公司是一家有限责任公司。

8.4 根据AktG 231条1款，V公司董事会将放弃以股东大会决议来批准转让方并入V公司的要求，并且根据AktG 221条1款将此信息公告，并根据AktG 231条3款，向股东告知所享有的权利。

9. 重组税

9.1 账面价值结转

本拟定协议依照UmgrStG的第1条规定执行。结转账面价值，适用相关税收利益。

9.2 优良市值

在并购日以及并购协议执行之日，被转让资产的市场价值良好。

V公司已经于2009年3月××日向Y公司付清了500,000.00欧元的现金，且不可撤销不可返还，因此并购之后Y公司股本金充足。S公司并入Y公司之后，Y公司股本金账面价值也是良好状态。

9.3 不动产转让税

转让公司不拥有任何不动产。

9.4 重组计划

鉴于S公司并入Y公司的“并购I”先于拟定本协议执行，并且两并购在同一日进行，即2008年12月××日。Y公司，S公司和V公司作为公司重组的相关公司，根据UmgrStG 39条，执行“重组计划”，见本并购协议的附件2。

10. 先决条件与后随条件

10.1 本并购协议的生效受以下先决条件的约束：

（a）本协议经过转让公司Y公司股东大会的批准；

（b）“并购I”生效。

10.3 本并购协议受后随条件的约束，本拟定协议需自2009年9月××日，转让公司与收购公司才可用于申请商事登记。

11. 费用

因拟定和实施本协议而产生的所有成本、费用和税费应由收购公司承担。

12. 代理权限

转让方和收购方在此授权 ×× 博士，住所维也纳 22 区 ××，作为合法代理人，为了执行拟定的本协议，特别是有关公司登记方面的事项，于必要或合理之时，修改和修正本协议。

13. 副本

协议各方持有副本数量不受约束，需要方自担副本费用。

本公证文书经候任公证人 B（双硕士、博士）起草，向双方宣读，由双方确认所述行为系他们或他们的委托人的真实意思表示后，双方在我，候任公证人 B（双硕士，博士）的面前签名，特此公证。

×× 年 ×× 月 ×× 日

维也纳

V 公司

签名：	签名：
C 先生	D 先生

Y 公司

签名：	签名：
E 先生	F 先生

签名：

候任公证人 B（双硕士，博士）

附件：

附件 1　转让公司 2008 年 12 月 ×× 日末的资产负债表

附件 2　根据 UmgrStG 39 条，2009 年 3 月 18 日制订的重组计划

对于中国公证同行来说很值得参考和借鉴的一个范例是，即便是当事人自己已经形成了私文书例如合同等，当事人将自己形成的私文书带到公证人面前请求进行公证，奥地利公证人也不是简单地、形式化地仅仅只是“证明”一下当事人在文书上的签名、印章属实或私文书的复印件与原件相符，而是充分尽到公证人作为法律专业人士作成公证文书的职责。奥地利公证人的做法与我们长期以来习惯的公证工作方式有很大的差异，通过对“公证产品”对照比较，可以感悟什么是真正意义上公证人的职业活动和公证文书，以下这份公证文书的内容与形式是以表明这一点。

对于中国公证同行来说很值得参考和借鉴的一个范例是，即便是当事人自己已经形成了私文书例如合同等，当事人将自己形成的私文书带到公证人面前请求进行公证，奥地利公证人也不是简单地、形式化地仅仅只是“证明”一下当事人在文书上的签名、印章属实或私文书的复印件与原件相符，而是充分尽到公证人作为法律专业人士作成公证文书的职责。奥地利公证人的做法与我们长期以来习惯的公证工作方式有很大的差异，通过对“公证产品”对照比较，可以感悟什么是真正意义上公证人的职业活动和公证文书。

公证档案号：××（2009）

公　证　书

本人，民法公证人鲁道夫·凯多博士，兼任注册法庭英文及德文翻译员，在维也纳多瑙塔 ×××× 号执业，办公地点位于维也纳 ×××× 街区。

今天，应各方当事人的要求，我来到维也纳 ×××× 街区 ×××× 大厦 ×××× 房间。

下列自然人向我出示了带有照片和出生日期的身份证件，他 / 她们是：

1、A 女士，1977 年 8 月 ×× 日出生，住址：××××。根据 E 有限公司于 2009 年 3 月 18 日签署的委托书，作为 E 有限公司的代理人。

E 有限公司在奥地利共和国商业登记处注册，注册地址为：维也纳 ××××，法庭档案编号为：FN××××。

2、B 先生，1962 年 12 月 ×× 日出生，住址：××××。担任 G 有限公司董事总经理，以 G 有限公司名义代表该公司签

署文件。

G有限公司在奥地利共和国商业登记处注册，注册地址为：维也纳××××，法庭档案编号为：FN××××。

双方在此明确，本公证文书以德文版本为准，英文版本仅作为参考之用。

B先生可以流利地使用英文，但不能有效地使用德文。因此，出具本公证文书必须有两名证人在场，该两名证人已向我出示了带有照片和出生日期的身份证件。他/她们是：

1、C女士，1980年6月××日出生，住址：××××。

2、D先生，1978年7月××日出生，住址：××××。

两位证人精通英文和德文。根据《公证人法》第63条第2款的规定，此项公证活动毋须另有注册法庭翻译员参与。

根据《公证人法》第89条a之规定，依据今天对电子数据处理库保存的商业登记册的核查，上述G有限公司是在奥地利共和国商业登记处正式注册的机构，法庭档案编号为FN××××。根据《公证人法》第89条a之规定，依据G有限公司截至今天的会议记录，我在此确认B先生已被正式授权以上述G有限公司的名义签字。

今天，在场人员将其签署的私人契约当面提交给我，这份契约为：股份买卖与转让协议，协议涉及的标的为在S有限公司的股份。

S有限公司在奥地利共和国商业登记处注册，法庭档案编号为FN××××。

本人，本公证文书的署名公证人，在此确认，我已根据《公证人法》第54条之规定核实该私人契约的签署。

今天在场的各方人员均了解并明确同意，本公证文书的全部内容将以电子档案的形式上传并存储于奥地利公证人协会文书办公室，根据《公证人法》和相关规定，法院、行政机关、特定税务机关有权进行查阅。

本公证文书和上述私人契约以德文加以记录和朗读，并对在场人员进行了英文翻译。在场人员确认公证文书和私人契约与其分别代理的当事人的真实意思表示完全一致。随后，当事人和证人在我，民法公证人和注册法庭翻译员面前亲自签名。

两名证人在公证文书的朗读、翻译和确认过程中一直在场。

2009年4月19日签署于维也纳

E有限公司

签名：

A先生

G有限公司

签名：

B先生

证人

签名：	签名：
C女士	D先生

签名：

公证人鲁道夫·凯多（博士）

此外，奥地利公证人也可以根据当事人的委托为当事人起草民事类法律文书，这些法律文书有的需经公证，有的不一定需要公证，公证人可以仅仅为当事人起草法律文书。在我带回国的资料中，有一份英文版的房产买卖合同，当事人并不要求该合同作成公证文书，而是由我所在的科勒·凯多·杜尔和合伙人民法公证人事务所的科勒公证人作为合同起草人，同时作为合同所涉房地产交易资金托管代理人，应买卖双方当事人的要求“量身定做”了这份合同，合同内容共有 12 条，现摘要翻译如下：

买卖合同

本合同订立于下列双方当事人之间：

1. 卖方：T 有限公司（房地产开发商），地址：维也纳 1090，×××× 大街 ×××× 号

2. 买方：A 机构，维也纳 1040，×××× 路 ×××× 号，由 A 机构的 ×× 先生作为代理人

合同内容：

第一条

本合同标的：位于维也纳 5 区某街区 G5 公寓，可用居住面积 ×××× 平方米，包括附属的地下室面积 ×××× 平方米。

此外，卖方声明，作为本合同标的的 G5 房屋专用于公寓。同时，该房屋内的其他四套房产也被专用于公寓。

整个建筑中，可被买方使用的部分（通往出口 / 地下室 / 庭院 / 车库的楼梯、洗衣房、自行车或婴儿车的储藏室、废物处理室）可详见本合同附件的平面图。

卖方承诺：建造上述房产的计划已经获得维也纳市政主管部门的许可，许可证书的文号为 ××××。该建筑建设工程也已获得主管部门批准，建筑许可证证文号为 ××××。

卖方证实，作为本合同标的的上述房产，既不在洪泛平原，也不在污染区域登记之列。

买方声明，合同标的将作为 A 机构的住所。

……

第二条

买卖双方确认上述房产的成交价格为 ×××× 万欧元。

双方确认，上述价款不包括流转税，也不将流转税计入

房价。

买方承诺，在2009年6月30日之前完成本合同约定的各项义务。

如经事后调查得知，合同标的物的实际价值与价格不符，双方仍按本合同约定的价格执行。

……

第三条

买方承诺，在签订本合同30天内，将全部房款存入合同起草人民法公证人科勒博士在公证人银行开立的账户，进行资金托管。

如果买方延迟进行资金托管，须负担8%的违约金。

民法公证人科勒博士作为资金托管代理人，其资格不得被取消。

房款支付方式：分期付款（付款期3年，分7期付清，分别写明支付各期款项的前提条件）。

……

根据××××法律文件第××条规定，A机构购买本合同标的，有权免交土地转让税，同时还有权豁免支付登记费、诉讼费、鉴证费、证明费、抵押费和印花税。

根据《维也纳非奥地利国民获得房地产法》第3条的规定，此次房产买卖，无需进行批准。

在土地登记处完成变更注册登记后，资金托管代理人应当及时将全部托管资金移交给卖方。

……

第四条

买方不对拟买入的房产上可能设定的租赁关系承担任何责任，卖方承诺不在房产上设定租赁关系。

……

第五条

交房日期为不晚于 ×××× 年 ×× 月 ×× 日。

……

房产交付后，所有与房产有关的风险、意外和义务均由买方承担。

……

第六条

……

卖方保证不存在任何与合同标的有关的未付清的经营费用。

卖方确认不存在与合同标的有关的悬而未决的民事或行政案件。

买方授权民法公证人凯多博士，在买方因合同标的引起的任何经济损失时，可以买方的名义签署主张权利请求文件的委托书。

第七条

合同双方根据本合同，共同同意无需卖方进一步确认，即可将土地所有人注册为 A 机构。

第八条

作为合同标的的房产交付后，任何关于该房产的改变，买方可直接向注册工程师 / 建筑师 ×× 提出，并按要求向其支付费用。

第九条

本合同当事人因合同引起的所有权利、义务和责任分别由其继承人共同或按份享有、承担。

第十条

……

鉴于作为合同标的的上述房产已被完全翻新，根据2002年《公寓维护法例》，该房产应被视为在未来10年不需要进行重大维修。

第十一条

合同双方同意，本合同可以电子文本形式被提交至奥地利公证人协会文书办公室。根据相关法律规定和协议约定，法院、行政机关、特定税务机关有权进行查阅。

第十二条

所有与土地注册有关的费用、收费和义务均由买方独自负担。

本合同是根据买方的请求起草的。

T有限公司

A机构

签署于维也纳

四、奥地利公证人执业、公证组织性质和公证行业协会概况

(一)奥地利公证人执业概况

1. 公证人——奥地利取得执业资格最难的法律职业

跟欧洲大陆很多国家一样，奥地利在法律上对公证人的正式称谓是民法公证人(Civil Law Notaries)，这样的称谓是为了彰显公证人的法律专家身份，同时也可以明确公证活动的性质和范

围，即公证活动一般只涉及由民法调整的民事法律事务。

奥地利对公证人实行严格的总量控制，各地公证人的职位数以及公证人任职地的变更等，由联邦司法部根据各地公证人服务的人口数量、公证人的地区分布以及各地社会经济发展状况等，在征询各地方民法公证人协会意见的基础上加以确定，但公证人职位数和任职地一经确定，除非情况发生重大变化，不得随意改变。在我赴奥地利进行工作交流的前一年即2008年，全奥注册公证人486人，相对于该年奥地利全国约900万的人口数量，奥地利公证人的数量远远高于中国。2008年，中国约13亿人口，11600名公证员，就公证人人数与人口总数的比例而言，中国为1∶12万，奥地利为1∶1.8万，奥地利公证人的相对数量是中国的六倍多。

奥地利所有公证人均为私人职业性质，公证人是自由职业者，独立办案、独立承担民事责任，……

奥地利所有公证人均为私人职业性质，公证人是自由职业者，独立办案、独立承担民事责任，但在以法院专员名义办理公证的情况下，公证人被视为法院专员，履行执行公务的职责。

据奥地利公证人称，在奥地利，在各个法律职业中，公证人成为取得执业资格最难的法律职业之一，比法官难，比律师更难。资料显示，在奥地利，虽然法律规定公证候选人等待成为执业公证人的等候时间是7年，但实际上，目前公证候选人的平均等候时间是12年到15年，大多数人取得公证人执业资格的年龄是在39岁至47岁之间，所以奥地利公证人总体上年龄都偏大。

根据《奥地利公证人法》第6条规定，取得公证人执业资格的条件和程序是：具有奥地利国籍、已达成年且具有诚实的履历和独立管理自己财产的能力、法律专业大学毕业、通过两次全国公证人资格考试并在公证人事务所至少实习7年以上，成为候任公证人，等待有缺位时，按照取得公证人资格的先后顺序进行递补，空缺一个补充一个。

奥地利公证人是依据公平和公正原则，向社会提供全面法律服务的专业人员，是训练有素、具有丰富实践经验的法律专家。

奥地利公证人是依据公平和公正原则，向社会提供全面法律服务的专业人员，是训练有素、具有丰富实践经验的法律专家。奥地利公证人的主要公证业务与其他拉丁公证制度国家相似。根据《奥地利公证人法》第1条、第5条和其他相关法律规定，公证人的主要职责和业务范围大致包括六个方面：

（1）公证各种法律上的声明和交易行为的真实性、合法性并作成公证文书。法律规定，公证书是一种公文书（Public Deeds）。依照《奥地利公证人法》第3条和《奥地利民事诉讼法》292条的规定，公证人可以赋予公证书具有强制执行效力。另外，公证人可以公证签字的真实性，公证公司股东大会形成决议、彩票开奖等现场活动的真实性。

（2）根据《奥地利公证人法》第5条规定，公证人代为起草私文书（Private Deeds），是相对于作成公文书（Public Deeds）而言的，私文书如委托书、声明书、合同、遗嘱等，这些文书只是由公证人代为起草，当事人由于某种原因并不要求办理公证。起草私文书是公证人的一项重要业务。另外，公证人还可以根据当事人的要求，代理其在法院和公司登记、土地登记等政府部门办理有关非诉讼事务。

（3）作为法院专员处理特定事务，这是奥地利公证制度特色之一。根据《奥地利公证人法》第1条第2款规定，依照特别法的规定，公证人在特定情况下，可以以法院专员（Court Commissioner）的名义承担执行公务的职责。根据《法院专员法》第1条第1款第1项、《土地登记法》（The Law on Land Register）第7条、《公司登记法》（The Law on Company Register）第35条的规定，公证人在办理检验遗嘱、继承事务以及被授权核实不动产登记、公司登记等事务时，依法享有国家司法官员的职权。在这些场合，公证人是以法院专员的身份，行使法律赋予他们的司法官员的职权，而不是以公证人的身份办理这些案件。法律之所以这样规定，是因为公证人办理这类事务都带有确认当事人民事权利的性质，或者是根据实际情况，他们需要拥有这样的职权。公证人具有了这样的身份，可以大大强化他们在这些场合下处理事务的权威性。在这些情况下，公证人出具的法律文书和法院的判决书在法律上的效力是相同的。这一点是奥地利公证制度中非常特别的地方。

（4）保管遗嘱等当事人寄托的文书。在公证人保管的遗嘱中，公证遗嘱仅为少数，绝大多数为非公证遗嘱。

（5）办理提存、代收代付税款等业务。

（6）在公证人事务所所在地少于两名律师的情况下，公证人可以代理当事人在地区法院（治安法院）参与民事诉讼。

另外，公证人还可以作为调解人参与解决当事人之间的民事纠纷。根据2003年《奥地利民事法律事务调解法》（Law on Mediation in Civil Law Matters）的规定，通过调解人资格考试的公证人，可以被联邦司法部列入调解人名单，作为调解人依法调解当事人之间的民事纠纷。在我于奥地利进行工作交流的2009年，全奥有50多名公证人具有调解人资格。

2. 候任公证人和公证候选人——奥地利公证制度中一项独特的制度安排

在奥地利，成为公证人前，首先必须成为一名候任公证人。具体来说，一个年龄在35周岁以下的法科毕业生，要想成为公证人，首先必须找到一家愿意接收其实习的公证人事务所，成为一个公证候选人（Notarial Candidate）。公证候选人必须参加公证人协会组织的一系列必修课程的培训，通常是在联邦民法公证人协会下辖的公证人学院参加这样的培训。公证候选人在实习满18个月后，参加第一次公证人资格考试，最晚必须在成为公证候选人后的五年内通过第一次考试。公证候选人通过第一次公证人资格考试后，再继续实习12个月，参加第二次公证人资格考试，最晚必须在成为公证候选人后的十年内通过第二次考试。两次考试都由口试和笔试两部分组成，考试由一名符合规定条件的地方高等法院院长或副院长、一名法官和两名公证人组成的四人考试委员会具体负责组织。通过两次考试后，即成为候任公证人（Notarial Substitute）。

在成为候任公证人的最初3年内，候任公证人必须在公证人事务所实习。在其后的时间里，候任公证人可以在公证人事务所实习，也可以在法院作为实习法官，或者在律师事务所作为实习律师，或者在联邦或地方民法公证人事务所作为实习法律工作人员。候任公证人在公证人事务所实习期间，可以接受公证人的委任，以公证人的名义办理一些简单的公证事务，并签发公证书。候任公证人可以办理公证，所以他们有自己的收入。因此，候任公证人的身份很特殊，他们既不同于公证人事务所的其他一般雇员，也不能成为事务所的合伙人。候任公证人如因为过错出具错误公证书，必须依法独立承担法律责任。

联邦民法公证人协会每年出版一本全国公证人名册，名册上有公证人名单和候任公证人名单，公证人是按照年龄大小进行排名的，候任公证人是按照取得候任公证人资格的先后顺序进行排名的，公证人何时退休、候任公证人的资历情况等都一目了然，非常公开透明，候任公证人可以据此大致推算出自己能够成为执业公证人的时间。

候任公证人在等待期满后，经当地地方公证人协会推荐，由奥地利联邦司法部任命为执业公证人。

（二）奥地利公证组织性质

在奥地利，所有公证人和公证组织均为私人性质。公证组织通常由一个公证人注册成立一个公证人事务所，独立执业，也可以由两名以上公证人共同注册设立合伙制的公证人事务所。我所在的科勒·凯多·杜尔和合伙人民法公证人事务所共有三名公证人合伙人，两个候任公证人和一个公证候选人（维也纳大学法律系毕业，尚未参加公证人资格考试），此外还有十三名雇员，承担类似中国的公证员助理和公证机构行政事务人员所承担的工作，据称是维也纳地区规模最大的一家公证人事务所。

（三）奥地利公证行业协会

在奥地利，公证行业实行充分的行业自治，由公证人协会进行自我管理。奥地利民法公证人协会是全奥公证行业的自律组织，是依据公法设立的机构（Public-law Entities）。全国有六个地方民法公证人协会，其中，维也纳、下奥地利、布尔根兰德（Wien，

Niederösterreich und Burgenland）三个州共同组建一个地方民法公证协会，蒂罗尔、福拉尔贝格（Tirol und Vorarlberg）两个州共同组建一个地方民法公证人协会，上奥地利州、施泰尔马克、克恩滕、萨尔茨堡（Oberösterreich, Steiermark, Kärnten, Salzburg）每个州各自组建一个民法公证人协会。在六个地方民法公证人协会的基础上，选举产生联邦民法公证人协会。联邦民法公证人协会的机构有公证人代表大会、主席、协会常设委员会和审计人员，协会驻地为维也纳。

奥地利联邦和地方民法公证人协会的主要职责是：代表、维护公证人和公证行业的利益；制定对公证人执业活动具有法律约束力的行业规则；对公证人的执业活动进行监督；处理公证人与公证人之间、公证人与当事人之间的争议；对违反执业纪律的公证人依法进行惩处；参与确定增加或减少公证人岗位人数，参与公证人的任命；对公证候选人进行继续教育和培训；为公证人和当事人建立最后遗嘱登记、电子文书档案、公证信托银行、信托登记等服务平台，并提供相应服务；参与、介入立法机关制定法律的活动；与外国公证组织开展双边和多边国际合作等。

五、奥地利公证制度的其他若干特点

（一）公证立法

奥地利专门规范公证人和公证活动的全国性的法律主要有三部：一是1871年制定、沿用至今并经多次修改的《奥地利公证人法》（The Law on Notaries Public of 1871, Notariatsordnung: NO），主要内容有：公证人的职责、公证人职位的取得与丧失、公证责任保险、公证人执行职务的规定以及公证档案管理等。二是《奥地利法院专员法》（The Law on Court Commissioners, Gerichtskommis-särsgesetz: GKoärG），主要是就公证人作为法院专员的组成及其职责，以及法院专员办理特定事务的程序等的具体规定。三是《奥地利公证书法》（The Law on Notarial

Instruments，Notariatsak-tsgesetz：NAG)，主要是关于办理公证的程序以及公证书的制作等方面的规定。在规范公证人执业活动方面，奥地利联邦民法公证人协会和地方民法公证人协会还制定了公证帐簿和现金管理、公证人信托、遗嘱登记、公证文书档案以及公证人培训等大量的行业规范，奥地利公证人必须遵守。

另外，在奥地利的《普通民法典》《不动产法》《有限责任公司法》《家庭法》《票据法》等民商事法律中，特别是《奥地利普通民法典》中，还有许多关于公证特别是关于法定公证的规定，这是近代以来拉丁公证制度国家的通行做法，它为奥地利公证业的稳步健康发展提供了有力的法律保障。当然，对在民商事法律中规定法定公证的做法，包括奥地利在内的拉丁公证制度国家近年来也有不同意见，面临来自各方面的挑战。

（《奥地利普通民法典》，周友军、杨垠红译，清华大学出版社 2013 年版）

（《奥地利普通民法典》，戴永盛译，中国政法大学出版社 2016 年版）

（二）奥地利公证制度中的法定公证业务

奥地利公证制度中的法定公证业务主要有以下三类：

1. 不动产交易公证事务

在奥地利，公证人主要从以下几个环节介入不动产交易：

（1）核实土地和房产登记信息，保证交易标的在法律上的可交易性。虽然法律规定隶属于地区法院的不动产登记中心登记的所有登记信息对社会开放，但社会公众要查询这方面信息，还是有诸多限制。公证人因办理公证需要，依照法律规定，可以通过被授权使用的专用网络的特别通道查询相关信息。

（2）根据当事人的要求，起草相关法律文书，包括起草不动产买卖合同、抵押合同、赠与合同、委托书等法律文书。奥地利没有类似中国房地产主管部门统一制定的房产买卖合同格式文本，每一宗交易都必须由公证人或律师根据当事人的不同要求，起草相应的合同。公证人起草法律文书的收费一般为交易金额的 1.5% ～ 2.5%。但是，法律规定，律师也可以应当事人的请求，代为起草有关法律文书，而且律师起草的法律文书和公证人起草的法律文书一样，都可以被有关部门接受。因此，就代为起草法律文书这项业务而言，律师和公证人之间存在一定程度的业务交叉和竞争。

（3）为交易各方在委托书、合同等法律文书上的签名办理公证，当然，当事人也可以请求法院进行证明。

（4）代为计算、收取不动产交易税款。根据《奥地利土地转让条例》（The Act on Land Transfer）第 12 条规定，公证人有权代表税务机关计算、收取交易税款，按照《奥地利联邦税法》（The Code on Federal Tax）第 160 条的规定开具完税证明，并在规定期限内通过公证信托银行将代收税款移交税务机关。法律规定不动产的转让税税率为交易价格的 3.5%。另外，公证人还可以代为收取不动产登记费，费率为交易价格的 1%。

（5）根据当事人的要求，代为办理不动产登记手续。

2. 公司类公证事务

根据《奥地利有限责任公司法》的规定，以下公司事务必须办理公证：有限责任公司章程的制定和修改[1]、股东认购公司增资的声明[2]、公司股东会关于增资的决议[3]、股权转让合同[4]、公司股东会关

1 《奥地利有限责任公司法》第 4 条、第 9 条、第 49 条、第 51 条。
2 《奥地利有限责任公司法》第 52 条、第 53 条。
3 《奥地利有限责任公司法》第 60 条。
4 《奥地利有限责任公司法》第 76 条。

于公司合并的决议[5]等。

3. 婚姻家庭继承类公证事务

这类公证事务包括：夫妻间的买卖合同或信用证协议、夫妻财产协议[6]；生父对非婚生子女的承认，当事人凭该承认公证书可在民事事务登记中心办理有关登记手续；对使用辅助生殖手段的同意[7]；继承：根据奥地利法律规定，被继承人死亡后，被继承人的所有动产、不动产不能直接转移给其继承人，必须根据法院的判决书或公证人出具的公证文书，才能转移占有或更改财产登记簿上的所有权人。奥地利公证人在以法院专员身份制作继承契约或办理有关遗产继承事务时，和我们中国同行办理继承权公证的做法不同，奥地利公证人在作成的公证文书中，必须详细查明并列出被继承人的所有遗产，包括作为遗产的所有动产、不动产、债权、债务以及应缴税款等情况。在此基础上，再依法对所有遗产在继承人间进行分配。公证人在办理继承公证后，可以根据当事人的委托代为交纳遗产继承税费[8]，代为办理过户登记。至于收养关系，法律规定，公证并非收养关系成立的必经程序，当事人签署收养协议，经由专门的监护法院或地区法院裁定确认，收养关系即告成立。但双方当事人必须亲自出庭表示同意送养或收养，确因特殊情况不能到庭，须通过代理人提交经公证人公证的表示同意送养或收养的声明。另外，根据法律规定，如果当事人在订立赠与合同时，不同时交付赠与物，则该赠与合同须以公证作为生效要件，未经公证，赠与合同不发生法律效力。

笔者曾就以下问题求教奥地利公证人，现代社会对于交易的便捷和效率有着很高的要求，奥地利法律规定诸多事项必须办理

5 《奥地利有限责任公司法》第 98 条、第 99 条。

6 奥地利法定的夫妻财产制是分别财产制，如果夫妻双方不适用法定财产制，而约定适用其他财产制，该约定必须经公证方具有法律效力——作者注。

7 根据《奥地利生殖医学法》，如当事人是同居关系，使用任何辅助生殖手段，都必须得到双方的同意；如当事人是夫妻关系，只有在使用第三人提供精子的情况下，才需要双方的同意。公证人在办理这类公证时，必须清楚地告知当事人“同意”的法律后果。

8 自 2008 年 8 月 1 日起，奥地利有关法律取消了遗产税。

公证，是否会对交易效率产生影响，社会公众对此怎么看？奥地利公证人认为，一方面，法定公证制度是拉丁公证制度国家历来的传统做法，已经获得社会的广泛认同。交易效率和安全的矛盾，是永远存在的。法律规定那些容易发生纠纷的事项必须办理公证，对于保护交易安全，维护当事人的合法权益和社会经济秩序是非常必要的。而且，公证人作为具有专门知识的法律专业人员，完全可以胜任这项工作，履行好法律赋予的职责。奥地利社会公众对公证人的评价，总体上也是积极的、正面的。事实上，奥地利民众除了请公证人办理法定公证事务外，还有很多人自愿找公证人办理非法定公证事务。他们认为这些事务经由公证人审查、公证后，可以在法律上获得更多的安全感。同时，奥地利公证人也认为，公证行业需要适应社会发展的需要，改进公证程序，提高公证效率，把公证对交易效率的影响减少到最低。早在 2007 年 7 月 1 日起，为了适应电子商务、电子政务迅速发展的形势要求，提高公证服务的效率，奥地利公证人即开始出具电子签名的公证书，这种电子公证书可以通过互联网直接提交给不动产或公司登记机关。同时，通过立法对电子签名公证的办理加以规范。另一方面，公证人也需要不断改进、优化公证服务的方式，增加公证服务的附加值。事实上，从二十世纪九十年代开始，奥地利公证人即围绕公证活动，主动向当事人提供许多相应的延伸服务，比如代为收取税款、办理交易资金监管（提存）、办理与公证事项相关的手续等，同时，公证行业主动调低某些收费较高的项目的收费标准，回应社会关切。

（三）公证程序

在公证程序方面，总体上看，奥地利公证人的许多具体做法与中国相近，但仔细比较分析，两者在某些方面还是存在一些差异，现简要列举如下：

1. 奥地利法律没有规定公证人办理公证的期限，具体期限可根据当事人的实际要求和公证人的承受能力，由双方协商确定。

2. 所有公证书只有一份正本原件，发给当事人的都是副本，或者是复印件，由公证人事务所出具证明，说明该副本／复印件与正本原件相符，也就是说，所有公证书正本原件必须由经办公证人保存[9]。

3. 在奥地利，公证人办理公证没有管辖的限制。任何一个奥地利公证人都可以办理发生在全奥地利境内的所有公证业务[10]。同时，为了防止出现过度竞争或不正当竞争，法律上特别设定了相关的禁令，如前面已提到的，按规定除非由于特殊或紧急情况，当事人确实无法前来公证人事务所办理公证，公证人可以应当事人的请求上门接受公证申请外，通常情况下，公证人必须在公证人事务所受理公证业务，不得上门办理业务[11]。公证人也不得以招揽客户为目的，通过广告进行业务宣传和推广。严禁任何公证人以降低公证收费为手段招揽业务，违者一经查实必须依法承担责任。

4. 法律公证程序的规定具体、明确，具有很强的可操作性。如《奥地利公证人法》规定，公证文书中不得使用略语，空白部分应当以划线填补[12]，已作成的公证文书不得对其中的文字进行涂改[13]。公证人在办理下列公证时，必须由两名证人在场证明：制作继承契约或办理遗嘱公证；当事人中有盲人或聋人或哑人，或不能书写的人；当事人中有不通晓公证文书所使用语言的人[14]。同时，还对公证人办理上述公证时应当履行的特殊公证程序作了详尽的规定[15]，如规定能阅读文字的聋人、哑人，应在证人的证明下，亲自阅读公证文书，不能阅读的，除证人外，还必须有能理解其手语且为其信任者在场的证明[16]。当事人不通晓公证文书使用语言的，公证人在办理公证时，必须有高等法院认可的翻译人员提供现场

9 《奥地利公证人法》第 49 条。

10 《奥地利公证人法》第 8 条规定，公证人可以在整个奥地利联邦领域内行使其一切职权。

11 《奥地利公证人法》第 31 条。

12 《奥地利公证人法》第 44 条。

13 《奥地利公证人法》第 45 条。

14 《奥地利公证人法》第 56 条。

15 《奥地利公证人法》第 57 至 67 条。

16 《奥地利公证人法》第 60、61 条。

翻译服务[17]，等等。

从我国的公证实践看，上述种种特殊情况虽然也经常遇见，但如何处理这些问题，非但公证法没有具体规定，相关公证活动规则也没有给予明确指引。因此，奥地利公证程序的上述规定值得我们今后在制定相关业务规范时加以借鉴。

（四）公证法律责任及公证执业保险

在奥地利，联邦司法部对全国公证业负有监管职责，但是，最直接、主要的监管部门还是联邦和各地方的民法公证人协会。奥地利专门制定了《公证人纪律惩戒法》，根据该法规定，通常情况下，对有一般违规、违法行为的公证人的处罚，通常由联邦民法公证人协会作出。对有严重违法行为的公证人则先由地方高等法院作出，再由联邦最高法院审查确认。两级法院在处理这类案件时，都必须由相应的专门法庭进行审理。在专门法庭的组成人员中，必须有公证人参与。对公证人最严厉的纪律处罚是取消其执业资格。当然，公证人有违法行为，除了依法应当承担纪律责任外，根据实际情况，可能还需要承担相应的民事或者刑事责任。

公证人因为办理公证造成当事人或利害关系的财产损失，依公证人在办理该公证时的身份，确定其应当承担的刑事或者民事责任的性质：对于公证人以法院专员名义办理的特定公证事项，根据奥地利刑法的规定，构成犯罪的，将被认为是职务犯罪，多数情况下被视为滥用职权一类的犯罪。造成当事人或其他利害关系人财产损失的，受害人应直接向国家有关部门请求国家赔偿，国家在承担赔偿责任后，再向有故意或重大过失的经办公证人进行追偿。对于公证人非以法院专员名义办理的其他公证事项，受害人可以依照民法的规定，直接向经办公证人提出民事赔偿的请求。对于公证人非以法院专员名义办理的公证造成的损害，除非这种损害的发生是由于公证人的故意造成的，否则，依照法律规定，公证人一般只承担纪律责任和民事赔偿责任，不承担刑事

17 《奥地利公证人法》第 63 条。

责任。

奥地利法律规定，公证人由于违反了法定的注意义务给当事人或他人造成损失的，必须承担赔偿责任。为了确保公证人承担赔偿责任的能力，法律规定所有公证人都必须为自己的执业责任直接向保险公司购买第三人责任保险，每个公证人购买的保险的最低赔偿额度为至少每年每宗公证事项40万欧元。为此，公证人须交纳的保险费约为1000—1500欧元。公证人每年交纳保险费后须在规定期限内将有关凭据报地方公证协会备案。交纳保险费越多，可能得到的赔偿金也就越高。大多数公证人为了在实际发生损害赔偿事实后能够得到保险公司支付更多的赔偿金，往往都愿意交纳更高的保险费。以我所在的科勒·凯多·杜尔和合伙人民法公证人事务所为例，三位公证人每人每年交纳9000欧元的保险费，每人每年都可以得到保险公司为其经办的每宗公证事项支付的赔偿金最高可达300万欧元。当然，如果公证人实际应承担的赔偿责任高于保险公司支付的赔偿金，则不足部分，必须由公证人以其个人财产承担无限赔偿责任，如赔偿事由发生在由两名以上公证人组成的公证人事务所，则其他合伙人必须承担连带赔偿责任。

奥地利法律规定，公证人由于违反了法定的注意义务给当事人或他人造成损失的，必须承担赔偿责任。为了确保公证人承担赔偿责任的能力，法律规定所有公证人都必须为自己的执业责任直接向保险公司购买第三人责任保险，……

六、具有奥地利特色的公证服务支持系统

奥地利公证业在长期的发展过程中，既借鉴了法国、德国、意大利、西班牙等具有代表性的拉丁公证制度国家的公证制度的长处，又形成了适合奥地利社会发展需要、颇具奥地利特色的公证服务支持系统。

（一）公证信托银行

为了保证公证活动中公证人代收款项的安全，1997年4月，奥地利联邦民法公证人协会与奥地利的两家银行Raiffeisen Zentralbank Österreich AG和Bank Austria-Creditanstalt AG联

合成立公证信托银行（Notary Trust Bank，Notartreuhandbank），三方的股权比例分别为49%、26%和25%。公证信托银行是采用最先进技术管理的全电子系统操作的专业性银行。根据法律规定，公证人代收的不动产交易税款、不动产及公司登记费用以及因办理提存等收取的提存款等，都必须统一存放于公证信托银行，以便于监管，保证不被挪作他用。根据奥地利联邦公证人协会的规定，公证人因办理公证需要，可以协助或引导当事人分别向公证信托银行开立专门的信托账户，存入需要通过信托银行交付的资金。在开立账户时，必须指定资金受益人，同时要求信托资金的支取，必须凭委托人的通知。完善的信托资金监督管理制度，加上公证人的专业服务，确保了存放在公证信托银行资金的绝对安全。截至2007年6月底，当事人在该行先后开立的账户超过285,000个，通过公证信托银行支付交易资金的委托人超过475,000人次。2007年底，公证信托银行的账面资金余额为九亿三千七百万欧元。

（二）电子公证文书档案系统

1999年，奥地利联邦民法公证人协会和西门子奥地利AG公司合资成立了一个专门机构cyberDOC，共同开发了电子公证文书档案系统，并由cyberDOC负责运行。从2000年1月1日开始，奥地利联邦民法公证人协会在全国公证行业正式启用该电子公证文书档案系统，这在当时的欧洲公证行业是独一无二的。从此开始，奥地利公证人所有需要永久保存的公证文书都同时以电子档案的形式加以储存。电子公证文书档案系统在技术上具有很高的安全性，经法律许可的第三方可以通过该系统获取其所需要的信息。电子公证文书档案系统的开发和使用，也为今后在条件成熟时取代实物公证文书档案提供了可能，这将大大节约公证行业档案保管的成本。

（三）最后遗嘱登记制度

最后遗嘱登记制度前文已经作过介绍，在此不再赘述。

（四）方便快捷、安全可靠的土地登记、公司登记和民事事务登记信息查询渠道。

在奥地利，与公证密切相关的登记主要有三项，即土地登记、公司登记和民事事务登记。

1. 土地登记

由各地区法院负责该地区的土地（不动产）登记，不动产登记信息全国联网。登记内容主要包括不动产的位置、面积、价格等基础信息以及与该不动产有关的物权信息等。公民、法人等申请查询不动产登记信息，必须向登记部门证明其与该不动产具有法律上的利害关系。

2. 公司登记

由各地商事法院负责公司登记，公司登记信息全国联网。登记内容主要包括公司的投资者（依公司的类型而定）、股份数量、注册资本、经营场所、被授权代表公司的个人及其权限等。根据法律规定，公司登记信息对公众开放，任何人都可以向公司登记部门申请查询公司登记信息。

3. 民事事务登记

由分散在各地的民事登记所负责登记信息，并由隶属于奥地利联邦内政部的民事事务登记中心通过计算机系统汇总全国的民事事务信息。登记内容主要包括所有居住在奥地利的居民的出生、住所、收养关系、婚姻状况、死亡等事实。一旦有上述事实发生或者变更，有关部门必须在规定期限内，将信息发送至民事登记中心。民事事务登记信息原则上不对公众开放。

奥地利联邦民法公证人协会经过长期努力，与上述三个登记部门都建立了良好的合作关系，为公证人在公证活动中核实有关信息提供了便利。公证人在办理公证时，根据需要，既可以按传统方式亲自到登记部门查询其所需要的信息，也可以利用专用网络通过这三个登记部门授权的用户名和密码直接登录登记部门的网络系统进行信息查询。查询费用按登录次数计收。

七、对于奥地利公证制度的几点感受

（一）健全完善的公证立法

作为大陆法系国家，奥地利十分重视制定法在国家和社会管理方面的作用，公证立法当然也不例外。早在 1871 年，奥地利就出台了《公证人法》，虽经多次修改，但其中的大多数规定一直沿用至今，不能不让人惊叹这一法律的超稳定性，更让我们对近 150 年前那些立法者的远见卓识和专业智慧钦佩不已！除了《奥地利公证人法》，奥地利还在大量的民事法律中规定了法定公证和其他有关公证的内容，为公证行业的生存和发展创造了一个良好的环境和空间。

在奥地利，公证行业参与立法的热情很高，每当立法机关制定或修改有关法律，特别是有关民事方面的法律，联邦和地方民法公证人协会都能代表公证行业及时介入，主动反映公证行业的呼声和要求。1997 年，奥地利联邦民法公证人协会在欧盟总部比利时布鲁塞尔设立常驻代表，在欧盟立法的层面上与有关方面积极进行斡旋、沟通，争取和维护奥地利公证人的正当权益。作为同行，我们非常羡慕奥地利等实行拉丁公证制度的国家成熟、完善的公证立法。当然，这一方面得益于这些国家长期延续下来的法律传统，但更重要的还是这些国家整个公证行业坚持不懈地巩固和拓展公证活动空间的结果。在公证立法尤其是法定公证立法方面，我国与欧洲拉丁公证制度国家存在很大差距，期盼这种局面能够尽快有所改变。

（二）严格的公证人任职资格限制，保证了公证人队伍的高素质

如上文所述，奥地利法律对公证人的任职条件和任职程序作出了近乎苛刻的规定，它为遴选优秀的公证人提供了制度上的保障。据奥地利联邦民法公证人协会介绍，在奥地利，公证人的整体素质高于其他法律职业群体。高素质的公证人队伍保证了公证服务的高质量，公证人倍受社会尊重，有着很高的社会地位，公证行业在奥地利社会有着很大的影响力。由于历史的原因，我国公证员队伍素质参差不齐。公证法将通过国家法律职业资格考试作为担任公证员的基本条件之一，对于提高公证员的素质起到了很好的作用。但是，笔者认为，与奥地利等实行拉丁公证制度的国家相比，我国公证员的准入条件还有待提高和进一步规范，例如，《公证法》第十九条关于可以不经过国家法律职业资格考试通过考核任命公证员的规定，对公证法的严肃性和公证员资格取得的法定性构成很大的挑战，有必要取消这一规定。

（三）在公证服务方面，奥地利公证人不是仅限于进行公证活动，而是根据社会的需求，不断拓展与公证活动有关的延伸服务

与法国、德国公证人相似，奥地利公证人在不动产交易中，充当了重要的角色。公证人除了进行公证外，还提供起草合同等法律文书、代为办理过户登记、抵押登记、代收税款、办理提存（资金信托）等服务。其中，代为当事人起草法律文书，是公证人非常重要的一项业务，并且这些服务都是额外收取费用的。这些与公证活动有关的配套、综合服务，既扩大了公证服务的范围，更增强了公证服务的实用性、有效性，满足了当事人的需要，社会公众对公证服务的认同度很高。可以说，奥地利公证人的专业服务在很大程度上已经由法律的外在强制转变为当事人的内在需求，当事人觉得公证有利于保证其交易活动的安全和便捷，是不可或缺的，也是不可替代的，这对于我们中国公证同行进一步转

变观念，不断改革公证工作方式和公证“产品”，开拓公证服务新领域具有重要的参考价值。

（四）公证收费标准具体、明确、合理

奥地利公证收费标准十分具体、明确，据奥地利公证人介绍，所有公证事项都可以在现行收费标准中找到对应的收费依据，因此，实践中几乎不会出现由于收费标准不明确而引发争议的现象，这主要得益于收费标准的及时更新。值得注意的是，奥地利法律在确定公证收费标准时，对于某些公证事项，特别将风险大小作为确定收费金额的依据。同样的公证事项，风险不同，收费也不同，例如对不动产委托书公证就区别不同情况，收费从400欧元到一、两千欧元不等，对某些特定的委托书公证事项，甚至按委托处分的财产价值的一定比例确定收费金额。另外，奥地利法律对某些工作量大，但标的小或者无法计算标的的公证事项，比如保全证据公证，规定可以按公证人提供服务的时间为计量单位确定收费金额，这些都值得我们在修订、完善公证收费标准时加以借鉴。

（五）进一步加强对拉丁公证制度的研究

当代中国的公证制度是在模仿苏联“国家证明权”制度的基础上逐步发展起来的。长期以来，我们对于以法国、德国、西班牙、意大利、奥地利等国为代表的大陆法系国家的公证制度即拉丁公证制度缺乏系统、深入的研究。中国已于2003年正式加入国际公证联盟，因此，中国公证制度理当充分借鉴、吸收拉丁公证制度国家的制度和理念。但是，到目前为止，尚无有关全面系统研究拉丁公证制度的著述。这给我们借鉴拉丁公证制度带来很大的不便。究其原因，一方面是因为欧洲大陆国家都不是以英语作为官方语言，虽然许多国家的国民在生活中大都可以用英语进行交流，但是作为法律和公证制度载体的文字资料很少是以英语写成的。我在奥地利工作交流期间，曾试图寻找英文版的《奥地利

公证人法》，可惜一直都没能找到。由于历史与现实的原因，绝大多数中国人所接受的外语教育的语言均为英语。据了解，在我国公证行业内，甚或是在法律研究人员中，很少有熟练掌握这些被称作“少数语种”的相当一些欧洲大陆法系国家的官方语言。因此，建议我国公证主管部门和行业协会注意发现、引导和组织既掌握上述“少数语种”、又精通法律和公证专业知识的人员加强对拉丁公证制度的研究，拿出权威的研究成果，介绍给中国的公证界、法律界和有关部门，以推动中国与国际公证行业特别是与拉丁公证制度国家的交流，从而完善我国的公证立法，促进中国公证业的改革发展。

长期以来，我国社会上有一种认识，认为公证的公信力源于“公证是公权力”，由此进一步认为，公证员必须是公职人员，公证机构必须是官方机构，并认为只有在此前提下，公证的权威性才能得到保证，公证书才能被赋予特定的法律效力。实际上，这是对现代公证制度的一种误读。公证的公信力和权威不在于公证姓公权力之“公”，而在于法律对公证人这一职业的专业性、独立性的承认和尊重，在于法律对公证人的资质及其活动的严格规制，包括严格的从业人员准入条件、严谨的办案规范和严肃的责任追究机制，这是奥地利、法国、德国、意大利等绝大多数拉丁公证制度国家公证法律制度的通行规定，而这些国家的公证人均为自由职业者，公证公信力却从来没有被削弱。

（六）加快推进包括公证体制在内的公证改革，破除影响公证事业发展的制度障碍

长期以来，我国社会上有一种认识，认为公证的公信力源于“公证是公权力”，由此进一步认为，公证员必须是公职人员，公证机构必须是官方机构，并认为只有在此前提下，公证的权威性才能得到保证，公证书才能被赋予特定的法律效力。实际上，这是对现代公证制度的一种误读。公证的公信力和权威不在于公证姓公权力之“公”，而在于法律对公证人这一职业的专业性、独立性的承认和尊重，在于法律对公证人的资质及其活动的严格规制，包括严格的从业人员准入条件、严谨的办案规范和严肃的责任追究机制，这是奥地利、法国、德国、意大利等绝大多数拉丁公证制度国家公证法律制度的通行规定，而这些国家的公证人均为自由职业者[18]，公证公信力却从来没有被削弱。因此，我们应当进一步加强与奥地利等有代表性的拉丁公证制度国家公证人的联系与交流，认真研究借鉴这些国家公证体制和公证实务的特点，为建立适合中国国情、符合公证事业发展规律的制度，在更大程度上实现与国际通行的公证制度的接轨，推动我国公证工作改革发展不断作出努力。

18 谷峰、怀咏：《中西方公证制度比较研究》，《中国公证》2004年第12期。

光阴似箭。在奥地利短暂的工作交流经历，一晃已经过去十多年了，但是这段工作交流的经历让我与科勒·凯多·杜尔和合伙人民法公证人事务所以及奥地利的其他公证同行结下了深厚的友谊。2010年4月，时任奥地利联邦公证人协会主席恩格贝特·佩特拉什先生一行10多位奥地利公证人及其家属在赴上海考察之前，通过奥中友好协会专门致电给我，希望在上海考察结束后，专程来深圳参访。经请示上级领导同意后，我及时回复，表示欢迎他们来深圳交流。在深期间，奥地利公证人受到深圳市公证协会和深圳市深圳公证处的热情接待，他们参观了深圳公证处，双方公证人举行了座谈交流，彼此都有收获。时至今日，我还和维也纳一些公证人经常保持联系，逢年过节都通过邮件、电话、短信等互致问候，遇有当事人需要在对方国家办理公证时，我们都不遗余力地互相提供协助。岁月不断流逝，但不会湮没我们的真诚友谊和对于公证事业的热爱。

主要参考资料：

1. Herbert Hausmaninger,（2003）‘The Austrian Legal System’（Third Edition）, Vienna：MANZ.

2.（1972）‘The General Civil Code of Austria 1811’, New York：Oceana Publications, Inc. Dobbs Ferry.

3.（2008）‘Notariatsordnung：NO 1871’, Vienna：MANZ.

4.（2004）‘The Austrian Companies with Limited Liability Act 1906’（Deutch/English）, Vienna：LexisNexis ARD Orac.

5.（2007）‘Austrian International Law—Rules of Conflict of Laws’（Deutch/English）, Vienna：LexisNexis ARD Orac.

6. Thorsten Antenreiter,（2002）‘National Report Austria’, Vol. 7, 3-4/2002, Notarius International, Würzburg, Germany.

7. Rudolf Kaindl, ‘Real Property Law Project’, http：//www.eui.eu/Documents/DepartmentsCentres/Law/ResearchTeaching/Research

Themes/EuropeanPrivateLaw/RealPropertyProject/Austria.doc.

8. Walter H Rechberger, Vienna , 'The Austrian Notarial System'.

9. http：//www.notar.at/notar/en/home/（The Austrian Chamber of Civil Law Notaries）.

10. 'Real estate law in Austria', http：//www.gowealthy.com/gowealthy/wcms/en/home/articles/travel/real-estate/Real-estate-law-in-Austria-1211893677190.html.

11. 'A study of the rules applying on residential real estate transactions in Austria', http：//www.cepi.eu/index.php?hl=en&page=osterreich.

12. 'Overview of Austrian Adoption Law', http：//www.adoptionpolicy.org/pdf/eu-austria.pdf.

13. 'The Austrian Judicial System', http：//www.justiz.gv.at/_cms_upload/_docs/Jus_ima_eng_Korr05.09screen.pdf.

14. 司法部公证司：《外国公证法规选》，法律出版社 1990 年版。

作者感言

公证制度是国际通行的预防性司法制度。当代中国公证改革不断向前，公证制度尚处于转型之中，作为公证人，需要通过各种渠道和方式，与传统的拉丁公证制度国家和地区，特别是与引领风气之先的欧洲大陆法系国家的公证同行进一步加强接触、交流、对话，借鉴其先进经验和做法，不断促进与国际公证业通行做法的接轨，为中国公证体制机制改革、公证业务的规范发展和公证事业的进步作出应有的贡献，这是当代中国公证人肩负的义不容辞的神圣使命！

法国公证人何以成为顶尖的法律职业人

——巴黎谢夫荷公证人事务所实习纪实（一）

◎曾俊*

当今世界唯一最巨大的力量就是变革的力量。

——［美］多伊奇[1]

概　要：在法国法律职业群体中，公证人的职业地位首屈一指，法国公证人实质上的意义与中国的“公证员”有着巨大差异。事实上，法国公证人的知识素养、专业能力、业务范围和敬业精神远远超越了国人印象中“公证员”的范畴。法国民众对公证人竭尽信任和依赖，彰显出法国公证人精湛的职业功能和崇高的社会地位。按照法国公证法，公证人的职业定位，不仅从来不是所谓的“证明人”，而且也远不限于进行“公证”。公证人站在中

*　曾俊，法学博士，执教于浙江工业大学法学院。

1　卡尔·沃尔夫冈·多伊奇（Karl Wolfgone Deutsch）（1912—1992）美国著名社会学与政治学家，捷克斯洛伐克人。

立地位担当了法律咨询顾问、纠纷调解员、法律文书起草人、交易行为的忠实记录人、财产保管人以及其他一切当事人意欲委托公证人之事项，可谓完整意义上的法律职业人。由此给中国公证员的启示在于：如何加快实现从“证明人”的角色向真正的法律职业人转变？

“公证人”= 名实相符的法律职业人

2015 年 1 月 27 日（星期二） 晴　巴黎奥斯曼大道 55 号

在我到法国公证人事务所实习之前，便听闻法国的公证制度体现了最具代表性的现代公证制度，它源于古罗马，有着两千多年的悠久历史。在法国公证人事务所实习，让我看到了法国公证行业许多与中国公证行业大不相同的地方，最鲜明的区别就在于公证人既对社会公共利益负责同时又自由执业的运作模式，有着多样化的公证组织形式，如公证人合伙制、公证牌照持有人公司等，都能有效保障公证制度的良好运行。来法国之前，在华政课堂上，兼职教授薛凡老师曾介绍说，我国的公证机构大多为事业单位体制，这一体制与以法国为代表的全球背景下现代公证制度运行的普遍模式存在很大的距离。

由于公证文书具有很高的法律效力，法国公证人在社会上有着极高的权威。公证人接受国家的授权行使公共职能，但不隶属于任何机关、团体，自负盈亏、自担其责。同时，公证人以自由职业者的身份执业，是真正具有独立人格的法律职业人。记得薛凡老师在华政给我们讲课时曾经提到，这一特点称之为公证人职务的双重性，不仅是法国也是几乎所有大陆法系国家和地区公证行业普遍的基本特征，从我自己在法国公证人事务所参与实习办案的经历，亲身感受到了公证人职务双重性的高尚价值。

准确地说，法国许多公证人事务所是一个“公证牌照持有人公司”（下称“公司”），公司作为公证牌照持有人，拥有合伙公证人和授薪公证人。一般来说，公司会设置四个部门：其一，民事公证部门，主要办理继承、赠与、家庭、婚姻财产等业务；其二，建筑公证部门，主要为建筑施工、在建或待建不动产买卖提供服务；其三，经常性法律文书部门，主要负责起草、签订并保管买卖、抵押、贷款等文书；第四，大型机构投资服务部门。

我实习的谢夫荷公证人事务所（CHEVREUX-NOTAIRES）乃全法最大的公证人事务所之一。这个事务所位于巴黎市的“巴黎春天”对面的奥斯曼大道。奥斯曼大道古朴典雅，建筑美观，展现了法国人引以为傲的城市规划。事务所一共有 267 名工作人员，其中合伙公证人 7 名，其他的公证人都是授薪公证人，但授薪公证人都积极工作，希望早日成为合伙公证人，这个机制与我们国家的律师事务所相似。在内设部门的设置上，谢夫荷公证人事务所并未采用上述常见的四个部门的设置方式，而是完全以公司的形式运营管理，以 7 位合伙公证人来划分各自的团队，并以秘书部、后勤部、财务部、文书部、技术部等作为辅助部门提供日常业务的支撑。与我签订实习带教合同的乃是这个公证人事务所排名第三的合伙人米歇尔（Michèle RAUNET）——一位令人敬佩的女公证人合伙人。

米歇尔的团队负责公证人事务所的公法部（Département du Droit Public），位于事务所办公楼的四楼，客户主要由巴黎市政府或者与巴黎市政府有关联的公司构成，因此，公证业务具有一定的公法性质，尤其是在涉及城市规划和环境评估方面。实际上，这个团队所做的也是不动产买卖公证，只不过这些不动产买卖的客户一方为政府或者是政府授权的其他公司。事务所的五楼乃是排名第二的合伙人阿历克斯（Alix D’OCAGNE）的团队，这个部门叫作不动产部（Département du Droit Immobilier），谢夫荷公证人事务所的主要业务就是不动产买卖公证。

中午，谢夫荷公证人事务所的公证人 JJ 在茶歇时间端着咖啡走过来，和另一位公证人斯特凡（Stéphane）聊起来。斯特凡是个有着络腮胡子的中年人，亲切和蔼，特能侃大山，非常幽默。听着他哈哈大笑的声音，我禁不住停下手中的工作，也端着一杯茶和他们走到一起，参与了他们的话题。

“A 酒店的人又来电话了，要求我把酒店外过道的地役权详细信息整理成一份报告发给他们。喔，我的天，居然还有地役权这玩意儿存在！”斯特凡嚷嚷道。

JJ 是斯特凡的好友，听到斯特凡的抱怨，JJ 笑道：“好在还没正式开始公证，我们 PUV（Promesse Unilatérale de Vente，即单方销售意向，相当于先合同）不就是要查清楚这些‘标的’的各种情况吗？你去楼上图书馆查查资料，看看这个过道的使用是不是有地役权性质。”

斯特凡翻了个白眼问我：“克莱尔（Claire），在中国，公证人也会有这么烦恼吗？”

“克莱尔（Claire）”是我在事务所实习期间所用的法文名字。我说：“中国的公证员可能并没有这么多的工作需要做。比如说这是个酒店外过道的买卖，在法国，公证人需要弄清楚这个标的上的所有情况，包括是否有抵押，是否有地役权，以及其他一切与这个标的有关的信息，所以，你们需要去实地勘察，需要联络不动产评估公司，需要和买卖双方作许多沟通。但是——”我走到窗边喝了一口茶，看着他俩，话题一转，“中国有的公证员迷恋于‘形式公证’，并且不需要太多时间就能制作一份公证书，公证的程序很快就会结束。”

斯特凡显出调皮的笑容：“那太妙了！”

我笑道：“可是你的工作价值是这个——”我竖起大拇指，“法国公证人在法律行业中排名第一，你们的信誉度和专业上的付出成正比！中国的公证行业现在可以做的业务范围并不大，公证员的综合素质也不一致，但是我们正在经历公证改革，中国公证行业正在走向成熟完善！”

“你这样的好学生都被派来法国实习了，可见中国公证行业非常希望完成他们的改革，一定会有这样的一天！”斯特凡回答道。

JJ 在一旁催促着斯特凡：“快去查资料，我问过苏菲，赫米正好在图书馆。”

于是，斯特凡让我跟他一起来到六楼的图书馆查阅资料。他先与公证人赫米讨论了案件的情形。斯特凡问道："兄弟，我有个问题，这几天我正在做B集团的案件，A公司和C公司都是B集团旗下的公司，这两个公司要将位于十二区的酒店一并出售给另一家酒店集团，包括酒店建筑体和后面的停车场。但是有个问题，酒店与停车场之间的过道并不属于这两个公司，而是归一个老妇人私人所有。我想知道，这样的情形下是否具有法定的地役权？"

赫米并没有直接给斯特凡答案，而是径直走到两排书架下，拿出三本巨大的书籍交给斯特凡，原来是两本以往的案例集和一本法律法规大全。这个非常专业的图书馆是谢夫荷公证人事务所的一大特色。据我观察，图书馆的作用是非常大的，面临疑难案件时，公证人就会前往图书馆查阅书籍，而在该所实习的大学生和公证人的助理人员想要进修学习时，都可以前往这个图书馆借阅书籍。欧洲的书籍非常昂贵，有了这个图书馆，不仅对于公证人，而且对于低薪的公证人助理人员和实习生都有极大的帮助。

赫米对我们说："这种情形在这几本书里都有例可循。"于是我和斯特凡抱着这三本巨大的书，到一边"自习"去了。我一本本逐页翻看，只要看到有Servitude（地役权）字样的内容，就打开递给斯特凡查阅。经过两个多小时，斯特凡确定了几篇有用的资料，在图书馆就地复印，然后与我一起回到五楼，一边走一边跟我解释："以前酒店和停车场之间是天然的过道，后来有个老太太出资修整了过道，并且建造了一面墙，所以过道所有权归属于她。现在A公司出售建筑和停车场，最好的方式是将地役权一并转让。"我点头表示理解，同时，在心里对于法国公证人的法律综合能力有了进一步的了解。

法国公证人知识渊博并非偶然现象。以斯特凡为例，他在美国经历了四年大学生活，回到法国之后，又接受了八年的法学教育，包括五年法律本科和三年法律硕士，才成为了一个合格的公证人。从他身上可以看到，法国公证人法律知识的储备非常丰富，可以接受各种法律问题的挑战。

从我实习的所见所闻来看，公证人的素质对于整个公证行业来说非常重要，只有公证人的素质整体上有所提升，公证行业才有希望，社会才会建立对于公证人的信任。正因为公证人的重要作用，法国对于公证人的资质有着严格的要求。根据法国社会和民众对公证的需求，公证人必须有深厚的法学知识和丰富的社会经验，才能针对当事人的需求起到法律专家的作用。

谢夫荷公证人事务所的同事告诉我，在法国要取得公证人资格，首先必须在法学院学习获得法学学位后，再到公证人培训中心学习一年，结业后可以参加每年一次的法国公证人高等理事会组织的考试。考试合格者，须到公证人事务所实习两年。实习后，还不能马上担任公证人，须在一家已有即将退休的公证人的事务所候任，即将退休的公证人可以提名自己的公证人继任者，经司法部批准后任命。如此完备的公证人选拔制度，为公证行业选拔优秀的人才提供了保障，优秀人才的保障又关系到公证人作为社会正义第一道防线为法律安全提供的保障。

不仅是法国，据我了解，几乎大陆法系各国都对公证人的选拔设置了严格的标准，从而保证了公证人的高质量。同时，如此严格的选拔使得公证行业成为一个很难进入的行业。法国公证人的平均年龄是 45 岁，一般从 22 岁就开始可以进入这个行业，平均年龄为 34 岁时，才有可能被任命为公证人。因此，在公证人事务所里，可以从一个公证人的年龄来判断他的职位，这也无形中塑造了公证人职场严格的年龄阶级。在法国，成为一名公证人如此艰辛，所做的工作如此全面和复杂，因此，法国公证人有着很高的薪水和崇高的社会地位，受到全社会的尊重。

回到办公室，坐在我对面办公桌的苏菲已经在继续工作。她上午出去开会，现在刚回来不久。这个笑容满面的姑娘，是一种非学院派的公证人助理类型。在法国，有的公证人助理是公证法的硕士研究生，即科班出身，毕业后大概需要 7 年的时间能够走到公证人的位置。但是，苏菲并非科班出身，而是通过培训和工作之路走向公证人。这样的道路更艰巨，她至少需要 10 年的时间才能完成走向公证人之路。不过，由于大家都是如此，她似乎也并没有着急，在公证人事务所里循序渐进地学习、工作。

我向苏菲的电脑瞄了一眼，她正在进行房产买卖的税收财务换算，电脑上满屏的数学公式和百分比。我不禁暗暗感叹，法国的公证人不仅仅是法律专家，还是财务专家、税务专家、艺术专家，真是“多才多艺”。看着窗格外的屋顶，我憧憬着中国公证人的明天！

忠诚与和谐

2015年1月30日（星期五） 雪转晴 巴黎—贡比涅—巴黎

来到谢夫荷公证人事务所实习已经几天了，我还有一个感慨，就是法国公证人的职业忠诚度非常高。这种忠诚度并非意味着他们会长期在同一个公证人事务所工作，而是说在成为公证人之后，他们便一生效忠于这个行业。此外，这种忠诚度还体现在，他们不会为了追求业务量而弄虚作假，不会因为恶性竞争而相互诋毁。尽管不乏业内外的良性工作竞争，但公证行业却是一个忠诚、负责任而和谐的行业。这一点从我今天的实习办案所见可以得到证实。

上午，我与谢夫荷公证人事务所的公证人瑟琳娜一同坐火车去外地出差办案，但不幸的是，火车晚点了十分钟。我只穿了一双单鞋站在空旷的候车大厅，没有暖气，冻得似乎已经感觉不到自己的脚趾头在哪里。瑟琳娜走来走去，一会儿打电话给对方当事人的公证人，一会儿发短信。因为这次瑟琳娜自己的客户并没有一起去，瑟琳娜是客户的全权代理人，所以她如果迟到了也意味着自己这方客户的迟到，而迟到的后果将由她的客户承担，所以她急着向自己的客户以及对方告知我们俩现在的情况。除此之外，瑟琳娜还要通知我们事务所的后勤部门，因为这边火车的晚点会导致她晚回事务所，需要向下午预约的客户解释自己未准时到场的原因，因此必须让后勤部门的秘书了解自己行程的变化。在我看来，这一礼节所体现的素养对于中国公证员来说应该也是不可或缺的。从火车晚点这件事开始，这一次出差办案的经历，对于我这个实习生，所学良多。

不知不觉间，十分钟时间到了，瑟琳娜急忙跑到另一边站台去看，然后朝我招手示意："19号站台，快点！"我赶紧飞奔过去，和她一起慌忙上了车，找到一处宽敞的座位。刚脱掉外套落座，火车便呜呜开动起来，我和瑟琳娜对视一眼，同时松了一口气。

接下来的旅程中，瑟琳娜依然不停地打手机、发短信，我则拿出今天要做的这个案子的公证文书草案来看。其实，早在本周一她便把案件资料给了我，但我一直在忙着消化前些天斯特凡扔给我的那叠厚厚的地役权的资料，瑟琳娜给我的今天这个案件的资料自然被压后了。

见我在看案件资料，她笑盈盈地问："还好吗？有没有什么问题？"

我连忙摇头，"还好，现在看看细节，前两天只是大概看了一下。"

她点点头，随即看向窗外，列车渐渐离开拥挤的巴黎，驶向宽阔明亮的郊区。此时，天空开始飘起了雪花。

雪中的郊外，大片绿色的田地，低矮小巧的红房子，没有人也没有动物。我略感无聊，便继续阅读本案公证文书草案。

半个小时之后，我大致看完了这份公证文书草案。这个案子是不动产交易，主要也还是关于价格、面积、性质、收益权、贷款偿还、公示公告、税务、抵押担保、地役权、保险、城市规划、优先权涤除、相关法律条文说明、不动产技术诊断，以及一些非常细节的关于建筑里的石棉、木蕈之类的说明。局外人如我无法窥见真正存在的问题，只有在参加双方公证人会谈的时候听听对方提出什么异议时才会发现真正的问题。

不幸的是，由于雪渐渐大了起来，列车在半道停了半个小时，等待化雪。后来当抵达目的地之时，我们不可避免地迟到了，并且因为没有预料到会下大雪，我只穿着短短的百褶裙，冻得直跳脚！

火车放慢速度，"轰隆轰隆"声响过后停了下来，乘客们鱼贯下车，我连忙把资料收起来，放到黑色的大包里。此次出差的目的地贡比涅（Compiègne）是个小城，或者说像个小镇，类似我去过的普罗旺斯。我们叫了一辆计程车，约5分钟左右就到了对方公证人事务所。

这家事务所门前放着一个天平铜盘的雕塑，两扇自动感应的玻璃门让人感觉像是个烟草店。真是个非常小的公证人事务所啊！这个公证人事务所只有3名公证人，而全体员工也不超过10人，与庞大的谢夫荷公证人事务所相比，真是小巫见大巫！但是在法国，这样的小麻雀一般的公证人事务所却占了大多数，如谢夫荷这样的大所才是“异类”。

不一会，对方这家公证人事务所的公证人安东尼大踏步地走出门来，他褐色卷发，矮个子，口音爽朗，浅蓝色条纹衬衫搭配深蓝色领带，黑色西装裤，一派干练的公证人模样。“日安！”他一边说一边和瑟琳娜握手，然后转向我，“日安！”我亦笑脸回应，与他握手。

瑟琳娜熟练地介绍我：“这是克莱尔（Claire），来自中国的实习生，在我们事务所进行为期三个月的实习，这次与我们一起参加会议。”

瑟琳娜介绍之后，安东尼看着我的眼睛，非常诚挚地说：“欢迎来到法国！”我也笑着答道：“谢谢，很高兴与您认识！”接着，他表示需要让我们再等一会儿，因为买方当事人还没到。

等待间隙中，他再次来到我们面前，笑盈盈地说：“带两位美丽的小姐参观一下本所！”瑟琳娜显得非常惊喜：“您太客气了！”平日里可没有这么好的待遇，法国公证人办事枯燥而有效率，不会有什么即兴节目！

进入公证人事务所，安东尼风风火火地打开玻璃墙后的一道门，和里面正在工作的人打招呼，把我们介绍给这些人。“这是谢夫荷公证人事务所来的公证人，这个姑娘是中国来的实习生克莱尔！”他特别点我的名，我随之一一与里面正在工作的人打招呼：“您好，很高兴认识你！”

接着一扇又一扇门开了，狭窄的过道后面居然是层层的办公室，果然别有洞天。

“这是做不动产业务的……，她是我的助理，已经在这里工作三年了……，这是……”虽然是个小规模的公证事务所，但每个人寒暄一番，外加介绍一番业务，我们很快便度过了十分钟。而此时，买方当事人已经抵达。

在法国的公证事务中，双方当事人都可以委托各自的公证人，但是一般由财产的卖方委托的公证人负责收集所有材料建档，文书档案完成以后，转给买方委托的公证人起草公证文书。但是，不论双方当事人是否分别委托了公证人，当事人只需支付一份公证费用，按规定比例由双方公证人分别提取。一些特别的省须由不动产所在地的公证人起草公证文书，但一般都是由买方委托的公证人负责起草公证文书，并且在买方委托的公证人的事务所签署公证文书。买方委托的公证人在公证文书上签名时，会写明“avec la coopération”即“合作公证人”。

过了片刻，瑟琳娜、安东尼、买方当事人和我，我们四人在这家公证人事务所的会议室里正襟危坐。双方的公证人都拿出各自建立的一本厚厚的个案文档。所谓文档是一个大的文件夹里面有各类文书资料，按照不同类别分装在小的文件夹里，这是公证人的基础性工作。文档的第一类是公证文书，由公证人制作，是需要双方签署的文件。其后是产权证明、不动产抵押状况、不动产诊断等公证人收集而来的各类证据材料。完成一项不动产买卖公证一般需要三个月的时间，具体时间视证据材料收集以及买卖双方交易步骤的进展而定，而核查各类证据并制作这样一份完整的文档一般需要两个月的时间。

瑟琳娜首先将自己的身份证件交给安东尼的一位助理复印。公证人备案的文件中，对于对方客户及其委托的公证人身份的核查是非常重要的一个环节，以防止他人使用虚假身份冒充公证人或当事人。在法国，曾经发生过某位公证人因为与当事人是熟人而没有核查当事人配偶的身份，最后发现那位“配偶”实际上是当事人的情妇，但错误的财产公证已作出，最终使得作出错误公证的公证人因赔偿而损失惨重。

身份证件复印完之后，安东尼开了句玩笑：“你们倾向于我说英语还是法语？”买方当事人和瑟琳娜禁不住笑了，我也忍俊不禁，因为法国人说英语简直太要命！而这时，买方当事人，一个高大的年轻男子笑道：“我觉得你说中文更好！”我笑得更厉害了，“对的，我更倾向于您说中文！”安东尼两手一摊，表示很无奈。于是，接下来的双方公证人会议便在一片欢乐友好的氛围里进行。

安东尼的客户是买方，所以我们作为卖方的受托人，按照惯例来到买方所委托的公证人事务所进行公证活动。安东尼坐在长桌的上方，临近他自己的办公桌，这间会议室同时也是他的办公室，由此可以推断出安东尼在这家公证人事务所中作为合伙公证人的地位。

首先是安东尼公证人全文朗读公证文书。这份公证文书人手一份，他把没有什么争议的部分较快念过去，到了可能有问题的地方便停顿一下，给买方当事人或瑟琳娜有提问的机会。安东尼声音洪亮，吐字清晰，可是我现有的法语能力有些跟不上他的速度。公证文书前面部分出现的都是些小问题，或者是数字标错，或者是某个单词拼错。当进入财产保险部分的时候，买方当事人和瑟琳娜同时都提出了房屋天花板的保险问题，买方当事人似乎想变更公证文书中现有的保险条款，不过保险的事务是由卖方操作的，于是，瑟琳娜作为卖方委托的公证人直接给保险公司的负责人克莱尔（和我一样的法文名字）打电话，其间还致电卖方当事人，一起讨论保险条款的更改事宜。

电话开了免提，放到了长桌的中央，瑟琳娜与安东尼交替发问，卖方当事人时不时说明情况，保险公司的负责人克莱尔也没有推脱，在另一头问明了情况，然后调阅文件，经过一番忙活，最终完成保险条款的改动。双方的公证人效率极高，中午一点左右，便完成了公证文书的阅读、说明和修改，安东尼把改动的几页重新复印盖章，在整本公证文书上逐页签名。他签完之后，交给瑟琳娜与买方当事人，同样都需要逐页签名。双方完成签名，公证程序便告结束。

法国人也很讲人情，公证活动结束之后，大家不会马上散场，总要闲话一会儿家常，说说天气，说说各自的工作。闲谈了大概十分钟，安东尼盛情邀请我们一起共进午餐。不过瑟琳娜看了看手表："我们要赶一点五十分的火车，时间不多，只能去车站吃午饭。"于是，我们有点遗憾地互相道别，买方当事人非常友好地提出送我们去车站，驱车五分钟之后，我们再次回到了贡比涅小站。

回到巴黎北站，已经是下午三点，我和瑟琳娜一同乘坐54路公交车返回位于奥斯曼大道的谢夫荷公证人事务所。此时，巴黎雪后初晴，阳光甚好。我们坐在公交车靠窗的座位上，阳光直直地射进眼帘。

在公交车上，想起安东尼的热情接待，我问道："你们公证人之间的关系都非常和谐吗？"有这一提问是因为除了这次出差的见闻外，我注意到平时其他公证人事务所的公证人来到谢夫荷公证人事务所办理公证事务时，谢夫荷公证人事务所完全开放参观，公证人同行之间非常友好。不仅公证行业，在我的印象里，法国整个法律行业同气连枝、共同对外。犹记得，2014年法国推出一项新政，意图放开公证人职业准入，使之市场化，遭到法国公证行业的一致反对，全法公证人不远万里聚集到巴黎举行游行示威反对新政，体现了法国公证行业高度的组织性和团结性。

瑟琳娜微笑点头："是啊，公证人的责任制度非常严苛，我们并不愿意去进行让人不悦的竞争，但是这并不代表我们没有做好本职工作的动力！"她开始延展刚才的话题——

"公证人在法律行业中算是波动并不剧烈的群体。法国的公证制度总体很稳固，公证人的执业地位也很稳定，不会跳离这个行业。这主要是因为公证人崇高的社会地位使我们具有高度的忠诚。一方面，是公证人职务公共性和自由性合二为一，使得公证人在社会上具有权威性，另一方面，是因为我们需要经历非常严格的选拔才能成为一名真正意义上的公证人，一旦有一点差错，那么后果是极其严重的！"瑟琳娜感叹道："所以，忠诚、责任与和谐是我们法国公证人的基本品质！"

我点点头，陷入了沉思。

一个柏林公证人的早晨

——赴德国参加公证培训活动期间的一篇日记

◎高鲁军*

窗外清脆的鸟鸣声，唤醒了沉睡的艾德尔先生，墙上的老式挂钟告诉他现在刚刚早上六点。已经无法再次入睡了，艾德尔先生麻利地起了床，来到了屋外。

艾德尔先生的家在柏林西南，万湖广场边的高档住宅区里，是一座有百年历史的小别墅。屋前一个不大的院子里有两株参天的大树，到现在艾德尔先生还是记不住它们的名字，但二十年前正是这两株威风凛凛的大树，使艾德尔先生下决心买下了这栋别墅，虽然当时这两株树还有些小。昨晚的一场雨，使地面湿漉漉的，带有一丝凉意的微风轻抚树叶，哗啦啦的声响中，残留在树叶上的雨滴轻轻地打在艾德尔先生银白的头发、健康红润的脸颊上，没有人相信他已经快七十岁了。

迈着轻快的脚步，呼吸着混合花香、树香的清新空气，艾德尔先生来到万湖边。远处湖岸边停放着十几艘私人游艇。随着湖

* 高鲁军，北京市方圆公证处公证员。

水的波动，微微地起伏着。湖面上一只四人划艇，在四只整齐划一的船桨带动下，箭一般劈开湖面快速移动着。天是蓝的，湖水是清澈的，不知名的鸟儿欢叫着从湖面上滑过。今天是五月里一个难得的好天气。

六十岁以后，艾德尔先生就喜欢早上来到湖边，沿着湖岸走一走，看一看。

艾德尔先生是一位公证人，有自己的公证人事务所，是柏林地区一千多名公证人中的一员。

"早上好。"一位早起的邻居迎面走来。

"早上好。"艾德尔先生礼貌地回应。

"今天您的工作会很忙吗？"邻居问。

"是的。会很忙。"

"祝您工作顺利。"

"谢谢。"

邻居走了，艾德尔先生来到自己的公证人事务所，思索起今天的工作。

"艾德尔先生，明天上午十点，您能否见一见库耐尔先生和米拉先生？"昨天离开公证人事务所之前，事务所前台工作人员万维丝女士曾经问道。

"米拉先生的土地状况都已经了解清楚了？"

"是的，您的助手昆尼先生已经去土地登记管理局，查阅了米拉先生的土地登记簿情况，并为他们起草了买卖合同。这是昆尼先生让我转交给您的文件。"万维丝女士将一叠公证卷宗递给艾德尔先生。

艾德尔先生仔细地翻阅了一遍公证卷宗。

"好的，万维丝女士，请您通知库耐尔和米拉先生，明天早上到我的办公室。"

此刻，眼前的湖水微微荡漾，艾德尔先生记起一个星期前，库耐尔先生看到米拉先生在报纸上登出出售房产的广告，就打电话给艾德尔先生，表明自己想要购买，并与米拉先生就买卖价款已达成一致，希望委托艾德尔先生对双方的买卖合同进行公证，艾德尔先生接受了委托。在这之后，艾德尔先生指派公证人事务所的一位见习生昆尼先生——艾德尔先生现在的助手，开始了买卖合同签订和公证前的调查等准备工作。

昆尼今年三十五岁，法学院毕业后，在两年前通过了司法考试，并提出了成为公证人必经的见习申请，见习期需要三年。第一年昆尼在政府机关见习，第二年在州中级法院见习，今年被指派到艾德尔先生的公证人事务所见习。

昆尼的工作很细致，艾德尔先生对他很满意，到公证人事务所见习的这段时间里，昆尼已接手参与了几起房产买卖合同公证，从查阅出让方的土地名称、地址、房屋状况，到了解双方的真实意思表示、起草买卖合同、邮寄给双方当事人征询意见等等，一系列细致入微的工作，为艾德尔先生顺利办理房产买卖合同公证打下了良好的基础。

“我会给昆尼先生写一份很好的评价。”艾德尔先生表示。

“昆尼曾经提醒我，库耐尔先生是第一次购买房产，没有什么经验。是的，这是我应该注意的。公证人基于土地买卖法律关系的复杂性，有义务警示、劝告、指示买卖双方，尤其对无经验的当事人应当保护，不使他的合法利益受到损害。好在米拉先生的土地情况比较简单，土地上没有设定抵押、担保也没有出租。我应当告诉库耐尔先生，土地所有权的转移是在土地管理登记簿上登记后才生效，库耐尔先生想在签订合同后就付价款是存在风险的。”以公证人严谨的职业思维判断着这起交易，艾德尔先生表示，“米拉先生的土地售价只有十五万欧元，而实际上他的土地至少价值二十万欧元，可是作为公证人应当保持独立性、非派别性，这就使得我不可以介入他们双方之间的价格的确定。”

“米拉先生吃亏了。”艾德尔先生耸耸肩，回家吃早餐了。

两片面包夹一片奶酪，又喝了一杯凉牛奶，艾德尔先生驾驶着 1978 产的一辆奔驰轿车出门了。

八点三十分，艾德尔先生来到了他自己的公证人事务所——挂有柏林州徽的铜制标牌，显示着事务所的庄严。

每天早到半小时是艾德尔先生长期的工作习惯。他首先看万维丝女士给他的留言条：

“1. 早上十点，库耐尔先生与米拉先生房产买卖合同公证；

2. 十一点，普纳尔先生会来电话咨询关于成立股份公司事宜；

3. 下午二点，州中级法院法官来事务所对公证文件、账簿、文档、收费情况进行抽查。”

艾德尔先生今天的事情很多，先看一看昆尼已经准备好的库耐尔先生与米拉先生房产买卖合同公证文书草案的要点，这是艾德尔先生第一次要求昆尼草拟公证文书。打开电脑文档，昆尼是这样写的：

公证文书

日期　　　　　　公证人

一、确定参与人（基于当事人提供的身份证件或护照）；

二、记录双方对合同的解释；

三、关于土地买卖行为，对双方的提示和劝告；

四、是否委托公证人进行土地登记注册申请；

五、买卖合同的内容；

六、向当事人全文宣读上述内容，有无修改（如有修改，在公证文书上直接进行，签字确认）；

七、公证费的收取（包括电话费、邮寄费等费用）；

八、双方当事人签字，公证人签字。

“昆尼先生已经掌握了房产买卖公证文书的内容，今天的公证活动我要在场，但可以尝试由他主持了。以后我年老不再担任公证人了，昆尼先生是不是能接替我呢？州法院法官来事务所的抽查还是要认真准备的。”艾德尔先生表示，思绪绵绵，纷至沓来。

艾德尔先生起身来到窗前，明媚的阳光下，行人渐渐多起来了。

早晨九点，阳光正好，艾德尔公证人事务所的全部工作人员到岗，投入到了紧张而有序的公证工作之中。

作者感言

应薛凡老师之邀写些感悟——不限范围、不限体裁，我理解是可以随心所欲。写什么呢？风花雪月，还是筚路蓝缕；朗朗乾坤，还是……也许想说的太多。

我与薛凡老师曾有一面之缘。2011年春夏之交，我随本公证处吴凤友主任去上海做业务交流时见过一面。此次，因多年前我的这篇稿件通过几次电话。我对薛老师更多的认知是定期收到他主持的《公证研讨》，不去评判其中每篇文章的优劣短长，但我能体会到公证人的用心思考，而更多的人可能只是在实践。

自己从业近30年，见证了公证行业一步步的发展，不夸张地说是突飞猛进。公证业务多了，公证员的收入多了，但出错的也多了……。以我粗浅的认知，公证人最基本的职能是以信誉为双方作出第三方"担保"，使双方的信誉提升。当有些人宣称技术手段可以保证证据的唯一性了，还需要公证人进行第三方"担保"吗？我们的公证与国家的发展一样，用几十年走了别人几百年的路，这样的路我们必须走，但我们应当借鉴着走，而不能只是图快。由于社会变迁，相当一些公证"证明"事项人们已经不再需要，我们会失去，但这不是公证人心灰意冷的理由。正如国家的生存发展一样，公证事业的生存发展也需要不断改革。

怎么改？我也没有确切的答案。但我知道不能等、不能靠别人，唯有靠自身的努力。很庆幸有薛凡老师这样的公证人和我们一起思考——中国公证之路在何方？！

法律大讲堂

不拘于过去　不限于当下　不畏惧未来

——新冠疫情防控与发展经济背景下拓展公证业务的思考

◎段伟*

放弃喜欢的、习惯的，
去做正确的。

2020年春节前发生的一场疫情给我们每个人的生活、工作带来了不小的影响，我们的很多行为方式也在悄然发生着变化，比如，即便疫情完全结束，我们今后去医院就诊、看望病人也会倾向于佩戴口罩，再比如，过去我们习惯于面对面交流知识，但现在大家也开始使用抖音等平台进行学习沟通，将来线上学习甚至可能成为一种主流的授课方式。这些改变说明了什么？我认为有两点启示：一个是人们善于从过去的事实中汲取经验与教训，另

* 段伟，公证员，中国公证协会副会长、云南省昆明市明信公证处主任、中国政法大学公证法学研究中心研究员。

一个是人们能够迅速改变自身以适应新的环境，这是人类发展乃至生命进化的一条定律。众所周知，达尔文在《物种起源》中深刻揭示了这一定理，他提出，能够生存下来的物种并不是那些最强壮的，也不是那些最聪明的，而是那些对变化能够作出迅速反应的，这就是所谓的“适者生存”。

在新冠疫情防控与发展经济的背景下，讨论拓展公证业务与发展公证事业首先就需要有这样的觉悟，任何恐慌或者消极思想都无济于事，也无意义，唯有积极应对、努力适应，才有可能找到生机。新冠疫情被称为2020年的第一只“黑天鹅”，所谓“黑天鹅”事件，是指那些难以预测且不寻常的事件，通常会引发连锁反应、负面反应，甚至具有倾覆性的效果。但当我们认真回顾历史时，就会发现很多“黑天鹅”事件发生时，同时也有机遇存在。

同样以疫情为例，中世纪欧洲的黑死病无疑是一次大灾难，引起了社会经济、政治的大变动，让黑暗的中世纪坠入更加黑暗的深渊。然而物极必反，处于艰难之中的社会转型反而因为黑死病突然变得顺畅起来，无论是科技、宗教还是文艺等各方面都出现了新的突破，最终改变了欧洲文明的发展方向。2003年中国的“非典”开启了电商的黄金时代，阿里巴巴从名不见经传的小企业一跃成为电商行业巨头，直接推动了人们生活习惯的转变。二十年前，绝大部分人都不习惯于网上购物，但在“非典”期间，被隔离在家的阿里巴巴全体员工硬是将这种困境成功地转化为机遇，网上购物也逐渐普及，到如今变为了人们基本的生活方式之一。所以，机遇一般都与“黑天鹅”事件同在，“黑天鹅”的背后不只是市场的多变，还有逆行者的无所畏惧、因势利导和转危为机。这次新冠疫情影响深远，但是已经有很多行业获得了新的突破，其中最引人注目的就是无接触行业，如在线教育、远程协作办公、远程医疗、短视频、直播等等，这些行业已经明显成为2020年的风口。以阿里巴巴旗下的“钉钉”应用程序为例，我们云南省昆明市明信公证处（下称“明信公证处”）早在2017年就开始使用“钉钉”，除了财务报销，其他所有工作流程、公文流转、交流对话基本都可以通过“钉钉”实现，摆脱了公证机构过去日常办公期间在时间和地点上的局限。新冠疫情发生后，“钉钉”抓住了窗口期，通过在线协同、在线教育等方式，帮助企业、学校等解决了不见面但照样运行的问题。从数据来看，疫情发生后的2020年上半年前几个月，“钉钉”保证了平台上1000万家企业组织、2亿上班族能够维持正常的在线协同，中国14万所学校、290万个班级在“钉钉”开课，覆盖全国1.2亿名学生，全国350万名教师在“钉钉”上当起了“主播”。[1]这些海量数据背后的资源整合应用是阿里巴巴的核心竞争力，因此才能在变幻莫测的“黑天鹅”事件中抓住机遇、脱颖而出。

回到正题，在此次新冠疫情的考验中，公证行业确实举步维艰，但是，既然每次重大疫情都会带来发展模式的颠覆与创新，那么，公证行业是否有机遇迎来创新发展呢？对此，我将从三个方面进行探讨：一是直面现实——疫情之下公证行业的窘境；二是危机之下公证行业如何“自救”；三是发展经济保障民生大背景下，公证行业大有可为。

一、直面现实——疫情之下公证行业的窘境

知人者智，自知者明。在讨论公证行业能否抓住机遇实现创新发展之前，首先需要对公证行业自身有一个清醒的认识，尤其是要弄清在疫情之下，公证为何陷入窘迫？

我们都知道，公证法律服务的职能和作用在于预防纠纷、解决纠纷，但在大众的日常生活层面，公证行业面临着两个显著的现实问题。

（一）公证活动处于消费的末端，与社会缺乏联系。

在城市的消费链中，衣食住行占据着重要的位置，比如说餐

1　参见《疫情期间 全国1.2亿名学生学生在钉钉上课》，来源于新华网，http://www.xinhuanet.com/enterprise/2020-03/14/c_1125713230.htm，最后访问时间：2020年5月25日。

饮业，在生活中是刚需，等到疫情退去，必然会发生报复性增长。与这些刚需行业相比，公证行业就明显处于消费的末端了。以不动产流转为例，绝大多数人买卖房屋时首先想到的是去找中介、银行办理不动产转移登记或贷款，极少会有人主动来到公证处，当事人一般缺乏对于公证的基本了解，甚至仍然将公证员视为公务员，将公证活动等同于“盖章收费”。大众缺乏公证消费的主动性，意味着公证活动的社会联系不足，疫情之下，这种特征尤为明显，如果不努力改变，公证行业就会被边缘化。这是公证行业的第一个现实问题。

大众缺乏公证消费的主动性，意味着公证活动的社会联系不足，疫情之下，这种特征尤为明显，如果不努力改变，公证行业就会被边缘化。

（二）公证活动是低频发生的事件，缺乏频繁性或持续性的需求。

有人说，人的一生中至少要办理一次公证，这形象地说明了公证行业存在的必要性，但是，这并不代表公证活动在大众的日常生活中占据重要的位置，甚至对于很多人而言，一生中也仅仅只办一次公证，办完后当事人就不再与公证人员有任何交集了。疫情期间，尤其是多地政府告知大众谨慎出行后，不少公证处几乎陷入“关门歇业”的境地，即使公证人员想为大众提供服务也缺乏有效的渠道，更没有存量业务。而当疫情稳定，公证处重新打开大门后，公证业务依然非常低迷，让公证人员感到无能为力。相比于其他法律服务同行，律师提供的法律服务一般具有阶段性或长期性的特征，保证了法律服务的延续性，因此，即便在疫情期间也可以保有一定的刚需，这就是律师的存量业务。虽然很多律师的诉讼业务受到了影响，但他们在线上还能够为当事人提供咨询和服务，律师行业整体上并没有出现业务停顿的情况。这是公证行业的第二个现实问题。

上面这两个现实问题决定了公证行业在新冠疫情防控中难有作为，事实上公证事业的发展也确实显得较为乏力。在整个新冠疫情防控战役中，除了医护人员全力救治、保护人们的身体健康，还有很多组织和个人在积极作为，努力缓解疫情对社会生活产生的消极影响。公证机构同样也采取了各类措施，希望为个人和企业解决因疫情而带来的一些现实的法律问题。具体来说，几乎各个公证处都出台了很多便民措施，如线上公证、预约公证，同时也积极推远程广视频公证、不可抗力公证等，这些公证服务与疫情有直接的关系，但从效果来看并不明显。显然，一些好的想法要落地到现实实践中去是有一定难度的，在此不妨对比一下其他行业，看看有没有值得我们借鉴的经验。此次疫情中有个行业非常活跃，朋友圈、微信群里都有他们的生意，这就是与我们身体健康与生命安全联系极为密切的保险业。疫情发生之后，各家保险公司迅速作出反应，纷纷调整经营模式，提升互联网营销效能，同时在产品研发上加强对各类突发事件的考虑。麦肯锡中国保险业咨询团队编写了《麦肯锡保险业数字化特刊》，指出保险行业将迎来三大变化：一是客户行为加速线上化，二是产品形态更具创新性，三是运营模式全面数字化，[2]而疫情必然会加速这一进程，保险业应紧紧抓住这一契机，在推动服务的同时实现自身迭代升级。据平安人寿公开发布的数据，疫情期间，2020年1月24日至2月27日，平安人寿完成超8.3万件赔付，赔付金额超过人民币14亿元，最快赔付用时仅2分钟。在新冠肺炎出险理赔方面，截至3月8日，累计完成78件赔付，合计赔付人民币335.31万元，全部赔付案件皆为线上申请、远程审核、“空中”办理，全程实现“云赔付”。[3]同样是疫情防控，不同行业的响应速度、推进力度和结果却大不相同，这就是所谓的现实，也是我们公证行业需要努力自知的方面。

二、危机之下公证行业如何“自救”?

有了自知之明，我们就更不能坐以待毙，而要寻找公证行业通向未来的可行路径，这是个很大的命题，所以我想多谈一些现

2 参见《数字化秘笈——〈麦肯锡保险业数字化特刊〉》，来源于搜狐网，https://www.sohu.com/a/393265421_651625，最后访问时间：2020年5月28日。

3 吕红星：《疫情之下 保险业机遇大于挑战》，《中国经济时报》2020年3月16日。

实思考和具体的建议，希望对于同行能有所启示。我们不要将注意力仅仅局限于公证业务。事实上，前面讲到的保险公司开拓业务的前提是机构内部制度的优化，涉及制度调整、资源配置等方方面面的再造，而这一切的前提是要先活下去，因为生存是一切发展的前提，只有活下去才有资格谈未来，才有能力去发挥自己的职能作用。危机之下，公证行业如何自救？我谈两个方面的看法，首先是对内的，公证机构应当优化内部管理效能，做好过冬准备；其次，生存是第一位的，节流只能救急，开源才能救命。

（一）优化内部管理效能，做好过冬准备

危机面前，最先倒下的一般都会是那些经营管理不善的机构，因为这些机构在危机之前没有做好任何过冬的准备，在危机发生之后又缺乏过冬的自觉。有一篇文章《华为的冬天》，讲的就是居安思危的问题。《华为的冬天》第一句话是这样说的："公司所有员工是否考虑过，如果有一天，公司销售额下滑、利润下滑甚至会破产，我们怎么办？"[4]华为告诉员工，要在还是春天夏天的时候就要认真地去考虑冬天的问题，并且通过具体的行动做好过冬的准备。当下社会瞬息万变，对几乎任何行业来讲都不是危言耸听，回到我们公证行业自身，我们是否有足够的危机意识，公证机构是否有足够的现金储备？如果没有，那么就会被现实狠狠打脸。当然，过去的事已经发生，重要的是如何活在当下。我们要迅速凝聚起过冬的自觉并付诸行动。从公证机构内部管理来说，最重要的便是做好成本管控。比如，对于现金、预算有没有应急预案？如何减少成本支出，严格做好节流？在当下外部需求不足的情况下，如何苦练内功，努力让自己有个好的体魄去应对寒冬？如何通过流程优化、组织结构调整等来提升效率？越是危机的时候，越要形成共识，凝聚核心价值观，强化队伍建设，内部管理效能的优化将直接赋能外部业务的发展。我们要积极开源，迅速

4　参见《华为的冬天》，来源于百度百科，https://baike.baidu.com/item/%E5%8D%8E%E4%B8%BA%E7%9A%84%E5%86%AC%E5%A4%A9/6324950?fr=aladdin，最后访问时间：2020 年 5 月 28 日。

转变思维模式和法律服务方式，争取度过寒冬。

（二）节流只能救急，开源才能救命

节流只能救急，开源才能救命。疫情发生之后，如何生存才是第一位的问题。在优化组织内部管理效能的同时，不能放松外部业务发展。不过有一个问题需要引起重视，我们还能不能继续走过去的老路？曾经有人说，公证员是法律服务的“农民工”，这反映出公证在很多人心目中的价值很低，而产生这种评论的根源，正是公证行业在曾经很长一段时间里，紧抱法定公证事项的“大腿”，不会自己走路。公证是一种专业法律服务，但最后的产出却是一纸“证明”，明显属于“大材小用”。如何改变这种现状？归根结底还是要依靠我们自己。刘润先生在他的“5分钟商学院·实战”课程中提出：

公证行业在曾经很长一段时间里，紧抱法定公证事项的“大腿”，不会自己走路。公证是一种专业法律服务，但最后的产出却是一纸“证明”，明显属于“大材小用”。

> 我希望你要意识到，自己选择了一条艰难的路，所有关于建立信任的路，都是艰难而漫长的。所有的检测机构、担保机构、评级机构，还有公证处，它们的本质都是信任生意。[5]

上面这段话向我们传达了两个重要信息：第一，公证员、公证处做的是“信任生意”；第二，建立信任的道路艰难而漫长。公证行业面临的主要困境，首先就是如何重新建立起公证与社会民众之间的信任关系，要努力让人们相信公证员、公证处除了“证明”之外，还能够提供其他更多的专业法律服务。如果做到了这一点，那就从根本上解决了“开源”的问题。公证行业在危机之下的任何“自救”，都不能局限于当下，因为疫情总是会过去的，疫情过后，新的市场环境和商业模式就会逐步“占据”人们的生活，公证行业将来的任何业务选择都应基于这一大前提，无论现在还是疫情过后决不能仅仅满足于“坐堂办证”“以证换证”，因为外部环境已经有了全新的变化，我们要努力深入到各个市场主体中，主动探寻公证

……重新建立起公证与社会民众之间的信任关系，要努力让人们相信公证员、公证处除了“证明”之外，还能够提供其他更多的专业法律服务。如果做到了这一点，那就从根本上解决了“开源”的问题。

5　参见《“得到”上那些名师关于公证的观点摘录——公证浪子整理》，微信公众号“公证文选”，2020年3月24日。

法律服务的新的价值点，认真研究如何通过法律服务解决与各个市场主体息息相关的问题，满足他们对公证法律服务的新期待。

三、发展经济保障民生大背景下，公证行业大有可为

经济和民生是任何行业发展的大背景。从中央提出的工作任务和目标，不难看出一方面是疫情下的问题和风险，一方面是求稳求进的坚定目标，可以预见，各类市场主体的矛盾纠纷有可能大幅增加，伴随而来的将是众多债权债务纠纷及不良资产的产生。但是，正所谓哪里有纠纷，哪里就有法律的用武之地。公证作为预防纠纷、解决纠纷的重要一环，在稳定经济增长中大有可为。比如企业破产与重组中会涉及各类合同、协议的审查，股东会、董事会召集过程中需要进行程序的把关，公证完全有能力满足这些现实的需求。各类市场主体发生纠纷后，公证参与司法辅助事务可以通过调解、调查取证、参与财产保全、执行辅助等多元方式助力司法机关公正、高效地解决纠纷。在家事领域，公证员可以通过深度参与式的服务进行普法，充分发挥调解、代书、代办等服务，化解家长里短的矛盾纠纷。我从三个方面谈谈对于拓展公证业务的思考：第一，以顾问服务为突破点，与服务对象形成稳定的供需关系；第二，以全流程事务代理体系建设为抓手，为各类主体解决法律问题；第三，远程公证服务的适用与发展。

（一）以顾问服务为突破点，与服务对象形成稳定的供需关系

……除了不能出庭，律师能做的几乎所有业务其实公证员都能做。

很多人可能会有疑问，公证员可以做顾问吗？这不是律师的活吗？这里引用公证大家陈六书先生的一句话来回答这个疑问："公证人不可以出庭，律师不可以出证"，这句话应该如何理解？我想，除了不能出庭，律师能做的几乎所有业务其实公证员都能做。2000 年国务院批准的《关于深化公证工作改革的方案》明确指出："公证机构要改革单一证明的工作方式，努力拓展公证业务

领域，积极提供综合性、全方位的非诉讼性法律服务”。[6]可见，公证的职能作用原本就是覆盖整个非诉讼法律领域的，因此，公证员要敢于将自己定位为非诉讼法律事务的专家。当然，要做到这一点，除了自身不懈的努力，我们还要虚心向律师取经。前面提到，律师在疫情期间仍有持续的法律服务需求，不至于突然陷入严重的生存危机，也不存在疫情结束后从零开始的风险，这在很大程度上是基于法律顾问服务这一业务。现有的许多公证业务是低频事件，缺乏频繁性或持续性的需求，要改变这一现实，从法律顾问服务入手无疑是非常好的选择。通过这一业务，我们可以快速搭建起与服务对象之间的供需关系，将法律服务与对象之间形成一定的绑定，通过优质的服务建立起与服务对象之间的信任，让他们在遇到法律问题时优先考虑我们，从而获得服务链条在时间维度上的拉升，也就提升了服务的可持续性。这里的法律顾问服务不限于企业法律顾问，还可以面向个人和家庭。目前我们明信公证处已经尝试开展法律顾问的业务，如在企业法律顾问合同中列出了以下具体服务内容，分别是法律咨询、合同审查、参与重要商讨与决策、专项服务、知识产权服务、税收咨询服务、资金监管服务等等。此外，还可以根据企业的需求提供定制的法律服务，如制定法律方案、法律审查、代理服务等等，其中大部分服务是公证员所擅长的，也有部分服务是需要我们进一步去学习完善的。在这个过程中，我们要意识到向律师学习的重要性。众所周知，很多律师都主攻一个细分的法律领域，近几年有一类律师逐渐成为企业和高净值人群的必选，那就是法税律师，从字面意思我们就知道这一律师群体是在已有的经验资质基础上，进一步系统学习了税务方面的知识，并取得了新资质，这些业务很大程度上都属于非诉讼领域。对公证而言，我们是否也应该努力学得新技能、提升自己的专业服务能力呢？

公证员要敢于将自己定位为非诉讼法律事务的专家。

以家庭法律顾问为例，其实并非所有协议都需要作成书面形式，对于家庭法律顾问而言，在一开始尝试介入的阶段，口头协

6　司法部《关于印发〈国务院办公厅关于深化公证工作改革有关问题的复函〉和〈关于深化公证工作改革的方案〉的通知》（司发通〔2000〕099号）。

议或许更容易被接受。我们面对着当事人时应该同时想到当事人背后的家庭，在服务过程当中，通过深入交流去判断有没有进一步延伸服务的可能性，假如有，就可以顺势进行延伸服务的推荐；再比如，我们可以主动与社区建立合作关系，这不失为一种深入人民群众的方法。当然，这些工作说起来容易做起来难，明信公证处也只是在尝试阶段，但我们坚信这是奔着更广阔的法律需求市场而去的尝试，想要重新赢得社会对公证法律服务的信任和公证价值的认可，这些都是必须付出的努力。

（二）以全流程事务代理体系建设为抓手，为各类主体解决法律问题

全流程事务代理体系有两个关键词：一个是全流程，一个是事务代理。为什么要这样表述？其实隐含着一个价值的问题。德国大文豪歌德曾说：如果你喜欢你自己的价值，你就得给世界创造价值。2012 年，我在《公证书有用才是硬道理》[7] 一文中引用过这句话，我的这篇文章的核心观点就是，公证只有成为整个交易供应链中不可缺少的环节，才能体现其真正的价值。这么多年过去了，公证法律服务的方式在悄然发生变化，出具公证书已经不再是公证法律服务的唯一结果，有时候一份专项法律服务合同或一份法律意见书更能贴合社会多元化的公证需求，如果仍一味强调公证书的唯一有用性，就显得不合时宜了。

公证法律服务的方式在悄然发生变化，出具公证书已经不再是公证法律服务的唯一结果，有时候一份专项法律服务合同或一份法律意见书更能贴合社会多元化的公证需求，如果仍一味强调公证书的唯一有用性，就显得不合时宜了。

那么，公证的有用性应该怎样体现？如果这是一道开放题，我认为全流程的事务代理应该是一项答案。假设一个场景，现在有一家企业向公证处申请提供关于企业重组事宜的一揽子法律服务，具体包括公证办理、法律方案的设计、工商代理、代书、税收规划、资产评估、资金监管等等项目，这里面的一部分工作是目前大多数公证员可以做的，但还有一部分工作并不具备公证员自行完成的条件，如工商代理、资产评估等等。在这种情况下，我们是选择只挑一部分做，还是全部揽下来呢？从企业需求的角

7　段伟：《公证书有用才是硬道理》，《中国公证》2012 年第 7 期。

度来看，如果公证处对于服务项目挑三拣四，当事人就会认为公证处的服务能力不行，对公证价值的认可也将大打折扣。其实这个问题很好解决，有的业务我们公证处自己一时还做不了，但我们可以外包，通过这种方式保证公证法律服务的全流程，最大限度地让服务对象感受到公证的价值。

再看另一个关键词——事务代理，其实，这本就是公证最初的形式。代书人是现代拉丁公证制度的前身，而代书本身就是一项事务代理，这也是公证原本的价值所在。历史变化有时会产生物是人非的结果，但好的传统不仅应该保留，而且应该不断发扬光大。我们在推进公证事业发展的同时，不要忽略公证在事务代理中的价值作用。美团外卖成功的关键在于实现了外卖的系统化与职业化，外卖小哥作为具体的执行者功不可没，此类跑腿业务已经在我们的日常生活中占据了重要的位置。联想到公证自身，在条件允许的情况下，我们同样可以尝试法律服务的“跑腿”业务，为当事人解决现实的法律问题，这也是公证价值的另一种体现。

（三）远程公证服务的适用与发展

如果说此次疫情可能会带来商业模式的改变，那么信息化与互联网化进程的加速便是引发这一改变的最重要原因之一。在这一背景之下，公证行业的信息化建设显得尤为重要。很多公证机构已经开启了远程公证服务，明信公证处也不例外，但是，我们同时也要认真地去思考这条路该怎么走，才能得到社会最大限度的认可，并且对公证事业的发展最为有利。

从目前的情况来看，远程公证与线下公证相比，总量依然微不足道，即使在疫情期间，人们也很少选择这一产品，或许是远程公证服务初期的推广不足，但更深层次的原因是我们提供的产品并不能很好地满足大众复杂的法律需求。目前的远程公证，其实仍然框定于远程“证明”，只是将线下环节简单地作了线上处理，这种操作虽然可以在一定程度上解决公证员与当事人“零接触”的问题，但是公证法律服务内容本身仍然显得单薄，如果遇到稍微复杂一些的公证事项，无论在顶层设计还是信息技术方面，都很难通过远程公证来实现。内容是产品的王道，法律服务也不例外。我们在推进公证信息化建设的过程中，除了技术方面的进步，更重要的是做好内容与产品的匹配。对于这个问题，我认为不妨从两个方面进行考虑：一是建设综合法律服务平台，二是在线公证服务内容的优化。

1. 建设综合法律服务平台

目前，大多数公证机构办理远程公证都是通过微信小程序、PC 端、网站、手机 APP 等作为载体的，实际上这个端口就是一个法律服务平台。假如我们仅仅将其作为一个办证工具，不仅会产生用户使用率的问题，更重要的是还存在用户忠诚度不高的问题，这就如同支付宝、微信、QQ 等软件一样，假如 QQ 只是聊天工具，而没有游戏社区等功能，相信它早就会被微信取代。同样，如果支付宝和微信只是付款工具或聊天软件，而不是建立在丰富的社交内容的基础上，同样不会获得如此高的用户使用率和忠诚度。因此，此类端口应向综合法律服务平台的方向去发展，而不能仅仅解决“零接触”的问题，至于到底要在这个平台上体现哪些综合法律服务，这就有待于我们大家不断地去摸索了。

2. 优化在线公证服务内容

现在各公证处提供的远程公证服务基本上都是属于一对一的服务，也就是一位公证员面对一位当事人，在此之外，还可以考虑一对多和多对一的可能性，也就是一位公证员同时面对多位当事人，或者通过公证机构的组织协调，由多个机构同时面对一个当事人，这样就可以解决更为复杂的法律问题，而且效率也会提高。在线公证的服务场景也不必拘于国内，面向国外的远程公证服务同样也有发展空间。比如，已有公证处尝试建立国外的联络点，通过联络点的工作人员建立公证员与国外当事人之间的联系，从而进一步拓展公证员处理涉外法律事务的空间。

总而言之，新冠疫情防控与发展经济背景下，公证行业要对未来抱有信心，积极从民众需求中探索可能存在的机遇，同时要准确地应对市场和商业模式可能发生的颠覆性改变，尽快转变公证思维与服务方式，努力使自己适应新的形势、新的环境，只有这样才能在特殊的历史时期发挥好公证的职能作用，体现公证的价值。

最后和大家分享一句话，这也是我们明信公证处同仁常常挂在嘴边用来鞭策自己的：放弃喜欢的、习惯的，去做正确的。希望我们都能不拘于过去、不限于当下、不畏惧未来，去做对公证事业健康长远发展真正有益的事情。

在线公证与在线诉讼

国际公证联盟《在线公证十诫》[1]

◎蔡勇 译

译者按：作为国际公证联盟的指导性文件，《在线公证十诫》是对世界各国在线公证发展成果最新的总结，对各国在线公证实践具有指引作用。归纳起来，《在线公证十诫》主要强调了以下各点：第一，信息技术是帮助公证人履行职责的辅助工具，公证人在在线公证中应始终处于核心地位，不得损害公证制度的基本原则。“创新，但不能丢失本质”，这句话体现了国际公证联盟对于公证信息化的指导方针。第二，公证人的职业活动是一项非讼司法程序活动，在线公证是对传统公证程序的突破，因此，必须事先要有法律的明确授权以及公证程序的相应规定。放眼世界各国在线公证的实施，无不是在先行立法和制订公证程序的框架下进行的。第三，由于公证是一项社会公共职能，基于信息安全、数据主权等因素以及公证电子档案管理的需要—大陆法系国家和地区的公证档案普遍被视为是由公证人管理的公共财产，因此，实施在线公证的信息平台应当是全国公证行业统一的公营平台，应当排除具有商业或外国背景的平台。第四，在线公证是以“在线出席”方式完成的公证行为，这意味着必须辅以视频会议工具或其他视听交流方式，从而完全排除了公证人与当事人不见面的情形。

由于公证是一项社会公共职能，基于信息安全、数据主权等因素以及公证电子档案管理的需要—大陆法系国家和地区的公证档案普遍被视为是由公证人管理的公共财产，因此，实施在线公证的信息平台应当是全国公证行业统一的公营平台，应当排除具有商业或外国背景的平台。……在线公证是以“在线出席”方式完成的公证行为，这意味着必须辅以视频会议工具或其他视听交流方式，从而完全排除了公证人与当事人不见面的情形。

1 译自国际公证联盟官方网站 http://www.uinl.org，原文为法语文本，2021年12月3日国际公证联盟成员大会通过。本次国际公证联盟成员大会以在线视频方式举行。——译者注。

前言

多年来，新技术一直是公证活动不可分割的部分，特别是在涉及公证的事前事后操作、与公共机构的联通以及公证档案的保管时。

……确保公证人的活动能够在新形势和新技术下得以开展，并且不得以牺牲公证制度的基本原则为代价。

新冠疫情的传播和全球信息技术的发展，使得新技术在几乎所有领域的运用都在提速。出于这些原因，世界各地的公证人都需要寻求解决方案，以确保公证人的活动能够在新形势和新技术下得以开展，并且不得以牺牲公证制度的基本原则为代价。

本指导文件旨在对国际公证联盟关于新技术的一般原则进行补充，特别是网络虚拟环境下公证人职能的行使以及公证文书的制作。

本指导文件尤其针对的是当事人以“在线出席”方式在公证人面前订立公证文书的行为。“在线出席”意味着通过适当技术手段在某个确定时间实施的身份验证和意思表示，其效果等同于在公证人面前实体出席，前提是公证人对到场人的身份及其作出意思表示的时间点均没有任何疑问，并且能够得到佐证。

本文件适用于国际公证联盟的所有成员，无论其在数字领域的进步和发展程度如何，以巩固公证公共职能中的信任原则和法律安全原则。

无论采用何种数字身份识别系统，均不得排除公证人依实体法直接、亲自对公证活动出席者/当事人进行身份判断和验证。

公证人对于当事人身份的识别

1. 无论采用何种数字身份识别系统，均不得排除公证人依实体法直接、亲自对公证活动出席者/当事人进行身份判断和验证。在当事人“在线出席”的情形下，公证人应当通过适当方式实施行为能力审查和国内法要求的其他审查。

不断发展的技术，应当是协助公证人识别当事人的补充手段，例如使用电子身份证件或访问官方数据库。

在使用必要的数字化个人数据来验证当事人的身份时，公证人可以将此数据用作形成其内心判断的补充要素，但绝不能作为唯一要素。

在涉及委托代理的公证时，必须遵循更严格的规则，否则可能无法满足审查身份和意思表示的规定。在视频交流时，委托书必须以数字形式而不是以纸质形式传输，并需符合审查委托人身份和意思表示的最高标准。此外，必须确保委托书在法律交易实施期间始终有效。

在使用必要的数字化个人数据来验证当事人的身份时，公证人可以将此数据用作形成其内心判断的补充要素，但绝不能作为唯一要素。

2. 即使采用了数字工具的帮助，公证人也应当是当事人身份识别的唯一责任人。此外，公证人有权选择验证当事人身份的方式，既可以是公证人对当事人的个人认知，也可以是相关立法规定的数字身份识别手段。

即使采用了数字工具的帮助，公证人也应当是当事人身份识别的唯一责任人。

审查当事人意愿的自由表达和数据传输的安全性

3. 公证人与当事人进行在线互动，必须使用政府提供或经公证行业的领导机构批准的信息技术平台；必须确保交流的机密性以及安全和清晰的互动；必须严格保守职业秘密，严格遵守数据保护的所有规范，特别是敏感数据的跨境传输。

4. 鉴于公证人在制作公证文书时所履行的公共职能，公证人使用的平台必须是公营平台，如果无法满足这一点，则必须非常谨慎地评估私营平台的使用，尤其是敏感数据传输的安全性以及在线活动的安全运行。

5. 为确保合法性和敏感数据的安全性，平台应尽可能由公证行业直接运营或监管，或专门为此目的而设置。

6. 如果存在任何疑问，公证人必须有权拒绝远程起草公证文书。公证人预先提供咨询，与当事人前期在线讨论，对于以数字格式收到的用于办理公证的原始材料和公证人可用的所有其他要素综合进行分析，这些环节在公证人远程公证活动中的重要性必须予以强调。

公证人预先提供咨询，与当事人前期在线讨论，对于以数字格式收到的用于办理公证的原始材料和公证人可用的所有其他要素综合进行分析，这些环节在公证人远程公证活动中的重要性必须予以强调。

在线公证与公证人执业区域的兼容

7. 应当格外注意"在线出席"的公证行为对公证人执业区域规则（如果存在此类规则）可能产生的影响。由于网络空间无国界，视频会议或其他任何电子技术手段可能都需要考虑新的关联因素，例如当事人的居住地或国籍，或者合同标的财产的地理位置。

可以认为，以"在线出席"方式达成的公证文书，应当由那些最熟悉当地法律适用和要求并且更容易接触其他相关部门的公证人直接负责。尽管此项要求并不适用于以实体出席方式达成的公证文书，但在"在线出席"的情况下更合乎情理，因为申请人无需移步就可以向最合适的公证人事务所要求进行公证。这一标准既适用于不动产交易，也适用于公司法上的交易。

可以这样理解，在公证职能"扩展"的概念中，公证人本人必须身处执业区域之内：无论当事人的地理位置在何处，作成公证文书这一行为的实施地点都应当是公证人事务所的所在地，始终处于法律规定的执业区域内。在线公证中，不仅需要确定在线出席人员的身份，而且需要确定法律行为或交易完成的准确时间和地点。公证人必须以无可置疑的方式，确定各方当事人作出具有约束力的意思表示并且与其关联性确凿无疑的确切时间和地点。当公证人通过其电子签名最终作成公证文书时，法律关系就此固定。据此，可以认为该法律行为是在公证人事务所所在地完成的。

8. 在"在线出席"办理公证文书的情况下，需要考虑向本国所有公民不受地域限制地提供平台访问权限，特别是居住在国外的当事人，应当获得与国内居民相同条件的访问权限。国内立法应当在其国际私法规则中确定关联因素，以确定当事人在国外时，按照国内法受理的"在线出席"公证文书的有效性。

此外，需要重视融汇国内技术工具和跨境技术工具纳入立法的可能性，以实现不同数字公证平台之间的互通（例如国内身份识别工具的跨境使用）以及数字文书的接受、流通和执行。

另外，应当重视就其性质或用途而言旨在流通的电子公证文书（例如委托书）以及必须由文书使用国任命的公证人作成的电子公证文书（例如不动产法和公司法领域的公证文书）之间的差别，并了解该国立法中关于公证文书的接受和承认的各种规定。

应当重视就其性质或用途而言旨在流通的电子公证文书（例如委托书）以及必须由文书使用国任命的公证人作成的电子公证文书（例如不动产法和公司法领域的公证文书）之间的差别，……

公证文书的远程签署

9. 有必要建立一个兼具可靠性和易操作性的远程公证系统。在已经习惯以电子载体起草公证文书的成员国，可以优化其系统，由公证人实时向客户直接提供该国法律体系所认可的最高安全级别的电子签名。在尚未运行电子文书的成员国，可以考虑在获得当事人的明确同意后，由公证人在公证文书上单独签字，但此项事实应记载于公证文书之中。在这种情况下，如果可能的话，至少应有一位当事人在公证人面前实体出席。

在法律行为中涉及的所有国家的法律均明确允许的前提下，可以由不同执业区域的公证人共同远程协作受理公证文书，分别受领在公证人面前出现的当事人的意思表示。

也可以由法律规定，由公证人本人负责向寻求其服务的当事人提供电子签名。

在数字领域，有时很难区分草稿文本和最终文本。当草稿文本只是被部分采纳时，是否可以视为当事人已经作出意思表示，有时甚至是值得怀疑的。重要的是要确定能够清楚区分草稿文本和最终文本的方法。只有当各方的意愿在最终文本中达成一致时，行为或交易才被视为完成。

为了确保法律上的确定性，清楚地识别具有法律约束力的最终文本是必不可少的，最终文本也就是由各方当事人和公证人有效签署的唯一文本。

对部分公证文书类型的限制

10.“在线出席”的应用，建议仅限于因其单方法律行为性质或关联性质而不会引起利益冲突的公证文书（特别是委托书、公司的设立或变更等文书）。

建议将遗嘱和继承协议排除在此程序之外。如果公证人根据自己的判断，认为所涉行为或法律交易的复杂性需要当事人实体出席时，公证人可以要求当事人实体出席，从而排除“在线出席”。

这并不妨碍对该领域的进一步研究，以探索在技术条件许可的前提下，允许符合前述原则的所有类型的法律行为或交易以电子公证文书的形态得以实施，并且对电子公证文书的性质和/或当事人的数量不再进行任何限制的可能性。

以“在线出席”方式进行远程公证活动的过程中，公证人应当始终处于核心地位。

结　语

任何技术工具不能代替公证人所负的合法性和法律安全的责任，而必须是对这种责任的平衡和支持，……

技术应当是服务于公证人履行公证的公共职能义务的工具，……

以“在线出席”方式进行远程公证活动的过程中，公证人应当始终处于核心地位。

任何技术工具不能代替公证人所负的合法性和法律安全的责任，而必须是对这种责任的平衡和支持，这远远超出了单纯的技术安全的范畴。

技术应当是服务于公证人履行公证的公共职能义务的工具，公证人的这些义务包括识别公证活动出席者/当事人、审查其行为能力和辨识能力，并且确保不存在影响当事人意思表达和公证文书合法性的因素。

简而言之，公证人本人对其行为承担责任，必须遵守所在国法律和拉丁公证制度的基本原则。

“在线出席”公证活动要求我们重新审视现场出席的原则，改变了公证人和公证活动出席者/当事人之间的接触方式。重要的不是当事人在公证人面前实地到场，而是直接出现在作成公证文书的公证人的面前，即使这种出现是通过技术平台实现的。

……重要的不是当事人在公证人面前实地到场，而是直接出现在作成公证文书的公证人的面前，即使这种出现是通过技术平台实现的。

电子形式作成的公证文书完全等同于纸质公证文书，它只是允许公证人与公证活动出席者/当事人进行远程交流而作成公证文书的另一种形态。

新技术在公证活动中的运用，需要建立在三个基础之上：

——投入。投资具有高度安全性的尖端技术系统。

——培训。一方面是对公证人的培训，另一方面是对出席者/当事人的培训，使数字工具得以广泛应用。

应当鼓励继续教育，使公证人获得数字化技能，有能力在保障法律安全的前提下有效地使用新技术。

——立法。国内立法应就电子公证文书及其创建、范围和效力作出规定。所有法律中关于法律文书订立形式的国内法和比较法的规定，都应当考虑使用新技术的可能性并承认其价值和效果。

公证行业必须关注光介质数据存储领域的最新进展，因为其发展将意味着实际上无限的存储能力，以及信息在数量和时间上的稳定性，这无疑将增加公证文书的价值，尤其是电子公证文书的价值。

创新，但不能丢失本质[1]

——国际公证联盟主席阿尔梅拉公开信选译

◎蔡勇 译

译者按：2020年初，国际公证联盟产生了新一届领导机构，把推动各成员国（地区）公证的信息化建设作为联盟本届领导机构最重要的任务之一。新冠疫情在世界各地的大流行，无疑加快了全球公证人运用新技术实施公证服务的步伐。就此，本届国际公证联盟主席克里斯蒂娜·诺埃米·阿尔梅拉连续发表公开信，阐述了公证人应当如何运用新技术的观点。

一、新冠大流行时期公证人的实践——为公证职能服务的新技术[2]

到2020年4月底，新冠肺炎大流行仍然是严峻的现实。

值此困难的时刻，我重申对全世界所有公证人以及各国公证协会的支持。

国际公证联盟正通过网络访问和电子交流继续开展工作。联盟各委员会和工作组正在执行他们的行动计划。

确实，新冠大流行给全世界的公证人都带来了巨大的困难，但是，这也为我们利用远程通信工具开辟新的工作场景带来了思路。

我们希望所有成员国的公证人都走上数字化转型的道路，但必须是以确保安全的方式进行并尊重公证制度的原则和基础。

技术手段是公证人行使公证职能的重要工具，前提是必须要受到管控，并使公证人能够履行判断当事人的行为能力和辨识力的职责，同时保护公证活动的职业秘密和用户数据。

技术手段是公证人行使公证职能的重要工具，前提是必须要受到管控，并使公证人能够履行判断当事人的行为能力和辨识力

1　译自国际公证联盟官方网站http://www.uinl.org，原文为法语文本——译者注。

2　2020年4月28日国际公证联盟官网消息。

的职责，同时保护公证活动的职业秘密和用户数据。

公证人在履行其公共服务的职责时，必须确保当事人作出之意愿的法律确定性，识别当事人的身份并保障合法性。公证人是审查义务的唯一责任人，公证职责要求公证人的参与绝不能局限于信息化手段。

公证人在履行其公共服务的职责时，必须确保当事人作出之意愿的法律确定性，识别当事人的身份并保障合法性。公证人是审查义务的唯一责任人，公证职责要求公证人的参与绝不能局限于信息化手段。

这就意味着在尊重公证制度原则和基础的前提下，我们必须使用来自安全平台的新技术来作为服务公证职能的工具。

创新，但不能丢失本质。

二、关于远程公证和技术创新[3]

隔离措施和世界卫生组织“社交距离”标准的执行，促使一些国家的公证人利用开放性公众平台的视频会议工具来响应需求，但是这些公众平台根本不能提供公证人所必须维护的法律安全。不能保证公证人与当事人之间安全互动的平台，可能会在未来引发公证价值的减损，这将损害我们应当构建的法律安全。在这个问题上，我毫不掩饰我的担忧。

我们必须从每一次经历中总结教训。新冠疫情表明，在新技术服务基础设施缺乏的国家，公证人应尽最大努力启动公证信息化之路，并尊重公证制度的原则和基础。

我非常担心的是，需要警示这些国家的公证人，他们给公众提供的关于“信任”的服务，却是通过非安全平台的远程视频工具来进行的，其所使用的技术手段不可靠且易受攻击。

公证人在行使公证职能时作为工具的任何技术手段，必须能够使公证人履行其职责，以保证申请人的行为能力和识别能力，保护公证活动的职业秘密和用户数据。因此，这些平台必须由公证行业组织自己开发、验证和控制。

公证人在行使公证职能时作为工具的任何技术手段，必须能够使公证人履行其职责，以保证申请人的行为能力和识别能力，保护公证活动的职业秘密和用户数据。因此，这些平台必须由公证行业组织自己开发、验证和控制。[4]

3　2020年4月22日，阿尔梅拉主席写给各成员国（地区）公证协会的信。——译者注。

4　对此，阿尔梅拉主席列举了西班牙、意大利、德国和法国的全国公证人协会在这方面富有远见的成功先例。——译者注。

公证人与当事人的直接交流是提供公证服务最为基本的要素。

国际公证联盟尚未对公证人是否必须从身体上面对面接待当事人形成过正式文件。但是，我们的工作组在这方面取得了许多进展。我重申他们的一些结论：

1. 公证人与当事人的直接交流是提供公证服务最为基本的要素。

2. 某些事务的文书，特别是由于其单方性质或关联性质且不构成利益冲突，可作为例外情形，其直接交流的原则可以不通过身体直接面对面的方式来实现，而是通过一系列技术渠道来实施。

3. 在这种情况下，根据技术中立性原则，公证人可以决定使用他认为足以帮助其接收当事人意愿、识别当事人身份、评估当事人行为能力的技术手段，并从总体上判断公证文书所有要素的合法性。

4. 公证人是审验当事人身份、判断其行为能力或辨识能力、接收当事人意愿并保障合法性的唯一责任人。在任何情况下，公证人所选择技术手段的任何缺陷都不能作为公证人推卸责任的借口。

简而言之，作为公证服务手段的新技术只能是一个工具，其用途是将作为预防性司法制度的公证实践的价值以文书的形式具体化，无论其如何发展，都不能扭曲公证职能的本质。

新技术只是服务于公证职能的工具。

各国公证人实施新技术时，需要将之与相关的立法改革相结合，必须始终尊重公证制度的原则和基础的有效性。

薛凡（左）王晓华（中）孔祥伟（右）

区块链技术存储的证据难以产生司法上的推定力

——最高人民法院在线诉讼司法解释（征求意见稿）研讨沙龙纪要

◎薛凡　王晓华　孔祥伟　/整理人：孔祥伟

时　间：2021年2月3日

参与人：

薛凡（中国法学会民事诉讼法学研究会理事、中国公证协会公证理论研究委员会主任委员、华东政法大学公证改革课题主持人。）

王晓华（华东政法大学诉讼法学硕士研究生导师、公证改革课题主持人。）

孔祥伟（时为华东政法大学2018级诉讼法学博士研究生，现执教于汕头大学法学院。华东政法大学公证改革课题组成员。）

讨论中的要点：

· 司法活动既要拥抱新兴技术，也要尊重司法规律。

· 上链行为和上链时证据状态的真实性不应同证据的真实性相混淆。

· 证据的推定原理不适用于区块链技术存储的证据。

· 审查判断证据区块链技术存储的证据需防止本末倒置的缺陷。

· 审查区块链技术存储的证据和其他电子证据的规则并不完全等同。

· 举证责任倒置会不当地增加证据相对方的举证责任，有违公平原则。

薛凡：三人行必有我师。今天，我们三人在线举行一个小小的专题学术沙龙，讨论的议题是：2021 年 1 月 21 日，最高人民法院公开发布的《关于人民法院在线办理案件若干问题的规定（征求意见稿）》（下称“征求意见稿”）向社会公开征求意见。仔细阅读征求意见稿之后，我个人觉得对于第十四条、第十五条和第十六条有关使用区块链存储技术的证据（下称“区块链存证”）审查判断规则的规定，我们可以讨论一下。

王晓华：同意薛老师的建议和观点，并且在我看来，征求意见稿第十四条的问题更为明显。

孔祥伟：我也有相同的看法，概括来讲，征求意见稿第十四条和第十五条所构成的区块链存证的审查判断规则存在着本末倒置的缺陷。

王晓华：第十四条区块链存证真实性推定的规定是不合适的，尤其是如果将第十四条与第十六条结合起来看，实际上是将举证责任倒置。从区块链存证的原理来看，区块链存证技术只能保证上链的证据状态的真实性，不能保证上链的证据本身的真实性。对于上链的证据本身，当事人仍然有义务证明该证据的关联性和真实性。第十四条的规定实际上是将上链行为和上链时证据状态的真实性同证据真实性相混淆，将两种不同的真实性混为一谈，并且不当地增加了证据相对方的举证责任。

从区块链存证的原理来看，区块链存证技术只能保证上链的证据状态的真实性，不能保证上链的证据本身的真实性。对于上链的证据本身，当事人仍然有义务证明该证据的关联性和真实性。

薛凡：赞同晓华和祥伟的观点。司法活动既要拥抱新兴技术，也要尊重司法规律。本质而论，法官采信证据与否是法律职业人的专业判断，不应沦为纯粹的技术判断。作为司法判断的主体，法官的职业判断不能被区块链存储技术“架空”。征求意见稿第十四条的规定实际上是创设了一项新的证据的推定规则，即区块链存证经技术核验一致后法官即可采信。这一“推定”是否意味着司法解释认可并且有可能助长了区块链存证技术的“法律人格化”？由此使区块链存证变相成为一种事实上可以制作有效司法证据的“法律职业人”，如果真是这样，远远超出了司法证据判断规则的基本界限。需要注意的是，区块链存证主体如果是第三方有证公司，存证公司的背后是商业力量在主导。从司法公正的前提出发，司法与商业力量应当是完全隔绝的。征求意见稿第十四条规定很有可能导致商业力量经由区块链存证通道直接影响法官对证据的裁判，使司法公正面临威胁，这是不能不加以警惕的。

孔祥伟：是的，从防止司法形式化的风险来讲，法官的证据审查活动不仅不能依赖区块链存证等新兴技术手段，而且更应当强调以客观、中立的立场从法律、技术两个层面对区块链存证进行审查。司法裁判的过程是法官依据诉讼程序（主要是举证、质证）查明事实并适用法律的过程，区块链存证可以作为法官查明事实的辅助，但不能替代法官裁判的法律思维和庭审活动。从这个角度来看，征求意见稿第十四条所要求的“区块链存证经技术核验一致”不是采信区块链证据的充分条件，只是一项必要条件。

薛凡：赞同。

孔祥伟：此外，接着前面王老师的话，我再谈谈征求意见稿中有关推定的问题。在诉讼法和证据法上，推定是基于真实发现与诉讼效率相平衡的一种制度创设。能够推定成立的证据所对应的事实不仅具有免证的效力，还可为法官直接采信，例如，有效的公证文书记载的事实之所以能成为免证的事实，是因为在公证程序中，公证员或作为见证者目睹事件过程，或通过亲历审查保全了相关证据。但是，区块链存证技术只是保存证据的一种技术方式和媒介，经技术核验后一致的，确实可以说明材料上链后未

司法活动既要拥抱新兴技术，也要尊重司法规律。本质而论，法官采信证据与否是法律职业人的专业判断，不应沦为纯粹的技术判断。作为司法判断的主体，法官的职业判断不能被区块链存储技术“架空”。

……区块链存证主体如果是第三方有证公司，存证公司的背后是商业力量在主导。从司法公正的前提出发，司法与商业力量应当是完全隔绝的。

从防止司法形式化的风险来讲，法官的证据审查活动不仅不能依赖区块链存证等新兴技术手段，而且更应当强调以客观、中立的立场从法律、技术两个层面对区块链存证进行审查。

经篡改，但若证据材料上链以前就是伪造、变造或虚假的材料，那么，即便区块链存证也改变不了其本来的性质，所以，一旦证据材料上链就产生推定力有违司法原理，显然难以成立。

再者，推定和举证责任直接相关。王老师前面也指出了，征求意见稿第十四条将上链时证据状态的真实性同证据真实性相混淆，不当地增加了证据相对方的举证责任。这种举证责任的倒置集中表现在第十六条的第一款。按照征求意见稿第十四条、第十六条的规定，其基本逻辑为：区块链存证经技术核验后一致的，人民法院可以确认该证据真实，相对方若要反驳，则必须提出证据、说明理由，否则法官不予审查。由此，在现实中是否可能带来这样一种后果，即无论诉讼双方所持证据的真实性和证明力如何，都会争相地将证据材料付诸区块链存证，以此便可减轻自己一方原有的证明证据真实的举证责任，并将这一责任转嫁给对方。换言之，如此规定将会导致诉讼中的任何一方可通过使用区块链存证，获得将举证责任倒置于对方的主动权。事实上，诉讼中的举证责任不可能因为存证技术的不同而在诉讼双方间游走，故第十四条的规定明显有悖举证责任制度的基本法理。

最后，还需要指出的是，由于第十六条暗含着鼓励当事人采取区块链存证的倾向，当区块链存证技术由第三方存证公司提供时，当事人与存证公司之间形成的购买服务的利益关系将有可能引发伪证的风险。为防止伪证风险和司法错案的发生，我建议在修改并正式公布第十四条的同时，也对第十六条第一款作出调整，即删除加之于证据相对方的举证义务，将上链前证据的真实性审查作为法院的一般职责来予以明确。

王晓华：我的意见是，征求意见稿第十四条的内容可以保留到“未经篡改”之前，删除后面有关证据真实性认定的内容。

此外，区块链存证和普通电子数据保存机制存在一个很大的区别，就是区块链存证的去中心化机制。区块链之所以能够实现防篡改，主要是因为其去中心化的计算模式。一个区块链存证平台是否能够做到真正的去中心化，是决定其防篡改能力强弱的一个标志。对于单一电子设备所形成的电子证据和区块链存证的审

区块链存证技术只是保存证据的一种技术方式和媒介，经技术核验后一致的，确实可以说明材料上链后未经篡改，但若证据材料上链以前就是伪造、变造或虚假的材料，那么，即便区块链存证也改变不了其本来的性质，所以，一旦证据材料上链就产生推定力有违司法原理，显然难以成立。

当区块链存证技术由第三方存证公司提供时，当事人与存证公司之间形成的购买服务的利益关系将有可能引发伪证的风险。

查要求并不完全等同。传统上对于电子数据真伪的审查重点是该证据的取得、保存、流转直到庭上举证过程中是否有足够可信的保存链，确保该证据在诉讼过程中不存在被篡改的可能。在使用区块链存证的过程中，区块链的去中心化特点天然地保障了这种保存链的可信性，因此，司法人员对于区块链存证证据的审查重点不是证据保存的过程是否有可能被篡改，而是应将重点前移，首先，要审查存证平台是否使用了真正的去中心化区块链技术。如果存证平台使用的是封闭的多中心区块链技术，那么，该平台的中心节点数量是否足够多到能保证篡改可能性极小或篡改成本极高的程度？其次，要审查该证据是否是从主链上提取下来的。区块链技术的特点决定了它会形成多条链条（因同时计算出区块结果而形成的暂时分叉），区块链秉持最长链原则，即只有最长链条上的区块才是有效区块，所有的后续区块都是基于目前最长链上的最后一个区块的信息进行计算的，支链上的区块原则上属于被废弃区块，在支链上进行计算的结果不受各节点的信任和接受，因此，不具有去中心化的作用。所以，只有保存在主链上的信息才具有不可篡改性，存证时间离现在越远，主链区块上信息的不可篡改性越强，这是在审查区块链存证证据时特别需要加以注意的。征求意见稿第十五条有关区块链证据审查的要求并没有针对区块链存证技术的核心问题进行审查。所以，应当在第十五条中增加对是否真正做到去中心化的计算模式的审查内容。

……司法人员对于区块链存证证据的审查重点不是证据保存的过程是否有可能被篡改，而是应将重点前移，首先，要审查存证平台是否使用了真正的去中心化区块链技术。……其次，要审查该证据是否是从主链上提取下来的。……只有保存在主链上的信息才具有不可篡改性，存证时间离现在越远，主链区块上信息的不可篡改性越强，这是在审查区块链存证证据时特别需要加以注意的。

薛凡：完全赞同晓华、祥伟的上述观点，区块链存证是证据的一种，证据映照事实，界定了权利、义务和责任，考虑到这一司法解释一旦颁布将会适用于民、刑、行政几乎各类在线诉讼，同时考虑到各级、各地法院的法官素质客观上存在差异，因此更应注重在融入新兴技术的同时坚守司法裁判的基本底线。

……证据映照事实，界定了权利、义务和责任，……

附：本文所涉在线诉讼司法解释若干条文对照表

最高人民法院《关于人民法院在线办理案件若干问题的规定》（征求意见稿）	本文提出的修改建议	最高人民法院《人民法院在线诉讼规则》（法释〔2021〕12号）
第十四条【区块链证据的效力】当事人提交的证据系通过区块链技术存证，并经技术核验后一致的，推定该证据材料上链后未经篡改，人民法院可以确认该证据的真实性，但有相反证据足以推翻的除外。	**第十四条**【区块链证据的效力】当事人提交的证据系通过区块链技术存证，并经技术核验后一致的，推定该证据材料上链后未经篡改。	**第十六条** 当事人作为证据提交的电子数据系通过区块链技术存储，并经技术核验一致的，人民法院可以认定该电子数据上链后未经篡改，但有相反证据足以推翻的除外。
第十五条【区块链证据审核规则】当事人对区块链存证证据提出异议并有合理理由的，人民法院应当主要审查以下内容： （一）存证平台是否符合国家有关部门关于提供区块链存证服务的相关规定； （二）当事人与存证平台是否存在利害关系，并利用技术手段不当干预取证、存证过程； （三）存证平台的信息系统是否符合清洁性、安全性、可用性的国家标准或者行业标准； （四）存证技术和过程是否符合《电子数据存证技术规范》关于系统环境、技术安全、加密方式、数据传输、信息验证等方面的要求。	**第十五条**【区块链证据审核规则】对区块链存证证据，人民法院应当主要审查以下内容： （一）存证平台是否符合国家有关部门关于提供区块链存证服务的相关规定； （二）存证平台的去中心化程度以及是否具有可信的防篡改机制； （三）当事人与存证平台是否存在利害关系，并利用技术手段不当干预取证、存证过程； （四）存证平台的信息系统是否符合清洁性、安全性、可用性的国家标准或者行业标准； （五）存证技术和过程是否符合《电子数据存证技术规范》关于系统环境、技术安全、加密方式、数据传输、信息验证等方面的要求。	**第十七条** 当事人对区块链技术存储的电子数据上链后的真实性提出异议，并有合理理由的，人民法院应当结合下列因素作出判断： （一）存证平台是否符合国家有关部门关于提供区块链存证服务的相关规定； （二）当事人与存证平台是否存在利害关系，并利用技术手段不当干预取证、存证过程； （三）存证平台的信息系统是否符合清洁性、安全性、可靠性、可用性的国家标准或者行业标准； （四）存证技术和过程是否符合相关国家标准或者行业标准中关于系统环境、技术安全、加密方式、数据传输、信息验证等方面的要求。
第十六条【上链前数据的真实性审查】当事人提出数据上链存证时已不具备真实性，并提供证据予以证明或者说明理由的，人民法院应当予以审查。人民法院根据案件情况，可以要求提供区块链存证证据的一方当事人提供证据证明上链存证数据的真实性，或者说明上链存证数据的具体来源、生成机制、存储过程、第三方公证见证、关联印证数据等情况。当事人不能提供证据证明或者作出合理说明，该区块链存证证据也无法与其他证据相互印证的，人民法院对该证据的真实性不予确认。	**第十六条**【上链前数据的真实性审查】对于上链前数据的真实性，人民法院应当予以审查。人民法院根据案件情况，可以要求提供区块链存证证据的一方当事人提供证据证明上链存证数据的真实性，或者说明上链存证数据的具体来源、生成机制、存储过程、第三方公证见证、关联印证数据等情况。当事人不能提供证据证明或者作出合理说明，该区块链存证证据也无法与其他证据相互印证的，人民法院对该证据的真实性不予确认。	**第十八条** 当事人提出电子数据上链存储前已不具备真实性，并提供证据证明或者说明理由的，人民法院应当予以审查。 人民法院根据案件情况，可以要求提交区块链技术存储电子数据的一方当事人，提供证据证明上链存储前数据的真实性，并结合上链存储前数据的具体来源、生成机制、存储过程、公证机构公证、第三方见证、关联印证数据等情况作出综合判断。当事人不能提供证据证明或者作出合理说明，该电子数据也无法与其他证据相互印证的，人民法院不予确认其真实性。

关于最高人民法院“在线办案《规定》”的修改建议

◎浙江省公证协会

最高人民法院：

贵院于今年1月21日就《关于人民法院在线办理案件若干问题的规定（征求意见稿）》（下称“在线办案《规定》”）向社会公开征求意见。因该新规与公证工作关系密切，我省公证行业反响较大。本会在汇总广大公证员意见的基础上，邀请若干资深公证员专题深入研究，整理形成代表我省公证行业的修改建议如下：

一、关于第十四条至第十七条关于区块链证据的效力、审核规则、上链前的真实性审查、补强认定的修改建议

（一）建议删除“区块链证据”“区块链存证证据”的概念和表述，修改为“基于区块链方式存储的电子数据”

修改理由：

1. 区块链技术在电子数据取证中的作用，主要在于电子数据摘要信息的分布式存储；大多数情况下，电子数据并不是区块链证据，摘要信息才是区块链证据，区块链技术并不能确保电子数据的真实性。

大多数情况下，电子数据并不是区块链证据，摘要信息才是区块链证据，区块链技术并不能确保电子数据的真实性。

按在线办案《规定》照第十四条，区块链证据是指“通过区块链技术存证”的证据。但是，“通过区块链技术取证”是指什么，《规定》并未给出明确定义。按照通常技术理解，区块链技术是一种存储技术，而不是一种取证技术，不能因为电子数据摘要

信息通过区块链技术存储，就因此推定通过第三方取证工具获取的电子数据具有优势证据效力。

这里，试以本会调研中了解到的某法院电子证据平台的运行逻辑为例。

在某法院电子证据平台的运行中，假设初始电子数据为a数据，当事人通过第三方公司取证工具对a数据进行取证、获取电子证据即b数据，通过哈希算法得出b数据的摘要信息c，第三方存证公司将摘要信息c通过区块链分布式存储方式在电子证据平台节点进行存储。诉讼时，法院电子证据平台对b数据再次计算获取摘要信息d，将摘要信息d与摘要信息c进行比对，比对无误确认b数据至上链后未被更改，将b数据被推送至法院诉讼平台。通过上述技术方案可见，区块链技术，没有解决a数据本身是否真实，也没有解决a数据到b数据的取证过程数据是否未被篡改，而仅仅解决了b数据上链后未被更改。故法院在对证据进行审核认定时，不能夸大区块链技术在电子数据取证过程中的作用，更不能由此“确认该证据的真实性，但有相反证据足以推翻的除外”。

2.“区块链证据”本质上仍然是普通的电子数据。

如前所述，区块链技术仅解决了b数据上链后未被更改，对于a数据本身是否真实、a数据到b数据的取证过程数据是否未被篡改，仍需按照普通电子数据审查标准进行审查。尤其要注意的是，区块链证据平台方案涉及多个环节、多种技术，由于存在技术故障或程序错误、系统被攻破、技术迭代等因素，即使平台取得信息安全等级保护证书或公安部等国家机关的完整性鉴定报告等，仍会在运行过程中因为各种原因，导致系统不断更新迭代。故对于该类证据，人民法院仍需进行个案审查。如果将电子数据区分为“区块链电子数据”“非区块链电子数据”，对于证据审核而言，意义并不明显。

……由于存在技术故障或程序错误、系统被攻破、技术迭代等因素，即使平台取得信息安全等级保护证书或公安部等国家机关的完整性鉴定报告等，仍会在运行过程中因为各种原因，导致系统不断更新迭代。故对于该类证据，人民法院仍需进行个案审查。

3. 突出“区块链证据”概念，可能导致法院中立性被不当使用。

目前可通过各种媒体看到，许多第三方公司在炒作区块链电子证据平台方案时，都在利用法院的中立性和权威性，向客户兜售存证方案，为第三方公司自身谋取利益。

（二）建议删除第十四条关于区块链证据证据效力的规定

修改理由：在线办案《规定》第十四条规定“当事人提交的证据系通过区块链技术存证……人民法院可以确认该证据的真实性，但有相反证据足以推翻的除外”，该规定与贵院《关于民事诉讼证据的若干规定》[1]的规定不符。贵院《关于民事诉讼证据的若干规定》第九十三条、第九十四条对于如何认定电子证据真实性进行了规定，并对不同电子证据的证据效力进行了规定。其中，第一，人民法院“应当确认电子证据真实性、但有相反证据足以推翻的除外”，是指“经公证的电子证据”；第二，人民法院“应当确认电子证据真实性、但有相反证据足以反驳的除外”，是指“由当事人提交或者保管的于己不利的电子数据；由记录和保存电子数据的中立第三方平台提供或者确认的；在正常业务活动中形成的；以档案管理方式保管的；以当事人约定的方式保存、传输、提取的”这五种情形。[2]根据贵院《关于民事诉讼证据的若干规定》的规定，“基于区块链方式存储的电子数据”仍属于普通证据，并不具有任何优势证据效力。在线办案《规定》将基于区块链方式存储的电子数据的证明力的等级上升，缺乏法理基础和法律依据。

（三）对第十六条“基于区块链方式存储的电子数据”的真实性审查条款的修改建议和理由

1. 修改建议

原条款：第十六条【上链前数据的真实性审查】当事人提出数据上链存证时已不具备真实性，并提供证据予以证明或者说明理由的，人民法院应当予以审查。

人民法院根据案件情况，可以要求提供区块链存证证据的一

1　最高人民法院《关于民事诉讼证据的若干规定》（法释〔2019〕19号）。
2　最高人民法院《关于民事诉讼证据的若干规定》（法释〔2019〕19号）。

方当事人提供证据证明上链存证数据的真实性，或者说明上链存证数据的具体来源、生成机制、存储过程、或公证第三方见证、关联印证数据等情况。当事人不能提供证据证明或者作出合理说明，该区块链存证证据也无法与其他证据相互印证的，人民法院对该证据的真实性不予确认。

建议修改为:【基于区块链方式存储的电子数据的真实性审查】电子数据基于区块链方式存储的，经人民法院电子证据平台或公证机构技术核验一致的，推定该电子数据上链后未被篡改，但有相反证据足以推翻的除外。

当事人提出数据上链存证前已不具备真实性，并提供证据予以证明或者说明理由的，人民法院应当予以审查。人民法院根据案件情况，可以要求电子数据提供方提供证据证明上链前存证数据的真实性，并应当结合电子数据的具体来源、提取方式、存储过程、公证人见证、关联数据印证等因素综合判断。当事人不能提供证据证明，该电子数据也无法与其他证据相互印证的，人民法院对该电子数据的真实性不予确认。

2. 修改理由

（1）“基于区块链方式存储的电子数据”的真实性审查，包括两个部分，即上链前和上链后的电子数据真实性审查。

修改后的第一款为“上链后的电子数据真实性审查”，主要基于运用区块链技术可推定电子数据未被篡改，但限于“人民法院电子证据平台或公证机构”的技术核验。如当事人通过第三方电子证据平台技术核验的，该核验仍视为当事人提供的证明材料，人民法院仍需通过审查后方能推定证据未被篡改，而不能直接推定。

修改后的第二款为“上链前的电子数据真实性审查”。当事人提出数据上链存证时已不具备真实性的，人民法院可以要求电子数据提供方提供证据证明上链存证数据的真实性，并应当结合具体因素进行综合判断。原条款允许证据提供方提供证据证明上链存证数据的真实性，或对上链前证据作出合理说明。本条款建议去掉证据提供方对上链前证据作出合理说明的方式。该修改符合贵院《关于民事诉讼证据的若干规定》第九十三条人民法院对电子数据真实性审查的规定，强调人民法院对电子数据的综合判断；人民法院对电子证据的综合判断，并不基于证据提供方的合理说明，而是根据其提供的证据，根据电子数据的具体来源、提取方式、存储过程等因素综合予以判断。

（2）该修改符合对普通人的诉讼要求。在线诉讼的宗旨在于便民，而不是加重诉讼参与人的负担。作为一个普通人，在诉讼过程中，面对"基于区块链方式存储的电子数据"，可能无法理清区块链、分布式存储、摘要信息、节点的概念，更无法审查判断基于区块链方式存储的电子数据或者电子证据平台的系统环境、技术安全、加密方式、数据传输等方面的事项，故对于"基于区块链方式存储的电子数据"而言，绝大部分的普通人都属于技术弱势群体。如果对该类证据的审查，不是主要依靠法院的审查判断，或者法院的审查判断基于证据提供方的言词证据即可，将有可能导致司法不公现象的产生。对上链前的电子数据真实性审查的上述修改，可以避免普通人成为司法活动中的弱势者，从而体现法律的实质性平等。

……故对于"基于区块链方式存储的电子数据"而言，绝大部分的普通人都属于技术弱势群体。如果对该类证据的审查，不是主要依靠法院的审查判断，或者法院的审查判断基于证据提供方的言词证据即可，将有可能导致司法不公现象的产生。

（四）建议删除第十五条"区块链证据审核规则"

修改理由：

该条标题为"区块链证据审核规则"，其内容为对存证平台的审核。基于区块链方式存储的电子数据，从生成、提取、到存储、传输、验证，都离不开存证平台，对电子数据真实性进行审查，必然包含对电子数据的生成、存储、传输所依赖的计算机系统的硬件、软件环境是否处于正常运行状态，电子数据是否被完整地保存、传输、提取，保存、传输、提取的方法是否可靠等内容的审查，故无需对存证平台的实质审查另行加以规定。

综上，法院对于基于区块链方式存储的电子数据的审查，仍应根据具体个案情况，由法官依照法定程序，全面、客观地审核证据，并对证据有无证明力和证明力大小独立进行判断。

二、关于第二十二条至第二十三条充分保障当事人诉讼权益规定的修改建议

（一）修改建议

1.第二十二条第二款的修改建议

原条款：出庭人员参加在线庭审，应当选择安静、无干扰、光线适宜、网络信号良好、相对封闭的场所，不得在可能影响庭审音视频效果或者有损庭审严肃性的场所参加庭审。

建议修改为：出庭人员参加在线庭审，应当选择安静、无干扰、光线适宜、网络信号良好、相对封闭的场所，或在人民法院指定的在线出庭场所，不得在可能影响庭审音视频效果或者有损庭审严肃性的场所参加庭审。

2.第二十三条第二款的修改建议

原条款：出庭人员出现不按时到庭、脱离庭审画面、庭审音视频静止等情形时，人民法院应当作出提示、警告，并要求出庭人员说明理由。

建议修改为：出庭人员出现不按时到庭、脱离庭审画面、庭审音视频静止等情形时，人民法院应当作出提示、警告，并要求出庭人员说明理由；有公证参与司法辅助人员在场的，也可以要求在场人员说明理由。

（二）修改理由

在线办案《规定》第三条、第四条等条款的设置，在于通过尊重当事人对在线诉讼的选择权，通过全面、准确告知在线诉讼的权利义务和法律后果，充分保障当事人合法诉讼权益。在操作层面，老年人、行动不便和文化程度较低人员等，更希望获得便捷的诉讼方式，但由于身体或文化程度等原因，不会进行在线诉

讼操作或者容易进行引起错误操作，或者由于没有必要的设备支持，无法参与在线诉讼。如何通过程序设置使该类需要在线诉讼服务的人员获得便捷的在线诉讼服务？在庭审中，如何证明由于网络故障、设备损坏、电力中断或者不可抗力等原因，导致当事人无法参加在线庭审，以避免损害当事人的诉讼权益。通过对第二十二条第二款、第二十三条第二款的修改，在基层的乡镇司法所、公证机构设置在线出庭场所，通过公证参与司法辅助人员等人员辅导、见证，有利于便利老百姓参与在线诉讼、保障人民的合法诉讼权益。

三、增加诉讼平台接口对接的相关规定

为了促进在线诉讼中，高效安全提取电子数据，建议增加一条诉讼平台接口对接方式的规定，列为第三十五条。

增加条款：第三十五条【诉讼平台接口对接】诉讼平台可提供规范接口对接公文电子数据提供机构，包括国家机关、仲裁委员会、公证机构、鉴定机构等。

诉讼平台可提供规范接口对接私文电子数据提供机构，包括记录和保存电子数据的中立第三方平台、在正常业务活动中形成电子数据的电商平台等，也可在诉讼过程中由当事人提交至诉讼平台。

四、“公证机关”的表述应修改为“公证机构”

第十一条第一款第二项“电子化材料形成过程经过公证机关公证的”，“公证机关”应修改为“公证机构”，以符合《公证法》的表述。

以上修改建议，望予充分考虑为盼！

浙江省公证协会

二〇二一年二月四日

公证员如此"保全证据"能否实现公正

——一起在线公证"创新"个案引发的思考

◎唐正栩*

公正是法治的生命线。
——《中共中央关于全面推进依法治国若干重大问题的决定》[1]

公证机构办理公证，
应当遵守法律，
坚持客观、公正的原则。
——《中华人民共和国公证法》第三条

---

* 唐正栩，任职于上海市黄浦区人民政府。

1 《中共中央关于全面推进依法治国若干重大问题的决定》(2014 年 10 月 23 日中国共产党第十八届中央委员会第四次全体会议通过)。

公证机构派员外出办理保全证据公证的，
由二人共同办理，
承办公证员应当亲自外出办理。
——司法部《公证程序规则》第五十四条

一、从公证文书看一起奇特的在线公证“创新”案件

公证保全证据活动对于预防纠纷、保障司法公正具有重要作用。在人民权利意识日渐觉醒的背景下，公证保全证据成为人民群众寻求有效维护自身正当合法权利的重要途径。[2] 公证活动的最终结果是向当事人出具具有公信力的公证文书。一个偶然的机会，笔者见到了一份某公证机构一位公证员出具的在线“保全证据”公证书，阅后令人大跌眼镜。

本案情况大致为，当事人某公司向浙江省某公证处申请公证保全证据，保全证据地点在山西省大同市某县。奇特的是，该公证处未按《公证程序规则》的规定派公证人员到达现场进行保全证据，而是任由当事人的代理人自行使用该公证处的手机 APP 平台进行拍照、录像操作，并将相关证据文件上传至该公证处的电子证据存证平台，公证员足不出户，只是坐在公证处电脑前进行截屏、下载操作，即完成了“保全证据”公证。古云：“奇文共欣赏，疑义相与析”，在此，先将这份公证书分享给读者“欣赏”，全文如下：

公 证 书

（2018）×× 证字第 ×× 号

申请人：×× 有限公司，住所：杭州 ××，法定代表人：××

2 薛凡：《公证保全证据司法观点与实务初步比较研究》，薛凡主编：《司法视野中的公证保全证据》（法律实践丛刊第 1 卷），厦门大学出版社 2014 年版。

委托代理人：××，男，××年×月×日出生，公民身份号码：××

公证事项：保全证据

申请人杭州××有限公司的委托代理人××于二〇一八年七月十七日来到本处称："申请人杭州××有限公司于二〇一八年七月十一日使用取证号为"××××"的账号登录浙江省杭州市××公证处实时保APP电子证据保全平台，并使用手机APP平台上的拍照、录像功能进行相关操作，本次操作已由你处××APP电子证据保全平台实时记录并上传成功。现申请人杭州××有限公司要求对申请人通过该账号上传、存储在浙江省××市××公证处实时保电子证据保全平台上的证据申请保全证据公证。"

根据《中华人民共和国公证法》、《公证程序规则》的规定，本处指派公证员××和公证员助理××依法受理了该公证申请。

本公证员××和公证员助理××于二〇一八年八月一日下午在检查本处其中一台办公电脑的网络连接状况一切正常后，由本公证员在该电脑上进行了一系列操作，同时采用截屏、下载、打印的方式对主要操作过程进行了保全。具体过程如下：

一、用本处的管理账号登录浙江省杭州市××公证处实时保业务处理平台系统（网址：https://npp.××.com/××），主要截屏内容详见附件1第1页。

二、在"预约成功"的订单列表中，点击"公证主体"为"杭州××有限公司"的"查看详情"，出现相应"证据列表"，向下拖动滚动条，逐页显示"证据列表"中的各项内容，主要截屏内容详见附件1第2页——第26页。

将"证据列表"中以下证据编号相对应的电子数据分别下载至本处计算机，得到二十个照片文件和四个视频文件，二十个照片文件证据编号如下：

E×××1、E×××2、E×××3、E×××4、E×××5、E×××6、

E×××6、E×××7、E×××8、E×××9、E×××10、E×××11、E×××12、E×××13、E×××14、E×××15、E×××16、E×××17、E×××18、E×××19、E×××20

三、四个视频文件证据编号如下：E×××1（取证时间：2018-7-13，录像时长：0时7分20秒，录像地点：大同市××县，经纬度：××××）、E×××2（取证时间：2018-7-11，录像时长：0时8分21秒，录像地点：大同市××县，经纬度：××××）、E×××3（取证时间：2018-7-11，录像时长：0时7分16秒，录像地点：大同市××县，经纬度：××××）、E×××4（取证时间：2018-7-11，录像时长：0时2分34秒，录像地点：大同市××县，经纬度：××××）

四、根据平台上传信息所显示的内容对照片文件作适当描述后进行彩色打印，内容详见附件二中的二十张照片文件。

五、将上述下载得到二十个照片文件和四个视频文件刻成光盘。

兹证明以上二十四个证据编号的电子证据所对应的文件系申请人使用“××××”取证账号于二〇一八年七月十一日操作实时保APP取证取得的照片或视频，下载文件系申请人操作实时保APP取证并实时上传至本处实时保电子证据保全平台过程中所形成的证据文件。本公证书相连的附件1的截屏文件页，系本公证员于二〇一八年八月一日下午用本处的管理账号登录浙江省杭州市××公证处实时保业务处理平台系统，对申请人上传、存储的证据予以下载、打印的主要操作过程进行截屏、打印后取得。附件2的共二十页，系本公证员对证据编号相对应的照片进行彩色打印取得。

××公证处

公证员××

二〇一八年××月××日

该公证书中称，公证员对自己的在线“操作过程进行了保全”，也就是“公证员为公证员自己进行公证”，对此，究竟应该作何理解呢？在回答这一问题之前，先让我们重温一下什么是公证保全证据活动。

二、什么是真正意义上的公证保全证据活动？

从概念上加以明晰，我国《公证法》第11条规定了“保全证据”为公证事项之一[3]，全国人大常委会法制工作委员会主编的“中华人民共和国法律释义丛书”之一《中华人民共和国公证法释义》（下称人大法工委“《公证法释义》”）对于公证“保全证据”如此定义：

> 公证机构对于日后可能灭失或者难以取得的证据，依法事先加以提取、收存、固定、描述，以保持该证据的真实性和证明力的措施。[4]

又因公证活动具有“被动性”之特点，即需根据自然人、法人或者其他组织的申请才能启动，故学理上公证保全证据活动可以理解为，公证人应当事人的申请，对于日后可能灭失或者难以取得的证据，依法事先加以提取、收存、固定、描述，以保持该证据的真实性和证明力的措施。[5]由上可知，公证保全证据的核心在于确保证据的“真实性和证明力”。

薛凡先生在其《公证保全证据司法观点与实务初步研究》一文中，总结了公证保全证据活动需遵循的三项基本准则：从“如实”出发、保持客观、指向合法。[6]

---

3 《中华人民共和国公证法》第十一条规定：“根据自然人、法人或者其他组织的申请，公证机构办理下列公证事项：……（九）保全证据；……。”

4 王胜明、段正坤主编：《中华人民共和国公证法释义》，法律出版社2005年版，第36页。

5 薛凡：《公证保全证据司法观点与实务初步比较》，薛凡主编：《司法视野中的公证保全证据》（法律实践丛刊第1卷），厦门大学出版社2014年版。

6 薛凡：《公证保全证据司法观点与实务初步比较》，薛凡主编：《司法视野中的公证保全证据》（法律实践丛刊第1卷），厦门大学出版社2014年版。

"如实"是对公证保全证据活动真实性的要求，体现了公证保全证据活动的核心价值。"如实"要求公证人忠于职守、聚焦事实，亲历公证保全证据活动的全过程，据实记录并作成公证文书。如果公证人远离现场，不亲力亲为，如何能保证现场取证的真实性？这与"如实"的要求背离甚远。

"如实"要求公证人忠于职守、聚焦事实，亲历公证保全证据活动的全过程，据实记录并作成公证文书。

"保持客观"是指公证人在办理公证保全证据案件时应当秉持客观、公正之原则。人大法工委《公证法释义》中将"客观"定义为："公证机构及公证员在办证过程中，必须忠于客观事实，不能凭主观想象、猜测来办证。"[7]客观是公正之前提，没有客观何来公正？而公正是公证的生命线之一。本案中，公证员任凭当事人的委托代理人在千万里以外的现场"自由自在"取证实施"公证保全证据活动"，而公证员自己仅在事后远程在线"查看"，何谈客观？没有客观，何来公证之公正？

本案中，公证员任凭当事人的委托代理人在千万里以外的现场"自由自在"取证实施"公证保全证据活动"，而公证员自己仅在事后远程在线"查看"，何谈客观？没有客观，何来公证之公正？

"指向合法"的重点在于强调公证程序合法。公证作为法律活动之一，也应遵循正当程序原则，程序合法是结果公正之保障。司法部《公证程序规则》第54条第1款规定："公证机构派员外出办理保全证据公证的，由二人共同办理，承办公证员应当亲自外出办理。"从这一条文中可以得知，公证保全证据活动要求公证机构的二人共同办理，其中至少一人是公证员，且关键需要"亲历亲为"，这也是实现公证保全证据活动客观性与真实性的问题中应有议。

三、在线公证可否如此"创新"？

阅读完上述个案的公证书后不难发现，某公证员的此种"在线公证"方式，实际上是将电子数据存证和提取活动贴上了"公证保全证据"的标签。电子数据存证和提取活动本身并不违法，但是不应将现场保全证据公证活动混同于电子数据存证和提取

电子数据存证和提取活动本身并不违法，但是不应将现场保全证据公证活动混同于电子数据存证和提取活动。

7　王胜明、段正坤主编：《中华人民共和国公证法释义》，法律出版社2005年版，第12页。

活动。

那么，什么是电子数据存证呢？根据司法部发布的《中华人民共和国司法行政行业标准 SF/T 0076—2020 电子数据存证技术规范》可知，电子数据存证是指提供电子数据存证服务的机构或组织通过互联网向用户（即使用电子数据存证服务的组织或个人）提供电子数据证据保管和验证的服务。[8] 可见，电子数据存证与公证保全证据两种活动并不等同。首先，主体上存在不同，目前对电子数据存证活动的主体并没有特别限制，而公证保全证据活动的主体仅限于公证机构和公证人员；其次，在程序上，公证保全证据活动强调公证人员亲历性，要求公证人员在现场亲自实施监督或者亲自实施，而电子数据存证则无此要求。由此可知，该案中的公证员实施的实际上是电子数据存证后的提取活动，并不是真正意义上的现场公证保全证据。

根据司法解释，"电子数据存证"的证据效力为："人民法院可以确认其真实性，但有足以反驳的相反证据的除外。""电子数据公证"的证据效力为："人民法院应当确认其真实性，但有相反证据足以推翻的除外。"可见"电子数据公证"的证据效力明显高于"电子数据存证"，前者若无反证则推定为真。

与此同时，最高人民法院《关于民事诉讼证据的若干规定》也明确区分了"电子数据存证"与"电子数据公证"不同的证据效力。根据司法解释，"电子数据存证"的证据效力为："人民法院可以确认其真实性，但有足以反驳的相反证据的除外。""电子数据公证"的证据效力为："人民法院应当确认其真实性，但有相反证据足以推翻的除外。"[9] 可见"电子数据公证"的证据效力明显高于"电子数据存证"，前者若无反证则推定为真。

---

8 《中华人民共和国司法行政行业标准 SF/T 0076—2020 电子数据存证技术规范》："3.1 电子数据存证 digital evidence preservation：通过互联网向用户提供电子数据证据保管和验证的服务。3.2 电子数据存证服务提供者 digital evidence preservation provider：提供电子数据存证服务的机构或组织。3.3 电子数据存证服务使用者 digital evidence preservation user：使用电子数据存证服务的组织或个人。3.4 电子数据存证平台 digital evidence preservation platform：由电子数据存证服务提供者向使用者以网站、应用程序和编程接口等形式提供电子数据存证服务的软件或系统。"

9 最高人民法院《关于民事诉讼证据的若干规定》第九十四条规定："电子数据存在下列情形的，人民法院可以确认其真实性，但有足以反驳的相反证据的除外：（一）由当事人提交或者保管的于己不利的电子数据；（二）由记录和保存电子数据的中立第三方平台提供或者确认的；（三）在正常业务活动中形成的；（四）以档案管理方式保管的；（五）以当事人约定的方式保存、传输、提取的。电子数据的内容经公证机关公证的，人民法院应当确认其真实性，但有相反证据足以推翻的除外。"

这起个案中，公证员如此“保全证据”带来的最大危害是对公证活动公正价值的损害。

该案中，公证员严重违背公证程序办理现场类公证保全证据，更违背了《公证法》规定的“公正”原则[10]。公证员将一方当事人的委托代理人实施的电子数据存证行为贴上“保全证据”标签，拔高了证据效力，此类行为将侵蚀公证保全证据活动的公信力。俗语云：术业有专攻。事实上，并不是每一位法官都能明了什么是真正意义上的公证保全证据活动，因而类似这样“冒牌”的保全证据公证书可能严重干扰甚至误导日后需要依据相关公证保全证据而作出裁判的司法活动，最终导致司法公正受损。

习近平总书记指出：“努力让人民群众在每一个司法案件中都能感受到公平正义，决不能让不公正的审判伤害人民群众的感情、损害人民群众权益。”[11] 司法不公带来的必将是人民群众合法权益受损，而此类“冒牌”公证保全证据活动没有可能司法不公的助推者。

公证保全证据活动的最终目的就在于预防和解决纠纷，维护当事人的合法权利。其中所蕴含的公正价值与每一个社会个体息息相关，直接影响到社会公正。公正是法治的生命线，[12] 无论是在线公证还是线下公证，唯有严格遵循法律和公证程序，杜绝如此违规之“创新”，使一切公证活动回归本真，方能为实现公正提供保障。

---

10 《中华人民共和国公证法》第二条规定：“公证是公证机构根据自然人、法人或者其他组织的申请，依照法定程序对民事法律行为、有法律意义的事实和文书的真实性、合法性予以证明的活动。”

11 习近平：《在首都各界纪念现行宪法公布施行三十周年大会上的讲话》，中共中央文献研究室编：《十八大以来重要文献选编》(上)，中央文献出版社2014年版，第91页。

12 《中共中央关于全面推进依法治国若干重大问题的决定》(2014年10月23日中国共产党第十八届中央委员会第四次全体会议通过)。

作者感言

复旦法学院研一第二学期，一个偶然的机会，有幸与法学院研究生实务导师薛凡老师相识，在他的引领下，我进入了之前令我感到陌生的“公证大门”，并逐渐对公证理论与实务有了越来越清晰的认知。在薛凡老师身边实习的日子里，老师不仅向我传授了相关理论知识与治学之道，同时也让我养成了许多重要的工作与学习习惯，令我时刻提醒自己为人要正直，对待事物要善于提出合理怀疑，做事要仔细、严谨。

时光荏苒，眨眼间我已在复旦完成了研究生学习时光，成为一名国家公务员。从迈入复旦校门的那天起，“博学而笃志，切问而近思”这句校训时刻回响于耳畔，提醒我勤于学习、思考、追问。我当继续努力，不负师恩，不负青春。

公证参与公益诉讼

社会公共利益最大化视域下检察与公证职能协同创新初探

——以公证参与公益诉讼为视角

◎韩卓韦*

一、政策和法律引领下，检察与公证职能协同创新的空间

2021年6月15日，中共中央作出《关于加强新时代检察机关法律监督工作的意见》，明确提出要积极稳妥推进公益诉讼检察，拓展公益诉讼案件范围，探索办理公共卫生、个人信息保护等领域公益损害案件。[1]此前，2015年7月1日，十二届全国人大常委会第十五次会议授权最高人民检察院在13个省区市检察机关开展

* 韩卓韦，任职于上海市人民检察院，华东政法大学2021级诉讼法学博士研究生。

1 《中共中央关于加强新时代检察机关法律监督工作的意见》(2021年6月15日)，最高人民检察院官网2021年8月22日发布。

公益诉讼试点工作。[2]2017 年，《民事诉讼法》《行政诉讼法》两部基本法在修法后均明确加入了检察机关有权提起公益诉讼的相关条款，标志着检察机关公益诉讼职能的正式确立。如学者所论，检察公益诉讼是富含治理内涵的司法体制创新。[3]

公益诉讼是落实中共十八届三中全会提出的“全面深化改革的总目标是完善和发展中国特色社会主义制度，推进国家治理体系和治理能力现代化”[4]要求的具体举措，体现了我国在社会治理层面坚持以人民为中心、注重公益保护、“公器为公”等特征。但是，由于检察机关在承担公益诉讼职能时不具有侦查权，取而代之以调查权，取证的强制力度相对弱化，取证的合法合规程度也存在自证困境，亟需其他法律职能协同并进，发挥“1+1＞2”的社会治理效果。公证作为一项重要的预防性司法制度，[5]具有服务、沟通、公证、监督等功能，具有独特的职能优势和重要作用，尤其是公证保全证据等功能，与公益诉讼的现实需求不谋而合，使检察与公证职能具有很大的协同创新空间，并逐步形成了公证协同调解、公证协同检察建议、公证协同诉讼等创新模式。

公证职能的介入，极大地弥补了检察机关在公益诉讼过程中取证手段、取证技术和取证能力等方面存在的某些短板，助力检察机关更好地发挥法律监督职能，有效实现了检察与公证职能协同创新，共同致力于社会治理的完善。

习近平总书记在中共十八届三中全会第二次全体会议上的讲话中指出，“推进国家治理体系和治理能力现代化，就是要适应时代变化……不断构建新的体制机制、法律法规，使各方面制度更加科学、更加完善，实现党、国家、社会各项事务治理制度化、

---

2 《全国人民代表大会常务委员会关于授权最高人民检察院在部分地区开展公益诉讼试点工作的决定》（2015 年 7 月 1 日），最高人民检察院官网 2015 年 7 月 1 日发布。

3 刘艺：《论国家治理体系下的检察公益诉讼》，《中国法学》2020 年第 2 期。

4 《中国共产党第十八届中央委员会第三次全体会议公报》（中国共产党第十八届中央委员会第三次全体会议 2013 年 11 月 12 日通过）。

5 司法部《关于印发〈关于深化公证体制机制改革 促进公证事业健康发展的意见〉的通知》（司发〔2021〕3 号）（2021 年 6 月 29 日）。

规范化、程序化。”[6]公益诉讼在自身不断丰富完善的过程中，形成了民事公益诉讼、行政公益诉讼、刑事附带民事公益诉讼等多种样态，分层次精准回应了公共利益保护中的社会现实需求。可以说，虽然公益诉讼的最终样态是诉讼，但是其具体的运行方式却不仅仅只有诉讼。检察与公证职能协同创新模式在实践中日趋成熟，也为相关的法理研究提出了新任务。

二、检察与公证职能协同创新的具体做法
——以两起公证协同检察建议个案为例

（一）上海龙威大药房有限公司、上海健一网大药房连锁经营有限公司违规出售处方药案[7]

处方药，甲之蜜糖、乙之砒霜，应当依据医生开具的处方方能购买。如果在无处方的情况下任意出售，对于服用者来说可能造成不良反应甚至不堪设想的后果，严重威胁公众的生命健康安全。

2019 年 6 月 26 日，“央视新闻”微信公众号发表了一篇有关线上购买处方药的文章，引起社会关注。[8]该文章详细记述了未获得有效处方的央视记者，在第三方平台上传宠物狗照片冒充处方，

6　习近平：《切实把思想统一到党的十八届三中全会精神上来》，中共中央文献研究室编：《十八大以来重要文献选编》（上），中央文献出版社 2014 年版，第 548 页。

7　上海市杨浦区人民检察院第六检察部侯倩倩检察官提供了部分案例信息，在此致谢。

8　央视新闻：《乱！买毒性药品“满减不限量”宠物狗照片都能当处方》，来源“央视新闻”微信公众号，访问地址：https：//mp.weixin.qq.com/s?__biz=MTI0MDU3NDYwMQ==&mid=2656774121&idx=2&sn=4a3e23f8a503aa06cbcf712ffc81cb6a&chksm=7a61da0f4d165319ca6ecc753427b8c296c6d69f61a1d088243e5b98887d65e21060e83c20c5&mpshare=1&scene=1&srcid=0829AW3gZI7SQKoiq7j7YLEA&sharer_sharetime=1630235618020&sharer_shareid=5c626f0ee102deab0e5d5798fc3a0e37&exportkey=A9Ri5YZhYOhzTd3hAWxa08E%3D&pass_ticket=dyrgUAms%2BpET2aVG%2B5UiyFOrD7QmA91pvTqLqX2vUA8GjV4oJU6UMPOJX0pOk3d2&wx_header=0#rd，最后访问时间：2021 年 8 月 29 日。

却“奇迹般”地成功购得大量处方药。

对此，上海检察机关联合公证机构积极履行公益诉讼检察职能。经调查发现，上海龙威大药房有限公司（下称“龙威大药房”）和上海健一网大药房连锁经营有限公司（下称“健一网”）存在上述违规出售处方药的行为。两家公司长期通过第三方平台向公众展示自身具有出售处方药的资质和能力，公众则仅需两步即可购得其出售的处方药——一是简单的身份登记，二是上传处方照片。“龙威大药房”和“健一网”对上传的处方照片未尽职审核，相关用户通过将无关照片作为处方照片上传，即可完成审核，购得处方药，这与前述央视新闻报道的情况一致。甚至相关用户还可以在不上传处方的情况下获得处方药，其方法是在完成平台的简单问答后获得一份既无医师签字也无药师复核的电子处方，该电子处方同样可以完成审核，购得处方药。

处方药属于国家监管药品，相关法规对于处方药的开具、销售、购买等流程有明确规定。1999 年 12 月 28 日，国家药品监督管理局印发的《处方药与非处方药流通管理暂行规定》第十条规定：“处方药必须凭执业医师或执业助理医师处方销售、购买和使用，执业药师或药师必须对医师处方进行审核、签字后依据处方正确调配、销售药品。”；2007 年 1 月 31 日，国家食品药品监督管理局印发的《药品流通监督管理办法》第二十一条规定：“药品生产、经营企业不得采用邮售、互联网交易等方式直接向公众销售处方药。”

面对该类新型公益诉讼案件，上海检察机关向前一步，积极破局。就“龙威大药房”和“健一网”的行为，上海检察机关请公证机构进行公证保全证据，其方法是，检察机关派员以购买者的身份登录第三方平台，购买相关处方药，在上传处方时上传一张其他照片，通过审核后收到处方药，同时对以上购买处方药的全过程进行了公证保全证据。上述调查行为在公证人员的参与确认下，确保了检察机关取证的合理、合规、合法。

在完成公证保全证据后，上海检察机关就上述违规行为向相关职能部门发出了检察建议，还会同行政主管机关共同督促涉案企业整改到位，以切实保障和维护公民的生命健康安全。办理本案的上海检察机关还获悉注册在其他省市的药品网售商家，如“健客”“叮当快药”等也存在相关问题，在不违反管辖原则的前提下，以检察宣传、新闻报道等形式向社会公众提示风险，督促其他省市职能部门加强监管。

（二）“2345”手机 APP 应用商店违法或过度收集公民个人信息案[9]

一段时期以来，公民个人信息安全逐渐成为社会关注的热点。特别是公民手机中的通讯录信息遭泄露、个人照片被盗用、位置信息被锁定等，无不给公众带来极大困扰，如被不法者利用会严重威胁公众的人身和财产安全。然而，相关案件证据固定难、维权成本高，且个人信息保护涉及的环节杂、样态多、专业精，社会公共利益的保护有时会陷入困境。

对此，上海检察机关联合公证机构积极履行法律监督职能，有效发掘监督的火力点、突破口。经调查发现，在“2345”手机 APP 应用商店（下称“‘2345’应用商店”）中，十余款 APP 存在违法或过度收集公民个人信息的情况：一是未主动提醒用户阅读隐私政策；二是授权获取的公民个人信息与 APP 功能无关联；三是授权获取的个人信息用“例如”“等”表述，使用户无法准确了解授权边界；四是无注销个人账号途径或无法及时删除上传的个人信息。“2345”应用商店作为平台方未尽到管理责任，未采取警示、暂停、下架等整改措施。

为了维护下载使用上述 APP 的不特定公众利益，上海检察机关借助公证力量保全固定案件证据。为确保案件证据的真实性、合法性、关联性，上海检察机关与公证机构从购买手机、办理号码、登陆 APP、固定授权信息等方面进行了全过程的公证取证，确保证据符合公益诉讼案件办理要求。

上海检察机关和公证机构发挥各自的专业办案优势，及时回

9　上海市人民检察院第八检察部吴礼勤检察官提供了原始案例素材，在此致谢。

应社会关切。上海检察机关向“2345”应用商店和相关APP经营企业发出检察建议，督促整改。同时，召开检企座谈会，了解涉案企业发展的特点、困难和问题，宣传公益诉讼理念、价值和职能。相关企业均明确表示，整改后将向用户明示使用APP所需获取权限的种类、目的、方式和范围。

三、公益诉讼中检察与公证职能协同创新之体悟

习近平总书记在中共十八届四中全会的讲话中指出，“由检察机关提起公益诉讼，有利于优化司法职权配置……也有利于推进法治政府建设。公益诉讼要牢牢抓住公益这个核心……为检察机关提起公益诉讼提供法律保障。”[10]

我国公益诉讼制度建立以来，根据制度的基本要求，在实践中检察机关与公证机构职能协同创新有了相当大程度的探索和发展。

检察机关负有法律监督和提起公诉的职能。公益诉讼是检察机关履行法律监督职责的体现，同时也是其作为公诉机关履行公诉职能之体现。公证作为预防性司法制度，不仅致力于预防纠纷，同时也参与解决纠纷。2016年6月29日，最高人民法院印发了《关于人民法院进一步深化多元化纠纷解决机制改革的意见》（下称“该《意见》”），[11]该《意见》第2条规定，“合理配置纠纷解决的资源，完善和解、调解、仲裁、公证、行政裁决、行政复议与诉讼有机衔接、相关协调的多元化纠纷解决机制”；第11条规定，“加强与公证机构的对接。支持公证机构对法律行为、事实和文书依法进行核实和证明，支持公证机构对当事人达成的债权债务合同以及具有给付内容的和解协议、调解协议办理债权文书公证，支持公证机构在送达、取证、保全、执行等环节提供公证法律服务，在家事、商事等领域开展公证活动或者调解服务。依法执行

10　转引自冯建：《增强认识做好履职保障 推动公益诉讼深入发展》，来源：最高人民检察院官网，https://www.spp.gov.cn/spp/llyj/201709/t20170929_201780.shtml，最后访问时间：2021年8月29日。

11　最高人民法院《关于人民法院进一步深化多元化纠纷解决机制改革的意见》（2016年6月29日）。

公证债权文书。”由此，公证这一预防和解决纠纷并举的特性 使公证职能和检察职能具有了有机结合的可能性，从而有助于解决公益诉讼实践中的难题并节约司法资源。

相较于传统诉讼而言，公益诉讼是一项新生制度，辩证唯物主义否定之否定规律充分表明了，任何新生事物的发展都是前进性与曲折性的统一，这更需要检察机关在公益诉讼领域探索与公证机构等法律职业共同体成员的职能协同。公证职能保障了检察机关在提起公益诉讼时的取证合法性问题，使得原本可能难以确认、不便确认等疑难问题迎刃而解，无疑，检察与公证职能协同创新是检察职能与公证职能共同致力于对民众和社会公益的保障，是确保社会公共利益不受侵犯的富有生命力的举措。

作者感言

庄子云：“吾生也有涯，而知也无涯。”华政硕士研究生毕业，走出象牙塔五年以来，每当踏入新领域、学习新知识、掌握新技能后，总会感叹自身的匮乏和贫瘠，这也印证了笛卡尔所言“越学习，越发现自己的无知。”或许，笛卡尔的这句话还可以延伸下去，“越无知，越发现自己需要学习。”如此，就应当始终保持学习的热情和动力，做到每天进步一点点。

公证参与公益诉讼案例的特点与初步思考

◎杨帅卫*

我国公益诉讼制度建立以来，诸多案例显示，在公益诉讼活动中，上海、浙江、广东、湖南、湖北、海南、宁夏等省、自治区、直辖市的检察机关和公证机构探索职能的协同创新，公证机构广泛介入了公民隐私权保护、环境污染、生态修复、市场监督等相关类型的公益诉讼案件，为探索公证进一步参与公益诉讼，促进公益诉讼中检察与公证职能协同创新提供了良好的借鉴。

一、公证参与公益诉讼的若干案例

（一）公益诉讼与公证保全证据活动

1. 手机应用软件过度或违法收集公民个人信息案[1]

一段时期以来，公民个人信息安全逐渐成为社会关注的热点。

* 杨帅卫，任职于上海某企业法务部门。

1 本文中案例 1 和案例 2 由上海市人民检察院韩卓韦学长提供，特此致谢。

特别是公民手机中的通讯录信息遭泄露、个人照片被盗用、位置信息被锁定等，无不给公众带来极大困扰，如被不法者利用会严重威胁公众的人身和财产安全。然而相关案件证据固定难、维权成本高，且个人信息保护涉及的环节杂、样态多、领域精，社会公共利益的保护陷入困境。

对此，上海检察机关联合公证机构积极履行法律监督职能，有效发掘监督的火力点、突破口。经调查发现，在“2345”手机APP应用商店（下称“‘2345’应用商店”）中，十余款APP存在违法或过度收集公民个人信息的情况：一是未主动提醒用户阅读隐私政策；二是授权获取的公民个人信息与APP功能无关联；三是授权获取的个人信息用“例如”、“等”表述，使用户无法准确了解授权边界；四是无注销个人账号途径或无法及时删除上传的个人信息。“2345”应用商店作为平台方未尽到管理责任，未采取警示、暂停、下架等整改措施。

为了维护下载使用上述APP的不特定公众利益，上海检察机关借助公证力量保全固定案件证据。为确保案件证据的真实性、合法性、关联性，上海检察机关从购买手机、办理号码、登陆APP、固定授权信息等方面进行了全过程的公证取证，确保证据符合公益诉讼案件办理要求。

2. 上海龙威大药房有限公司、上海健一网大药房连锁经营有限公司违规出售处方药案

上海检察机关经调查发现：上海龙威大药房有限公司（以下简称龙威大药房）、上海健一网大药房连锁经营有限公司（以下简称健一网）两家公司自身虽具有出售处方药的资质和能力，但却对公众购买处方药疏于监管，并不对公众上传的处方进行尽职审核。相关用户通过将无关照片作为处方照片上传，即可完成审核，购得处方药，甚至在完成平台的简单问答后即可获得一份既无医师签字，也无药师复核的电子处方，使得相关用户在不上传处方的情况下获得处方药。两公司该行为已经违反了法律等相关规定。

针对该类新型公益诉讼案件，检察机关以购买者的身份登录

第三方平台，在上传处方时上传一张其他照片，并通过审核，收到处方药。以上购买处方药的全过程以公证形式进行了证据保全。在完成证据保全后，检察机关就上述违规行为向相关职能部门制发并送达了检察建议。

在本案的调查过程中，检察机关积极协同公证机构对本案中两公司的违法行为进行保全证据公证，在公证机构的见证下，确保了取证行为的合法、合规、合理，也为检察机关对该案进一步的处理奠定了坚实的基础。

3. 湖北省松滋市检察院关于市住房和城乡建设局对“朋友圈”餐馆油烟违法排入市政管网损害公益未依法履职案

2015 年 8 月，湖北省松滋市“朋友圈”餐馆注册成立，并于 2016 年取得食品经营许可证。该餐馆设有前后两个厨房，餐馆经营者自行安装不锈钢油烟管道，将两个厨房产生的烹饪油烟收集排入城镇排水管网。

2019 年 5 月，湖北省松滋市检察院向市住建局发出诉前检察建议，建议该局依法履行监督管理职责。同年 6 月，市住建局回复：“目前该餐馆已停止向市政排水管网排放烹饪油烟，并拆除了不锈钢油烟管道。”

2019 年 7 月 28 日，湖北省松滋市检察院在跟进调查中发现，“朋友圈”餐馆已拆除前厨房原不锈钢管道，但另设暗管，仍将烹饪油烟排入城镇排水管网。市城管局市容大队进行现场执法检查时发现，该餐馆油烟净化设备功率小，长期未清洗，导致油烟不能达标排放，且操作间油烟排放设备不符合要求，油烟不能完全通过净化设备排除。

2019 年 8 月 21 日，湖北省松滋市公证处受检察院委托，采取现场录像的方式保全证据，对视听资料予以封存，随后出具了公证书。同时，松滋市检察院委托的长江大学化学与环境工程学院两名教授共同作出了《关于烹饪油烟排入城镇排水管网环境危害的咨询意见》，确定烹饪油烟排入城镇排水管网的危害。

湖北省松滋市检察院主动加强与公证机构联系，在检察公益诉讼案件的调查取证、保全等环节充分发挥公证法律服务的作用，此次在办理市住建局未依法履职行政公益诉讼案件中，该院首次探索委托公证机构保全证据，从而避免证据有可能灭失或以后难以取得的情况，更好保护和固定证据。[2]

4. 湖北省十堰市环境污染公益诉讼案

本案是鄂西北地区检察机关与公证机构在公益诉讼中的首次合作。[3]

2020 年某日，湖北省十堰市茅箭区检察院工作人员来到十堰市正信公证处，称相关组织及个人涉嫌在辖区内村民集体土地实施环境污染违法行为。

因事态紧急、时间紧迫，为防止证据灭失，经法定程序受理公证后，双方工作人员来到事发地，十堰市正信公证处工作人员运用 4K 高清设备，对事发现场地表土壤污染状况、相关人员倾倒垃圾行为进行实时拍摄，后依法出具保全证据公证书。该案用于向茅箭区人民法院提起公益诉讼，

5. 宁夏回族自治区吴忠市对犯罪嫌疑人在其生产厂区内非法处置废矿物油进行公证保全证据案

宁夏回族自治区吴忠市人民法院在刑事判决书中对于公证书确认的相关数据作为定罪量刑的依据予以引用，这也是将公证书作为刑事案件中定罪量刑的依据使用到刑事案件诉讼活动中一次有益的尝试。

2016 年 6 月 15 日，宁夏回族自治区吴忠市环境保护局对犯罪嫌疑人 A 在其生产厂区内非法处置废矿物油的行为，犯罪嫌疑人 B 在其经营的林地内违法排放、倾倒、处置废矿物油涉嫌污染环境的行为进行查处。宁夏回族自治区吴忠市环境保护局就 A、B 违法事实查证的过程向吴忠市公证处申请了保全证据公证。

2　参见雷创：《行政公益诉讼案件中的证据为啥要公证？检察官为你揭晓答案》，来源于微信公众号“鄂检在线”，2021 年 8 月 31 日。

3　参见《检察机关公证机构合作提起公益诉讼》，《十堰晚报》2020 年 9 月 11 日。

2016年6月23日，该公证处指派公证人员与相关的环境监察部门、检测部门、公安部门在15天的时间中为宁夏吴忠市环境保护局就A、B等人因非法处置废矿物油导致的环境污染一案中涉及其生产地点，生产设施状况及相应的经营人，收购的废矿物油数量，提炼的成品油数量，周围环境污染程度等内容办理了保全证据出具了公证书。在办理上述公证过程中，公证员采取了如下工作方法：第一，A、B的生产地点地处荒郊野外，无法确定其地点，公证员使用了GPS定位 确定其准确的位置；

第二，A、B的生产区域较大，公证员使用了无人机进行了航拍，明确了其准确的生产区域范围；

第三，A、B生产区域内的生产设施包给多人 经营，每个人经营的设施情况不明确，公证员在公安部门的协助下，将嫌疑人带到经营地点进行了现场指认并绘制了《生产厂区设施编号及实际经营管理人示意图》，明确了嫌疑人各自经营的生产设施的情况：

第四，由于A、B的生产区域内生产设施庞杂无序，经过实地勘察清点后，公证员绘制了《生产设施编号示意图》，使生产设施情况一目了然。该公证书中附有GPS定位图，航拍视频，生产设施分布图，生产厂区设施编号及实际经营管理人示意图，现场勘验照片和整个工作过程的全部录像光盘。[4]

（二）公益诉讼中的现场监督公证活动

湖南省、海南省检察机关和公证机构在环境公益诉讼中既各司其职又密切配合，通过现场监督公证介入公益诉讼，对于公证参与环境公益诉讼形成了良好的示范效应。

1. 湖南省岳阳市岳阳县公证处现场公证增殖放流助力生态环境保护案

湖南省岳阳县人民检察院依法审查查明，2019年10月12日晚张某某与盛某某驾驶渔船，在东洞庭湖壕坝水域，使用电网

---

4 参见《环境污染公诉案犯罪证据保全公证案例》，《中国公证》2018年第5期。

非法捞捕水产品，共计 2160kg，经湖南省水产科学研究所评估，其行为严重影响该流域鱼类繁衍、破坏水域生态环境，造成水体污染。

在此案审查过程中，岳阳县人民检察院积极发挥公益诉讼职能，通过释法说理，让两名违法行为人深刻认识其非法捕捞行为对生态环境的破坏，并对其依法追究刑事附带民事赔偿责任，根据相关法律，张某某与盛某某以投放鱼苗的替代性方式对受损的渔业资源与生态环境进行修复，经专家评估，两人共需增殖放流价值 77107 元的滤食性鱼类苗种，并承担本案的生态评估费用 4000 元。

在岳阳县公证处的现场公证下，2020 年 12 月 23 日上午，岳阳县人民检察院联合岳阳县人民法院、岳阳县渔政局在荣家湾镇鹿角码头开展刑事附带民事公益诉讼案增殖放流活动。在多部门的共同监督下，两名违法行为人张某某和盛某某将其购买的 270 万尾鱼苗与现场的工作人员共同放流至东洞庭湖水域，修复渔业资源与生态环境。[5]

2．海南省琼海市公证处现场公证公益诉讼增殖放流活动助力生态环境保护案

2021 年 6 月 25 日，“环境公益诉讼，助力渔业生态修复”非法捕捞公益诉讼增殖放流活动在琼海市潭门镇潭门码头出海口护港堤坝举行。

此次增殖放流活动目的是为规范生态环境损害赔偿资金使用，切实开展生态环境保护修复，共计有 45.51 万尾鱼苗放流到潭门港海域。

公证人员来到现场，严格对放流鱼苗品种、规格、重量、数量等验收环节一一核实记录，确保本次增殖放流活动公开、真实、合法，保证了此次增殖放流活动顺利圆满完成。[6]

5　参见彭潇熠:《270 万尾鱼苗入洞庭 公益诉讼增殖放流助力生态环境保护》，微信公众号“岳阳县人民检察院”，2021 年 8 月 31 日。

6　参见《琼海市公证处为非法捕捞公益诉讼增殖放流活动现场公证》，微信公众号“法治琼海”，2021 年 8 月 31 日。

（三）公益诉讼中的公证提存

在公益诉讼中，公证提存功能有助于维护社会公众的社会公众利益，提高司法公信力，也对社会秩序的稳定起到了良好的促进作用。

1. 浙江省杭州市互联网公证处将公证提存引入环境资源损害类公益诉讼案

2019 年 11 月 14 日，浙江省杭州市江干区人民检察院与杭州市互联网公证处、杭州市江干区城管局、鱼种场及非法捕捞水产品系列案相关当事人召开了损害赔偿处理会暨第二次诉前会议。当事人与鱼种场达成协议，并就协议中约定的款项自愿办理提存公证。相关款项将根据渔业主管部门的指令，专款用于从鱼种场购置鱼苗，并统一至钱塘江流域增殖放流。这是杭州互联网公证处首次将提存引入环境资源损害类公益诉讼案。

2019 年 3-4 月，王某某，吕某等 7 人在禁渔期内于杭州市江干区九堡街道钱塘江三号坝附近水域，利用网购的电鱼工具在钱塘江干流的禁渔区进行非法捕鱼行为违反了我国《刑法》的有关规定，并且违反了《浙江省渔业管理条例》等相关法律规定，其中 5 名涉案人员在禁渔期使用禁用的工具、方法捕捞水产品的行为已涉嫌犯罪，当处以适当罚款。通过检察官的释法说理，5 名嫌疑人表示愿意承担相应责任，将缴纳相应的罚款，罚款将用于购买并放流鱼苗，希望能够对自己的违法行为进行适当的补救。几名犯罪嫌疑人均认罪悔罪，检察机关将根据各犯罪嫌疑人后续情况依法对其适用认罪认罚从宽程序。

为了更好地解决公益诉讼环境资源赔偿金缴纳、保管、使用监管问题，依托杭州市互联网公证处与江干区检察院建立的协作机制，本案中将公证提存引入环境资源损害类公益诉讼案。案件当事人在公证员的现场见证下与鱼种场代表签订提存协议，协议赔偿款采取公证提存方式，引入公证监督实现专款专用，得到渔业主管部门高度认同。[7]

2. 公证提存介入共享单车公益诉讼第一案

2018 年 3 月 22 日，广州市中级人民法院公开审理了全国首例共享单车公益诉讼案。原告广东省消费者委员会诉称，被告广州悦骑公司（小鸣单车）在经营管理中存在逾期退还或未退还消费者押金、未进行信息披露、不规范管理资金账户等问题，侵害了众多不特定消费者的合法权益，要求被告立即停止侵权、退还押金、赔礼道歉。

经过法院审理后，判决被告悦骑公司应在 10 日内将收取而未退还的押金向“小鸣单车”运营地的公证机构依法提存；进行真实、准确、完整的信息披露，并将披露内容向注册地公证机构进行公证；赔礼道歉。[8]

（四）公益诉讼中的公证调解活动

在徐某、顾某非法捕捞破坏生态环境和海洋渔业资源案中，公证机构以调解的方式介入了公益诉讼的诉前和解活动。

2018 年 9 月 16 日，徐某、顾某明知当时处于浙江省海洋与渔业局规定的休渔期内，仍驾驶小船驶至定海区金塘镇沥港渔业码头附近海域，通过电鱼的方式进行非法捕鱼行为，被舟山市定海区农林与海洋渔业局的执法人员当场查获。

经舟山市定海区检察院审查，认为徐某、顾某非法捕捞破坏生态环境和海洋渔业资源的行为，损害了社会公共利益。根据《渔业法》《侵权责任法》《民事诉讼法》等相关规定，徐某、顾某应承担赔偿损失的民事责任。

考虑到该案中非法捕捞的渔获物较少且当事人愿意对生态损害进行赔偿，定海区检察院向舟山市检察院汇报并获得批准后，决定在全市率先启动公益诉讼诉前和解程序。

7　参见《公证提存引入环境资源损害类公益诉讼》，微信公众号“杭州市杭州互联网公证处”，2021 年 8 月 31 日。

8　参见《提存公证有多重要？全国共享单车公益诉讼第一案告诉你》，微信公众号“厦门市鹭江公证处”，2021 年 8 月 31 日。

2019年12月27日，定海区检察院向舟山市阳光公证处提出公证申请。为科学准确认定损害人非法捕捞给生态环境造成的损害后果，该院同时启动了渔业资源损失鉴定工作，委托江浙江海洋大学生物学专家进行论证并出具专家意见。

2020年1月2日下午，公益损害人在公证员的现场见证下，与定海区检察院签订诉前和解协议，通过协商，公益损害人徐某、顾某自愿承担渔业资源损失费、专家论证意见费、公证费等费用。随后，公证员对专家出具的论证意见和双方和解协议进行了公证，使得相关证据及和解协议更具证明力。

该案中，定海区检察院会同公证机构通过诉前和解的方式办理案件，不仅及时高效地解决了公共利益受损问题，而且创新性地引入公证程序，使得检察机关与公益损害人处于相对平等的地位，保证了案件处理的不偏不倚、公平公正。[9]

二、公证参与公益诉讼案例的若干特点

（一）公益诉讼案件的结果

从本文所涉公证参与公益诉讼案件结果来看，包括诉讼、诉前和解和检察机关发出检察建议等。

（二）公证介入的公益诉讼的类型和具体案由

1. 诉讼类型

从本文中，公证介入的公益诉讼类型来看，多为民事诉讼案件、刑事附带民事诉讼案件，此外还有行政诉讼案件。

2. 具体案由

本文写作过程中，笔者以“公益诉讼”“公证”为主关键词，

9　参见《全省首例！民事公益诉讼案通过公证程序诉前和解》，https://zj.zjol.com.cn/news/1363079.html，最后访问时间：2021年2月16日。

时间跨度限定为2015年至2021年，在中国裁判文书网上进行检索，共检索到237起案件。

（1）在检索结果中，将关键词进一步限定为“环境”，共检索到131件案件，上文提到的浙江省舟山市徐某、顾某非法捕捞破坏生态环境和海洋渔业资源案，浙江省杭州市互联网公证处提存引入环境资源损害类公益诉讼案、湖北省松滋市检察院关于市住房和城乡建设局对“朋友圈”餐馆油烟违法排入市政管网损害公益未依法履职案、湖北省十堰市环境污染公益诉讼案、宁夏回族自治区吴忠市环境保护局对嫌疑人在其生产厂区内非法处置废矿物油申请保全证据案、湖南省岳阳市岳阳县公证处见证增殖放流助力生态环境保护案、海南省琼海市公证处现场公证非法捕捞公益诉讼增殖放流活动案都属于此种案件。

（2）在检索结果中，将关键词限定为“消费者权益保护”，共检索到10起案件。

（3）在检索结果中，将关键词限定为“食品药品”，共检索到31件案件，[10]例如上文提到的上海龙威大药房有限公司（以下简称龙威大药房）、上海健一网大药房连锁经营有限公司（以下简称健一网）违规出售处方药案。

本文中，手机应用软件违法或过度收集公民个人信息案，公证提存介入共享单车公益诉讼第一案则属于其他类型的公益诉讼案件（见图1“公证参与公益诉讼具体案由”）。

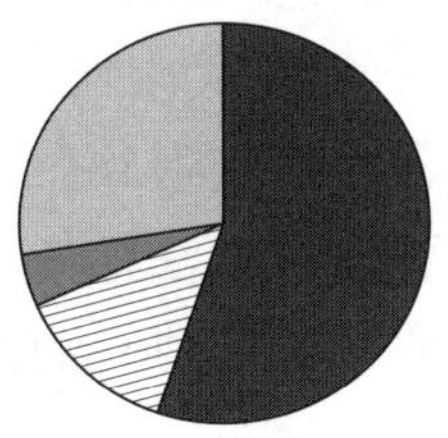

图1　公证参与公益诉讼具体案由

10　其中食品药品领域公益诉讼案件与消费者权益保护领域公益诉讼案件有部分交叉。

（三）公证介入公益诉讼的主要形态

前文已述，公益诉讼中，公证活动的具体形态多元广泛，包括保全证据、现场监督、公证提存和公证员参与调解（见图 2“公益诉讼中公证活动的具体形态”）。

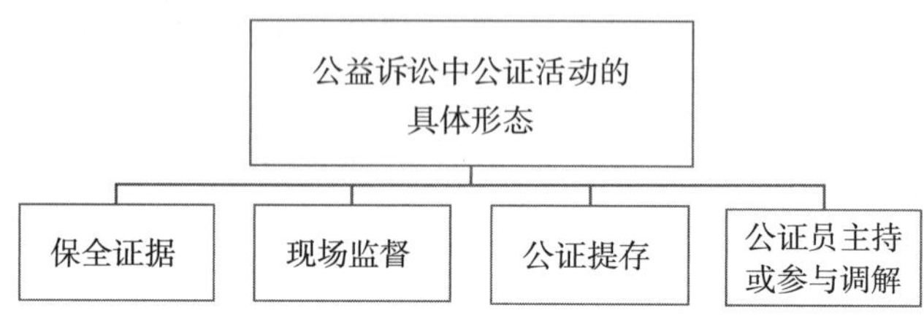

图 2　公益诉讼中公证活动的具体形态

三、由公证参与公益诉讼案例引出的初步思考

公证参与公益诉讼尽到了公证人的社会公共职责，充分体现了公证活动的公益性。

公证人参与公益诉讼，从单一预防纠纷转向预防与解决纠纷并举，实现了公证制度的价值创新。[11]

在公益诉讼中，公证人或参与特别值得一提的是，在公益诉讼中，公证人主持或参与调解、和解具有独特优势，一是公证人主持或参与调解属非讼程序，更具前置性的预防功能，调解、和解协议体现了各方的共同意思表示，更易为各方接受，也能防止对于公益造成损害的进一步扩大；二是因公证活动中立、客观，追求真实、合法的独特属性，使最终的调解、和解协议更具规范性，防止因调解、和解活动存在法律缺陷而徒劳无功；三是公证人主持或参与形成的调解、和解协议有给付内容的，可以直接赋予强制执行效力。[12]

11　薛凡：《公证改革的逻辑——基于公证属性、全球和中国语境展开》（中国公证改革 30 周年纪念版），厦门大学出版社 2018 年版（2022 年第 2 印），第 276 页。

12　最高人民法院《关于人民法院进一步深化多元化纠纷解决机制改革的意见》（2016 年 6 月 29 日）。

公益诉讼中，公证与检察职能的协同创新，有助于化解检察机关取证的合法性问题，弥补了检察机关在公益诉讼过程中取证手段、取证技术和取证能力等方面存在的短板，从而实现公证与检察职能在整体社会面的双赢、多赢、共赢。

作者感言

2020年上半学年，自己在华政读研究生的第二个学年，选修薛凡老师开设的“公证与法治”课程的近50位研究生中，我成了薛凡老师带教的唯一一个实习生。亦师亦友的薛老师给我的“命题作文”是围绕公益诉讼中公证与检察职能的协同创新这个新颖话题，开始一个小小的学术研究。初步完成这一研究后，我相信在未来的公益诉讼中，公证与检察职能协同创新将会有更广阔的空间。

时光荏苒，华政的硕士研究生生涯结束之际，路上闲走，望着绵延无尽的天空，我想这一生总要做点什么，可我又能做点什么呢？想起自己的专业，法律职业这条路是我自己选的，更是我所热爱的，相信法律的力量，相信法治的力量，以自己的绵薄之力，在现实中不遗余力地维护法律的尊严。是啊，我还在犹豫什么呢？

民事调解

完善大调解语境下法官主导调解之研究

——以法官职业伦理为视角

◎刘志超*

概要：法院调解制度因其具有的简约高效、迅速解决纠纷等优点而被广泛地运用于我国的司法实践，但是，调审合一模式带来的职能边界模糊的问题也值得关注。本文尝试在现有制度框架下，通过对实证案例的探讨以及对法院调解发展历史的探究，厘清法院调解中法官的角色定位，并提出对现有问题进行针对性克服的思路。

在一些人的观念中，调解的达成是以原告放弃自己的部分利益为前提的，但实际上，放弃利益的前提是原告确实能够得到相应的其他利益。在一些案件中，由于证据、时效、送达等方面的

* 刘志超，上海市高级人民法院院长办公室副主任，第三届上海法院“十佳青年”（2020）。

原因，原告并不能完全获得甚至完全不能获得其主张的利益。此处所说的利益还需区分应得利益和可得利益。只有可得利益，即真正可以执行的裁判文书才能真正实现当事人的权利。打个不太恰当的比方，没有卖出的股票，其权益只能是停留在账面上的应得利益，今天涨得再高明天也有可能跌停，只有股票卖出时的价格才是可得利益。同样的，只有能够履行的裁判文书才是当事人的可得利益，对于确实没有履行能力的当事人，或者下落不明又无财产线索的当事人，即使判决里确定了再大的赔偿数额，最终也很可能无法执行。此时，“看得见的公正”和“摸得着的公正”之间就产生了距离。因此，虽然法院调解本应当是双方当事人在对程序利益和实体利益进行充分评估、对风险和收益进行客观评价的基础上，达成某种妥协与共识的过程，但是，在达成妥协与共识的过程中，法官角色的运行方式会对结果产生相当大的影响。

一、硬币的两面——让人“又爱又恨”的法官主导调解

法官主导调解是指在人民法院审理案件过程中，依据自愿合法原则，由法官主持调解，解决当事人之间纷争的手段和方法。这是我国民事诉讼制度中最具特色的制度之一，被称为“东方经验”，在司法实践中有着广泛的应用。不可否认，法官主导调解有着诸多方面的优势，但其也存在着一定的掣肘。通过下述两则案例，我们将能够对其两面性有一个初步的认识。

（一）法官主导案件调解之利——从两起社会与法律效果双丰收的案件说起

1. 案例一　过某诉赵某、杨某和中国太平洋财产保险股份有限公司上海分公司机动车交通事故侵权责任案[1]

1　过某诉赵某、杨某和中国太平洋财产保险股份有限公司上海分公司机动车交通事故侵权责任案，上海市长宁区人民法院（2014）长民一（民）初字第 1970 号。

在过某起诉赵某、杨某和中国太平洋财产保险股份有限公司上海分公司机动车交通事故侵权责任一案中，原告过某诉称，2012年11月XX日，在上海市水城南路进虹桥路约30米处，被告赵某从其驾驶的车辆上开门下车，撞倒了骑行自行车的原告，致原告受伤。经公安交警部门认定，被告负事故的全部责任，原告无责。后经鉴定，原告的伤势构成交通事故十级伤残。原告向法院起诉，要求三被告赔偿原告医疗费、营养费和残疾赔偿金等共计十余万元。经查，被告赵某是事发时肇事车辆的驾驶人，而被告杨某则是肇事车辆所有人，肇事车辆交强险及商业险投保在太平洋财产保险股份有限公司。此外，经过法院调查发现：第一，被告赵某目前下落不明，其户籍地为河南省；第二，肇事车辆投保的交强险在事发时已脱保一个月。就本案情形而言，根据相关法律规定，车辆在交强险脱保时发生交通事故的，车辆驾驶人与车辆所有人应对交强险限额范围内的赔偿责任进行连带赔偿。由于该案原告诉请的赔偿金额并未超过交强险限额，因此，在该案中保险公司不需要承担赔偿责任。

应当说，该案基本事实清楚，证据充分，然而实际的审理中却面临如下问题：第一，被告赵某下落不明，需要公告送达。公告送达方式有一个好处和三个弊端，好处在于可以使庭审程序顺利进行，最终通过判决的形式确定各方的赔偿责任，然而，如此一来，也会产生以下三个弊端：一是会产生一笔公告费用，这笔费用虽然在判决时会进行处理，但在一些案件中，原告垫付的公告费未必执行到位；二是耗时长，起诉材料与判决书各需要公告一次，每次各需要60天，也就是说该案的审理可能需要半年之久，如果有当事人再行上诉的话，审理时间将可能会长达一年以上；三是执行难，对于公告案件来说，如果没有下落不明的被告的财产线索，生效判决还会面临执行的困难。也就是说，该案如果以审判的方式结案，那么，“看得到的公正”可能无法转化为“摸得着的公正”。因此，若以调解的方式解决问题，可以较为高效地对案件进行处理，并且在案件的执行方面也能得到相应的保障。

法院经法官主导调解发现，原告的诉求是能够快速、尽量多地得到赔偿款，被告车主杨某则认为其车辆脱保并非自己有意为之，且事发时车辆实际驾驶人是赵某，因此希望原告能够降低赔偿金额，而并非拒绝赔偿。可以说，从被告杨某的角度而言，他寻找被告赵某远比人民法院公告寻找赵某容易得多，其可以在先行赔偿完毕之后再另行向赵某追偿。因此，在法官的主持下，原告撤回了对赵某和保险公司两被告的起诉，并与被告杨某达成了调解协议——过某适当降低赔偿标准，杨某在一个月之内全部履行完毕，逾期不能履行则增加赔付过某一定的费用。

2. 案例二　杨某诉某咖啡店违反安全保障义务责任纠纷案[2]

在杨某诉某咖啡店违反安全保障义务责任纠纷案中，原告诉称，2014 年 4 月 ×× 日下午，其在被告咖啡店就餐期间，在前去店内洗手间的路上，因踩到地上被打翻且尚未被清理的草莓酱而摔倒。原告起身后感觉尚可，故未报警，也未对事发现场进行取证。回家后原告感到身体不适，前往就医后被诊断为髌骨骨折。次日，原告前往被告店内就此次纠纷进行协商并报警，后协商不成，原告将被告起诉至法院。在证据方面，原告提供了报警记录，然而报警记录中的事发经过是根据原告的陈述所记载，公安机关案（事）件接报回执单上载明了“以上内容未经公安机关核实”，而从监控录像上看，原告走出餐厅的时候身体状态良好。

该案有两个问题需要解决：第一，案件事实的证明，主要是对被告过错的证明，因为安全保障责任适用的是过错责任原则，无过错则无责任，而在该案中，原告证明被告过错的证据相对较少；第二，在安全保障义务纠纷中，原告作为成年人，行走时本应尽到一定的注意义务。因此，如果被告没有比较大的过错，此类案件的处理一般不会太过于苛责被告。

法官经过主导调解发现，原告的诉求是希望获得更多的赔偿，被告的诉求则是希望不要影响到其声誉，故愿意适当增加一些赔偿金额。在调解过程中，被告对事发经过进行了确认，而经过法

2　杨某诉某咖啡店违反安全保障义务责任纠纷案，上海市长宁区人民法院（2014）长民一（民）初字第 1970 号。

官对于相关法律的释明，原告也降低了过高的赔偿诉求。因此，经过法官主导调解，被告自愿补偿原告人民币 8000 元，原告向人民法院申请撤诉。这样的处理结果既满足了被告对于声誉的诉求，也使原告得到了较为合理的赔偿金额。

（二）问题的另一面——调解对于民事案件的推进与掣肘

通过上述两则实证案例，我们可以发现法官主导调解制度有着许多独特而重要的法律作用，例如在案例一中，法官通过主导调解，绕开了送达的问题，保证了原告能尽快拿到赔偿款，同时也通过设置逾期履行条款，敦促被告及时、足额地履行赔付义务；在案例二中，法官主导调解则反映出其不仅可以从程序方面、履行方面对目前的制度进行优化，而且还可以在一些当事人证据意识不足、证据材料有所缺失的案件中，通过调解途径对现有制度进行“曲线式”弥补。

不过，法官主导调解制度也有其不可避免的困境所在，尤其是其调审合一的角色混同一直为学术界所诟病，例如在上述案例二中，该困境主要表现如下：第一，若原被告双方最终未能达成调解协议而使案件进入实质审判程序的话，则调解过程中被告关于事实的言论，很有可能会影响到法官在判决时对案件事实的自由心证；第二，若不是完全根据证据规则来确定案件事实，那么法官对于案件事实的确定则很有可能影响到最终责任比例的确定；第三，在调解时法官对当事人的法律释明，若用词不够恰当甚至加以某种暗示，则很可能对当事人造成原本不应承担之压力；第四，如果最终调解不成，而调解可能达到的结果与判决结果又有一定差距，当事人就会对法律的权威产生质疑。此外，在其他类似案件中，还可能出现由于事实认定或适用法律方面存在一定的难度，法官久拖不判，当事人被迫接受调解的情况。

（三）波澜不惊下的汹涌——法官主导调解若干现实困境解析

上述弊端的存在，既有制度方面的原因，也有监督方面及法律职业道德方面的原因，诸多原因不一而足，但粗略而言，可以总结为四个方面，分别是调审合一模式的自我冲突，法官对于调解的过度倚赖，缺乏有效的监督以及不重视法律的指引作用。

1. 调审合一模式的自我冲突

在司法实践中，有些法官基于自身利益的考虑，对于一些能够调解的案件，怠于调解以提高判决率，而对于那些当事人不愿调解，或者案件复杂、法律适用困难的案件，反而以拖促调或以判压调，迫使当事人屈从以达到结案之目的。在缺乏必要监管的情况下，也可能出现权力寻租的现象，影响司法公正与效率的实现。上述问题的源头就在于调解者与审判者双重角色的主体合一性，这也是学界一直诟病我国法官主导调解的最大症结所在。

司法实践中，调解与审判两种迥异的程序之间存在互相侵蚀磨损的情形。我国调解制度的悠久历史使其在诉讼中有着极为重要的地位，重视调解的观念无论在立法者、司法者还是普通民众心中都已根深蒂固。因而，在设计诉讼程序时，我国便以调解为中心构建诉讼程序，形成了“调解型”诉讼模式。在其他国家和地区的诉讼程序中，审判是绝对的核心，西方国家法律至上的传统使其在设计诉讼制度时以实现法的公平正义为出发点和最终归宿，调解者与审判者保持各自独立的明确身份，调解只是审判程序的副产品。西方国家以此理念为指导，以实现公正审判为目的，构建的审判程序属于“审判型”诉讼模式。可以说，这一制度性的区别归根结底就在于对调解（和解）在民事诉讼中的地位的不同认识。

从实然的角度来说，作为审判者，最重要的是防止主观擅断，保证公正性和中立性，而在调审合一模式下，调解过程中当事人所作的妥协、让步或承诺一旦进入了调解者的耳朵，就难以避免地影响之后审判者的判断，因而为保证审判的公平、公正，必须将审判者与一切可能产生偏听偏信的因素隔绝开来。当调解过程与审判过程可彼此随时转换，调解者与审判者又集于同一主体时，当事人信息的保护就无法得到有效保证，从而不仅导致当事人顾虑重重，影响了调解的成功率，而且使得审判的公正性也被大打了折扣。此外，裁判者所享有的强制性的裁决权是调解行为的有力后盾，如果当事人不接受调解者所中意的调解方案，所面临的将可能是更为不利的裁判，所以在这种隐性强制下，当事人往往因为担心受到不利的裁判而违心地同意进行调解和接受法官提出的调解方案(即使该方案明显偏向某方当事人，侵害了另一方当事人的法定权利)。

调解权与审判权的两权集中，使得当事人对法官介入调解的言行与判决的要旨难以区分，误认为法官在调解中的言行等同于将来的判决。然而，司法实践中，法官的判决又有可能与其在调解中的言行并不一致，导致了当事人对法官的判决难以产生合理预期，从而对法律规则的适用产生误解，继而质疑法官的正当性；此外，调解权与审判权的两权集中，也有违法官中立原则。在职权主义推动下，法官通常来往于双方当事人之间进行劝导、协调，并提出调解方案或发表案件处理的倾向性意见，在此过程中难免有先入为主之嫌，若再由其来作出案件判决，就会与法官保持中立，不得在案件宣判前通过言语或行为表露对裁判结果的观点和态度的法官职业道德基本准则相违背；最后，调解权与审判权的两权集中，在当前我国当事人对法官的司法素质尚缺乏普遍信任的背景下，将不可避免地使当事人对调解过程和结果持怀疑态度，从而使调解主体的正当性失去支撑，最终影响法官主导调解的合理性与权威性。

2. 法官对于调解的过度倚赖

《法院调解的“复兴”与未来》一文中举过一个例子，曾有一位法官这样说过：“我可以坦率地告诉你，在接到案件后，我首先考虑的是完成任务，就是如何尽快结案，因为我们的考核指标主要是结案数与结案率；其次，在保证完成任务的基础上我会考虑，我的判决当事人会不会上诉。如果上诉会有什么结果，上级法院会怎么看，会不会改判或者发回重审，因为我们的错案追究制还是挺严格的，上面拿改判率来评价我们的工作，我们不得不关心

（上级法院的看法）；再次，是社会方方面面的关系与影响……最后，怎样把案件做得漂亮一点，比如有些案件自己觉得较有意思的，可能会在形式上征求一下当事人是否愿意调解，而把重心放在做一个漂亮的判决上。这时我会在证据、事实方面事先做精心准备，这样作出判决，自己就很有成就感，而调解则没有这种感觉。"[3]

上述法官的话直接点出了法官对于调解之偏好。调解本身简单易行——对于特定的法官群体来说，调解的方式能使法官在相同的时间内办更多的案子，可以使法官回避困难的判断。此外，调解书不用写判决理由，生效调解书不能上诉，再审的可能性也很小，这些都使得调解对法官来说风险更小。二十世纪九十年代以来，法院的民事及经济案件数量不断上升，审判任务日益繁重，而法院审判力量又相对不足，因此，为了防止积案，各地法院将法官的工作业绩、升迁晋级与其结案数量挂钩。[4]因而，就解决有限的司法资源与繁重的审判任务之间的矛盾而言，调解的简易性对法官来说显然更具诱惑力。同时，评断法官工作表现的另一个标准是其判案的正确度，若一个案件经过上诉被二审法院撤销、改判或发回重审，将会使案件质量评查机构对法官的工作质量产生质疑，从而影响其升迁晋级，而调解不存在上诉问题，抗诉又比较困难，因此，错案责任追究制反而使法官更愿意选择风险小的调解方式来结案。

由于我国实行的是一种具有较浓行政色彩的法官主导型的诉讼模式，法官对调解的偏重决定了当事人对纠纷解决方式的选择。在调解者对具体纠纷的解决持有自己的利益时，往往可以看到他为了使当事人达成合意而施加种种压力的情况。[5]法官主导调解为

3 吴英姿：《法院调解的"复兴"与未来》，《法治与社会发展》2007年第3期。

4 参见《调解"三三"制写出新华章——廊坊民事调解经验的调查》，《人民法院报》2000年10月25日。该文指出："河北省廊坊市中级人民法院把调解工作作为评判民事、经济审判，考核民事审判人员业绩的一项重要内容，评选年度调解能手，对及时化解矛盾，办案社会效果好的审判人员大力表彰。"

5 ［日］棚濑孝雄：《纠纷的解决与审判制度》，王亚新译，中国政法大学出版社2004年版，第13页。

促使当事人让步息讼，有时要付出牺牲一方合法权利的代价。一般认为，调解中的让步是双方的，但有学者分析指出，由于法官主导调解发生在诉讼中，就应以判决作为参照的标准，而一旦以此标准来检验诉讼中的调解，就可发现让步大多数是单向的。有学者就认为："调解的成功往往是以权利人放弃部分权利为代价的，所以，即使调解中的让步都是当事人自愿做出的，也仍然存在着对权利保护不足的问题。"[6]另一位民法学者也表达了类似的观点："调解的本质特征即在于当事人部分地放弃自己的合法权利，这种解决方式违背了权利是受国家强制力保护的利益的本质。调解的结果虽然使争议解决，但付出的代价却是牺牲当事人的合法权利，这违背了法治的一般要求。"[7]

从理论上讲，调解方式只适用于那些权利义务明确，基本事实清楚的案件，我国《民事诉讼法》也规定调解应在事实清楚的情况下进行。[8]实践中有些民事案件却是在法院未查明事实真相的情况下，强行调解结案，基本做法就是和稀泥、搞折中，不做审查、判断证据的工作，而是向双方当事人做工作、讲道理，因而调解结果不是"解决"纠纷，而是"化解"纠纷，似乎只要纠纷不存在了，调解就达到了目的，而不管当事人之间的权利义务关系是否清楚明白。这样做表面看起来似乎是大量纠纷经由调解这种双方自愿、自主的方式解决了，而实际上这种解决方案既对当事人实体权利的保护和对侵权行为的制裁不利，又对当事人诉讼权利的行使无益，更严重的是，最终损害了当事人对法院的信任，从而对法治建设形成长远的、深层的危害。

3. 缺乏有效的监督

司法实践中，因为调解对事实的认定、行为的定性和法律的适用要求并不十分严格，因此一般都是由承办该案的审判人员一人主持调解工作，这时调解笔录就起着监督审判人员行为合法性，

6　李浩：《民事审判中的调审分离》，《法学研究》1996年第4期。

7　徐国栋：《民法基本原则解释》，中国政法大学出版社1992年版，第123页。

8　《民事诉讼法》第九十三条规定："人民法院审理民事案件，根据当事人自愿的原则，在事实清楚的基础上，分清是非，进行调解。"

制约审判权滥用的重要作用，但实际上，由于慑于调解者背后的裁判权威，即使调解者的调解行为有不合法之处，当事人也不敢纠正或者不敢坚持要求将调解者不当言行记入调解笔录，因而，调解者行为的合法性缺乏监督机制。

另外，调解过程还缺乏公开性。正义要以看得见的方式实现，这不仅适用于审判也适用于调解，这就要求调解过程的公开化、透明化。调解过程中，信息和意见交换应当公开，让当事人充分考虑自身利益而作出符合自己意愿的决定。事实上，正是调解过程的不公开（如背靠背方式调解中，法官单方接触当事人）、调解方案的不透明，常常容易招致当事人的不满。

4．不重视法律的指引作用

传统中国社会中，调解的话语与实践的主导地位，一定程度阻碍了中国法律尤其是中国民法的发展，在立法和判例法方面都是如此。[9] 众所周知，中国历代王朝的法典中，提供的主要是刑法及行政法性质的规范，与西方法律传统相比，诸如关于财产权与合同关系的民法规范则欠发达。这意味着传统中国法律体系未有为经济活动者提供足够的预见性，也就是马克斯·韦伯认为的现代“理性型”法治应该具备的特征以及资本主义经济发展的必要条件。[10]

自二十世纪七十年代末推行改革开放政策以来，我国社会生活的方方面面都发生了翻天覆地的变化，这些变化缓慢但又强有力地改变着人们的诉讼观念，其中的一个重要体现是，调解已经很大程度上丧失了它对于判决的优势地位，尤其在城市，在因市场交易纠纷引发的诉讼中，当事人往往并不希望以调解的方式解决纠纷，因为对这类纠纷而言，当事人进行诉讼的目的就是要法院确认其权利，以便消除权利的不确定状态，使其能就下一步的生产和交易作出安排。这是一种对秩序的追求，但这种秩序显然

9　张中秋：《中西法律文化比较研究》，法律出版社2009年版，第357页。

10　陈弘毅：《调解、诉讼与公正——对现代社会自由社会和儒家传统的反思》，《现代法学》2001年第3期。

已不是所谓的“和谐”的“自然”秩序，而是一种黑白分明的“法律秩序”。维护这种秩序的典型方式是判决，而不是调解。

在司法实践中，当遇到复杂的案件时，调解可以使法官避免作出困难的判断，因此很多法官倾向于调解结案。然而，新型案件不断出现，而经典案例则可遇不可求。在越来越强调司法公开的当今，一个判决的指引作用远远超出调解结案所能带来的社会价值，所以在法院里会有“好案子是要靠养的”这样的说法。诚然，调解可以解决个案的问题，但是法院承载的社会功能除了个案的定纷止争，更重要的是法治的传播和规范的指引。法院不仅仅是在以判决方式解决个案纠纷，而且是在向当事人进而向整个社会宣告法律规则，促进法律秩序的形成。立法机关制定的法律规则有时带有一定的模糊性，所以法律的明确化和具体化离不开司法的裁判。正是这些日复一日的裁判，使法院在解决各种争议的同时，把法律规则适用于社会生活的各个方面，进而实现法律对人们行为的规制和调整。[11]

二、正本清源——法官主导调解边界之再探寻

（一）追根寻源：我国法官主导调解文化的形成

在我国，调解作为一种解决纠纷的重要途径，其历史可谓源远流长。传统调解体现了我国古代文化追求自然与和谐的理想，因此，虽然民事诉讼在较早时期就已经产生，但由于无讼文化的倡导，诉讼并不是人们解决纠纷的首选。我国拥有精致的律令制度，拥有以皇帝为顶点的官僚制度，但人民有了纠纷，大部分不向官府起诉，而是通过地缘、血缘和同行等关系中的头面人物的调解来解决。[12]这是因为，我国古代社会将许多纠纷排除在司法

11　李浩：《调解归调解，审判归审判：民事审判中的调审分离》，《中国法学》2013年第5期。

12　［日］高见泽磨：《现代中国的纠纷与法》，何勤华、李秀清、曲阳译，法律出版社2003年版，第3页。

管辖的范围之外，无讼的理想被化为息讼的努力，法律的适用变为道德的教化，因而调解就成为了人们的首要选择。此外，我国古代社会民众权利意识较为淡薄，片面追求和谐稳定，法律的伦理化、道德化使其在调解方式上呈现出“义务本位”的特点——片面强调个人对家庭、社会和国家的义务。调解作为一种纠纷解决机制，其实质是淡化纠纷双方当事人的权利义务关系，要求当事人忍让，通过劝和的办法折中、妥协地解决私人之间的纠纷，从而达到息事宁人的目的，因而调解也就成为了争端解决的最佳选择。

如前所述，我国古代调解制度强调修复受损的社会关系，维护社区的和谐，甚至不惜以牺牲当事人的权利为代价，但现行法官主导调解所要体现的不应仅仅是维护和谐的社会秩序，而更应体现法治精神，以维护当事人合法权益为宗旨。

我国现代意义上的法官主导调解制度发端并且成型于革命根据地时期，在根据地时期形成的调解机制是在战时的特定环境中，由于无法建立和实施一套完善的法律规范体系和司法制度才应运而生的，其功能一方面是利用传统资源解决民间纠纷，另一方面又是在积极地补充法律的空白。同时，其在发展和运作中又被赋予了种种政治和意识形态功能，包括动员组织教育民众、宣传普及政策和法律等。1949 年后法官主导调解制度则被确立为民事诉讼中的基本原则之一，在上世纪八十年代《民事诉讼法》制定实施之前，司法实践中一直遵循自愿、合法、非必经程序三个基本原则，但由于当时实体法依据缺乏，加上当事人和审判人员对调解的认同，以及审判方式自身特性等因素的综合作用，实际上调解结案率非常高，约占 80%。此后，调解曾一度被上升为民事审判的主要原则和方式。1979 年 2 月最高人民法院制定的《人民法院审判民事案件程序制度的规定（试行）》[13]规定：“处理民事案件应坚持调解为主。凡可以调解解决的，就不要用判决，需要判决的，一般也要先经过调解。处理离婚案件，必须经过调解。调解要尽

13　最高人民法院《人民法院审判民事案件程序制度的规定（试行）》已于 1991 年 4 月 9 日废止。

量就地进行。”1982 年 3 月制定的《中华人民共和国民事诉讼法（试行）》修正了这种偏向，正式确定为“着重调解”原则，实际仍然是“以调解为主”，因此，这几个时期调解率都非常高，在上世纪九十年代以前，尽管法官主导调解的自愿与合法原则仍然得到承认和强调，但由于对“调解为主”和“着重调解”的错误或片面理解，法院往往过度强调调解结案率，使得民事案件中久调不决、强制调解现象相当严重，极大地影响了法院形象，也贬低了法官主导调解本身的功能和价值（详见图 1“中国法院一审民事案件调解率及调撤率（1988—2015 年）”）。

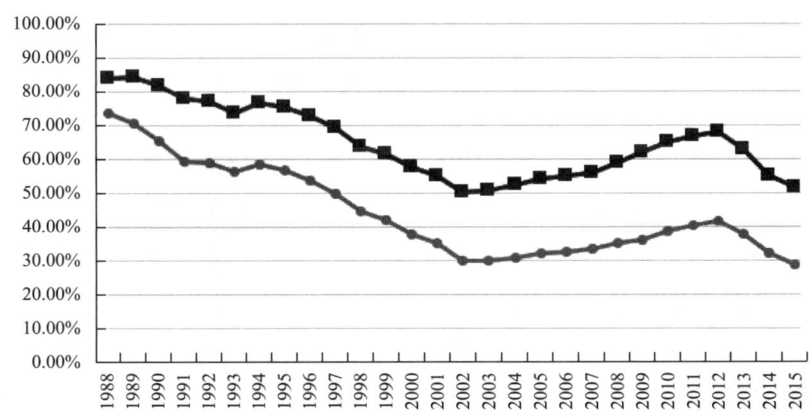

图 1　中国法院一审民事案件调解率及调撤率（1988—2015 年）[14]

1991 年 4 月出台的《民事诉讼法》，明确了调解的原则为合法自愿、查清事实及分清是非，对法官主导调解进行了重新定位。[15] 从上世纪九十年代的民事审判改革开始，民事诉讼逐渐引进西方的当事人主义和对抗制理念，调解作为一种诉讼中的纠纷解决方式被理论界大加质疑和否定，在司法和非司法实践上也逐渐被冷落。这个时期是中国的法治现代化时期——调解率逐年下降，判

14　1989—2012 年、2014—2015 年的数据来源于《中国法律年鉴》。1988 年之前审结的一审民事案件中，因不对结案方式进行统计，故没有列入表格中。2013 年的数据来源于最高人民法院官方网站。

15　《民事诉讼法》第九十三条规定：“人民法院审理民事案件，根据当事人自愿的原则，在事实清楚的基础上，分清是非，进行调解。”

决被作为法治的象征受到高度重视，而“一步到庭”的推行，把庭审功能推向极端，在完全否认审前准备的必要的同时，也排除了利用审前进行调解的机会和必要，加之庭审中调解的时机和环境都未受到应有的注意，以致在一些公开的庭审上，少数审判人员一味追求快审快判，法官的调解活动已经被简略为当事人是否同意调解的询问，往往导致“案件审结了，当事人矛盾激化了”的被动局面，这也引起了社会的关注。[16]

2004 年 8 月出台的最高人民法院《关于人民法院民事调解工作若干问题的规定》[17]第二条规定：“对于有可能通过调解解决的民事案件，人民法院应当调解。”这一表述确立了“能调则调”原则的基调。这是在进入二十一世纪之后，司法系统对之前法治现代化进程反思的结果，而构建和谐社会的大背景，也为法官主导调解工作提供了契机。这一时期，法官主导调解率有所回升。此时期，在法官主导调解社会化和人民调解司法化并存的背景下，各地政府开始重视引入社会力量，探索通过法官主导调解与人民调解、行政调解的衔接，以构建多元纠纷解决机制。

2010 年 6 月最高人民法院发布《关于进一步贯彻“调解优先、调判结合”工作原则的若干意见》[18]，提出调解是高质量审判，调解是高效益审判，调解能力是高水平司法能力等观点。该规定同样认为，“调解优先、调判结合”既是推动矛盾化解的重要原则，也是社会管理创新的重要内容，更是对法官司法能力的考验。深入推进社会矛盾化解、社会管理创新、公正廉洁执法三项重点工作，

16　周立新、缪大军：《强调当庭宣判不应轻视调解》，《人民法院报》1998 年 11 月 18 日。文中指出，在目前的审判方式改革中，出现了一个不容忽视的现象，即案件调解率明显下降；另可参见马国鹏、郭书耀：《民事审判要注重调解》，《人民法院报》1999 年 7 月 3 日。文中指出，近年来，我国民事审判方式改革走向深入，但是，一些地方出现了重判决轻调解的倾向。在审判实践中，少数审判人员一味追求快审快判，调解走过场，往往导致“案件审结了，当事人矛盾激化了”的被动局面。

17　最高人民法院《关于人民法院民事调解工作若干问题的规定》（法释〔2004〕12 号）。

18　最高人民法院《关于进一步贯彻“调解优先、调判结合”工作原则的若干意见》（法发〔2010〕16 号）。

必须坚决贯彻这一工作原则。这一意见进一步明确了调解在诉讼程序中的重要地位。

2016 年 6 月，最高人民法院发布《关于深化多元化纠纷解决机制改革意见》。[19] 由于长期以来，诉讼或审判被视为民事纠纷解决的唯一途径，国家通过法院几乎将纠纷解决权全盘垄断，诉讼由此陷入公力救济唯一化的泥潭之中，其他纠纷解决机制则日趋式微[20]，因此，需要将局限于诉讼和法院领域的司法改革延伸至整个社会纠纷解决领域，发挥行政机关、人民调解、商会、行业协会、调解协会、公证机构等在社会纠纷解决中的作用和功能，多元化纠纷解决机制改革将有助于确保当事人行使更为广泛的程序选择权，完善社会治理体系，提高社会治理能力，构建公正合理的法治化秩序。当然，部分案件分流由社会机构进行调解，也在一定程度上降低了法院审理案件的调解率（详见图 2“中国法院一审审结的民事案件数量（1988—2016 年）”）。

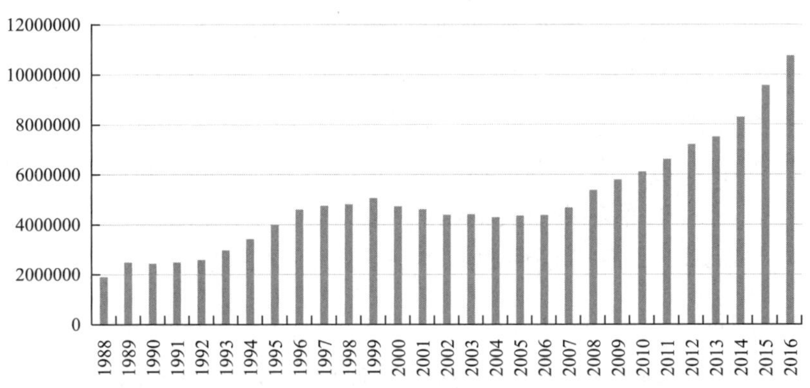

图 2　中国法院一审审结的民事案件数量（1988—2016 年）[21]

19　最高人民法院《关于深化多元化纠纷解决机制改革意见》（法发〔2016〕14 号）。

20　汤维建：《多元化纠纷解决机制改革的时代意义及其要点》，《人民法院报》2016 年 6 月 30 日。

21　1989 年 -2012 年的数据来源于《中国法律年鉴》，2013 年数据及 2014 年数据分别来源于《人民法院工作年度报告（2013）》（法律出版社 2014 年版）及《人民法院工作年度报告（2014）》（法律出版社 2015 年版）。

（二）内涵与特点——法治视野下调解的应有之义

那么，法官主导调解应当有什么特点呢？有文章写道：“有些当事人，对调解委员会的调解不满才诉诸法院，相信法院会公正地解决问题，没想到法官主导调解还是老一套，与民间调解没有什么差别，因此认定法院也就那么回事，产生或加深了厌讼的想法。”[22]与其他调解方式相比，法官主导调解显然应当具有其自己的特点，不能只是对纠纷的“和稀泥”式的处理，使当事人为和睦而妥协，不考虑事情的对错以及公义何在。一般而言，法官主导调解应当具有以下特点：贯穿诉讼各个环节、审判人员依法主持、查明事实与分清是非、尊重当事人的意思自治、具有与判决同等的法律效力、遵循合法原则和遵循保密原则等。

1. 贯穿诉讼各个环节

法官主导调解是在法院受理案件之后的诉讼中进行的，贯穿于立案、审判、执行各个环节，贯穿于一审、二审、再审乃至申诉和信访的全过程。[23]法官主导调解发生在诉讼过程中，是诉讼活动的组成部分，是人民法院依法行使国家审判权的职能活动，不仅是当事人对自身民事权益的处分，而且还体现了国家职能的干预性。发生在诉讼外的其他组织或个人进行的调解以及当事人的自行和解均不具有诉讼性质，不是国家职能活动。

2. 审判人员依法主持

在整个调解过程中，审判人员都居于法律所赋予的主持与主导的地位，在调解中进行指挥、主持和监督活动，通过调解预防纠纷，减少诉讼。法院调解区别于其他形式的调解的一个重要特征是专业性——由承担审判职能的法官兼任调解者，对双方的权利义务可以进行较为专业的评估，进而有效地起到组织、协调的居中作用，促进调解合理、合法地达成。

---

22 裴梅玲、付朝晖：《试论法院调解制度》，来源于河南法院网，http://hnfy.chinacourt.org/article/detail/2005/09/id/712803.shtml，最后访问时间：2015年2月25日。

23 参见《中国法律年鉴》（2012年），法律出版社2012年版，第165页。

3. 查明事实与分清是非

法官主导调解不是无原则地寻求双方的妥协，而必须建立在事实和是非的基础上[24]。这是因为，法官主导调解不是当事人处分权的简单运用，还有法院审判权的配合行使，法官主导调解与法院判决都要求在查明事实、分清是非的基础上进行。当然，法官主导调解结案与判决结案的条件是有区别的，法院判决在事实认定和法律适用方面要求更为严格。[25]在民事诉讼中，法院只有查明事实，才能够把握纠纷的性质，有针对性地向当事人进行法治宣传教育工作，正确判断当事人之间产生纠纷的过程和责任。同时，只有分清是非，才能教育当事人，使当事人信服。如果事实不清，是非不明，双方当事人的过错及责任不清楚，审判人员就不能依法对当事人进行调解工作，就容易出现“和稀泥”式的调解。对双方当事人来讲，如果对自己的权利义务缺乏正确认识，就难以在平等协商中真正地互谅互让，也就难以达成调解协议。更何况，司法实践中出现的达成协议后当事人反悔或不自觉履行的现象有诸多原因，但其中一个重要的原因就是在调解过程中，没有查明争议事实和分清是非责任。相反，只有基本事实清楚、是非分明，双方达成的协议才能让当事人心悦诚服地自觉履行。

4. 尊重当事人的意思自治

法官主导调解以追求当事人的合意为目标，这种合意必须以当事人真实自愿的意思表示为基础。自愿是法官主导调解必须遵循的原则，是调解制度正当化的基石，也是当事人能够自动履行调解协议的原因。[26]没有当事人的自愿，就不能调解，否则，就是对当事人权利的侵犯。违背当事人意愿的调解也与调解的本意不符。人民法院只有在双方当事人自愿接受调解的前提下，才能主持双方当事人进行调解。如果当事人一方坚持不愿调解，人民法

24 《民事诉讼法》第九十三条规定：“人民法院审理民事案件，根据当事人自愿的原则，在事实清楚的基础上，分清是非，进行调解。”

25 田平安主编：《民事诉讼法学》，中国政法大学出版社1999年版，第48页。

26 李浩：《调解的比较优势与法院调解制度的改革》，《南京师大学报》（社会科学版）2004年第4期。

院就不能强迫或变相强迫进行调解，而应当进入诉讼程序，及时作出判决。鉴于离婚案件的特殊性，法律规定人民法院审理离婚案件，应当进行调解。即使如此，也不应当久调不决。自愿原则一方面指程序选择上的自愿性，即选择调解的自愿性；一方面指实体结果上的自愿性，即协议的达成要自愿。调解协议的内容直接涉及双方当事人的民事权利义务，应当由当事人按自己的意愿进行处分。人民法院只能根据政策、法律进行一定的说服教育工作，引导他们以调解的方式解决纠纷。调解协议的内容，必须是双方当事人自愿协商的结果，否则即使达成协议，事后也有可能被当事人推翻。在法官主导调解的原则中，自愿原则居于核心地位，具有特殊的重要性。无论是从尊重当事人处分权的角度考虑，还是为了使达成的调解协议能够得到自觉的履行，法官主导调解都必须高度重视并认真贯彻自愿原则。调解制度在实践中出现的问题，大都源于对自愿原则的违反。

5. 具有与判决同等的法律效力

法官主导调解具有终结诉讼程序、确定权利义务关系、不得再行起诉并产生强制执行力等法律效力。调解在实体上的效力表现为调解协议达成并生效。当事人之间的民事权利义务关系按协议内容确定或改变，诉讼程序就此终结。当事人不得在调解协议达成后，请求二审。同时，调解协议可作为申请强制执行的依据，不同于民间调解书的合同效力，法院的调解书具有终局效力，可以申请执行，当事人如果在不当诱导下放弃自己的权利，则可能因产生终局效力而无法救济。

6. 遵循合法原则

人民法院和双方当事人的调解活动及其协议内容，必须符合法律的规定。合法原则有两个具体要求：一是人民法院主持双方当事人进行调解活动，必须按照《民事诉讼法》规定的程序进行；二是当事人双方在人民法院的主持下达成的协议内容，必须符合法律规定，不得损害国家、集体和他人的合法权益。在调解中允许当事人双方互谅互让，对自己的民事权利作出处分，但当事人的处分不得违背法律法规，或损害国家、集体和其他公民的利益，这是合法原则的基本要求。坚持合法原则就要求人民法院在调解过程中，应积极引导双方当事人依法协商，确认符合法律和政策规定的协议，及时纠正违反法律规定的协议。这里有必要明确自愿与合法的关系。调解协议的达成必须是双方当事人自愿的结果，但当事人自愿的不等于都是合法的，如在离婚案件的调解过程中，有的原告为了尽快摆脱痛苦的婚姻关系，在夫妻共有财产上一再让步，而被告则以此要挟原告，迫使原告几乎放弃自己应得的全部财产，这种显失公平的调解协议是违背我国《婚姻法》关于家庭共有财产夫妻双方平等所有原则的。因此，坚持合法原则还要求人民法院在调解时，不能无原则地进行“和稀泥”式调解。人民法院对这种调解协议应当实行适度干预，从法律、政策上教育当事人放弃不合理的要求，尊重对方当事人的合法权益。

7. 遵循保密原则

保密原则体现在两个方面：一是调解内容的保密。审判程序是纠纷的强制性解决方式，需要借助程序的公开形成对审判权的监督，保证裁判的公正，而法官主导调解程序中尽管有审判权的介入，但它并非起到如审判中的强制作用，无论是调解程序的开始还是调解协议的达成都是基于当事人的自愿，审判权只起到固定当事人处分权行使结果的作用，因此，就对重新分配当事人权利义务关系没有决定性强制力的审判权来说，可以应用婚姻家庭纠纷中“家丑不可外扬”的传统观念以及其他经济纠纷中维护自己商业秘密的目的，通过最大限度的保密维护当事人的隐私；二是调解协议达成过程中获得的内容应当保密，不得在调解不成时用作裁判的依据。为了解决我国目前调审合一状态下公开调解所导致的审判者先入为主、主观臆断的弊端，我们有必要将审判者与调解程序中的信息隔离，如果让审判者得知当事人在调解过程中有妥协让步的举动，他们很可能会认为该方当事人理屈，从而影响判决的公正性，而出于对这一状况的担心，当事人也就不会在调解中敞开心扉，失去了调解的诚意，必将使调解归于失败。

三、法官主导调解边界之厘清和完善的路径
——法治进程中法官的自我优化

虽然法官主导调解存在这样或那样的弊端，但调解作为一项在我国历史上源远流长的制度，在当今社会中，有着不可替代的作用——调解有利于促使当事人互相谅解，彻底解决民事纠纷，在“执行难”的今天也更有利于权利的实现，维护社会安定。同时，调解也有利于简化诉讼程序，节约诉讼成本，提高办案效率，更有利于普及法律知识，增强群众的法治观念。在当今诉讼爆炸的年代，法官主导调解的一个重要使命就是缓解诉讼膨胀给法院审判带来的压力，法官主导调解不仅要将纠纷消弭于当事人的内心，使争议得到彻底的解决，使当事人从心底里接受这一解决结果，而且更要以简便、快捷的方式达到这一目的。这就需要法官厘清自身的角色定位、恪守应遵循的职业伦理。

（一）厘清法官自身的角色定位

法官主导调解充分体现了法官的职权性。民事诉讼中法官主导调解从开始进行到调解结束都由审判组织或法官控制和主持，法院的审理和调解融为一体，法官主导调解也是法院的审理活动，调解是法院的职权行为，具有审理的性质和特点，与诉讼和解、非诉讼调解都有所区别。同时，“调审合一”是我国特有的诉讼程序制度，在世界民事诉讼立法上也是首创。由于立法奠定了法官在法官主导调解中的职权地位，导致法官在法官主导调解中的职权主义色彩过浓，这与法官主导调解的性质相矛盾——“调解本质上是一种以合意为核心要素的解纷方式”，[27]合意是民事诉讼调解的灵魂，这种合意，不是强迫的合意而是平等的合意，合意的双方虽可以互相牵制，但不能一方强迫一方；这种合意，也不是强制

27　王建勋：《关于调解制度的思考》，《法商研究》1996 年第 6 期。

的合意而是自由的合意，不得为第三方意志所左右。

厘清法官自身定位，至少涉及三个方面，即法官保持中立、尽到查清事实和分清是非的责任，以及承担普法责任。

1. 法官保持中立

法官在民事诉讼程序中，应当能够准确定位所处角色。调解和审判所遵循的是两种不同的思路，在这两种思路中法官是两种身份。在审判模式中，法官作为诉讼指挥者和案件裁判者，是一种含有权威性和强制性的身份，而在调解模式中，法官作为调解者，只帮助双方当事人澄清争议的实质性问题，搞清案件的基本事实，进行法治教育，引导双方就解决方案进行协商或提示解决方案，促使、帮助当事人达成调解协议，这是一种纯粹中立性不含任何法律强制力的第三者地位。若两种互相排斥的身份混杂于同一主体解决同一纠纷的同一过程中，不能正确地定位角色，则无疑会导致弱势角色的屈服和退化。可以说，当调解者与审判者之间的身份不能明确切换时，当事人就会因此而处在强制的阴影下，往往因为担心受到不利的裁判而违心地同意调解和接受法官提出的调解方案，例如，有的案件中，当事人本来不愿意调解，在法官的不断劝说和要求下（比如常见的说法——“你是非要我写一个判决书咯”，这种反复劝说实际上是变相的强制），也不得不转变态度迎合法官，因为当事人会担心，如果不配合法官调解，不好好表现，让法官对自己产生不好的印象，则有可能会面临不利于自己的判决。在强制力的作用下，《民事诉讼法》规定的调解自愿原则就会被扭曲、虚化。审判实务中久治不愈的“以判压调”“以拖促调”，根源正在于此。我们认为，在绝大多数情况下，法官就应该是一个中立的旁观者，充分尊重当事人的意志，不论是调解程序的启动和进行，还是调解协议的达成，均应当尊重双方当事人的意志，不得强迫。

2. 尽到查清事实和分清是非的责任

法官主导调解与其他调解模式的一个重要的区别是，法官主导调解是需要对基本事实进行查清的。《民事诉讼法》关于调解“在事实清楚的基础上，分清是非”的规定[28]表明，法官不仅有义务在道德上判断对错，而且有责任在法律上帮助原被告双方明确权利义务关系。虽然最后结果并不一定以法官解释的权利义务为依据达成调解协议，但是很明显，通过“分清是非”来尽量保障当事人的合法权利之要求再明显不过了。

在查清事实的基础上进行调解，一方面可以使原被告双方对于自己的权利义务有相对清晰的认识，在此基础上达成的调解，可以充分保护双方的合法利益，也利于调解协议的履行，而另一方面，尽审慎义务地查清事实也可以有效防止恶意串通损害第三人的“自愿”调解。

3. 承担普法责任

在法官主导调解中，法官还承担着普法的责任。在审判中，法官通过一个个判决以书面形式向不特定社会公众宣传法律，而在调解个案中，法官依然是在基本事实确定的基础上，以口头或书面形式向各方当事人普及法律，让当事人充分理解自己的权利和义务，进而在合理的区间内达成调解协议。通过每个个案的解决推动整个社会的法治进步，是法官肩负的社会责任。以一起安全保障义务纠纷案为例。该案中，身着高跟鞋的原告被商场旁正常铺设的窨井盖绊倒而受伤，原告对于安全保障义务的理解是只要自己在被告这里摔倒了，被告就应该负责任，而不去考虑作为一名成年人，具有相当的生活常识，在开放性场所行走时遇到窨井盖，自身是否应尽到相应的注意义务。经现场勘查，该井盖稍有不平整。公共场所的管理人虽负有安全保障义务，应采取一定的行为来防止他人的人身或者财产受到侵害，但其安全保障义务应在合理的限度内，而不应对其过于苛责。此时，法官向原告就相关法律规定进行释明，原告根据法官的释明对诉讼风险进行了权衡（本案原告受伤并不严重，仅是一些擦伤，而若原告起诉金额

28 《民事诉讼法》第九十三条规定：“人民法院审理民事案件，根据当事人自愿的原则，在事实清楚的基础上，分清是非，进行调解。”

远超过法院可能支持的赔偿金额，则超出部分的诉讼费将由原告自行承担），变更了畸高的赔偿请求，与被告达成了和解，并表示在日后的生活中会更加注意和小心。一个案件的调解过程，其实也是一个向当事人普法的过程。

法官在调解时，会引导当事人寻找类似的判决案例对自己的权益边界进行充分考量，这是一个不错的做法，尤其在法院的生效判决文书已经逐步实现上网公布的情况下[29]，不把法官的主观意志强加给当事人，而是引导当事人通过对客观资料的梳理产生对自己的诉求的理性思考，进而根据各自的预期在合理的区间内达成调解方案。如果调解在纠纷的解决成本和解决内容两个方面，都充分发挥通过合意来解决纠纷这一固有功能，则可能期望带来审判所无法达到的良好社会效果，[30] 而法官在这里起到的作用是调和剂和催化剂，通过专业分析，引导当事人对事实及法律有客观的认识，正确认识自己权利的边界，互谅互让达成调解。

（二）恪守法官应遵循的职业伦理

关于法官的职业伦理，最高人民法院陆续制定了《人民法院工作人员处分条例》[31]《法官职业道德基本准则》[32]《法官行为规范》[33]等规定，对法官的各个方面都作了严格的职业要求。法官的职业道德在实现司法公正中具有举足轻重的地位，国外学者甚至认为，从长远来看，“除了法官的人格外，没有其他东西可以保证实现正

29 周凯、宗巍、徐硙：《让司法“阳光”更灿烂——人大代表建言深化司法公开》，来源于国务院官方网站，http：//www.gov.cn/xinwen/2014-03/11/content_2636190.htm，最后访问日期：2017 年 7 月 26 日。文中提道：“最高人民法院及东中部 14 个省区市法院的生效裁判文书依法全部上网公布，其他省份法院 3 年内全部实现这一目标。”

30 ［日］棚懒孝雄：《纠纷的解决与审判制度》，中国政法大学出版社 2002 年版，第 47 页。

31 最高人民法院《关于印发〈人民法院工作人员处分条例〉的通知》（法发〔2009〕61 号）。

32 最高人民法院《关于重新印发〈中华人民共和国法官职业道德基本准则〉的通知》（法发〔2010〕53 号）。

33 最高人民法院《关于印发〈法官行为规范〉的通知》（法发〔2010〕54 号）。

义”。[34]

从现实的角度去看，法官也是人，也会面临着各种各样的指标和考核，也面临着生存的压力，因此法官考虑结案数、结案率及上诉案件的改发率无可厚非，这些考核指标的压力会对法官审理方式的选择产生或多或少的影响，但影响到什么程度，是一个值得探讨的问题。

在司法实践中，各种考核指标有可能会让法官基于自身利益的考虑，对一些能够调解的案件，怠于调解，以提高判决率，而对于那些当事人不愿调解、案件复杂、法律适用困难的案件，为回避困难而久调不决或以判压调，迫使当事人屈从，达到结案之目的，甚至有法官可能会向双方当事人寻租，趁机谋取私利，损害法官形象，影响司法公正与效率的实现，这些行为应当严格禁止。我们认为，作为法官，应当有足够的担当，在社会公平正义与个别考核指标面前，能够作出正确的选择，毕竟，对于法官来说，个案的审结只是他诸多案件中的几百分之一，而对于当事人来说，一个案件，可能就是他的一切。

在调解中应恪守的法官职业道德，至少包含以下五点：及时审理案件与不得强制调解、保证信息隔离、保障双方当事人权益、尽到审慎义务以及遵守法官的一般职业道德等。

1. 及时审理案件与不得强制调解

我国《法官职业道德基本准则》第十一条规定：“严格遵守法定办案时限，提高审判执行效率，及时化解纠纷，注重节约司法资源，杜绝玩忽职守、拖延办案等行为。”我国《民事诉讼法》也规定，调解应遵循自愿原则，事实清楚、分清是非原则和合法原则。[35]一般认为，自愿原则是三原则中最重要、最核心的，在当事人的处分权与法院的审判权相冲突时，应当优先照顾当事人的处分权，当事人不愿意调解的，不应当强制当事人调解。举个例子，

---

34 [美]卡多佐：《司法过程的性质》，苏力译，商务印书馆1998年版，第6页。

35 《民事诉讼法》第九十三条规定：“人民法院审理民事案件，根据当事人自愿的原则，在事实清楚的基础上，分清是非，进行调解。”

在侵权与合同竞合的纠纷中，商事模式和民事模式把握的尺度并不完全一致，比如对于合同约定内容是否属于格式条款（如机动车商业险合同中约定医疗费中的非医保部分保险公司不赔）会持有不同的观点。遇到此类冲突时，有的法官更希望双方当事人通过调解解决，以回避适法的困难。然而，笔者认为，正是通过一个个这样的判决才能确立一定的规则，例如，我们在一些案件审理中发现，当事人之间其实已经谈好了和解方案，但是他们依然希望法院出具判决，原因是他们希望通过法院的判决对权利义务进行明确的划分，以便在日后类似的经济往来中能有一个参考，这也体现了法律的指引功能。因此，对于疑难、复杂法律问题，还是应当放到法官的法律素养提高的路径上来解决，而不是以个案的调解作为解决方式，否则会阻碍法治的长远发展。

2. 保证信息隔离

我国民事诉讼实行调审合一模式，法官参与调解的全过程，调解中的信息对审理案件的法官无任何秘密可言。这样的制度安排虽然有利于提高诉讼的效率，但却很难保证法官在调解失败后的审判中自觉或不自觉地利用调解中获得的信息。即便法律明确规定法官在审判中不得将当事人在调解中做出的让步和妥协作为对其不利的证据，[36]但法官在对事实作出认定时也仍可能无意识地受到它们的影响，尤其是对于需要自由心证的内容。如此一来，出于对这一状况的担忧，当事人也就不会在调解中敞开心扉，失去调解的诚意，容易使调解归于失败。“如果不在诉讼法中确立一项原则，即调解中的承认、提议、妥协等事实在司法程序中不能作为证据来认定，那么就有可能破坏调解的合意，产生司法上的弊端，如果不规定程序更替的法律要件，就无法避免恣意性”。[37]

最有效的克服法官主导调解的弊端的方法，就是调审分离，

36 最高人民法院《关于民事诉讼证据的若干规定》第六十七条规定：“在诉讼中，当事人为达成调解协议或者和解的目的作出妥协所涉及的对案件事实的认可，不得在其后的诉讼中作为对其不利的证据。”

37 强世功：《调解、法治与现代性：中国调解制度研究》，中国法制出版社2001年版，第53页。

从制度上来解决这个问题，例如上海市各法院大都设立了诉调对接机制，由专门聘请的调解员在诉前阶段对案件进行先行调解，若调解不成再由业务庭的法官进行审理，诉调法官与承办法官分属不同部门，做到信息的相对隔离，一定程度上对调审合一的状况进行了优化。不过，在诉中阶段，现在仍然缺乏必要的隔离机制，这是因为，诉讼数量呈爆炸式增长，而法院的司法人员数量并未同比例提高，审案的法官本来就不够，案多人少的矛盾还将越来越激烈，因此，我国还不具备像某些国家那样专设调解法官的条件，只能由审理案件的法官同时承担调解的职能。实体的公正固然重要，但是，在尊重程序公正的基础上得到的实体公正，才是稳定的和可预期的公正。调解中一方当事人为了达成妥协所做的让步，在调解不成时，应被排除出审判程序，这是调审合一模式下法官应当具备的一项能力，也是法官应当有的对职业道德的尊重，不能只为了达到实体结果而放弃程序公正。

3. 保障双方当事人权益

虽然有观点认为，调解为促使当事人让步息讼，常要付出牺牲一方合法权利的代价，但这不是法官主导调解的应有之义。现代民事诉讼以证据为支撑，也就是说，在民事诉讼中，双方当事人权利的确定是用证据来说话的。在一些案件中，由于证据方面的原因，部分事实需要法官通过自由心证来确定，因此，对于当事人来说，在证据不足的情况下，权利的实现是具有一定的不确定性的。若当事人在法官充分释明的基础上再对自己的权利进行处分，就可以达到比较好的效果，例如在交通事故案件中，农村户口的当事人想要适用城镇标准获得较高的赔偿，则需要证明其事发前连续一段时间居住在城镇地区及主要收入来源于城镇地区，而对于一些当事人，他能提供的居住和工作的证据可能是不完全连续的或有瑕疵的，此时存在的风险是法院如果最终认定了农村标准的赔偿款，则被侵权人只能拿到城镇标准的一半左右。这种情况下，调解中当事人可以选择接受风险要求法院判决，或者是在农村和城镇标准中间寻求一个双方均认可的金额，这有些类似于辩诉交易；又比如，在一些产品侵权案件中，商家希望保护名声，消费者希望多获得赔偿，因此调解时法官会在中间寻找平衡点，最终达到双方利益的均衡；抑或者在另外一些案件中，当事人为了尽快获得履行，在法官充分释明各种预期后果的情况下，自愿作出一些让步，放弃部分实体权利。总而言之，法官主导调解不应压迫一方放弃其应得的利益，否则调解虽然解决了争议，但付出的代价却是牺牲了当事人的合法权利，这违背了法治的一般要求。

4. 尽到审慎义务

调解协议经各方当事人签收后，即发生与生效判决同等的法律效力，不允许当事人再行起诉或者上诉，这有利于纠纷的尽快解决，但同时也带来另一个风险，即存在当事人恶意串通损害案外第三人的合法权益的情况。这种情况下，实际权利人只能通过申请再审的方式，撤销调解协议，而这一程序耗时耗力，若相对人已经完成了财产转移，则可能给实际权利人造成无法挽回的损失。因此，法官在做调解时，应当尽到审慎的审查义务，对调解协议的内容是否违反法律、行政法规的禁止性规定，是否损害当事人之外的他人的合法权益，是否侵害国家利益、社会公共利益，以及是否违反当事人自愿原则等，都应当进行审查，并对调解协议的合法性予以确认。

5. 遵守法官的职业道德

审判是公开的，但调解却没有这样的要求，并且调解过程一般是不录音、不录像的，调解中对审判人员的行为的监督主要是依靠调解笔录，但如前文所述，由于慑于调解者背后的裁判权威，即使调解者的调解行为有不妥当之处，当事人也不敢纠正或者不敢坚持要求将调解者的不当言行记入调解笔录，故而，对调解者的行为仍然缺乏必要的监督机制。也正因如此，当事人害怕遇到“人情案”、“关系案”，担心法官与当事人有特殊关系时，法官会采用调解方式帮助一方当事人，利用对方当事人对法律的不熟悉调解作为一种纠纷解决方式，本身承载了许多社会功能和价值取向，并有望成为社会治理方式的一个风向标。也正因为如此，若法官主导调解能做到以中立之姿态、秉程序之正义、尽审慎之义务、携公正之力量，则案件的争议定能得到更优化的解决，法官主导调解制度定能发挥出更多正面的价值。

或者想尽快从诉讼中解脱出来的心理对其施加压力，说服对方当事人接受法官的调解方案。因此，除了外部监督的加强外，法官更需要加强职业道德修养，慎独慎微，保障法官的廉洁性，进而树立人民群众对司法的信仰。

虽然法院调解制度的一些现实问题有待未来通过不断的改革来完善，但是，在现实情势中，我们未必不能让法官主导调解发挥更多的价值。调解作为一种纠纷解决方式，本身承载了许多社会功能和价值取向，并有望成为社会治理方式的一个风向标。也正因为如此，若法官主导调解能做到以中立之姿态、秉程序之正义、尽审慎之义务、携公正之力量，则案件的争议定能得到更优化的解决，法官主导调解制度定能发挥出更多正面的价值。

作者感言

华政研究生学习时期，在韬奋楼的课堂上听薛凡老师畅谈公证改革与公证现实，踏上法律职业生涯后，又得到薛凡老师指点，使得拙作有机会呈现。有了这样的过程，更体会到文字其实更是一种修心的过程，一场与自我内心的对话，甚至是一场与世界的对话，先起而行再坐而论道，探寻自身所理解的未知，从不止步。

近些年，随着科技的进步，司法应用也在紧跟脚步。在新冠疫情的当下，科技的进步使得线上立案、网上开庭、在线调解等等都成为可能，而打官司就是打证据，证据三性的第一性就是真实性，如何证明证据的真实性，是要解决的第一个问题，尤其是电子交易频繁的当下，如何保存这些虚拟的证据？在研究区块链技术特点的时候，突然发现了我们法律界也有一个与区块链功能高度类似又远远超越于区块链的法律服务——公证，不仅同样具有不可篡改、全程留痕、公开透明等特点，更具有客观、公正之特性，通俗称之为超级"人工区块链"并不为过。法律文化流传了几千年，而当古老的法律与现代科技碰撞，其未来之精彩，其融合之美妙，也必可期。

对于法律人来说，人生不止眼前的苟且。可是依然有这么多的法律人选择了即便飞蛾扑火也要追逐梦想。是什么样力量给了我们这样的坚持：是明知山有虎偏向虎山行的牛犊精神？是看清生活的真相仍然热爱生活的英雄主义？是西西弗斯滚石上山周而复始的勇士胆魄？还是正因世界不完美才需要更加努力的救世情怀？

不论是何种力量支撑信仰，既然选择了这条路，那么前方是惊涛骇浪我们就做那乘风破浪的姐姐，前方荆棘丛生我们就化身披荆斩棘的哥哥，也许我们将终生“高考”，但我们愿活到老学到老；或许我们曾迷途忘返，但我们永远认得来时的路并且始终不忘最初的梦想。

预防纠纷，同时致力于解决纠纷

——由公证人调解实例思考公证制度价值创新

◎蔡煜*

切记你的任务：排除人间的纠葛。

——《公证人十诫》[1]

概要：随着中国经济社会的快速发展，现实生活中，公证人

* 蔡煜，公证员，中国公证协会公证文化建设和宣传委员会副主任委员，上海市杨浦公证处副主任。

1 语出《公证人十诫》，1965年10月，在墨西哥城召开的国际拉丁公证人协会（国际公证联盟前身）第八届大会上，厄瓜多尔公证人代表团所作报告提出了"公证人十诫"，报告人为厄瓜多尔瓜亚吉著名的公证人克佬博士，转引自蓝瀛芳：《国际拉丁公证协会及拉丁公证书之国际效力》，台湾地区"法务部"1982年印行，第197页——作者注。

所承载的公证制度价值不仅远不限于公证活动，而且已经远不限于预防纠纷，对于公证人而言，参与解决纠纷显得相当重要。公证人调解活动正是实现公证制度价值由单纯预防纠纷向预防纠纷和解决纠纷并举转化的重要实践。本文通过梳理公证人调解的实务经验，探讨了公证人调解活动的进路。

我国正在逐步探索建立健全多元化纠纷解决机制。2009 年 7 月 24 日，最高人民法院发布了《关于建立健全诉讼与非诉讼相衔接的矛盾纠纷解决机制的若干意见》[2]，其中第二条规定："建立健全诉讼与非诉讼相衔接的矛盾纠纷解决机制的主要任务是：充分发挥审判权的规范、引导和监督作用，完善诉讼与仲裁、行政调处、人民调解、商事调解、行业调解以及其他非诉讼纠纷解决方式之间的衔接机制，推动各种纠纷解决机制的组织和程序制度建设，促使非诉讼纠纷解决方式更加便捷、灵活、高效，为矛盾纠纷解决机制的繁荣发展提供司法保障。"2016 年 6 月 28 日，最高人民法院又发布了《关于人民法院进一步深化多元化纠纷解决机制改革意见》[3]，其中第十一条规定："加强与公证机构的对接。支持公证机构对法律行为、事实和文书依法进行核实和证明，支持公证机构对当事人达成的债权债务合同以及具有给付内容的和解协议、调解协议办理债权文书公证，支持公证机构在送达、取证、保全、执行等环节提供公证法律服务，在家事、商事等领域开展公证活动或者调解服务。依法执行公证债权文书。"然而，我国现行《公证法》却仍然将公证的社会功能规定为止于"预防纠纷"。[4]如果对此作机械化的理解，会使得公证人在纠纷发生之后难以发挥原本可能实现的解决纠纷的职能，亦难以实现非诉讼与诉讼纠纷解决机制的衔接。实际上，随着经济社会的发展与公证人自身执业水

2　最高人民法院《关于建立健全诉讼与非诉讼相衔接的矛盾纠纷解决机制的若干意见》(法发〔2009〕45 号)。

3　最高人民法院《关于人民法院进一步深化多元化纠纷解决机制改革意见》(法发〔2016〕14 号)。

4　《公证法》第一条规定："为规范公证活动，保障公证机构和公证人依法履行职责，预防纠纷，保障自然人、法人或者其他组织的合法权益，制定本法。"

平的提升，解决纠纷这项公证功能的良性拓展业已悄然发生，而公证人调解正是其中十分重要的一环。

为更好实现公证解决纠纷的功能，进一步探索公证人调解在解决复杂民事纠纷中的功能及其运用，自 2011 年 1 月起，笔者开始有意识地运用调解的方式解决复杂的民事纠纷。该项尝试始于笔者对一起复杂的信访案件的处理，在该案中，笔者通过调解的方式，与当事人反复沟通，平衡各方利益，就地解决矛盾，有效化解了不和谐因素，最终妥善地解决了当事人的问题。鉴于公证人调解取得的优良社会效果，2014 年 1 月，以笔者个人名字命名的“蔡煜工作室”（下称“工作室”）在上海市杨浦公证处挂牌成立。对于工作室从事的公证人调解的运行情况，笔者作了一些总结与思考，诉诸本文供读者参考。

一、公证人调解概况

——以作者自身调解活动经历为实证对象

据统计，工作室自 2014 年 1 月成立至 2020 年 12 月，业已受理 70 起调解案件，都是家庭矛盾纠纷的调解，办结 70 起，其中成功化解纠纷 58 起，引导当事人通过诉讼方式解决 12 起，公证人主持调解的成功率为 82.85%。此外，工作室还办结上述纠纷调解所衍生的相关继承、赠与、委托、夫妻财产约定和遗嘱公证等案件 74 件，订立调解协议 20 份。上述家庭矛盾纠纷涉及财产金额最低的个案约人民币 2 万元，最高的个案约人民币 1000 余万元，累计总金额约人民币 1.2 亿元。

为了使当事人能够真切感受到公证人为他们解决纠纷的诚意，在调解过程中，笔者为当事人代拟的所有调解协议，均参照我国《公证法》有关公证法律援助的规定[5]免收代书费。

5 《公证法》第三十四条规定：“当事人应当按照规定支付公证费。对符合法律援助条件的当事人，公证机构应当按照规定减免公证费。”

（一）公证人调解案件的来源

公证人调解案件的来源主要有三个渠道：一是公证人主动进行调解，二是当事人要求调解，三是公证活动完毕后再行调解。

1. 公证人主动进行调解

在日常公证法律咨询的过程中，笔者往往会发现一些调解线索，并且建议当事人与矛盾相对方一同前来第三方调解平台即笔者的工作室解决民事纠纷。2014 年 1 月至 2020 年 12 月共有 51 起复杂民事纠纷的调解来自这一情形。另外，笔者有时还会发现当事人隐瞒与公证相关的利害关系人和某些重要事实，或者存在利害关系人反悔等情况，此时笔者也会主动提出调解建议。2014 年 1 月至 2020 年 12 月共有 9 起复杂民事纠纷的调解来自这一情形。

2. 当事人要求调解

实践中，有些当事人主动要求通过公证人调解的方式解决复杂民事纠纷。2014 年 1 月至 2020 年 12 月共有 5 起复杂民事纠纷的调解来自这一情形。

3. 公证活动完毕后再行调解

除以上两种情况外，笔者还曾遇到当事人在公证书生效后反悔或者有利害关系人对此提出异议的情况，此时笔者也会建议他们进行调解。2014 年 1 月至 2020 年 12 月共有 5 起复杂民事纠纷的调解来自这一情形。

（二）公证人调解案件的类型

自 2014 年 1 月工作室成立至 2020 年 12 月，工作室遇到的调解案件类型较为单一，均集中在遗产继承领域，主要涉及遗产的分配和老人的居住等问题。纠纷绝大多数是家庭矛盾，包括父母与子女的矛盾、兄弟姐妹之间的矛盾、公婆与儿媳之间的矛盾及岳父母与女婿之间的矛盾等。有些矛盾比较尖锐，曾经诉诸法院；

有的矛盾已存在了近十年；甚至还出现了由于遗产分配不均，继承人故意伤害其亲属因而受到刑事处罚的情况。

二、基于实践的经验
——以真实性、可行性与公证人调解的边界为切入点

基于实践的总结，笔者认为，与其他单位、组织的调解相比，公证人调解更能体现真实性，也更具有可行性，但应该把握其边界所在。

（一）公证人调解的真实性

与其他单位、组织的调解相比，公证人调解更凸显其真实性。在当前广义的司法调解中，继承类案件的虚假调解屡见不鲜。一些当事人为了侵吞遗产，在一些法律工作人员、中介机构有意或无意的暗示甚至“指导”下铤而走险。他们提供虚假的证明材料或陈述，骗取人民法院或人民调解组织的信任，而人民法院或人民调解组织由于人力、物力的不足以及信息查询手段的限制，难以对当事人提供的证明材料进行完全的实质性核实。目前，绝大多数人民法院审判庭及人民调解组织均未配备身份证识别设备与人脸识别系统，也未与公证遗嘱库以及公安、民政、不动产登记机构等部门实现信息对接，难以进行实质性核实，而公证机构则不存在上述问题，公证机构配备的专业仪器和信息系统，大大提高了公证人调解的工作效率，有效防范了虚假调解现象的发生，从而实现了公证人调解的真实性。

（二）公证人调解的可行性

与其他单位、组织的调解相比，公证人调解更侧重调解方案的可行性。试想，如果公证人拟定的调解方案没有考虑到不同遗产登记、管理部门的要求，没有充分考虑到调解对象真正的诉求与调解方案可能潜在的隐患，那么，一旦调解方案不可行，就必

然会损害调解对象的利益，引起调解对象的强烈不满。公证人不同于法官和人民调解员，后两者面对调解对象的强烈不满时，可以凭国家司法权力或以官方色彩的组织背景引导当事人再次进行调解或者建议当事人通过诉讼解决纠纷，而相比之下公证人调解则具有特殊性，不成即败，没有“第三条”出路。实践中，大量的调解对象往往错误地认为公证机构是国家公权力机关，这使得调解协议如不能履行，将会置公证人于非常尴尬的境地。不过，正是由于调解对象对公证机构的“错误”定位，促成公证机构形成倒逼机制，促使公证人必须更加勤勉尽责，并以最大程度保证调解方案的可行性，力求一次性调解完毕。在实践中，绝大多数公证人已经积累了丰富的遗产处理经验，有能力通过设计合理、合法、小成本的各类可行性方案，为调解对象提供继承、接受遗赠、遗嘱、夫妻财产约定协议、遗产分割协议、赠与合同、委托、提存、即时交付等一系列公证法律服务以及办理各类遗产领取、登记、税务政策咨询等事务，因此，公证人调解存在现实可行性。

（三）公证人调解的边界

应当注意的是，公证人调解并不是万能的，我们应当把握其边界所在：首先，在开始调解之前，公证人必须明确告知各方当事人，在未签署最终调解协议或各方当事人认可调解方案之前，调解过程中的任何意思表示均不具有法律效力；其次，公证人在调解过程中必须不偏不倚，居中调解，以事实与法律为调解依据，正确处理常理、人情和国法之间的关系；最后，公证人不具有法官的裁判权，不能强制当事人接受调解，他们只能以自己扎实的专业功底和真诚的服务精神，去打开调解对象的心结。

三、互补关系

——公证人调解与法官调解的初步比较

在最为广义的司法调解中，十分重要的一部分是法官调解。

那么，公证人调解和法官调解究竟处于何种关系？笔者认为，两者是互为补充的关系。具体而言，它们在纠纷化解的时间点、社会领域的划分以及纠纷化解的形式上都互为补充。

（一）在纠纷化解的时间点上存在互补关系

无论是公证人调解还是法官调解，都是具有法律专业知识背景的人员为预防和解决纠纷所作的实质性努力，只不过公证人调解发生的时间往往在案件纠纷尚未酝酿成诉讼之时，而法官调解更多地发生在诉讼期间，两者在纠纷化解的时间点上存在互补关系。

（二）在社会领域的划分上存在互补关系

无论是公证人还是法官，两者都是出于为双方当事人着想，并从细致耐心、合理合法办案的角度为切入点进行调解工作。两者都尽可能地希望自己化解的纠纷经得起推敲，并使双方当事人心服口服，只不过公证人所调解的案件往往涉及社会生活的方方面面，而法官所调解的案件往往只限于司法领域之内。因此，两者在社会领域的划分上存在互补关系。

（三）在纠纷化解的形式上存在互补关系

无论采取何种调解形式，归根到底，调解工作的进行都是为了彻底、迅速地预防纠纷和解决纠纷，在化解矛盾的基础上，促进当事人依法行使权利和履行义务，只不过公证人调解更倾向于预防纠纷，而法官调解更倾向于解决纠纷。因此，两者在纠纷化解的形式上存在互补关系。

四、通过公证人调解解决纠纷

——如何更好地实现公证制度价值的创新？

基于实践的反思，笔者认为，通过公证人调解活动，更好地实现公证人制度价值的创新，应该做到以下三点：一是完善公证人知识储备，提升公证人业务技能；二是实现公证法律服务的实质性拓展；三是完善制度设计。

（一）完善公证人知识储备，提升公证人业务技能

做好调解工作，实现公证人调解发展的首要前提是公证人应当不断学习各类知识，完善知识储备、提升业务技能。

1. 完善知识储备

公证人既要熟练地运用相关法律技能，又要掌握一定的金融、证券、保险、不动产登记和工商登记等知识；既要有良好的个人心理素质，处变不惊，遇事不慌，又要掌握一定的心理学知识，善于把控调解现场，及时做好情绪激动的当事人的心理疏导工作——譬如，传统的继承公证流程是继承人事先在家庭内部达成遗产分割意见，再到公证机构申办遗产继承公证，而现在，一些继承人之间由于长期矛盾的积累，前来公证的时间点往往是家庭矛盾爆发之时，此时就需要公证人变“被动”为“主动”，率先对继承人进行心理方面的疏导，进而在运用各种知识储备正确释明法律的基础上，消除继承人之间的猜疑，促进矛盾纠纷的最终解决。此外，公证人还需要具有很强的代书能力，公证人所拟的调解方案与协议，应当严密周详，在法律、税务等角度均无漏洞可寻。在笔者曾经调解的两起案件中，当事人依据笔者提供的税务咨询意见，备齐了相关证明材料后，依法成功减免了巨额的个人所得税，取得了良好的社会效果。

2. 提升业务技能

公证人应当努力做到真诚待人，同时应尊重事实、坚守法律底线。

（1）真诚待人

公证人调解成功的前提是公证人获得调解对象的信任，使其真切感受到公证人是真心实意地帮助其解决问题，而不是在“打

官腔”。学会耐心倾听调解对象的诉求，是取得调解对象信任的关键。在调解实务中，年龄较大或者文化程度不高的调解对象往往比较唠叨，会叙述许多与案件无关的内容，公证人在第一次接触这类调解对象时，一定要注意让其把话讲完，切不可随意打断，因为公证人只有与调解对象熟悉了，才能有效引导调解对象的表述直奔诉求；对于调解对象系高级知识分子、企业高级管理人员的情况，公证人往往需要在语气、称谓方面详加注意。如果能熟悉或事先了解他们的专业工作领域，在调解进入主题前就当事人的专业工作领域与其进行交谈，则更有可能进一步取得调解对象的好感，使他们在心理上减少与调解活动的“距离感”；对于调解对象系普通群众的情况，公证人往往需要先采取拉家常的方式，善于运用歇后语和俗语等老百姓喜闻乐见的语言，拉近与调解对象的距离。可以说，公证人和调解对象之间有了信任感，纠纷和矛盾也就解决了一半。

（2）尊重事实，坚守法律底线

公证人调解应当贯彻情、理、法相结合的原则，坚持做到调解方案不违背人伦常情，不显失公平，更不突破国家法律和政策的底线。公证人调解不是和稀泥，不能无原则地迁就调解对象。对于一些调解对象的违法言行，公证人应当根据其心理承受能力，以恰当的方式及时予以提醒和批评教育。在一起调解案件中，儿子平时对老父亲基本不关心且未尽赡养之责，然而，在母亲遗产的分配过程中，这位儿子却提出很高的要求。老父亲无奈地步步退让，儿子反而更加得寸进尺。在该调解案件中，笔者及时对该老父亲的儿子进行了批评，在这期间他曾两度退出调解，但都被笔者劝了回来。笔者从法律角度耐心地分析了调解方案对他的利弊，同时晓以父子之情，通过三个小时的长谈，最终使其接受了调解方案。从本案可以看出，有的调解对象存在一定程度的性格缺陷或者心理障碍，对此，公证人更要循循善诱，不厌其烦。可以说，公证人只有先帮助他们打开心结，才能进一步解开其法结。

（二）实现公证法律服务的实质性拓展

公证法律服务的实质性拓展可以分为四个方面：设计民事协议、提存与即时交付方式的运用、调解中相关公证服务的运用以及调解后的“额外”业务拓展。

1. 为当事人指导和代为起草民事协议

公证人在调解工作中，要善于通过个案化的民事协议来解决复杂纠纷问题。我国公证行业办理的民事协议公证大多有批量性、模板性和机械性等不足，这导致当事人往往还需要办理一系列后续公证或其他手续才能解决纠纷。因此，若公证人可以为当事人设计各类个性化、操作性强的民事协议，明确各方权利义务，对于公证人的调解工作将大有裨益。举笔者办理过的一起公证案件为例，被继承人张甲死亡后，张甲母亲张乙与张甲丈夫张丙就张甲遗产、保险理赔金及丧葬补助金的分割产生争议，无法达成一致意见。经笔者多次主持调解，张乙、张丙最终达成了一致意见，由笔者代为起草了调解《协议》，并经张乙、张丙（同时作为张甲与张丙未成年之子张丁的法定代理人）确认签署。此外，笔者所拟的《协议》文本中还避免出现“调解”字眼，以促使双方当事人修复感情。

进一步讲，在某些特殊调解协议中，对于解决纠纷的路径、大致时间、费用的支付和违约责任等事项也应该进行明确的约定，此时公证人还可以与协议接受部门反复沟通确认，使民事协议能最终发挥其功效。

2. 提存与即时交付方式的运用

在遗产分配案件中，当事人之间的纠纷结点通常在于一方当事人欲得房，而另一方当事人则要得到遗产补偿款或户口补偿款。因此，对于究竟是先签字放弃房产、迁出户口再拿钱，还是钱到手再签字放弃房产、迁出户口的问题，双方当事人往往争执不休。在调解实践中，可以通过两种不同的方式有效解决继承人、利害关系人之间缺乏互信的问题，并实现公证业务在提存领域的实质性拓展：一是提存，即将有关补偿款提存于公证机构，待继承房产的当事人领取公证书后或房产过户后再由公证机构直接把钱汇入应得到遗产补偿款或户口补偿款的当事人的账户；二是即时交付，即公证人在受理案件后先行调查、核实死者家庭情况，确认无异议后再请各方当事人一起到公证机构，并由一方当事人当场签字放弃房产，另一方当场支付补偿款，同时公证人当场出具公证书。

3. 调解中相关公证服务的运用

灵活运用遗嘱、委托、附条件赠与合同、夫妻财产约定公证等法律技术综合解决相关问题，是实现公证调解业务拓展的另一途径。面对纷繁复杂的案件情况，公证人可以根据个案的具体情况，灵活运用相应法律技术解决纠纷，如调解对象涉及老年人、危重病人的，公证人就可以考虑建议当事人办理委托公证、遗嘱公证；有的老人出于对子女配偶的不信任，在自身配偶死亡后，往往欲将全部夫妻共同房产留给子女，却言明与子女的配偶无关，此时，为解开上述老人的心结，公证人就可以建议子女与其配偶办理夫妻财产约定公证，并且在赠与合同公证中附加条件。

4. 调解后的“额外”业务拓展

调解完毕后，当事人必然要履行有关协议约定的义务，这又是公证业务的新拓展点，首先，许多当事人之间本身就缺乏信任，若稍有不慎，前期工作就会前功尽弃；其次，由于案件复杂，调解协议条款繁多，调解协议能否为有关房地产登记部门、税务部门、银行、保险公司等单位认可，往往存在不确定性；再者，公证人与有关单位经办人员的沟通一般是基于口头或电话沟通，有关单位不可能事先给予书面确认，此时很容易出现因有关单位经办人变更或审批时上级领导不同意而导致调解协议无法履行的尴尬情况。所以，公证人在调解结束后应当及时督促当事人履行协议，并及时与有关单位沟通，趁热打铁一揽子解决纠纷。在前述工作室已经成功化解的52起涉及不动产的调解案件中，笔者均主动与有关房地产登记部门和税务部门沟通，使每一起调解案件涉及的房产均能顺利过户。

（三）完善制度建构

公证人的调解工作需要投入大量个人精力。有的当事人不分白天与晚上、不分工作日与休息日地诉苦报怨，甚至无端对公证人进行谩骂、指责。坦率而言，公证人调解工作本身对于笔者个人可谓无利可图、无名可言，个中委屈其实难以言表，特别是在当下公证人实行绩效考核的模式下，公证人调解的案件和投入的精力越多，个人的利益损失也就越大，同时还可能面临同事、同行和家人的不理解，说没有一丝抱怨那是虚言。然而，通过开展公证人调解工作，实实在在地帮助到了民众，并以小成本方式依法、理性地解决了民事纠纷，的确能够让人们真实感受到公证制度在预防纠纷和解决纠纷上自我拓展的实际效用。同时，当看到调解成功后，一些调解对象能够修复亲情，化解多年的积怨时，笔者对于个人的荣辱得失也就能看淡了一些。不过，以上这些并不意味着公证人调解的制度设计就可以被抛诸脑后，从而完全依赖于公证人的个人付出。现阶段，公证人调解工作除了最高人民法院《关于建立健全诉讼与非诉讼相衔接的矛盾纠纷解决机制的若干意见》[6]《关于人民法院进一步深化多元化纠纷解决机制改革意见》[7]和司法部《公证程序规则》[8]中对公证调解有所规定之外，并无其他法律规范可以作为依据，司法行政机关与公证协会也无相应政策支持。因而，现阶段公证人的调解工作能否开展完全取决

6 最高人民法院《关于建立健全诉讼与非诉讼相衔接的矛盾纠纷解决机制的若干意见》（法发〔2009〕45号）。

7 最高人民法院《关于人民法院进一步深化多元化纠纷解决机制改革意见》（法发〔2016〕14号）。

8 《公证程序规则》第五十六条规定："经公证的事项在履行过程中发生争议的，出具公证书的公证机构可以应当事人的请求进行调解。经调解后当事人达成新的协议并申请公证的，公证机构可以办理公证；调解不成的，公证机构应当告知当事人就该争议依法向人民法院提起民事诉讼或者向仲裁机构申请仲裁。"

于有无热心的公证人的自愿参与以及所在公证机构的支持。然而，实践中一些优秀经验的总结与推广总是受到很大的限制，因此，笔者建议，司法行政机关与公证协会是否可以对现行开展的公证人调解工作进行广泛调研，将现有的一些经验和做法提炼为在全国可复制与推广的范式，为在公证行业全面开展公证人调解提供制度支撑。

厄瓜多尔瓜亚吉公证人克佬博士箴言云："切记你的任务：排除人间的纠葛"。当今社会，对于包括公证人在内的法律职业人来说，排除纠葛的含义显然已经不再止于预防纠纷，而应拓展到预防纠纷与解决纠纷的齐头并进。因此，公证人只有不断回应社会与人民群众的新的期待，善于运用调解、公证和其他多种方式服务当事人与社会，才能真正实现自身的职业价值，真正赢得公众的信任与尊重，真正实现公证制度价值的创新！

作者感言

作为一名公证人，要守得住底线，千万不要为了利益而丧失职业操守，千万不要为了贪图省事而放弃履行职责。时时自我提醒，谨慎勤勉地履行公证人执业义务，努力用法律知识帮助每一个公证申请人与咨询者，老老实实地办好每一起案件。执业二十余载，已记不清加过多少班，做过多少份外事，办结多少件疑难公证，调解过多少件矛盾纠纷。不过，虽辛劳而无悔，方便别人，必然不方便自己。付出的是辛劳和汗水，收获的是人民对公证人的尊重、对法律的敬畏。

开卷有益

人民的安宁是最高的法律*

——评《中国公证视野下脆弱群体保护的法律研究》

◎薛凡

2019 年 11 月 30 日，国际公证联盟于雅加达举行的第 29 届国际公证人大会闭幕式上举行隆重的颁奖仪式，对国际公证联盟首届“法律研究奖”的两部获奖作品进行表彰，其中，由中国公证协会常务理事、业务规则委员会主任委员、四川省成都市律政公证处主任李勇公证员主创、中国公证协会公证理论研究委员会委员、四川省成都市律政公证处政策理论研究室主任蔡勇公证员译为法文的《中国公证视野下脆弱群体保护的法律研究》获得“决赛者奖”并受到特别表彰，这也是中国公证员首次在国际公证联盟的论文评选中获奖。上图为第 29 届国际公证人大会为李勇、蔡勇举行颁奖仪式的场景，站立者中，手捧奖牌者为李勇，李勇身边右立者为蔡勇。图片由国际公证联盟官网发布。

* 本文原题为《前沿之作　情怀之作》，是作者为《中国公证视野下脆弱群体保护的法律研究》写的序。

李勇先生的公证法学专著《中国公证视野下脆弱群体保护的法律研究》堪称是一部前沿之作、情怀之作。

先说为什么这是一部前沿之作。国内现已公开出版的公证书籍已逾数百种，但是理论上具有原创性的似乎并不多见。作为国内首部从公证视野出发思考脆弱群体保护的著作，李勇先生的《中国公证视野下脆弱群体保护的法律研究》独辟蹊径、真诚思考，填补了公证基础理论研究的一大空白，同时，对于公证人开展这方面的业务也富于指导价值，体现了理论拓荒的作用和实务指导的作用，当属前沿之作。

再说为什么这是一部情怀之作。众所周知，以国际公证联盟为象征的全球现代公证制度框架中，公证人职务具有双重性，公证人作为一种根植于社会的法律职业具有自主性，不从国库领取薪水，公证人的收入并不来自全民缴纳的税收，而是来自具有公证需求的当事人，通过专业法律服务依法获取劳动报酬，同时，公证人作为公共权力的受托人，必须站在国家法律的立场上执业，促进社会公共利益最大化，称之为公共性。公证人职务双重性表明，公证人是一个严格站在社会公共立场执业同时需要自收自支、自我发展壮大的法律职业。现实生活中，公证人在不同个案中为脆弱群体提供法律服务往往所耗甚多、所获甚少，相当一些个案属于无偿提供法律援助性质。李勇先生的这部专著却专注于这一群体，不计功利，致力于法理与实务并进，足显为民情怀，称之为情怀之作当不为过。

公证人是一个严格站在社会公共立场执业同时需要自收自支、自我发展壮大的法律职业。

公证人的为民情怀，在于通过每一起法律服务个案始终不忘以法律之道扶弱济困、追求公正，为人民特别是脆弱群体带来实质意义上的法律安全保障，……

［李勇：《中国公证视野下脆弱群体保护的法律研究（中法对照）》，蔡勇译，法律出版社 2021 年版］

公证人的为民情怀，在于通过每一起法律服务个案始终不忘以法律之道扶弱济困、追求公正，为人民特别是脆弱群体带来实质意义上的法律安全保障。在李勇先生这部著作中，公证人一切为了人民的初心得到了真诚、全面而深入的阐发，提醒公证人时刻铭记古罗马的法谚：人民的安宁是最高的法律。

法律与文学

分享一种“自以为是”的感动

——我为什么要创作公证人题材的小说

◎彭贺超[*]

故事为我们提供解释世界的方式和力量，
构筑我们的认知，
让我们在认清生活的真相后
依然保持对生活的爱和勇气。

我自幼嗜好文艺作品，大学毕业后加盟公证行业，对于描写法律职业人群体的故事更是情有独钟。卡尔的《犹大之窗》[1]里帮助被告逆天翻盘的辩方律师亨利·梅利维尔爵士，岛田庄司系列小

* 彭贺超，公证员，广东省江门市五邑公证处副主任。

1 ［美］约翰·迪克森·卡尔：《犹大之窗》，蔡妙译，新星出版社 2019 年版。

说中，讲述了热血刑警吉敷竹史的故事，日剧《律政英雄》[2]中不畏强权的检察官久利生公平等等，都被包括我在内的众多法科学子视为职业生涯的偶像。反观公证人，虽在巴尔扎克“人间喜剧”中偶尔露峥嵘，但综观各国文艺作品却寥寥无几。即使被提及，形象似乎也不太正面，如小仲马《茶花女》中的那位公证人，刚向主角阿尔芒作过承诺，一转过身就去告密[3]。但我始终盼望着能在小说和其他文艺作品中与公证人相遇，哪怕只是读到有关公证的片言只语，比如科塔萨尔在《秘密武器》[4]中仅仅提到一句“不一会儿公证人事务所的姑娘们就要下班了”，便足够让我激动。

在中国，不论是在文艺作品还是大众认知中，公证人的形象似乎都是甚至是不立体的、模糊的。究其原因，我想理由可能有三。第一，公证行业自身定位不精准，导致民众个社会知晓度不高——相当一部分人一直把公证机构理解为行政单位办事窗口；第二，公证从业人员数量偏少，致使来自公证行业的声音过弱；第三，公证人的工作比较单调重复，故事缺乏戏剧冲突和张力。如此想来，公证人题材的文艺作品稀缺，似乎也就理所当然了。

然而，人是需要故事的。故事为我们提供解释世界的方式和力量，构筑我们的认知，让我们在认清生活的真相后依然保持对生活的爱和勇气。自己自踏出校门起便投身公证行业，公证人是我身上最重要的标签，我愿为之不懈奋斗。对于这个我如此热爱的职业，我是否还应该为它做些什么呢？

两年前的一个冬夜，我发了一个大愿，决定写一部关于公证人题材的短篇小说集。大概的故事是讲述一经初入公证行业的公证员助理，在两年实习期内经历了一起起公证案件，逐步成长为一名合格的公证员。为了增加趣味性，我在写作中也夹带一点“私货”，把我个人最喜欢的推理小说元素融进了故事里。小说的女主角名叫“李念”，我希望能通过公证人的这些小故事传播公证

2 《律政英雄》，2001 年日本播出的电视剧。

3 ［法］小仲马：《茶花女》，齐俊红译，广州出版社 2006 年版，第 139 页、第 144 页。

4 ［阿根廷］胡利奥·科塔萨尔：《秘密武器》，科塔萨尔：《南方高速》，金灿等译，南海出版社 2017 年版，第 20 页。

的理念。

接下来的日子里，我利用业余时间写起了小说。经常是夜静更深，独自坐在电脑屏幕前，逐字逐句敲打着键盘。在写作时，我所想到的，是希望这些故事能让读者对公证人的工作多一分了解。更希望的是，唤起越来越多的年轻人，特别是在校大学生对公证人职业的兴趣，可以说，这是我写作这些小说最重要的初衷。正如我当初被法律题材作品吸引从而选择法律职业一样，我希望通过自己的这份付出有助于更多有情怀的年轻人被吸引成为一名公证人！

我自知水平有限，写出的东西被称为“作品”便足够让我羞愧了。然而 ，写作的过程中，每每想及自己经办过的公证案件，无数片段在脑海萦回。写下的这些故事，像是对过往十余年我的职业生涯自己的一份总结。于是乎，故事可能会多了一份“自以为是”的感动。至少，在满足了自己的表达欲后，我希望这份感动能和更多的人一起分享。

这些不成章法的故事，一个偶然的机会有幸被薛凡老师看到，先选其一，得以刊布，实属荣幸。这篇名为“日光下的萤火虫”，是我个人比较喜欢的，其中使用了“叙述性诡计”。从一名归乡游子的视角展开，讲述了一个关于公证人进行保全证据的故事。萤火虫是一个比喻，指无人机。故事中既体现了公证人在解决环境污染纠纷中的作用，又突出了公证取证方式在新科技加持下的优化。然而，科技只是工具，公证人不能违背职业伦理，不能突破公证人在公证活动中的亲历原则。社会进步，工具升级，本身并不能代替公证人的专业判断。归根结底，公证是“人”的活动。其中的人、人性和人情味，也许就是公证人看似单调重复的工作却能归结为“故事”的原因吧。

在此感谢薛凡老师的厚爱。同时，希望我的这篇并不成熟的小说能够吸引更多有才华的公证人同行参与到公证人题材文艺作品的创作中来。作为一个酷爱文艺作品的公证人，我多么期望有朝一日能读到同行创作的公证人题材的作品啊！

附:

日光下的萤火虫

人是由记忆构成的。

点滴的记忆累积起我们整个人生。

忆起过往，与一些人相遇，像是随风飘落偶尔碰在一起的两片叶子。短暂，却余味未尽。

“没想到公证人还能为人们的工作、生活带来这么多的帮助吧?”多年未见的老同学李念以一位公证员助理的身份对我说道。

她道出了我的心里话。

我眯着眼，看着天空点点飞舞的“萤火”。多年以后，我依然记得当时公证人工作的身影。他们身上洋溢的工作热情，令人动容。

一

驶离高速公路出口，车窗外单调的景色逐渐变成层次分明的绿。我打开天窗，带着植物甜香的空气进入了车厢。我深深地吸了一口，让焦躁感缓和了一些。

记得小时候跟父母和哥哥到城里，要在夹杂着各种气味的大巴上颠簸大半天呢。现在，从市中心回到这里，才不到一个半小时的车程。然而，这里被我赋予了“家乡”的定义，因此尽管空间上的距离被缩短了，但我还是觉得进入了一个封存着童年美好回忆的秘境。

我把车停在了路边，给哥哥打了个电话。接着挨在车身上大大地伸了个懒腰。

家乡的人以务农为生，虽然这些年经济发展起来了，村里原本陈旧的房子换成了舒适的小别墅，但乡土的底色并没改变。我只要看一眼便能辨别出来。对面山头是一大片的柑橘种植园，夏日，被风撩拨起的橘香，与当年别无二致。

我再次深呼吸了几口，进入车里时故意用力关上门，像是给予自己某项仪式感——乱七八糟的事，纷繁扰攘的人，通通给我滚出脑袋吧。

在乡间小路上又驶了好一会儿，终于回到哥哥的家。这时哥哥和大嫂早站在门前等着我。他们热情的笑容，是我这个从都市逃回来的人的解毒剂。

“开这么久的车累坏了吧？”车刚在院子里停好，哥哥便拉开车尾厢帮我搬行李。

“快，午饭给你留着，洗把脸过来吃饭吧。”矮矮胖胖的大嫂笑着说，她比上次见面时晒黑了不小。

我没法接话，只懂回以微笑。

这里是我和哥哥长大的地方。他比我年长十多岁，父母年事已高，他便担起一家之主的职责。我离开家乡去读大学的那年，哥哥和大嫂结婚。虽然甚少见面，但哥嫂待我非常好。几天前，我给哥哥打了一通电话，说想回来住几天。我什么也没明说，但也许哥哥早便从我语气中听出点什么吧。他二话不说就答应了我，说让大嫂给我收拾好房间。

因此，可以想象当我见到他们时内心有多么激动了。

“其实你们也没必要等我吃饭等到这么晚啊。”坐下吃饭时，我跟哥哥说。

同样矮胖壮实的哥哥给我夹了一块炒鲜笋，说：“一家人，吃饭要齐齐整整。”他顿了顿，又说：“有什么事都不要担心，一家人在，什么事情都可以一起商量。”

我没说话，但很感激哥哥的好意。

这时，一个小男孩跑了过来。我认得他是哥哥的儿子。

“来，给叔叔问好。”大嫂招呼他过来。

侄子怯生生地跟我问好。

“这小子，一放暑假就知道满山乱跑。”大嫂笑道，接着又对儿子说：“你小子要用功读书，长大后像叔叔一样，考个好大学，找份好工作。”

侄子吐了吐舌头。

同时，我也百味杂陈。

接下来的几天，我都把自己关在房间里。

这里原是家里的一处旧屋，几年前哥哥把房子拆掉重建。房子共三层，顶层外是一个大露台。哥哥说知道我喜欢安静，因此把这层的房间特意留了给我，虽然那时我已经在城里另有住处了。

这些天来，每到晚上，我就坐在露台的躺椅上，看着星空发呆。乡间的星空总是更大、更低，星星也更明亮。但只有在城市长年生活的人，才能对这些有所体会。

我自小读书非常用功。从大学中文系毕业后，我便在城市里找到一份自媒体撰稿人的工作，偶尔也给本地的音乐人填些不入流的歌词。工作自由、富于挑战，在构筑文字的同时也在提升自身的认识，这是工作带给我最大的满足。

然而，如同坐枯禅般在电脑前半天也写不出一个字的时候也是有的，这时人会陷入巨大的自我怀疑。有人说过专业作家靠的不是灵感，而是靠干体力活一般系统的工作流程。如果这种说法成立，我并不专业。于是，这种自我怀疑形成恶性循环，写不出东西的时候变得更多。是过长的通勤时间、憋屈的居住空间，还是别的都市独有的因素，在侵蚀着我的心性吗？各种负面情绪充斥脑海，甚至让我觉得自己有点神经衰弱。

于是，我逃回了家乡。家乡的绿水青山，滋养着我。

我打开了从村口士多店买来的易拉罐啤酒，猛灌了一口。冰凉的液体稍微驱赶了暑意，毕竟，这里是没有空调的乡间。意识到这一点时，我站了起身，伏在露台边上的护墙上，试着用视线捕捉夏夜的萤火虫。

眼前只有一片漆黑。往黑暗处看久了，人会有点恍惚。

因此，当侄子来到我身边时，我被吓了一跳。

“叔叔，没吓着你吧？”侄子略带歉意地说道。

“没有，是我看得入神了。”

“你在看什么了？”

“没什么大不了的东西，只是随便看。”不知道为什么，我一时没把想法说出来。

侄子也没深究，说："你在城里是干什么的？"

如果真要细分，我的工作可谓相当复杂，如果单纯说自己是"作家"，会连我自己也感到不好意思（我不知道在网上写些不入流的东西算不算得上是作家）。我只好说："就是写点东西，卖给别人换钱。"

"是嘛，那叔叔你就是作家了。"倒是侄子说得直接，"那你一定读书很厉害了。我妈妈是这样说的，她总是叫我向叔叔你学习。不过，我的语文课学得不太好。"

他也学我趴在了护墙上。

"叔叔可没有你妈妈说的那么厉害啊。"这是我的真心话。

"但我也想离开这里，去城市里读大学。"

"现在这点不太难办到，你在功课上用点心就行。"

"唉，叔叔你还是比爸爸厉害啊。"

"你爸爸才是最厉害的，不是他，叔叔不会有今天。"

憨厚老实的哥哥，拼了命地挣钱供我上大学，这份恩情我一直铭记在心。我把这事告诉了侄子。

"如果爸爸真有那么厉害，现在他就不会愁成那样了。"侄子学着大人的模样在叹气，让人觉得甚是可爱。

但我还是听出了话中有话。在我追问下，侄子一一道来，虽然他说了"爸爸本来让我不要告诉你，让你好好休息的。"

哥哥的好意让我心头一暖，但事情的来龙去脉还是令我牵挂。我不由得陷入了深思。

还是侄子把我拉回了现实，他说："叔叔你这是在找些什么吗？"

"嗯，找很多东西。"

"找什么东西了？找到了没？"

"我找的东西可多了，但还没找到。比如现在，我找的是萤火虫。"说完，我又喝了一口啤酒。

二

夏夜飘落的黄花与溪流不期而遇

花滑过溪石 写下的字句 很治愈
偶尔停下的蝉鸣很知趣
童年志趣 林间快乐自取
近乡情怯的我那时以为一切都会继续

不识愁为何物的思绪
是少年的故事新一章节的自序
当萤火虫向远方飞去
空气中弥漫着带有淡淡橘香的绿

终于曾以为遥远的未来成了现在
时间是倒着落向天幕的细雨
灰色的混凝土唐突地出现
是某种理念的隐喻

后知后觉高耸的烟囱把天空占据
灰色的烟是灰色的雨中遨游的鱼
不要等到一切无可挽回地流向庸俗
才回忆起心心念念的儿时的绿

“喂，杨达，一个学期不出来玩，怎么就变得这么笨手笨脚了？哈哈！”

那个小胖子带头起哄，让小伙伴们哄堂大笑起来。

刚刚，不小心滑了一跤的杨达，从溪石间爬了起来。他顾不上湿沥沥的头发，捧了一掌心的水就往小胖子那泼了过去。于是大家又是一阵哄笑。

杨达和小伙伴们在村边的山溪里摸螺，大家今天都满载而归。晚上回家，交给大人用紫苏叶炒香，那便是夏日里难得的美味了。杨达今年十岁，正在读五年级，为了赶功课，他已经一整个学期没跟小伙伴们一起玩了。因此，虽然被别人嘲笑，但他的心情半点没受影响。他喜欢这山涧的一切。所谓“儿时的美好回忆”这样的讲法，对于少年而言是不成立的。这不是回忆，而是正当下。

不觉间，已是日落西沉，被烈日灼了一整天的溪石散发着酸酸的味道。大家熟练地在溪石间跳跃，像是一群灵巧的草蜢。杨达边走边小心翼翼地提着装满螺的小袋子，生怕又不小心摔跤。几朵不知名的黄色碎花，飘落在溪水上，被水流冲走，不知所终。

终于，来到相对平整的乡间小道，杨达才放胆跟伙伴们有说有笑。其中一个伙伴问杨达："喂，听说你们家来了一个叔叔。"

"是的，是从城里来的。"

"他是干什么的？怎么整天把自己关在屋里，不是什么坏人吧？"又有人问道。

杨达没好气地答道："怎么可能，那可是我亲叔叔。绝对不是坏人。"

"那他怎么总是不出门呢？"

"听说，他是一个文化人。"杨达也不知道这是什么职业，只是从爸爸口里听来的，他想了想又说道："反正就是写文章挣钱的，听说收入还不错啊。你们没见到他开进来的那辆私家车吗？"

说到那辆车，杨达口气得意了起来。大家纷纷表示很是羡慕。

"我听叔叔说，他这次回来是要采风还是什么的，大概就是回来找灵感吧。就像写作文，既要刻苦学习，又要有灵感，才能写得好。"

"知道你学习好啦，以后离开这里去大城市里读大学了，可不要忘记了我们。哈哈……"大家开玩笑地跟杨达说。

杨达笑笑，没再说话。因为这话算是戳中了他的真实想法。虽然他只有十岁，但已经立下目标，一定要好好学习，将来考上大学，离开家乡远远的。他对"远远的"究竟有多远，并无概念。他只是要离开这里。

并不是他在家乡的生活有多糟糕。他的童年算得上是非常快乐的。只是，他要离开这里，因为，家乡的一切，在他眼中是不变的。这种不变，会让一些人感到舒适，也会让一些人感到不安。他是后者。

当年，叔叔也和自己有着同样的想法，才会选择离开吧？但他为什么又回来了呢？杨达不禁想道。

全身湿透地回到家，果然被妈妈狠狠地骂了一顿。他吐吐舌头做个鬼脸，把今天的战利品交到妈妈手上，然后便跑开了。杨达冲完凉后换上一身干爽的衣服，独自把晚饭吃完。家人早早便吃过晚饭，幸好妈妈给他留好了饭菜。接着，他就跑到叔叔的房间。虽然还是有些陌生，但他下意识地愿意跟这位叔叔亲近。尽管他有时对叔叔的话有些不着其意，甚至觉得对方多少有点奇怪。

爸爸警告过杨达不要打扰叔叔，但他每到晚上还是忍不住。不过，这次他连敲了几次门，房间内都没有反应。

奇怪了，叔叔这时应该在里面才对啊，杨达想道。

这时他听到了外面有些声音。径直翻过围墙，循声而去，果然在不远处的稻田边见到了叔叔的身影。

“叔叔，你在干什么了？”杨达放轻脚步跑了过去。

“嘘。”叔叔把食指放在了嘴上，脸上带着轻松的笑容。接着，他指了指田间。顺着他指去的方向，杨达发现几点微弱的光，在黑暗中划出一道道曲线。

那不就是萤火虫嘛。看萤火虫也不必搞得这么神秘吧？杨达想。

然而，他还是陪着叔叔，安静地看着黑夜中飞舞的萤火虫。这些会发光的小虫子，杨达实在不明白有什么看头。

叔叔为人亲切，但并不是个爱说话的人，今晚他却首先挑起了话头。“你昨天不是问过我，在城里生活是怎样的吗？”

杨达点点头。

“其实，嗯，可以这样说吧。在城里生活久了，就会喜欢看萤火虫了。”叔叔笑着说。

这话让杨达听得一头雾水。他想，这大概就是“文化人”的想法了吧。

三

“故乡”这个词，不仅仅指某个物理上的位置，更多的是代表一种情绪。这是我听到侄子告诉我的事情后才想到的。

这些天来，我都把自己关在屋子里，也许，我的心还没回来。

于是今天我早早起床，换上硬皮靴子，向屋后的山头走去。

记忆中，这里是从爷爷那辈起便承包下来的山头。祖辈在这里经营一个柑橘园，现在轮到哥哥来接手。在我还小的时候，每逢柑橘成熟的季节，全家人都要到园里帮忙。我们会把橘子摘下，用刀在橘子上均衡地划上三刀，然后把果肉取出。果皮翻过来后整齐地叠好，等天高气爽时拿出晒干，便是本地特产陈皮了。

我边走着，边回想着用刀的方法，嘴里莫名地泛起一阵橘子的酸味。

翻过一个山头，我已是气喘吁吁。我站在山上，向柑橘园望去，期望着那片绿。

然而，莽撞地抢入我视野的，竟是一整片暗淡不一的灰色。它们像一块病变的皮肤，突兀地贴在了山坡上。

我一时吃惊不已。顾不上喘气了，快步跑了过去。走近才发现，所有柑橘树都已枯死，光秃秃的树干上只剩几片叶子有气无力地挂着。一些树上还结着干瘪瘪的果子。树下的土地，泛着同样死气沉沉的灰，只是色泽更深。

强烈的视觉冲击让我一阵眩晕。我坐在了地上，好一阵子才回过神来。根据侄子的指示，我很快就找到那间工厂。现在工厂已经停工了，只留下一根也像是枯枝的烟囱，直刺刺地伸向天空，把天空唐突地划成两块。

昨天，侄子是这样跟我说的。

“家里的柑橘园出了事，爸爸已经烦了很多天。”

我问他具体是什么情况。

“去年，村里建了一家瓷砖厂。本来大家都以为是做些砖啊之类的东西，谁都不知道污染这么厉害的。 那些废气吹过来，把我们家的橘子树全都吹死了。”

没有人出面解决吗？我问。

“听说找过村干部后，很快就有些政府的人来处理。现在那家工厂已经停了，但好像赔偿问题没有谈妥。再细节的事我就不清楚了，爸爸妈妈都不愿意跟我说。对了，叔叔，你可不要跟他们讲是我告诉你的呀。爸爸说，不想你操心，让你好好休息。”

听到这话，我对哥嫂的感激，转念又成了愧疚。果然百无一用是书生啊！自以为满腹经纶，自家碰上事了却没能为哥哥分忧。

我又看着那枝停用了的烟囱，它仿佛代表某种现代文明与乡土情结的连接，一下把我拉回了现实。久违的创作冲动在我体内涌动，同时，一个想法在我脑内萌生。

我掏出手机，打开了社交软件，我在上面找到了一个旧同学。在她的头像旁边，有一行备注——“公证人 李念”。

四

蝉像是也受不了这么酷热的天气，伏在树干上发出此起彼落的鸣叫。杨达今天拒绝了小伙伴们的邀请，选择待在家里温习功课，倒不是因为受不了烈日。他只是纯粹好奇叔叔在干些什么。

因此，虽然他坐在家里一层的客厅里，手里拿着书，但心思全在旁边的叔叔居住的小房间内。

他好像一整天都关在里面了吧？难道是因为自己问了什么蠢问题，还是说了什么奇怪的话了？杨达想。

自从前天晚上，见到叔叔在田间观察萤火虫起，杨达便发觉他总是一副心事重重的模样。“在城里生活久了，就会喜欢看萤火虫了。”杨达一直在琢磨这句话。听说，城里的夜里，处处亮着霓虹灯，怎么也比那些发着弱光的虫子好看吧。

好不容易，杨达才强迫自己把心思集中在书本上。

叔叔这天没有吃午饭。他直到晚饭时才出来。饭后，杨达见到叔叔把爸爸拉到一边，不知说些什么。杨达自然不敢过去打听。不过，到了夜里，从田间散步回来的叔叔突然显得兴致勃勃。他主动跟杨达攀谈起来。

“果然，还是乡间田野才能激发人的创造力啊。”叔叔笑着说。

杨达不明白。

“虽然这么说有点老气横秋，但真的，等你长大了就会明白。能成长在这个全民读诗的时代，真是美好啊。”

说到诗，杨达只认识课本上的唐诗。

叔叔今晚变得特别健谈，说：“事情终于有头绪了。这些天来谢谢你们。”

“你要回去城里了吗？”杨达说这话时，突然意识到竟然有点不舍。

“是的。放心，我以后会常回来的。”叔叔笑得很温柔，“对了，我在田里散步时，写了首不成气候的小诗，我念给你听吧。”

多年以后，杨达早已忘记叔叔的诗写了些什么，甚至连他的声音也想不起了。但在那个夏夜，某颗种子在杨达的心里种下。当杨达再次站在家乡的星空下时，他一定会记起。

五

我找了个树荫坐下，大口地喝着瓶装水，感觉头顶正冒着烟。

“以前听你说过，小时候你可是满山头跑的呀，怎么这几下就累垮了呢？”李念走了过来，跟我开起玩笑。

我拧开另一瓶水，递给了她。她接过也大口地喝了起来。她指了指自己脚上的鞋，说：“幸好我换上了运动鞋，不然还真吃不消。”

高中毕业后，已经好多年没见面了，但李念还是长着一样的娃娃脸——利索的短发刘海被汗水贴在了额头上，原本的大眼睛被阳光刺得眯起来。我看着她的样子好一阵出神，仿佛时光一下子回到了高中时代。唯一的不同，是那套呆板的校服，换成了白色短袖衬衫和黑色西装裤，衬衫上还别了一个刻着天平图案的胸章，让李念看起来有一种专业人士的气质。

我不好意思一直盯着她看，于是把目光投向了远方。跟李念一同前来的，还有她的一位男同事。那个穿着同样制服，顶着一头灰白头发的男人是公证员，此时他正在橘子园的另一边跟几位技术人员商量着什么。

“没想到你成为了一名公证员啊。”我怕冷了场，没话找话说道。

“公证员的实习期可是有两年，我现在还只是公证员助理，正在往公证员的目标努力着呢。”她把瓶装水递回给我，又说道：“这么大一片橘子园，被污染成这样，太可惜了。一想到树上结出来的橘子又大又甜，我就忍不住要流口水。”

“这里种植的柑橘是用来制作陈皮的，果肉可是又涩又酸。”

她噗一声笑了出来，说："本以为你这个大作家会懂点浪漫呢，没想到还真是个不会聊天的直男。"

"只是在网上写点没人看的东西罢了。正因为实在是写不出来，才跑回老家休息几天。结果却碰上了这件事。"我继续尴尬地没话找话。

前几天，侄子告诉了我这件事，我实在没法袖手旁观，于是找来了哥哥和大嫂商量。花了好些唇舌才说服哥哥让我来处理。于是，我想起了大学修读法律的李念。本以为只是让她出点主意，没想到她非常热心，还为我们设计了一套方案。

"别以为我们公证处就只是一个办办事的窗口，我们可是专业的法律人士呀。"那天听到我吞吞吐吐的疑问时，李念在电话里故作生气地说道。

事实上，公证员能做的，确实大大超出了我的预期。

昨天，李念和公证员来到这里，马上便让哥哥带着在山头的柑橘园里转了一圈——李念说需要先"视察地形"。接着，公证员联系了村干部，把哥哥和排污企业的代表都请到了村委会办公楼。我也跟着在场。只见在公证员的主持下，双方经过近两小时的反复磋商后，最终达成了调解方案。在旁全程记录的李念马上制作出调解协议书，让双方签字确认。

本以为所谓的调解会会吵得脸红耳赤，没想到在公证员主持下矛盾点被有条有理地化解了。我开始对那位其貌不扬的公证员另眼相看。

"预防纠纷、解决纠纷是公证人的职能。本次公证调解工作，算是相当成功了。"趁着别人跟公证员说话的空档，李念如此对我说道。

然而，还有一个问题没有解决。排污企业并非不愿意赔偿，问题在于赔多赔少。先前正是为了这点，才跟哥哥起了纠纷。

对方说："至少该确定有多少棵树受损了吧？不然没个数，我们也不愿意多掏钱。"但让人一棵棵树的数，并不现实。而且，企业方和哥哥都对由谁来确定橘子树的数量争执不下。

"这时，恪守客观真实，立场中立的公证员就有用武之地了。"

李念当时说。

于是，我们今天就来到了柑橘园现场。

李念拍拍裤腿，脸被晒得红扑扑的。她说：“有时真的不明白，新的科技对于我们的生活究竟是好是坏呀。”

“这要辩证看待吧。科技是时代驱使的巨轮，与其对之避之则吉，倒不如想想怎样利用好才对。你看这些瓶装水吧，如果不是有现代化工业，瓶子根本不会被生产出来，我们就无法这么便利地喝到水了。不过，污染还真是让人无法接受，这次回来，我都看不到萤火虫了。”

李念似乎并没在听。公证员朝她招招手，她便跑了过去，只丢下一句“我去忙了。”

我又为自己刚才的高谈阔论感到很尴尬。

不过，我很快便被接下来的场景吸引住了。

公证员手持摄像机，对着旁边的技术人员进行拍摄。李念则在一旁拿平板电脑记录着。只见技术人员操作着手中的遥控器，地面上数台无人机缓缓地升了起来。

这就是公证员的解决方案。在公证员的监督下，技术人员操作无人机，对整个橘子园进行拍摄。更为神奇的是，拍摄到的画面会进行数据分析，可以准确算出橘子树的数量。而整个过程和结果，都会被记载于公证书中。纠纷双方对此都予以认可。

我看着越飞越高的无人机，思绪一下被拉回到十岁。那年，我跟侄子相同年纪，在某个夏天的晚上，思考着萤火虫究竟有什么看头。但这一刻，我想我明白了叔叔的话了。那些白色的无人机越飞越高，渐渐融入了明亮的天空，只留下机器上闪烁着的小亮点。它们像是某种不具备形态的“视点”，在时空中穿梭，看透了世事变迁。

“喂，杨达，你怎么又在发呆了？”李念结束了工作，边向我走来边说道。

被她喊着名字的我，又是一阵出神。“没什么，只是没想到现在科技这么发达了。”

“我们公证人可是紧跟科技潮流的呀。”

“看来你真的很喜欢这份工作。”

“当然啦。你看那边那位。”她指了指还在跟技术人员谈些什么的公证员，“他可教了我不少东西。”

我没接话，决定还是顺着自己心意让谈话轻松点：“你看那些无人机，像不像大白天飞出来的萤火虫啊？”

“这个比喻有点意思。”

“十岁那年，我还生活在这里。那时，有位叔叔也像我现在一样，回来家乡休养。他就很喜欢在夜里四处寻找萤火虫。”

“杨达呀，你那位叔叔还真浪漫。”

“是的，也是他让我第一次对写作有了兴趣。刚才看着那些无人机，我突然记起了他有个晚上跟我念过的一首韵脚诗，名字叫作《日光下的萤火虫》，我念给你听好吗？”

李念没有说话，静静地坐在了我身边。

我的思绪又飘回了十岁那年的夏夜。

为了让人民梦想成真

——法国电影《穿梭少女梦》观感

◎徐天阳*

当初我们订立的公证服务契约
要求我这样做。
——电影《穿梭少女梦》里公证人对当事人说

法国是现代公证制度的发源地，公证人在法国拥有崇高的地位，而在《穿梭少女梦》[1]这部法国电影中，我们得以一窥法国公证人的另一面形象——成为一名普通民众梦想的守护者。借由这部

* 徐天阳，上海市东方公证处公证员助理，华东政法大学公证改革课题组成员。

1 《穿梭少女梦》(L'âge de raison)，导演杨·塞谬尔(Yann Samuell)，主演苏菲·玛索(Sophie Marceau)、马尔顿·索克斯(Marton Csokas)，由 Mars Films 发行，2010 年在法国首映。本文所引台词均出自该部电影。

电影反观中国公证制度的改革与发展之路，更应当以守护人民梦想为宗旨，才能彰显公证人在社会生活中独特的职业价值。

一、“玛格莱特”还是“玛格丽特”？公证人为当事人重启初心。

电影《穿梭少女梦》法语原名“L'âge de raison”，可直译为“理性的年龄”，因电影发生在女主角 40 岁生日之际，而《论语》有“四十而不惑”之谓，故该电影另有中文译名“不惑之年”。

电影《穿梭少女梦》的女主角玛格莱特是一名公司高管，典型的商业精英和女强人，作风硬派、说一不二。在她 40 岁生日这一天，忽然，有一位白发苍苍的老人不期而至，带给她一个神秘的包裹，包裹上署名“玛格丽特”。玛格莱特打开包裹，出现在眼前的竟是“玛格丽特”7 岁生日那一天写下的一封信和收藏的物品，“寄”给未来的自己。原来，那时的玛格莱特名字还是“玛格丽特”，是个天真无邪爱幻想的小女孩，在玛格丽特 7 岁生日时，她的父亲因为事业的失败而离家出走，家中的贵重物品与家具都被法院强制执行，从此，玛格丽特的童年逐渐染上了忧愁的色彩。不久，她告别了家乡的城镇，告别了青梅竹马的玩伴菲利贝尔，与母亲和弟弟远走他乡。她暗下决心，抛弃曾经的梦想，而立志成为一名商业精英，用强悍的作风“武装”自己，并给自己改名为“玛格莱特”——一个显得更摩登和中性化色彩的名字。从小女孩成长为商业精英和女强人的过程中，她渐渐遗忘了少女时期美好的纯真梦想。

电影就从玛格莱特收到第一份包裹开始，在随后的几天里，她不断收到新寄来的包裹，这让她在商界谈判中屡屡分心。显然，“不惑之年”的玛格莱特遇到了不小的困惑：要成为“玛格莱特”还是“玛格丽特”？电影镜头就在眼前的现实与包裹中珍藏的过去之间来回穿梭，观众陪伴着玛格莱特在这一趟趟寻梦之旅中，通过一封封少女“玛格丽特”的来信，寻找失去的梦想。相信大家也已经猜到了，电影开场时，那位给玛格莱特带去第一份包裹的白发老人就是一位名叫梅里涅克的公证人，正是这位公证人重启了玛格丽特的初心。

二、跨越三十多年的承诺——公证人何以守护民众的梦想?

公证人如何守护这份跨越三十多年的承诺？电影中的一些对话和细节似乎给出了答案。从这部电影出发，我们可以发现，公证人的职业特性使得他们可以成为人民梦想的守护者。

在《穿梭少女梦》中给人留下深刻印象的是公证人和当事人之间的两段镜头。

在收到最初几封信件和包裹时，玛格莱特其实尤为恼火，用我们当下的流行语来说，这是“成年人的倔强”：面对年迈的梅里涅克，玛格莱特绝口不承认自己是“玛格丽特”；看着信纸上稚嫩的笔迹，玛格莱特轻蔑地说了句“生日”拼错了，还要将信件和包裹冲进下水道……毕竟，承认“玛格丽特”似乎就意味着对“玛格莱特”的否定，就意味着 7 岁小女孩“打败了”40 岁的商界女精英，玛格莱特自然不会允许这样的事情发生，于是“回到家乡”找到了曾经的公证人——梅里涅克，希望他不要再给自己寄这些信件和包裹：

> 玛格丽特：一般来说，七岁的小姑娘收到的是洋娃娃，可我收到的礼物是执达员的拜访，我还没来得及吹灭第七只蜡烛时，他们已经搬空了家里所有的东西。……我不想回忆自己的童年，我不想回忆自己的童年。
>
> 梅里涅克：不过，你已经写下来这些信。
>
> 玛格丽特：这不等于说我当时是理智的。
>
> 梅里涅克：确实如此。你那时很小，可肯定开始懂事了。现时的本义就是，判断过去、小心未来。
>
> 玛格丽特：您是在上哲学课，还是想结账?
>
> 梅里涅克：那是在十月的时候，我还是个年轻的公证人，

> 刚刚开业，你请求我保留你的信件，并在2010年寄给你，费用是你的储蓄，十二法郎五十七生丁，大概合一欧元九十欧分。付给您的酬金很昂贵，这东西似乎对你极其重要。随着时间的推移，对我也是如此。这很了不起，当时七岁的你，已经完成了人生的一件杰作。

三十多年前，少女玛格丽特来到公证人事务所[2]，请求公证人梅里涅克——当时还是个新任公证人的帅小伙——为自己保管信件和玩具等物品，并委托公证人在自己40岁生日时寄出。为了向公证人支付保管和委托寄出的费用，玛格丽特在公证人面前敲碎了她的储蓄罐，拿出了里面仅有的全部12.57法郎，约合今天的1.91欧元，如果换算成人民币也只有15元！我们都知道，在法国，公证人的服务收费不菲，但是，面对眼前充满梦想的小女孩，公证人梅里涅克欣然收下了这12.57法郎、玛格丽特写下的许多信件、数量众多却并无太大财产价值的小物件，以及最为珍贵的少女梦想。

尤为令人感动的是，三十多年岁月里，公证人梅里涅克一直坚守着自己对于当事人的承诺。当玛格莱特惊奇于梅里涅克是如何找到自己和青梅竹马菲利贝尔，梅里涅克只是笑笑说，“当初我们订立的公证服务契约要求我这样做。”三十多年后，梅里涅克已是风烛残年，后来不幸突发疾病，躺进了监护病房，而为了让玛格莱特找回自己、找回少女玛格丽特的梦想，这位公证人想尽办法寄出了最后一份包裹，在最后一份包裹中，有梅里涅克专门为玛格莱特录制的一段视频：

> 叫你玛格丽特或者玛格莱特，随你心愿，我让菲利贝尔给你带去那封信，好好待他，他赶了一夜的路。无论你看还是不看，无论你作出什么决定，我都为你骄傲。你的人生是成功的，你做回了你自己。

2　在法国，公证活动的主体是公证人，公证人的执业场所称为“公证人事务所”，这与我国现行的公证机构本位执业模式有所不同。——作者注

毫无疑问，公证人梅里涅克言必信，信必行，完美履行了这份跨越三十多年的承诺，玛格莱特也最终找回初心，“做回了自己”，再一次成为“玛格丽特”。

三、守护人民的梦想，让人民梦想成真。

法国是现代公证制度的发源地，法国公证人作成的公证文书具有极高的法律效力。在《穿梭少女梦》这部电影中，玛格丽特委托公证人来保管自己的“少女梦”真是再合适不过了，即使是面对“守护梦想”这样的愿望，公证人也能提供如此周全的服务，这已经不仅仅是法律意义上的保管，更是为人民服务的极致。事实上，公证人不仅坚定不渝地守护了当事人的梦想，而且帮助当事人去实现了梦想。虽然影片的故事是虚构的，但是，从这部电影中，我们能真切感受到法国公证人专业、尽责、为善等等优异的职业品质。

对于公证人来说，“人民”的“梦想”五花八门、包罗万象，也许是莘莘学子跨出国门求学路上不可或缺的关键证明，也许是耄耋老人希望家庭财产有序流转而不会让子女间心生罅隙的最后嘱托，也许是商业往来中希望对交易安全再添一份信任的保障，也许是建筑起知识产权大厦的重要证据……每一个“梦想”都是当事人的一项个性化的法律服务需求，人民有千万种法律需求，公证人就承担起千万重责任，在具体的公证案件中，认真对待每一个案子，为当事人周到考虑，办成“铁案”，才能像电影《穿梭少女梦》中的公证人梅里涅克一样，守护人民梦想，让人民梦想成真，同时实现公证人自身法律生涯的理想。

要成为人民梦想的守护者，要让人民梦想成真，公证人不仅需要不忘公证之公正的初心，牢记服务于人民安宁的使命，还与公证人和公证行为的特性息息相关。

首先，公证人的中立性和独立性使公证活动成为客观、公正的代名词。基于公证人在社会生活中的独立地位，包括独立的主体资格、独立的民事责任等等，使得公证活动不容易受到外在的干扰，这份承诺也必将得到履行。

其次，公证人丰富的调查、核实方式和职业技能能够帮助人民实现梦想。电影中的玛格莱特惊诧于公证人能时隔数十年找到自己和青梅竹马菲利贝尔，而现实中的公证人恐怕对此已经习以为常。在我国，公证人承担了很大一部分民生领域的法律服务需求，如出具出生、亲属关系、继承公证书等等，这些都离不开公证人丰富的调查、核实方式和职业技能。优秀的公证人技能满满，能够走访调查、翻阅档案，像大侦探那样查找事实真相的蛛丝马迹；能够以一纸公证文书捋清复杂的法律关系；能够通过与矛盾各方当事人的交流沟通促成和解；能够设计一系列的方案保全证据、维护权利。

再次，优惠便民的法律服务让人民大众离不开公证人。电影《穿梭少女梦》中，少女玛格丽特支付给公证人的费用少得可怜，虽然有艺术表现上的夸张，但未必没有现实基础。公证法律服务有两重收费标准，对于商业活动，一般按照公证人实际投入的专业劳动量来计算，可能和律师一样收费不菲，而在民生领域，却可能出现“白菜价”以至免费的情形。例如在我国有免费为百姓办理遗嘱公证的活动，同时还会针对法律援助群体实行减免公证费等等。很难想象律师会低价甚至“免费”提供法律服务，而在公证行业，优惠便民的法律服务已然是标配。

最后，借用著名民法学家孙宪忠老师的一句话，“公证是法律行为的优越表达形式”[3]，公证铸就的梦想自然更容易成真。少女玛格丽特在公证人面前作出了清晰、准确、自愿的意思表示，并支付了对价——尽管现实来看这个对价与公证人提供的服务相去甚远，那么这一法律行为就此成立。公证人通过专业知识和技能作出的公证文书在法律效果上更为可靠，这样可以最大限度保障法律行为的安全和延续，所以，哪怕许多年以后，玛格莱特将当年

3 参见《孙宪忠：公证是法律行为的优越表达形式》，来源于中国社会科学网，http://www.cssn.cn/fx/fx_cgzs/201611/t20161104_3264448.shtml，最后访问时间：2021 年 8 月 8 日。

公证人监督下签署的文件仔细检查，却发现毫无破绽，说道："不幸的是很合法，我找不出任何毛病。"现实中，经公证的民事法律行为、有法律意义的事实和文书具有更高的效力，[4]经过公证赠与合同不可撤销[5]，这些法律规定和公证活动的特性，使得公证成为法律行为的优越表达形式，使得人民的意愿得以实现。

在法律职业人的大家庭中，目前的公证人绝对是一支小队伍，但在法治中国建设过程中、多元化纠纷解决机制里，虽然公证人是一支小队伍，公证制度却是一个大制度，是一支"潜力股"和一支"奇兵"。正在进行中的中国公证改革以人民群众的利益作为根本的价值目标，[6]公证改革发展大潮中，公证人的职业价值需要每一个公证人的奋斗去实现，公证行业的远大前程需要每一个公证人的拼搏才能实现。只有秉持如此初心、身怀多样技能的公证人，才能彰显出公证人真正的职业价值——守护人民的梦想，让人民梦想成真。

吾辈当自强。

作者感言

走出校园，步入社会，象牙塔外的世界纷繁错杂。没有选择像律师那样纵横捭阖，没有选择像检察官、法官那样界分黑白，而是来到了公证人这个行业，却是独有一番天地。相比于其他法律人的专精，公证人也许更像个"全科大夫"，能够应对形形色色的当事人，同时开出"治未病"的方案，预防潜在的纠纷，或许这就是公证人这个职业的魅力吧。

4 《公证法》第三十六条规定："经公证的民事法律行为、有法律意义的事实和文书，应当作为认定事实的根据，但有相反证据足以推翻该项公证的除外。"

5 《民法典》第六百五十八条规定："赠与人在赠与财产的权利转移之前可以撤销赠与。经过公证的赠与合同或者依法不得撤销的具有救灾、扶贫、助残等公益、道德义务性质的赠与合同，不适用前款规定。"

6 薛凡：《公证改革的逻辑——基于公证属性、全球和中国语境展开》（中国公证改革30周年纪念版），厦门大学出版社2018年版（2022年第2印），第345页。

编后小记

“壮大公证人队伍”和建立“公证人事务所”

——重读中共十四大后首个《中国司法行政工作五年发展纲要》

◎薛凡*

……每个人的自由发展是一切人的自由发展的前提条件。

——（德）马克思 恩格斯[1]

不断促进人的全面发展。……

——习近平[2]

1992年10月召开的中共十四大确立了社会主义市场经济改革方向，1993年11月14日中共十四届三中全会通过的《中共中央关于建立社会主义市场经济的决定》提出了社会主义市场经济的基本框架，同时首次明确了公证、律师机构为“市场中介组织”，要“依据市场规则，建立自律性运行机制”，“发挥其服务、沟通、

* 薛凡，中国法学会民事诉讼法学研究会理事、中国公证协会公证理论研究委员会主任委员、华东政法大学公证改革课题主持人。

1 [德]马克思 恩格斯：《共产党宣言》，中共中央马克思恩格斯列宁斯大林著作编译局编译，人民出版社2014年版，第51页。

2 习近平：《决胜全面建成小康社会，夺取新时代中国特色社会主义伟大胜利——在中国共产党第十九次全国代表大会上的报告》（2017年10月18日），本书编写组编著：《党的十九大报告辅导读本》，人民出版社2017年版，第1页。

公证、监督作用”[3]。在这一基本背景下，1994年1月29日，司法部印发了《中国司法行政工作五年发展纲要（1993—1997）》（下称“《五年发展纲要》”），《五年发展纲要》的基本宗旨是，“加快司法行政工作改革和发展的步伐，充分发挥司法行政工作在民主与法制建设、维护社会政治稳定以及建立和发展社会主义市场经济过程中的重要作用”[4]。

司法行政工作改革包括公证改革。引人注目的是，对于公证改革，中共十四大确立社会主义市场经济改革方向后司法部发布的首个《中国司法行政工作五年发展纲要》，针对公证体制改革不仅醒目地使用了“加速”一词即提出“加速公证体制改革”，而且前所未有地出现了两个全新的表述：第一次提出“壮大公证人队伍”，恢复了公证后面的“人”字；同时，第一次提出了公证机构应当使用“公证人事务所”的称谓。

司法行政工作改革包括公证改革。引人注目的是，对于公证改革，中共十四大确立社会主义市场经济改革方向后司法部发布的首个《中国司法行政工作五年发展纲要》，针对公证体制改革不仅醒目地使用了“加速”一词即提出“加速公证体制改革”，而且前所未有地出现了两个全新的表述：第一次提出“壮大公证人队伍”，恢复了公证后面的“人”字；同时，第一次提出了公证机构应当使用“公证人事务所”的称谓。

“壮大公证人队伍”的要求写在《五年发展纲要》有关公证工作部分的第一段，可谓开门见山，原文如下：

> 积极开拓公证服务领域，壮大公证人队伍，加快改革步伐，完善公证制度，提高公证工作为社会主义市场经济服务的质量。[5]

对此稍加解读可以悟出，“壮大公证人队伍”是和“提高公证工作为社会主义市场经济服务的质量”紧密联系在一起的，而要“壮大公证人队伍”，显然必须“加快改革步伐”。《五年发展纲要》就公证体制改革专门列出一个部分加以论述，题为“加速公证体

---

3 《中共中央关于建立社会主义市场经济的决定》（1993年11月14日中国共产党第十一届中央委员会第三次全体会议通过）。

4 司法部《关于印发〈中国司法行政工作五年发展纲要〉的通知》（1994年1月29日），中国司法行政年鉴编辑委员会：《中国司法行政年鉴1995》，法律出版社1996年版，第536页。

5 司法部《关于印发〈中国司法行政工作五年发展纲要〉的通知》（1994年1月29日），中国司法行政年鉴编辑委员会：《中国司法行政年鉴1995》，法律出版社1996年版，第536页。

制改革”。诚然，限于当时属于《公证暂行条例》[6]实施时期，全国公证机构为清一色的行政机关体制，具体的历史条件决定了当时还不可能直接明文提出进行合作制、合伙制公证机构等“公证组织的新形式”[7]的体制改革，但是，在恢复“公证人”职业身份的同时，《五年发展纲要》“加速公证体制改革”部分已经明确提出“逐步将公证处名称改为公证人事务所”和“办理职业保险”：

> 加速公证体制改革，……逐步将公证处名称改为公证人事务所。同时建立公证人事务所的风险基金和发展基金，办理职业保险。[8]

《五年发展纲要》在确立“公证人”职业身份的前提下，要求公证机构由公证处更名为“公证人事务所”，并且提出“办理职业保险”，在当时公证制度的背景下，堪称石破天惊的突破，已经暗含对公证人本位的肯定，不是由公证机构而是由公证人独立承担民事责任，此中所蕴含的与全球公证业接轨的公证体制改革方向已呼之欲出。按照时任司法部部长肖扬的权威解读，此举既是“为适应市场经济的需要”，也是基于“按照国际惯例”[9]的考虑。

《五年发展纲要》在确立“公证人”职业身份的前提下，要求公证机构由公证处更名为“公证人事务所”，并且提出“办理职业保险”，在当时公证制度的背景下，堪称石破天惊的突破，已经暗含对公证人本位的肯定，不是由公证机构而是由公证人独立承担民事责任，此中所蕴含的与全球公证业接轨的公证体制改革方向已呼之欲出。按照时任司法部部长肖扬的权威解读，此举既是“为适应市场经济的需要”，也是基于“按照国际惯例”的考虑。

《五年发展纲要》印发前夕，1994年1月4日，司法部召开全国司法厅（局）长暨劳改局长、劳教局长会议，将《五年发展纲要》（讨论稿）提交这次会议进行讨论。时任司法部部长肖扬在这次会议上所作的报告中，专门谈到了“为适应市场经济的需要”和“按照国际惯例”进行公证改革的基本思路：

---

6 《中华人民共和国公证暂行条例》（1982年4月13日国务院发布施行，2006年3月1日《中华人民共和国公证法》生效实施之日自动废止。）

7 司法部《关于印发〈国务院办公厅关于深化公证工作改革有关问题的复函〉和〈关于深化公证工作改革的方案〉的通知》（司发通〔2000〕099号）。

8 司法部《关于印发〈中国司法行政工作五年发展纲要〉的通知》（1994年1月29日），中国司法行政年鉴编辑委员会：《中国司法行政年鉴1995》，法律出版社1996年版，第536页。

9 《肖扬同志在全国司法厅（局）长暨劳改局长、劳教局长会议上的报告》（1994年1月4日），中国司法行政年鉴编辑委员会：《中国司法行政年鉴1995》，法律出版社1996年版，第441页。

为适应市场经济的需要，公证处……可以在名称、管理形式、运行机制等方面按照国际惯例进行改革试点。党的十四届三中全会决定已明确公证机构是市场经济的中介组织，可以逐步实行同律师事务所、会计师事务所、审计师事务所的名称相一致，……这样有利于与国际惯例接轨，也有利于各地公证机构的公平竞争，克服垄断性办证。”[10]

“公证人的行为应当独立于当事人和政府，但绝不能损害政府的利益”；“公证人应当忠于国家，国家特许公证人为公共权力的受托人，公证人应当以勤勉和尊严的精神行使受托付的公共权力”；“公证人事务所由公证人独立组织，并由公证人承担责任。公证人事务所因其公共特征而具有不可侵犯性”。

2005年11月8日、2013年10月8日，由包括中国在内的国际公证联盟成员国和地区先后于罗马、利马举行的成员大会，相继通过了《拉丁公证制度的基本原则》和《公证人职业道德规范和组织规约》。这两份文件是国际公证联盟重要的纲领性立法文件，可以视为全球公证业公认的国际惯例。

《拉丁公证制度的基本原则》第一章“公证人及其职能”第1条、第3条规定：“公证人是法律职业人士”；“公证人职能延伸至非讼领域的所有法律活动，向法律使用者提供法律安全保障，预防潜在纠纷，或者通过法律调解来消除纠纷，是良好司法体系中不可或缺的工具”。

《公证人职业道德规范和组织规约》第一章“公证的原则和组织”第5条、第8条和第二章“公证人与国家的关系”第11条分别规定：“公证人的行为应当独立于当事人和政府，但绝不能损害政府的利益”；“公证人应当忠于国家，国家特许公证人为公共权力的受托人，公证人应当以勤勉和尊严的精神行使受托付的公共权力”；“公证人事务所由公证人独立组织，并由公证人承担责任。公证人事务所因其公共特征而具有不可侵犯性”。[11]

为何需要”“按照国际惯例”进行公证改革？答案不言自明。公证制度作为已有上千年历史的全球性法律制度，中国作为国际

10 《肖扬同志在全国司法厅（局）长暨劳改局长、劳教局长会议上的报告》（1994年1月4日），中国司法行政年鉴编辑委员会：《中国司法行政年鉴1995》，法律出版社1996年版，第441页。

11 本文引用的国际公证联盟《拉丁公证制度的基本原则》和《公证人职业道德规范和组织规约》中文译文均由蔡勇先生提供，特此致谢。

公证联盟的成员，公证改革作为中国改革开放和发展社会主义市场经济宏大进程的组成部分，注定了中国公证事业的发展不可能在闭锁的观念和“自娱自乐”的小环境中实现。

中共十四大确立社会主义市场经济改革方向后首个《中国司法行政工作五年发展纲要（1993—1997）》发布已将近三十年。进入党和国家公证改革政策指引的加快与深化公证改革发展新的历史阶段之际，聆听“壮大公证人队伍”、“加速公证体制改革”和建立“公证人事务所”[12]的历史回声，现实情势和理想目标之间，行动的空间依然远大宏阔。

现实情势和理想目标之间，行动的空间依然远大宏阔。

12　司法部《关于印发〈中国司法行政工作五年发展纲要〉的通知》（1994年1月29日），中国司法行政年鉴编辑委员会:《中国司法行政年鉴1995》，法律出版社1996年版，第536页。